존 칼빈
성령의 신학자

John Calvin

| 김재성 지음 |

기독교문서선교회

기독교문서선교회(Christian Literature Crusade: 약칭 **CLC**)는
1941년 영국 콜체스터에서 켄 아담스에 의해 시작되었으며
국제 본부는 영국의 쉐필드에 있습니다.
국제 CLC는 59개 나라에서 180개의 본부를 두고, 약 650여 명의
선교사들이 이동도서차량 40대를 이용하여 문서 보급에 힘쓰고 있으며
이메일 주문을 통해 130여 국으로 책을 공급하고 있습니다.
한국 CLC는 청교도적 복음주의 신학과 신앙서적을 출판하는
문서선교기관으로서, 한 영혼이라도 구원되길 소망하면서
주님이 오시는 그날까지 최선을 다할 것입니다.

John Calvin
the Divine with the Holy Spirit

Written by
Jae Sung Kim, Ph. D.

Korean Edition
Copyright © 2014 by Christian Literature Crusade
Seoul, Korea

CONTENTS

서문   11

1장 칼빈의 빛나는 업적과 영향   17

1. 새로운 신앙인의 모습, 칼빈주의자   18
2. 성령의 주권을 회복시킨 종교개혁자   25
3. 침체된 교회를 살려내다   31
4. 워필드 박사, "칼빈은 성령의 신학자이다."   45
5. 칼빈주의 성령론의 발전   56

하이델베르그 교리문답 | 돌트 신경 | 웨스트민스터 신앙고백서와 청교도의 '회심' | 부흥운동과 특별한 체험 | 인간중심적 부흥주의와의 충돌

2장 성령의 신비로움   79

1. 성부, 성자, 성령의 긴밀성과 친밀성   81
2. 성령은 결코 열등하지 않다   86
3. 예수 그리스도만을 높이는 성령   91
4. 성령 사역의 세 가지 차원   97

3장 그리스도와의 연합   105

1. 성령은 접착제다   106
2. 양자의 영   108
3. 그리스도 안에   113
4. 성령의 주권적 적용사역   117

두 가지 차원의 연합 | 신비로운 연합 | 성령의 첫 번째 방편으로서 믿음 | 공동체로서 그리스도와의 연합

    5. 그리스도 중심의 구원론 모델　　　　　　　　126

4장 하나님의 영광을 위한 경건한 삶　　　　　135

    1. 믿음으로 얻는 두 가지 축복: 칭의와 성화　　136
    2. 경건한 삶: 자기부인과 십자가를 지는 삶　　142
    3. 종말론적 희망　　　　　　　　　　　　　　149
    4. 하나님을 아는 지식과 그의 영광　　　　　　155
    5. 성령의 임재와 교통　　　　　　　　　　　　161
    6. 끝맺는 말　　　　　　　　　　　　　　　　163

5장 성경과 성령　　　　　　　　　　　　　　165

    1. 성경은 교회가 만들어낸 것이 아니다　　　　168
        성경이냐 로마 가톨릭교회이냐? | 교회의 권위와 그 한계 | 최고의 계시자 예수 그리스도
    2. 성령의 내적 증거　　　　　　　　　　　　　176
    3. 신학과 목회의 원천　　　　　　　　　　　　180
        성경은 하나님의 영감으로 된 책이다 | 성경은 유익한 책이다 | 성경은 바른 교훈을 준다 | 성경은 죄에 대해서 책망한다 | 성경은 바르게 교정시켜 준다 | 성경은 의로 교육한다

6장 칼빈의 삼위일체론　　　　　　　　　　　191

    1. 삼위일체론에 근거한 『기독교 강요』　　　　193
    2. 하나님의 아는 지식의 두 가지 기초　　　　　195
    3. 고전적 삼위일체론　　　　　　　　　　　　201
        초대교부들의 삼위일체론 | 중세의 삼위일체론

4. 반삼위일체론자들과의 논쟁　　　　　　　　　　211
　　제세례파에 대한 논평 | 삐에르 까롤리와의 논쟁 | 세르베투스와의 대결 |
　　유니테리언들과의 논쟁
5. 칼빈의 삼위일체론의 독특성　　　　　　　　　　223
　　종교개혁과 새로운 패러다임 | 구원론적 관점 | 위격과 본질의 명확한 구
　　별 | 각 위격의 동등성과 독특성 | 한 위격의 지식은 다른 두 위격의 지식
　　을 동시에 포함함
6. 끝맺는 말: 구속 역사적 관계의 신학　　　　　　　249

7장 율법과 복음　　　　　　　　　　　　　　　　253

1. 성령이 주시는 경건과 믿음과 구원　　　　　　　255
　　값싼 복음주의는 없다! | 신율법주의
2. 율법과 복음의 재구성과 종교개혁자들　　　　　　267
3. 복음은 구원의 메시지 선포이다!　　　　　　　　274
4. 율법과 복음의 해석학적 대조　　　　　　　　　　278
5. 율법–복음–율법의 구조: 신율법주의를 경계함　　282
6. 율법의 긍정적 기능과 '제3 용법'　　　　　　　　285
7. 현대 연구자들의 문제점들　　　　　　　　　　　289
8. 끝맺는 말　　　　　　　　　　　　　　　　　　294

8장 성령과 교회　　　　　　　　　　　　　　　　297

1. 새로운 교회 개념들　　　　　　　　　　　　　　299
　　첫째, 보이는 교회와 보이지 않는 교회 | 둘째, 신자들의 어머니로서의 교
　　회 | 셋째, 그리스도의 몸된 교회 | 넷째, 선택된 백성 | 다섯째, 참된 교회
　　와 거짓 교회
2. 로마 가톨릭에 대한 칼빈의 재인식　　　　　　　309

3. 교회에 대한 성경적 이해 · 314
'옛 교회', 다윗과 포로기의 고난 받는 교회상 | 바빌로니아에 포로된 교회 | 살아서 움직이는 교회 | 선택받은 언약공동체(the Community of the Covenant)

4. 교회의 통일성과 일체성 · 327
교회의 머리되신 그리스도 | 그리스도와의 연합 | 영적인 통일성 | 그리스도를 본받아 상호 복종할 것

5. 영적 전쟁과 교회의 목회사역 · 335
하나님과 사탄과의 싸움 | 엄격하게 선출된 직분자들 | 화해와 위로의 성례

6. 교회와 국가 · 344

7. 한국 교회의 갱신과 부흥 · 350
개인주의적인 경건주의자들의 함정 | '은혜의 방편들'을 무시하는 체험주의자들의 함정 | 교회 경시에 앞장선 기독교 단체들 | 교회 정치의 악순환들 | 이단들과 불건전한 교리들의 위험 | 교회를 위한 신학인가?

8. 끝맺는 말 · 361

9장 성례와 그리스도의 영적 임재 · 365

1. 성례란 무엇인가? · 366
2. 성례의 영적인 성격 · 371
3. 성례의 효과: 성령의 역사 · 378
4. 세례 · 385
사죄의 표시 | 그리스도 안에서 죽음과 새 생명의 상징 | 그리스도와의 연합의 상징 | 유아 세례

5. 주의 만찬 · 393
6. 방법의 자유로움 · 397
7. 매 주일에 성찬을 거행하라 · 399
8. 끝맺는 말: 경건, 확신 그리고 기쁨 · 401

10장 기도와 언약과 성령의 도우심   403

   1. 기도의 중보자, 그리스도   406

   2. 잘못된 기도의 교정   408

   3. 개인기도와 공중기도   414

   4. 모국어로 기도하라: 기도문과 방언기도   419

   5. 기도의 네 가지 원리   421

      첫째 원리: 경외심 – 받으시는 분이 누구인가를 명심하라 | 둘째 원리: 참회 – 내가 누구인가를 돌아보라 | 셋째 원리: 겸손 – 기도에서 시험에 들지 말라 | 넷째 원리: 확고한 소망 – 응답의 확신을 가지라

   6. 성령의 도우심   437

   7. 언약적 특성   441

      믿음의 조건 | 기도의 근거 | 의인의 기도

   8. 끝맺는 말   451

11장 설교와 성령의 기름부음   457

   1. '하나님의 학교'와 말씀 강해   457

   2. 성령의 사역   461

   3. 성령의 수단이 된 사람들   463

   4. 성령의 검   466

   5. 설교의 기름부음   470

      설교자의 준비에서 성령을 체험하게 함 | 설교의 담대함과 자유함 | 칼빈주의 설교자 | 청중 속에서 역사하심

   6. 끝맺는 말   481

참고문헌   486

한스 홀바인(1497-1543)이 그린 칼빈 초상화
1955년 프랑스 한 성에서 발견

서 문
다시 살아난 칼빈, 잊혀진 성령의 신학자

　하나님을 경외하는 것이 지혜와 지식의 근본일진대, 이를 가장 먼저 체계화한 사람이 바로 존 칼빈(1509-1564)이다. 그가 얻은 지혜는 경건한 삶으로 나타났고, 하나님을 아는 참된 지식으로 묶어져서 마침내 복음을 총체적으로 소개하는 종교개혁의 종합체계로 정립되었다. 칼빈은 기독교 신학을 종합적으로 정립한 공헌 때문에 역사상 최고의 신학자로 손꼽히고 있는 것이다.

　전 세계 기독교계가 존경하는 칼빈의 신학적 특성은 단순히 말씀과 그 선포에 전 생애의 초점을 맞추고, 교회를 통한 지속적인 갱신에 최선을 다했다는 점이었다. 그는 주일에는 두 번, 주 중에 다섯 번의 설교와 강의를 감당하려고 휴식도 없이 연구했다. 암울한 박해의 시대였지만, 매일 새벽 4시에 일어나서 줄기차게 말씀의 씨앗을 뿌렸다. 스위스 제네바 교회는 그의 영향을 받아서 반석 위에 세워졌고, 그의 저술은 전 세계에 번역되어서 교회의 기초가 되고 있다.

　우리가 한국 사람이면서도 프랑스 출신인 칼빈을 연구하는 이유는 객관적이며 보편적인 기독교 진리를 얻고자 하기 때문이다. 한국의 신학적 수준은 전체적으로 향상했지만, 아직도 많은 발전이 필요하다. 정규 신학 교육을 받았더라도 일생동안 신학을 보충하지 않으면 안 된다. 그러나 기독교인들의 경우에는 신학책은 뒷전에 두는 예가 허다하다. 그러면서도 신학에 대한 자신의 무지함을 감추기라도 하려는 듯이, 기독교 신앙이란 이것이 핵심이라고 자기 스스로가 단정을 지어버리는 경우를 많이 본다.

자기 소견에 옳은 대로 말하는 것은 매우 위험한 일이다. 더구나 종합적인 성령론을 무시하고, 특별한 초자연적 체험에만 치우치는 불건전한 성령론이 소위 '부흥회'라는 각종 집회에서 기독교인을 잘못된 방향으로 인도하여 왔다면 이제는 시정을 해야만 한다. 성령에 대한 종합적인 신학을 전혀 공부하지도 않고, 잘못된 자기만의 능력 행사에 기울어져 있었다면, 본서를 통해 교정할 수 있기를 바란다.

또한 칼빈의 신학과 성경 해석을 물려받은 모든 한국 교회 성도들과 목회자들과 신학생들도 칼빈을 능하게 하신 성령의 조명과 임재의 축복을 누리기를 기원한다. 그리고 칼빈을 사랑하는 모든 사람들이 진정으로 위대한 믿음의 용사들이 되어서, 전 세계 방방곡곡에 예수 그리스도의 복음을 힘차게 증거하여 생명의 구원 역사를 일으키기를 소망한다.

2009년, 칼빈 탄생 5백주년을 맞이하여 엄청나게 많은 칼빈 연구 서적들이 전 세계에서 홍수처럼 쏟아져 나왔다. 이 때를 기점으로, 칼빈은 화려하게 세계사의 중요인물로 다시금 되살아났다. 칼빈의 생애와 신학과 사회적 공헌에 대한 연구서들은 한결같이 지금 이 시대야말로 경건하고 순수한 그의 신앙과 사상이 필요함을 역설하였다. 수많은 기념세미나가 열려서, 칼빈의 교훈과 지침을 진지하게 되살려냈다.

그러나 스위스 제네바에서 열린 생일 잔치는 요란했지만, 칼빈의 성령론은 여전히 세계인들의 주목을 받지 못하였다. 그래서 이번에 다시 이 책을 한국교계에 되살려 내려고 하는 것이다. 칼빈을 기념하는 세계적인 학술 모임에 참석하면서, 또 다시 '성령의 신학자, 칼빈'을 잊고 있다는 것을 절감했다. 성령의 사역과 감동과 임재에 대한 관심이 없는 이 시대의 칼빈 학자들은 자신들이 추구하는 것들을 위해서 칼빈을 그저 이용할 뿐이라는 생각을 지울 수 없었다. 필자의 간절한 희망은 오직 성령의 새롭게 하심과 부어지심이라는 열망 뿐이다.

한국 교회 안에서는 너무나 잘못된 기복신앙이 여러 성령론과 함께 혼합되어서 널리 퍼져 있다. 성령을 제대로 이해하지 못한 채, 자신만의 소원을 품고 산으로 들로 신통한 응답과 처방만을 쫓아다니고 있는 신앙인들이 너무나 많다. 성령에 대한 혼란된 교훈들이 범람하는 데도, 그것이 무엇인지 분별하지 못하고 따르고 있는 안타까움을 어떻게 해야 할 것인가?

지금 우리 시대는 엄청나게 세속화된 풍조 속에 살아가면서 각종 잘못된 사상의 영향을 무의식적으로 많이 받고 있다. 따라서 예수 그리스도의 복음을 기준으로 삼아 이에서 멀어진 부패를 심각하게 반성하는 회개와 개혁이 지속적으로 요청되고 있다. 자칭 '복음적'이라고 생각되던 교회들에서마저도 그리스도의 말씀과 교훈을 존중하지 않는다는 지적이 나오고 있다. 그렇다면 한국의 미래는 암담하게 되고 만다. 오직 바른 신학에 근거해야만 이 시대의 세속화된 정신에 압도당하지 않고 거짓된 기독교의 부정함을 털어낼 수 있다. 한국 교회가 복음적인 교회라고 스스로 자부하는 데서 그치지 말고, 여러 가지 죄악들을 회개하고 다시금 새로운 성경적 기초를 닦아야 할 매우 절박한 상황에 와 있다는 진단을 하면서 본서를 내놓는다.

본서는 이전 연구에 더하여 최근 칼빈 학자들의 연구를 통해서 밝혀진 자료들을 보충하였으며, 칼빈이 남긴 목회 사역의 업적과 생생한 역사를 다시금 살려내고자 최선을 다하였다.

어설픈 영성신학이 에큐메니즘 운동가들에 의해서 급조되더니, 1990년대 후반에 한국 교회에 흘러들어 왔다. 도대체 영성이란 무엇인가? 전혀 성경적인 체계조차도 세워지지도 않았는데, 저마다 애매모호한 주장들을 범람시키고 있다. 특정한 교단도, 교파도, 교리사적 기초도 없이, 도무지 그 정체가 궁금한 영성신학이 남발되고 있다. 예수님을 따라가면 되는 것이지, 영성신학을 따라가야 하는 것은 아니다. 여기저기서 영성을 말하고 있는데, 기독교 신학의 기본적인 진리이자, 복음의 핵심이 되는 예수 그리스도를 아는 지식에서 자라가야만 구원을 얻는다. 과연 영성신학자들은 성도들을 어디로 끌고 가는 것인가?

성경은 예수 그리스도를 믿고 증거하라고 가르치고 있고, 오직 성령만이 예수 그리스도를 믿고 고백하도록 영적인 지혜와 믿음을 공급하여 준다. 기본적인 성령론마저도 정확하게 정립하지 못한 자들의 혼돈된 신학들이 혼란을 부채질하고 있다. 기독교 신앙의 기본을 정확하게 다져놓지 않으면, 교회나 선교나 문화사역이나 기독교적인 시민 운동이나 모두 다 물거품처럼 사라지고 말 것이다.

영웅주의에 사로잡힌 자들이 거창한 기독교 단체들을 거느리고 마치 한국 교회를 좌지우지 하는 듯이 보인다. 지금은 어디서 무엇을 하고 있는가를 차분히 살펴보라. 기초가 부실한 집은 무너지고 마는 법이요, 불량품들은 반드시 문제를 일으키게 마련이다. 그러나 묵묵히 우리의 주님, 예수 그리스도를 바라보면서 날마다 순간마다 성령의 임재를 존중하면서 하나님을 경외하는 사람은 성령의 열매를 맺어서 칭찬받는 종으로 살아가게 된다.

본서가 한국어로 출판된 지 만 10년의 세월이 지나갔음에도 불구하고, 다시 새롭게 펴내는 이유는 잊어버리지 말고 기억해야 할 순수한 기독교 신앙을 다시 한 번 더 제시하고 싶기 때문이다. 이번에 이전 책을 완전히 새롭게 하였으므로, 더 큰 감동이 있으리라 기대한다. 교회나 개인이나 오직 성령만이 유일한 희망의 근거이기에 성경적 신학자 칼빈의 사상과 삶에서 발견하게 되는 교훈들을 함께 호흡할 것이다.

필자는 미국 필라델피아에서 목회사역을 7년 동안 감당하다가, 다시 한국에 돌아와서 신학대학원에서 교수로 강의와 저술활동을 감당하게 되었다. 미국에 있는 동안에 뜻밖에도 칼빈 탄생 5백주년 대회에 초청을 받아서, 세계 곳곳에 칼빈의 영향력이 생생하게 살아 역사하고 있음을 목격하였다.

전통적으로 개신교의 영향을 받았던 서구 유럽은 말할 필요도 없고, 헝가리, 체코, 루마니아 등 동부 유럽 국가들로부터 수많은 사람들이 왔으며, 아프리카 각 나라에서, 남아프리카 공화국, 호주 등지에서 목회자들과 성도들이 순수한 기독교의 새로운 약진을 기도했다. 2009년 7월 10일, 칼빈 탄생 5백주년을 맞이하던 날에 스위스 제네바에서 개최된 기념대회에 수많은 사람들이 운집했다. 필자는 영광스럽게도 '칼빈의 단상'에 올라가서 유일한 동양계 칼빈 학자로서 '아시아에서 칼빈주의'라는 논문을 발표하게 되었다. 2009년 가을에는 서울에서 개최된 한국복음주의신학회가 주최한 칼빈 탄생 5백주년 기념대회에서 주제 강연을 했고, 『Happy Birthday, 칼빈』이라는 책을 출판하였다.

칼빈과 같은 하나님의 사람들이 이 시대에도 세계 곳곳에서 나타나기를 기도한다. 이제 다시 펴내는 『존 칼빈 성령의 신학자』를 통해서 독자들의 마음속에 순수한 열정과 깨끗한 경건이 회복되는 기쁨이 넘치기를 그리고 하나님이 기뻐하시는 교회로 든든히 세워지는 데 도움이 되기를 간절히 소원한다.

우리는 지금 대한민국이 무너지는 끔찍한 사건들을 경험하고 있다. 기초가 견고한 교회, 예수 그리스도가 머리되신 공동체가 되기 위해서 성령의 인도하심에 따라서 성경의 가르침을 굳세게 세워나가기를 소망한다.

본서는 원래 2004년도에 출판한 것인데, 최근 연구서들을 참고하여 새롭게 출판하게 되었다. 열악한 한국 출판계에서 오직 개혁주의 신학서적만을 일관되게 펴내고 계신 기독교문서선교회(CLC) 박영호 대표님의 헌신적인 사역에 경의를 표한다. 또한 세밀하게 원고를 다듬어준 박상민 편집부장님, 제작을 위해서 수고해 주신 편집부 여러분들의 노고에 진심으로 감사드린다.

2014년 6월 23일
김재성 識

1장
칼빈의 빛나는 업적과 영향

칼빈 탄생 5백주년을 맞이하여 그가 남긴 공헌과 영향력을 평가하는 신학자들과 역사학자들의 연구서적들이 세계 여러 곳에서 많이 나왔다.[1] 칼빈은 지난 2천 년간의 기독교 신학과 교회사에서 가장 큰 영향력을 발휘한 5대 인물의 반열에 올랐다. 서방 라틴 교부들, 암브로스, 제롬, 어거스틴, 그레고리 등과 같이, 다섯 번째 교부의 지위에 올려놓아야 한다는 평가를 받았다.[2] 그러나 정확하게 말하자면, 칼빈은 이들 초대 교회 교부들을 훨씬 능가하는 업적을 남겼다. 그 어느 누구보다도 훨씬 더 정확한 기독교 신학을 제시하였다.

---

[1] Thomas J. Davis, ed., *John Calvin's American Legacy*(Oxford: Oxford University Press, 2010). Bernard Cottret and Oliver Millet, eds., *Jean Calvin et la France*(2009). Johan de Niet, Herman Paul, and Bart Wallet, eds., *Sober, Strict and Scriptural: Collective Memories of John Calvin, 1800–2000*(Leiden: Brill, 2009).

[2] Diarmaid Macculloch, "Calvin, Fifth Latin Doctor of the Church?," in *Calvin & His Influence, 1509-2009*, eds., Irena Backus & Philip Benedict(Oxford: Oxford University Press, 2011), 33–42.

1. 새로운 신앙인의 모습, 칼빈주의자

20세기에 저명한 개신교 역사학자 에밀 레오나르드(Emile G. Léonard, 1891–1961)는 칼빈의 업적을 한마디로 요약해서, '새로운 신앙인의 모습, 칼빈주의자'(a new type of man, the Calvinist)라는 명칭이 그에 의해서 새롭게 창조되었다고 평가하였다. 칼빈주의자는 윤리적으로 엄정하고, 고난과 박해와 시련에도 새로운 교회를 중심으로 믿음을 견고히 지켜내며, 직업의 소명의식을 가진 성도를 말한다. 지금까지 그 어느 곳에서도 볼 수 없었던 새로운 기독교 신앙인의 유형, 칼빈주의가 역사에 등장하게 되었다.

칼빈주의는 그 누가 어떻게 하라고 가르쳐 준 것도 아니요, 지시한 것이 아니다. 칼빈이 하나님의 말씀에 근거하여 당대 종교개혁자들의 장점들을 종합한 것이다. 그는 예수 그리스도의 복음에 사로잡힌 신학자로서, 사도 바울 이후에 역사상 가장 순수하고 가장 정확하며 가장 분명한 복음의 전파자였다. 칼빈주의는 가장 순수한 기독교 신앙의 대명사가 되었다. 독일에서 등장한 루터파도 아니요, 스위스 쮜리히에서 시도되던 쯔빙글리파도 아닌, 새로운 유형의 교회와 성도들이 뚜렷하게 등장한 것이다. 새롭게 나타난 이들의 독특한 신앙적인 색채는 칼빈의 성경적 신학과 경건에 근거하고 있어서 '칼빈주의'라는 이름으로 널리 퍼져나갔다.

칼빈주의자라는 호칭은 칼빈이 원했던 바도 아니요, 더구나 16세기에는 별로 좋은 의미로 사용된 것도 아니었다.[3] 찰스 5세 치하의 유

---

3 김재성, 『개혁신학의 광맥』(킹덤북스, 2012), 19–25.

럽 전 지역에 새로운 종교개혁이 퍼져나가면서, 루터를 따르는 독일 지역과 쯔빙글리를 따르는 스위스 동맹으로 구별되었는데, 이들과도 다른 새로운 개신교 그룹이 칼빈의 제네바를 중심으로 등장한 것이다.[4] 차츰 세계로 퍼져나간 칼빈주의는 영국에서는 장로교회, 유럽 대륙과 다른 지역에서는 개혁교회라는 이름으로, 17세기에는 청교도 신앙인들이 계승하였고, 한국에서는 미국 북장로회 선교사들이 세운 평양신학교를 중심으로 소개되고 정착되었다.

제네바의 사회사를 연구하여 세계적으로 저명한 칼빈 학자, 로버트 킹던 박사는 칼빈주의자들은 각 지역마다 새로운 교회에 관련된 통일된 사회공동체를 재구성하고, 조직화된 교회제도를 통해서 권징의 실시를 성공적으로 정착시켰다는 점을 강조한다. 목사와 장로로 구성된 당회가 새로운 교회질서를 유지해나가는 구조가 칼빈주의라는 새로운 이정표를 세웠다는 것이다.[5]

칼빈은 참된 교회의 건설을 향한 비전을 뿜어내는 영감을 지닌 인물이었다. 그는 세계 교회를 재구성하겠다는 야심이나 영웅심으로 뭉친 사람이 아니었다. 그야말로 천성적으로 소심하고, 조용히 공부하는 즐거움으로 살려고 했던 인문주의 학자였다. 하나님의 섭리 가운데 법학도의 훈련을 거친 후, 그의 학자적인 소양은 성경의 해석과 교훈을 세우는 데 발휘되었다.

기독교 신학사에서 칼빈은 스콜라주의에 빠졌던 중세신학자들을 뛰어넘어 기독교 신앙의 기본을 다시 세웠다. 기독교 신앙인들이 믿

---

4   D. G. Hart, *Calvinism, A History* (New Haven: Yale University Press, 2013), 20.

5   Robert M. Kingdon, "Calvin and Ecclesiastical Discipline," in *Tributes to John Calvin*: A Celebration of His Quincentenary, ed. David Hall (Phillipsburg: P&R, 2010), 21–33.

어야 할 주요주제를 정리하여 『기독교 강요』를 출판하였다. 성경의 핵심 주제들에 대한 해설과 토론을 묶은 『기독교 강요』와 성경주석은 상호 보충적으로 하나님의 뜻을 증언하는 도구였다. 그가 기독교 휴머니즘 학자로서 법학을 공부한 재능을 바탕으로 채택한 주제중심의 논증방식은 종교개혁이 왜 필요한 것인지를 밝혀주었다. 칼빈의 저술들은 중세 로마 가톨릭의 왜곡을 지적하면서 애매모호한 교회전통을 털어내고 성경적인 신앙진리를 밝혀주는 빛과 같았다.

칼빈의 『기독교 강요』는 어거스틴을 비롯한 초대 교회 교부들의 신학사상과 동시대 종교개혁자들의 새로운 연구를 절묘하게 조화시킨 걸작이다. 칼빈은 성경적인 기독교 진리의 회복을 염원하면서 어거스틴과 '칼케톤 신조'(451년)를 계승하고, 정확한 신학의 개념들을 정리하여 새로운 기독교 신앙인의 모습, 즉 '칼빈주의' 혹은 '개혁주의' 교회를 성공적으로 정착시켜서 창조적인 기념비를 세웠다. 칼빈은 민주주의 국가 건설과 근면한 노동과 직업윤리를 정착시켰으며, 제네바 사회의 개혁을 일궈내어 사회 공동체의 조직적 건설에도 엄청난 업적을 남겼다.[6]

칼빈의 신학은 제네바를 넘어서서 스위스 전 지역으로, 프랑스로, 다시 네덜란드, 영국, 독일, 동유럽으로 퍼져나가 종교개혁 시대에 교과서와 같은 역할을 하였고,[7] 경건한 신자들에게 사랑과 거룩

---

[6] David W. Hall. *The Legacy of John Calvin: His Influence on the Modern World*(Calvin 500)(Phillipsburg: P&R, 2008). Garry J. Williams and Joel R. Beeke, *Calvin, Theologian and Reformer*(Grand Rapids: Reformation Heritage Books, 2012).

[7] Emidio Campi, "Calvin, the Swiss Reformed Churches, and the European Reformation," in *Calvin & His Influence, 1509-2009*, 119-143.

한 두려움을 불러일으켰다.[8] 칼빈은 피터 마터 버미글리(Peter Martyr Vermigli, 1499-1562)가 쓴 『신학총론』에서 많은 영향을 받은 것으로 최근 연구에서 밝혀졌다.[9] 버미글리는 이탈리아 출신 로마 가톨릭 신부이자 히브리어에 능한 휴머니즘 학자였는데, 개신교로 개종하여 스위스, 프랑스, 영국 등지에서 많은 저술을 남겼다. 스트라스부르그의 마틴 부써의 동지였으며, 노년기에는 쮜리히의 불링거와 같이 개혁운동을 위해서 헌신하였다.

칼빈은 성경적 설교, 제네바 교회의 재조직과 운영, 강해설교 중심의 예배와 시편 찬송의 회복, 봉사와 권징의 확립, 심지어 민주주의와 자본주의 정신에 이르는 근면과 직업에의 소명의식에 이르기까지 다양하고 광범위한 분야를 다루었다.[10]

엄청난 공헌을 남기게 된 칼빈의 기본적인 사역이자 제네바 교회를 개혁한 수단들은 세 가지로 압축될 수 있다.

첫째, 설교를 통해서 제네바 시민들을 교화하고 도덕적으로 변혁하도록 하였다. 제네바 시를 세 지역으로 나누어서 시민들이 주일 예배에 참석하도록 하였다. 칼빈은 세 교회 모두 다같이 성경말씀을 순서대로 풀이하여 나갈 것을 강력하게 촉구하고 있었다. 1541년 여름

---

[8] Andrew Pettegre, "Calvinism in Europe," in *John Calvin's Impact on Church and Society, 1509-2009*, eds., Martin Ernst and Martin Sallmann(Grand Rapids: Eerdmans, 2009), 35-47.

[9] Christoph Strohm, "Petrus Martyr Vermigli's *Loci Communes* und Calvins *Institutio Christianae Religionis*," in *Peter Martyr Vermigli: Humanism, Republicanism, Reformation*, eds., Emidio Campi, Frand A. James III, & Peter Opitz(Geneva: Droz, 2002), 77-104. Frank A. James III, *Peter Martyr Vermigli and Predestination: The Augustinian Inheritance of an Italian Reformer*(Oxford: Clarendon Press, 1998).

[10] Martin Ernst Hirzel & Martin Sallmann, eds., *John Calvin's Impact on Church and Society, 1509-2009*(Grand Rapdis: Eerdmans, 2009), x.

에 다시 돌아와서, 2년여 전에 떠날 때에 중단했던 그 다음 본문에 대해서 강해설교를 이어갔다. 25년 동안 약 4천 편의 설교를 통해서 성경의 가르침을 풀어주었다. 때로는 직접적으로 시의회의 불의를 질타하기도 했고, 다음 해에는 더 나은 시의회 의원을 선출해야 한다고 역정을 내기도 했다. 그의 설교와 강의에 담긴 성경적인 역동성은 성령의 감동과 감화에서 나오는 것으로 유럽 각지에서 진리에 대하여 타는 목마름으로 모여드는 난민들에게 생명수와 같이 부어졌다. 설교의 역동성은 성령의 감동과 기름부으심으로 가능하다. 그런데 현대 세계 칼빈 신학자들에게마저도 이런 성령의 신학자의 모습이 여전히 잊혀져있다.

둘째, 칼빈은 당회를 통한 권징을 철저히 시행하였다. 제네바 시민들은 25명 내외로 구성된 목회자와 장로들이 시행하는 훈계를 수행하였다. 매년 당회원들은 시민들의 투표로 개편되었다. 당회는 성만찬에 참석하는 성도들의 영적인 순결을 촉구하였다. 간섭을 받아야 하고 평가를 당한다는 면에서 당연히 불평이 쏟아져 나왔다. 제네바에서는 아직도 로마 가톨릭에서 길들여진 미신숭배 전통이 남아있었다. 칼빈의 요청으로 엄격히 금지되었지만, 여전히 의심이 드는 행동들은 매주 목요일 열리는 당회 앞에서 해명해야만 되었다.

제네바 당회는 시의 도덕적인 질서를 세우는 일에 전적인 권한을 갖고 성도들의 행위를 감독하였다. 각종 음행들, 성적인 타락, 놀음, 과도한 음주, 방탕을 부추기는 춤추기 등은 당회 앞에서 고백하고 회개한 후 처벌을 받았다. 상업적인 거래에서 속임수와 고리대금도 엄격한 징계의 대상이었다. 1550년의 경우, 아직 칼빈의 지도력이 확고히 정착되지 않았던 시기인데, 제네바 시민의 약 6.5%가 치리를 받았다.

당회의 처벌은 세 가지로 압축된다.[11] 개인적인 권고를 통해서 회개하게 하되, 비밀리에 당회에서만 반성토록 기회를 주고 마무리 되었다. 거의 대부분은 칼빈이 권면과 조언을 직접 제시하였다. 반성하지 않는다거나, 좀 더 심각한 범법자들은 회개와 반성의 분명한 증거가 나타날 때까지 성찬에 참여하지 못하도록 규제를 당했다. 아주 심각하게 공공의 안정을 해친 자들은 시정부의 처벌기관으로 이관되었다. 또한 교회 전체 앞에서 회개와 반성을 요구하는 경우도 있었다. 당회는 막강한 힘을 가지고 성도들의 윤리적이고 도덕적인 행동을 규제할 수 있었다.

셋째, 칼빈이 사용한 제네바 개혁의 도구는 법적인 통치였다. 교회는 영적인 통치기관일 뿐이요, 시민사회는 시정부의 주무관청에서 제시된 시민법을 지켜야만 한다. 시정부는 하나님의 나라를 위해서 사용되는 권세이므로 상호 보완해야 한다. 시 정부는 교회의 목회자들을 지원하고, 지도력이 발휘되도록 협력해야만 한다.

1545년 삐에르 아모가 칼빈은 거짓 교리를 증거하는 교활한 외국인이라고 비꼬았다. 그는 카드를 만드는 공장을 운영하였는데, 여러 사람을 초대하여 반대파를 규합하려던 자였다. 시의회는 아모에게 직접 칼빈을 찾아가서 무릎을 꿇고 사죄를 하라고 명령하였다. 칼빈은 이런 정도의 사과로는 만족할 수 없다고 하면서, 보다 합당한 처벌이 주어질 때까지 설교할 수 없다고 버텼다. 시의회는 공개적인 회개를 명령하였다. 가느다란 꼬리표를 끌면서, 제네바 시내를 따라 매

---

11 Phillip Benedict, *Christ's Churches Purely Reformed: A Social History of Calvinism* (New Haven: Yale University Press, 2002), idem, "Calvin and the Transformation of Geneva," in *John Calvin's Impact on Church and Society, 1509-2009*, 5-8.

교차로에서 용서해 달라고 외쳤다.

칼빈은 자신이 하나님의 말씀의 사역자이기에 마땅히 존중을 받아야 한다고 생각했다. 칼빈은 자신의 설교나 교리에 대해서 거역하거나 도전하는 자들을 단호히 대처하였다. 하나님의 영광과 위엄을 소홀히 취급당하지 않으려는 의도에서이다.

제네바 원주민들은 숫자가 압도적으로 많음에도 불구하고 외국에서 온 설교자들에 의해서 자신들이 지배를 당하고 있다는 불만이 가득했다. 매우 불쾌하게 생각하던 자들은 자신들의 강아지 이름에다가 '칼뱅' 혹은 '가인'이라고 붙였다. 1553년에 칼빈은 친구의 결혼식에 참석하기 위해서 단 일주일간 도시를 떠나야 했는데, 지금 도시가 무질서하고 불안하니 도저히 시간을 내서 갈 수 없다고 편지했다.[12] 그들은 칼빈을 비롯하여 외국에서 들어온 난민들에게 야박하게 대했다. 또한 자신들의 삶의 터전을 빼앗겼다고 불평했다.

칼빈의 개인적인 성품에서 주목해 볼 부분들도 있다. 칼빈은 항상 자신을 나그네요 이방인이라고 생각하였다. 그토록 제네바에 막강한 영향력을 행사한 것처럼 보이지만, 개인적으로는 항상 외국인이라는 신분을 인식하고 살았다. 박식한 법학자요, 남다른 성경의 해석자요, 뛰어난 기억력과 비범한 토론소질을 지니고 있었기에, 어떤 논쟁에서도 핵심을 찌르는 발언으로 맞섰으며 결코 물러서는 법이 없었다.

그는 자신이 변호하는 것이 순수한 하나님의 말씀에 입각한 것이라는 확고부동한 소신을 갖고 살았다. 동시에 근본적으로 하나님의 말씀에 대한 경외심으로 가득차서 자신에 대한 그 어떤 도전이라도

12　John Witte & Robert Kingdon, *Sex, Marriage and Family in John Calvin's Geneva*(Grand Rapids: Eerdmans, 2005), 467.

그냥 넘어가지 않고 철저히 말씀에 대한 토론을 거쳐서 확정지었다.

1559년에 칼빈과 동료들이 세운 유일한 교육기관, 제네바대학교는 유럽 전역으로 뻗어나갈 수 있는 칼빈주의자의 요람이 되었다. 고통과 긴장, 때로는 울부짖음과 질병을 끌어안고 한 사람의 선지자가 교회를 통해서 극적인 영향력을 발휘함으로 인해서 종교개혁의 승리와 성공의 발판을 다져나갔다.

2. 성령의 주권을 회복시킨 종교개혁자

이처럼 위대한 종교개혁 시대의 탁월한 신학자 칼빈을 일컬어서 '성령의 신학자'라고 부르는 것은 평범한 성도들과 일부 목회자들에게 다소 생소하게 들릴 것이라 생각한다. 정말 파격적인 용어라고 생각할 수 있다. 하지만, 이미 칼빈을 깊이 연구한 신학자들 사이에서는 무려 백여 년이 넘게 이 칭호를 사용하여 왔으니, '공인된 칭호'가 된지 이미 오래 되었다.

혹자는 '성령의 신학자'라고 부르려면, 칼빈에게 '성부의 신학자' 혹은 '성자의 신학자'라는 말을 해서는 안 된다는 것이냐고 반문할 수도 있을 것이다. 물론, 칼빈은 삼위일체 하나님을 철저히 믿었던 사람이므로 어떤 칭호든지 붙여도 가능하다.

하지만 굳이 '성령의 신학자'라는 명칭을 사용한 연유는 그의 신학 체계에서 항상 성령의 인격과 사역이 성경적으로 강조되었으며, 중세 말기 로마 가톨릭 교리에서 왜곡되어 왔던 성령의 역할에 대한 설명이 제 위치로 회복되었기에 붙이게 된 말이다. 기독교 신학의 발전

역사에서 가장 온전하게 성령의 주권적 사역에 대한 정리를 함으로써 성경적 진리를 회복시켰기에 칼빈에게 이 명예로운 호칭을 붙이게 된 것이다.

> 우리는 오직 이 한마디 말씀만으로도 성령의 권위를 빙자하여 태초부터 교회에 들어온 사탄의 모든 허구적 고안들이 날조된 것임을 증명할 수 있다. 이슬람교 모하메드와 천주교의 교황은 성경에는 완전한 교리가 완전하게 들어있지 않기 때문에 좀 더 고차원적인 교리가 성령에 의해서 계시되어 왔다는 것을 주장한다. 재세례파와 자유방임파들은 오늘 우리의 시대에 똑같은 수렁에 빠져서 미쳐있다. 복음과는 거리가 먼 가르침이나 교리를 소개하는 영은 속이는 자요 그리스도의 영이 아니다. 그리스도께서 약속하신 성령은 복음의 가르침에 인을 쳐서, 그 가르침을 확증하는 일을 하는 분이시기 때문이다.[13]

칼빈은 비밀 계시를 받았다고 주장하는 교황이나 모하메드나 직통 계시를 받는다는 재세례파나 신령주의자들을 단호히 배척한다. 그들이야말로 성령 하나님의 역할을 모독하는 것이요, 그리스도의 복음을 왜곡하는 일이기 때문이다.

인간의 부패한 욕심에서 나온 것이 바로 하나님 대신에 눈에 보이

---

[13] 칼빈, 요한복음 14:26 주석. *Calvin's New Testament Commentary*, ed. D. W. Torrance, and T. F. Torrance(Grand Rapids: Eerdmans, 1964); 『칼빈주석』 18(크리스챤 다이제스트, 2012), 582.

는 우상을 숭배하는 것이다. 항상 보이는 우상을 통해서 위안을 삼으려는 인간의 어두운 욕심 때문에 영적인 어둠에 빠져있다. 성령의 사역이 없이는 하나님을 믿는다는 것이 불가능하다.

> 여기서 우리는 인간의 본성 자체가 말하자면, 영속적인 우상의 제조공장이라는 것을 알 수 있다…사람의 마음이 교만과 담대함으로 가득 차 있어서 감히 자기들의 역량대로 하나님을 상상해 내는 것이다. 거짓되고 허망한 우상을 하나님 자리에 대신해 가져다 놓은 것이다.[14]

끊임없이 우상을 생산하고 있는 인간의 마음에는 교만과 대담한 무지가 가득 차 있다. 칼빈의 맑은 영혼이 인간의 적나라한 본성에 대해서 정곡을 찌르는 지적이다. 칼빈은 오직 성령의 사역에만 의존하려 한다.

그러나 너무나 예리하고 명석하기에 칼빈의 신학사상은 같은 견해를 갖지 않은 다른 기독교 교회들과 충돌과 대립을 불러일으킨다. 장로교회에 다니지 않는 분들은 칼빈에 대해서 제대로 공부하거나 알아보려고 하지도 않으면서도 남들이 말하는 불평과 불만을 듣고서 그저 따라가는 경우가 많다. 칼빈의 예정론에 대한 선입견을 가진 감리교회 목회자들과 신자들은 정확하게 확인하지도 않았으면서 부정적으로 거부하려든다. 칼빈이나 장로교회를 싫어한다. 왜 하필이면 칼빈의 신학사상을 배워야 하느냐고 생각하는 분들도 있을 것이다.

---

14 John Calvin, *Institutes of the Christian Religion*, tr. F. L. Battles(Philadelphia: Westminster, 1959), I.xi.8. 이 후로는 *Institutes* 혹은 『기독교 강요』로 표기함.

그리고 장로교회에 속한 분들이라도 '아니 칼빈이 도대체 어느 시대 사람인데 아직까지도 칼빈이야?'라고 반문하는 사람들이 있을지 모른다. 어찌하여 5백년이나 지나간 사람의 이름을 가지고 세계 기독교회에서 가장 표준으로 규정하는 정통신학이라고 하는 것인가? 혹시 한국 교회가 자신의 주장을 정당화하려고 칼빈의 명성을 활용하는 것은 아닌지 의문을 제기할 수도 있을 것이다.

칼빈의 신학적 유산을 받아들이지 않는 교회나 교파들이 적지 않고, 또한 전혀 다른 기독교 지도자들에 의해서 태동된 교파와 교단에 속한 교회를 섬기는 분들도 많이 있는 것이 사실이다. 칼빈과 거리감이 있는 교단에 속한 분들은 상당히 거부감이 있을 지도 모를 일이다. 특히 신학을 전문으로 공부하지 않은 분들은 칼빈의 신학사상이라는 단어만 들어도 부담을 느끼리라 생각된다.

그럼에도 불구하고, 우리가 아직도 칼빈이라는 신학자가 당대 혼돈을 극복하면서 정리해 놓은 것들과 그가 실천하였으며 실체로 남긴 유산들을 배워야 하는 이유는 너무나 분명하다. 칼빈에게서 순수한 기독교 신앙과 교회의 확고한 기초를 배우게 되기 때문이다.[15] 오직 칼빈 한사람만을 하나님이 특별하게 사용하셨다고 주장하려는 것은 결코 아니다.

종교개혁은 우연으로 빚어진 사건이 아니다. 하나님이 친히 많은 사람들을 사용하셔서 16세기 유럽에서 자신의 교회를 개혁하도록 하셨던 것이다.[16] 루터, 쯔빙글리, 부써, 외콜람파디우스, 멜랑톤, 불링

---

15 Philip Benedict, "Calvin and the Transformation of Geneva," in *Calvin's Impact on Church and Society*, 5.

16 Hans J. Hillerbrand, *The Reformation* (Grand Rapids: Baker, 1987), 16: "The

거, 파렐, 비레, 부겐하겐, 베자, 낙스, 무스쿨루스, 까피토, 쟝 스트룸, 피터 마터 버미글리, 미코니우스, 우르시누스, 올레비아누스, 쟌키우스 등 이루 다 셀 수 없을 정도로 많은 분들이 기여하였다. 그 시대의 기라성 같은 수재들이 곳곳에서 신학자이자 목사로서 중요한 개혁의 주도세력으로 역할을 수행했었다.

하지만, 이들 가운데서 가장 성실하게 성경을 연구하던 칼빈에게서 유독 우리가 많은 것을 얻을 수 있는 이유는 성경적인 진리를 세우는 설교와 성경 해석과 논증에 뛰어났기 때문이다. 단순히 신학체계만을 정리하는 재능으로 끝이 난 것이 아니라, 스위스 전역에 영향을 끼치도록 제네바 교회를 세워나감으로써, 개혁주의 교회의 모범을 이루었기 때문이다. 그의 손과 활동으로 기독교 진리를 확고하게 세워놓게 하심으로서 그 후대에 오는 세대에게 영적인 감동을 주는 개신교회의 모델이 되고 있기 때문이다.

지난 기독교 교회의 2천년 역사 속에서 사도 바울과 어거스틴 이후로 가장 성경적인 신학을 체계화한 인물로 칼빈을 손꼽고 있다.[17] 세계 교회가 믿어야 할 보편적인 기독교의 핵심진리를 종합적으로 찾아서 정리하고 세웠으며, 천 년을 내려온 중세 로마 가톨릭교회의 모순을 파헤치고 다시 한번 성경에 입각한 교회의 갱신, 예배의 갱신, 신학의 갱신을 제시해 주었기 때문에, 결국 우리는 칼빈의 저서를 참

Protestant Reformation of the sixteenth century was no accident—unless all of history is accident."

17 Richard Lints, *The Fabric of Theology: A Prolegomenon to Evangelical Theology*(Grand Rapids: Eerdmans, 1993): 154-161. David Tracy, *On Naming the Present*(Maryknoll, N.Y.: Orbis, 1994), 32-33.

고하지 않을 수 없는 것이다.[18] 칼빈은 교파와 교단을 초월하여 기독교의 핵심진리를 가르치는 교사로서 영향을 미치고 있다.

교단과 소속 교파를 초월하여 생각해 보라고 권유하고자 한다. 장로교회에 출석하든지 하지 않든지 간에, 모든 기독교 신자들에게 부탁드리고 싶은 말이 있다. 제발 칼빈이라는 사람을 잘 모른다면, 어떤 선입견에 좌우되지 말아달라는 것이다. 우선 매우 딱딱한 조직신학을 정리하여 펴낸 철저하고도 냉엄한 사람이라는 선입견을 벗어버리라는 말씀을 드리고 싶다.

칼빈을 우상화해서도 안 되지만, 동시에 그를 무작정 부정적으로 격하시키는 것도 역시 공정한 태도가 아니기 때문이다. 더욱이 아무런 근거도 없이 '예정론에 사활을 건 신학자'로만 단정을 지어버린다면 잘못된 전제에서 벗어날 대책이란 전혀 없는 것이다. 다른 사람의 말에 따라서 혹은 떠돌아다니는 소문을 믿지 마시기를 부탁드린다. 판에 박힌 소리를 계속 듣다 보면 편견에 휩싸이게 된다. 자주 듣는 말은 결국 익숙한 진리가 되어버려서 사실 여부를 확인하지도 않으려 하게 된다. 부디 칼빈에 대해서 잘못된 인상을 가지고 있다면, 제발 거두어 주시라고 부탁드리고자 한다.

칼빈은 16세기에 프랑스에서 태어나서 법학공부를 통해서 성숙했지만, 박해로 인하여 조국에 돌아가지 못하고 스위스 제네바에서 일생을 '나그네'이자 '피난민'으로 살아간 사람이다. 그러므로 칼빈도 그 시대의 아들이었다. 그래서 어떤 부분에 있어서는 한계를 갖고 있다. 더구나, 그는 유럽 사람이어서 오늘날 한반도에서 살고 있는 우리의

---

18 김재성, 『기독교신학, 어떻게 세워야 하나』(합동신학대학원 출판부, 2004), 제5장 "신학의 개혁과 그 열매: 칼빈의 개혁정신과 한국 교회의 갱신".

시대적 고뇌를 다 책임지고 해결해 줄 선견자는 아니다. 하지만, 우리가 칼빈에게서 배움을 얻어야 할 것은 매우 많다. 칼빈은 그리스도에 대한 진리를 새롭게 성경에서 발견하여 회복시킨 사람이고, 철학이나 전통이 아니라 성경에 의존하는 진리들을 확실하게 가르쳤기에 우리는 기독교 교회의 공통교리와 기초를 배워야만 한다.

칼빈의 제네바 교회 제도와 예배는 유럽을 비롯하여 전 세계 곳곳에 광범위한 영향을 발휘하였다. 결국 성경의 핵심을 연구하려면 칼빈의 도움을 받을 수 밖에 없다. 한국에 있는 기독교인이나, 세계 그 어느 곳에 사는 성도들이나 동일하게 칼빈 사상을 공부하고 있는 이유는 복음에 대한 보편적 진리를 이해하게 되며, 복음의 능력 가운데서 교회를 든든히 세우는 교훈들을 얻게 되기 때문인 것이다.

3. 침체된 교회를 살려내다

칼빈주의는 성령의 인도하심과 내주하심에 철저히 의존하는 교회를 중심으로 세워졌다. 칼빈은 혼돈에 빠져있던 제네바 교회를 철저한 신앙공동체로 바꿔놓았다. 그야말로 일생에 걸친 그의 헌신적인 희생과 투쟁의 산물이었다.

칼빈은 분명하고도 확고한 신념을 갖고 말씀을 선포하였다. 성경에 대한 믿음과 확신은 성령의 역사로 갖게 되었다. 무모한 자기 과시나 소영웅주의에 빠진 자만심의 선포가 아니라, 자신의 인격에서 체험하는 자비로우신 하나님의 주권을 신뢰하던 것이다. 칼빈은 자신의 신학을 비판하고 거스르는 수많은 대적자들과 맞서서 목회사역을 감당해야만 했었다. 그는 어떻게 흔들리지 않고 확신을 가지고 나갈 수 있었을까? 종교개혁의 소용돌이 속에서 때로는 약해질 수 있고, 조롱과 비난에 부딪혀서 인간적으로는 비참할 수밖에 없었는데도, 그가 흔들리지 않는 견고한 믿음과 예수 그리스도를 향한 신뢰를 지속할 수 있었던 비결은 무엇이었을까? 깊은 연구와 경건한 생활의 근거는 바로 성령께서 주시는 마음과 위로였다.

우리는 하나님을 볼 수 없지만, 성령의 능력으로 마음에 확신한다. 우리가 예수 그리스도의 사랑과 희생을 감사하도록 성령께서는 우리의 연약함을 채워주시고, 위로해 주신다. 한국 교회도 다시 한번 신뢰를 받고 활발하게 살아나려면, 칼빈에게 주어졌던 성령의 감화와 감동을 모두가 체험하여서 성령의 사람으로 확고하게 일어나야 한다. 모든 성도들이 확실한 은혜를 받아서 성령의 열매를 맺어야만 한다. 아름다운 열매들은 성령으로 살아가는 사람이 영생의 맛을 보는 내용이다. 살아있는 역동성을 유지하면서, 창조적인 비전을 안고 나아가려면, 오직 성령의 인도하심에 의존하여야 한다.

사람의 감정이나 흥분이나 종교적 체험은 일시적이다. 사람이 만들어낸 프로그램이나 목표들도 시간이 지나면 낡아지고 만다. 오직 심령을 새롭게 하시는 성령의 부어지심이 있어야만 거룩한 사랑이 역사하게 된다.

칼빈주의는 새로운 구원론을 제시했다. 면죄부와 고해성사, 미사 참여로 혼돈을 겪고 있던 중세 말기 로마 가톨릭교회의 모순과 미신적인 신앙행태를 제네바 교회에서는 완전히 철폐했다. 죽은 자를 위한 기도, 촛불을 밝혀놓고 성자들의 공로에 의지하려는 기도는 금지되었다. 성령의 신비로운 작동에 의해서 예수 그리스도께서 성취하신 구원이 개인에게 믿음을 주며, 말씀으로 교회에 감동을 주신다는 점을 역설하였다.

로마 가톨릭의 구원론과 교황제도의 비성경적인 문제점은 아직도 해결되지 않았다. 로마 가톨릭은 고집스럽게도 성례 중심의 신앙생활과 성직자 중심의 구원론을 수정하지 않고 있다. 로마 가톨릭의 교리에는 올바른 성령의 인격과 사역이 들어갈 자리가 없다. 하지만 16세기에 칼빈은 성령의 주권을 회복시켜서 제자리에 위치하게 했다. 로마 가톨릭교회에서는 지금도 여전히 교회, 특히 성직자가 실시하는 성례를 통과해야만 구원을 얻는다고 강조한다. 칼빈은 이런 주장에 대해서 성경적인 가르침이 아니라고 강력히 반대하였다.

> 우리는 하나님의 성령으로 말미암아 새롭게 될 때에 값없이 주어지는 죄사함으로 인해 의롭다 하심을 받음과 동시에 죄의 저주가 더 이상 우리 안에 머물러 있지 못하게 된다.[19]

> 성령의 지배를 받지 않는 자들은 그리스도께 속한 자들이 아니다. 따라서 육신을 섬기는 자들은 그리스도인이 아니다…사람들이 하나님의 말씀으로부터 떠나, 자신들은 하나님의 영은 알지 못하면서도 그리스도인이라고 자랑하고, 하나님의 영을 말하는 다른 사람들의 신앙을 조롱하기까지 하는 것은 정말 끔찍한 일이다. 그런데 교황주의자들의 철학이 그러하다.[20]

---

19 칼빈, 로마서 8:2 주석. *Ioannis Calvini Commentarii*(1539).
20 칼빈, 로마서 8:9 주석.

이 책의 제목을 『존 칼빈 성령의 신학자』라고 붙이는 이유는 역동적이며 감화력을 지닌 그의 신학의 특징을 강조하기 위함이다. 또한 이러한 성령의 역사를 존중하며 그 권능에 사로잡힌 칼빈의 관점으로 한국 교회가 다시금 소생하게 되기를 바라는 마음이 간절하기 때문이다.

칼빈은 성령의 역동적 사역을 깊이 인식하여 성경적 신앙을 정립하였고, 설교사역, 성경의 해석, 기도생활, 각종 목회활동에서 성령의 감화력을 강조하였다. 칼빈의 확신에 찬 설명을 들어보자.

> 도덕적 추측에 관계된 궤변론자들의 쓰레기 같은 주장들에 대한 훌륭한 반박이다. 그들의 그런 주장들은 제대로 알지 못하여 확신을 갖지 못하고 불안해하는 망상에 사로잡혀서 이리저리 휩쓸리고 있는 그들의 심령을 그대로 반영하는 것이다. 이 구절은 그들의 그러한 반론에 대하여 답변을 제공한다. 왜냐하면 그들은 '사람이 어떻게 하나님의 뜻을 확실하게 알 수 있는가?'라고 질문하는데, 실제로 사람이 자신만의 힘으로 하나님의 뜻을 확실하게 아는 것은 불가능하지만, 하나님의 영으로 말미암아서는 가능하기 때문이다.[21]

칼빈은 하나님의 아들에 대한 확고한 지식을 주는 분은 오직 성령이라고 강조한다. 성령에 의해서 하나님의 약속이 예수 그리스도 안에서 분명하고 명백하게 실현되었음을 확신하게 된다.

---

21 칼빈, 로마서 8:16 주석.

'성령의 신학자'라고 해서 칼빈이 오직 성령론만을 가르친 것은 아니다. 그는 종합적으로 모든 기독교인들이 믿어야 할 보편적 교훈을 성경에서 찾아 바로 정립하고자 노력하였다. 이를 위해서 일생동안 강단에서 외쳤고 신학생들에게 강연하였다. 때로는 잘못된 가르침을 제거하기 위한 논쟁에 참여하기를 주저하지 않았다.

그가 논쟁에서 취한 엄격한 자세와 명쾌한 분석 때문에 불이익을 당한 사람들도 있었다. 제네바에서 행한 '권징'때문에 칼빈을 비판하는 사람들도 있다. 로마 가톨릭은 말할 필요도 없고, 루터파, 자유파, 재세례파, 심지어 같은 쮜리히에서 활동한 쯔빙글리파 개혁주의자들도 때로는 칼빈과 의견을 같이 하지 않는 부분도 있었다.

하지만 이들 경쟁자들이 쏟아놓은 비판의 내용들은 칼빈의 신학에 대한 권위를 더욱 높여주고 말았다. 이런 비판자들로 인하여서 밤잠을 설치면서 남긴 칼빈의 저술들이 오늘날 더욱 빛을 발하고 있다.

'성령의 신학자' 칼빈을 잘 모르고 비판하는 사람들이 너무나 많다. 칼빈의 신학에 대해서 들어볼 기회가 없었다면, 제발 세계 신학계에서 왜 '성령의 신학자, 칼빈'이라는 말을 사용하고 있는가를 알아보기 바란다. 왜 이런 명칭을 사용하게 되었는가를 연구해 보고 찾아보기를 권유 드린다.

환난 가운데서도 경건한 자들에게는 큰 위로가 있다. 아버지 되신 하나님의 인자하심을 신뢰하면서, 성령으로 인해서 구원의 확신을 갖게 되고 심령의 평안을 얻게 된다.

> 우리가 모든 면에서 깨어지기 쉽고, 온갖 연약한 것들이 우리
> 를 무너뜨리려고 위협할지라도 하나님의 영은 그런 우리가

> 무너지지 않고 무수한 악들에 의해서 압도당하지 않게 하시며 충분할 정도로 우리를 보호해 주신다. 아울러, 성령이 이렇게 우리에게 힘을 공급해 주신다는 사실은 우리가 신음하고 탄식하며 우리의 속량을 향하여 힘써 나아가는 것이 하나님이 정하신 것임을 우리에게 더욱 분명하게 증명해 준다.[22]

그리스도는 하나님의 사랑에 대한 보증이며, 우리를 향하신 하나님의 인자하심은 변함이 없다. 이러한 복음과 가장 순수한 기독교의 보편적 진리를 체계적으로 정리하고자 할 때에 칼빈의 해석들은 견고한 기초가 된다. 우리는 "믿음의 주요 또 온전하게 하시는 이인 예수"(히 12:2)에게로 돌아가려는 것이지 한 사람 유명한 신학자에게 얽매여서 정통성을 주장해보려는 것이 아니다. 칼빈이 말했다는 몇 마디에 따라서 성령에 관한 유명한 격언이나 소개하면서 그치려는 것은 결코 아니다. 칼빈을 인용하되 자신의 정통성을 확보하기 위해서나, 유식함을 드러내고자 하는 것은 지식인의 속임수요, 오용이자 남용이다.

더구나, 칼빈을 비판하는 사람들의 경우라면, 자기가 속한 교단의 신학이 장로교회 신앙체계보다 우위에 있다는 것을 나타내고자 하려는 것은 아니었는지 묻고 싶다. 칼빈의 사상을 비판하고 깎아 내리려는 것에는 자기가 주장하는 신학을 더 높은 지위에 올리려고 하는 의도가 없는지를 반성해야 할 것이다. 선교사들을 통해서 전수된 칼빈의 신학사상은 한국 교회의 건전한 기초석이 되어 왔기 때문에, 장로

---

[22] 칼빈, 로마서 8:26 주석.

교회에서는 친숙한 편이다. 한국의 그 어떤 개신교회든지 기독교 핵심진리를 풀이함에 있어서 칼빈의 신학 사상과 멀리 떨어져 있다거나 스스로 터득했다고 말할 사람은 거의 없을 것이다.

칼빈의 신학사상을 활용하여 복음의 내용을 정확하게 전파하려면 '성령의 주권적 사역'을 이해하여야 한다. 칼빈은 성령의 역사와 성경 전체의 가르침과의 근본적인 연계성을 강조한다. 그는 성령을 떠나서, 성령의 간섭이 없이는 성경의 내용을 해석하거나 교훈을 세울 수 없다고 말한다. 성령의 조명하심에 따라서 계시가 선포되고 알려지는 것이다.[23]

성령의 역사하심을 강조하는 칼빈의 교리적 설명들을 그냥 교과서적으로 암기하거나 그저 나열하는 데 그치게 된다면 그것은 생명력을 잃어버리고 말 것이다. 칼빈의 교리에 대한 교과서적 암기는 오래 가지도 않을 것이므로 결코 도움이 되지 않는다. 그의 신학이 형성된 지 거의 5백여 년이 흘러갔는데도 세계의 신학자들이 여전히 큰 감화를 주고 있는 것은 그의 신학에 담긴 신선함과 역동성 때문이다. 칼빈의 저술들 중에서 어떤 부분들은 우리 한국에 사는 성도들에겐 다소 어렵다고 느껴질 부분들이 있을지도 모른다.

하지만 차분하게 그의 글을 읽어보면, 복음을 갈망하던 청년 칼빈이 점차 성장하면서 성경에 담긴 성령의 역동적인 사역과 인도하심을 통해서 확신과 위로를 발견하게 되었음을 보여준다. 중세신학이 신비주의와 모호한 영성신학에 빠져서 잃어버린 성령의 사역을 선배 종교개혁자들의 신학체계를 참고하여 명료화했다. 그의 여러 저술 속에서

---

[23] Michael S. Horton, *Covenant and Eschatology : The Divine Drama*(Louisville: Westminster John Knox Press, 2002), 209.

우리는 기독교 신학의 종합적인 안목과 성령의 내주하심을 통해서 체험하게 되는 확실한 위로를 발견하게 된다.

칼빈의 글은 어디를 펴 놓아도 성령의 역사하심에 대한 언급에 주목하게 된다. 바로 성경에 담긴 성령에 관한 교훈이 그대로 살아있기 때문이다. 기독교 성도들은 성령이 주시는 예수 그리스도의 진리와 지혜로 오늘의 혼탁한 사상적 위기상황을 극복하는 분별력을 갖도록 도움을 받게 된다.

> 그러므로 이제 그리스도 예수 안에 있는 자에게는 결코 정죄함이 없나니 이는 그리스도 예수 안에 있는 생명의 성령의 법이 죄와 사망의 법에서 너를 해방하였음이라(롬 8:1-2).

이 말씀은 율법주의와 바리새적인 교육을 받아왔던 사도 바울이 복음에서 터득한 엄청난 확신의 고백이었다. 성령의 사역을 확신하게 된 칼빈의 경우에도 마치 바울 사도의 감격과 같은 기쁨이 넘치게 되었던 것이다. 로마 가톨릭의 오류에서 벗어나서 순수한 신앙내용을 터득하여 제시해 놓았고, 세계 기독교인들이 이를 따르게 되면서 '칼빈주의' 혹은 '개혁주의' 교회가 세워지게 된 것이다. 우리 한국 교회는 지금까지 개혁주의 전통과 유산을 선교사들을 통해서 물려받았고, 앞으로도 성경적이며 종합적인 확신을 더욱 견고히 세워 나가야 한다.

지금은 기독교 진리의 본질과 핵심이 흐려지고 있는 시대이다. 안타깝게도 스위스 제네바에서 이룩한 종교개혁의 정신은 한국 교회의 제3세대들에게 정확하게 전수되지 못하고 점차 심각할 정도로 흐려지고 있다. 최근 한국 신학 교육기관의 학생들이나 교회 지도자들은 '개혁신학' 혹은 '칼빈주의'라는 것을 미처 정확하게 배우기도 전에 보수적인 장로교회의 문화와 분위기 때문에 아무런 매력도 느끼지 못하는 실정이다. 최근 교회 지도자들은 자신의 정통성을 내세우기 위해서 칼빈을 자주 거론하거나 '칼빈주의', '정통신학', '보수주의', '개혁주의'라는 용어를 즐겨 사용하는 사람들에 대해서 큰 실망을 하고 있다.

한국 교회에서는 기독교의 정통성을 주장하려할 때에 '칼빈주의자', '개혁주의자'라는 말을 한다. 그러나 그 핵심 내용마저도 정확히 이해하지 못한 채 제멋대로 적용하고 주장해서 혼선이 일어난다. 시대마다 신학적인 관심이 달라지고 용어들도 많이 바뀐다.

20세기 중반 이후로는 '개혁신학'이라는 용어보다는 '복음주의'라는 말을 더 많이 사용되고 있다. 미국에서 일어난 '복음주의 운동'은 칼빈주의 전통과 청교도들의 신앙유산을 물려받은 기독교 교회에 상당한 훼손을 초래했다.[24]

현대 복음주의 운동은 침례교회, 웨슬레안들, 오순절 교단들이 주도하고 있는데, 세속화된 상업주의를 받아들이는 경향이 있다.

또한 복음주의에는 성경보다는 현대인들의 요구와 필요에 맞추려는 적극적 사고방식과 같은 심리학적 접근들이 많다. 인간의 체험과 회심을 강조하면서도 교리적 분별력은 갖추려 하지 않는다. 그저 인간 중심의 관용주의를 받아들이는 입장이다. 사람에게 편리하고 즐거운 것들을 따라가려는 세속적 상업주의와 성공적 기복신앙 등 소

---

[24] David F. Wells, *No Place for Truth: or Whatever Happened to Evangelical Theology?*(Grand Rapids: Eerdmans, 1993), 23.

비중심적인 접근들도 역시 복음주의라는 이름하에 성행하고 있다. 칼빈 사후 오랜 세월에 걸쳐서 청교도들이 계승하여 후손들에게 물려준 기독교 신앙의 정체성과 통일성이 신정통주의, 신복음주의, 에큐메니칼 운동 등 새 물결에 의해서 훼손되어 왔다. 이 시대에 복음의 기본을 회복하고 갱신하고자 할 때에, 다시 우리는 칼빈의 신학사상을 강조할 필요가 있다.

'성령의 신학자'라는 다소 거창한 명칭을 칼빈에게 수식어로 붙이게 된 이유는 그가 오직 성령에 대해서만 집중적으로 치중하여 사역했다거나 신학저술을 발전시켰기에 하는 말이 아니다. 칼빈의 신학이 오직 성령론 한 분야에만 집중되어 있다거나, 성령론만을 전문으로 연구한 신학자라는 의미를 부여하려는 것이 아니다. 추호도 오해가 없기를 바란다.

칼빈은 20세기 초엽 오순절 운동을 일으킨 미국의 방언파 '아주사 그룹'이나, '하나님의 성회'라는 교단처럼 성령 은사주의를 추구한 사람이 아니다. 칼빈은 성령의 능력 체험에 대해서 집중적으로 강조하거나, 성령의 체험중심으로 신학을 재구성하는 사람들처럼 편향성을 가진 신학자가 아니었다. 칼빈은 기독교 신학의 발전 역사에서 오직 성령론이라는 한 분야에 관하여서만 공헌을 남긴 것이 아니다.

사실 칼빈은 16세기 유럽 종교개혁의 소용돌이 속에서 그 어느 누구도 이루지 못한 종교개혁을 총망라하는 개혁주의 신학을 정립하여 거대한 업적을 남긴 사람이다.[25] 그가 기독교 신학사의 발전사에서 남긴 선구자적인 공헌들은 이루 다 셀 수 없을 정도이다. 하나님

---

25 David C. Steinmetz, "The Theology of Calvin and Calvinism," in *Reformation Europe: A Guide to Research*(St. Louis: Center for Reformation Research, 1982), 211–32.

을 아는 교리(인식론)의 확립, 경건 신학의 정립, 기독론에서 신성과 인성의 교류, 예수님이 맡으신 삼중직(선지자, 왕, 제사장)에 대한 교리, 구원론에서 칭의와 성화, 그리스도인의 삶에 관한 교리들, 고해성사의 허구를 갈파한 점, 구원의 확신과 예정론의 옹호, 교회론에서 참된 교회의 표지, 직분론의 확립, 장로제도의 회복과 교회의 독립권 쟁취, 세례와 성만찬에서 그리스도의 영적 임재 등 헤아릴 수 없는 신학 주제들에 대해서 최초로 명쾌한 교리를 체계화한 신학자였다. 가히 기독교 신학의 발전역사에서 그 누구도 견줄 수 없는 공헌을 남겼다. 역시, 성령론 분야에서도 칼빈은 종교개혁의 혼돈기에 가장 명쾌한 성경적 체계와 해석을 세워 놓았다.

신학자들이 앞다투어서 칼빈에게 '성령의 신학자'라는 위대한 호칭을 헌상하게 된 이유는 무엇인가? 성령 하나님이 친히 주권적으로 구원을 적용하시는 저자라는 적합한 호칭을 칼빈이 되돌려 주었기 때문이다.

칼빈은 로마 가톨릭교회가 장악하여 행사하고 있던 구원의 적용이라는 권세가 모순임을 적발하고 지적하였다. 구원은 오직 성령의 주권하에 있으며, 그 구체적 적용 사역들은 교회를 통해서 성직자들이 인간에게 전달하는 것이 아니라, 말씀과 함께 역사하시는 가운데 자유롭게 수행하고 있다는 점을 강조하였다.

성령이 친히 주권적으로 이처럼 중요한 임무를 수행했는가에 대한 성경적 이해를 새롭게 제시함으로써 '성령의 신학자'라는 영예를 얻게 된 것이다. 16세 유럽 종교개혁 당시 로마 가톨릭교회는 일곱 가지 성례를 통해서 구원의 은총이 전달된다고 주장하여, 결국 성령의 사역을 무력화시키고 로마 교회에 종속시켜 버렸다. 하지만 칼빈은 그것이 아니라 성령께서 친히 각 사람의 마음속에 믿음을 심어주심으로 구원을 베풀어 주신다는 원리를 천명하였다. 로마 교회가 구원의 적용을 전담하는 것이 아니라는 명쾌한 성경적 주장을 함으로써 성령의 위치를 제자리에 되돌려 놓았던 것이다. 성령으로 하여금 그 위대한 구원 사역의 창시자이자, '양자의 영'으로서 우리 그리스도의 사람들을 하나님의 자녀로 입적시키고 새로운 영을 불어넣은 분이라고 칼빈은 강조하였다.

이것은 오늘날의 기독교인들에게는 전혀 새로운 내용이 아닐 것이다. 하지만, 신학의 역사를 거슬러 올라가면 칼빈이 이를 가장 먼저 체계화하여 올바로 가르쳐 주었고, 그 후로 교회들이 이 기본적인 복음의 기초를 잘 이해하게 되었던 것이다.

뿐만 아니라, 성령의 신학을 아리스토텔레스의 논리학에 입각하여 체계화하여 매우 정교하면서도 교과서처럼 딱딱하지 않았다. 또한 그는 자신이 먼저 성령의 역동성과 권능과 감화력을 실제로 체험하여 구원의 여러 측면에서 예수 그리스도와 연합시키는 사역을 어떻게 하고 있는가에 대하여 풀이해 놓았다. 그래서 우리가 칼빈의 저술들을 읽을 때에는 어디서나 성령의 역사하심에 사로잡힌 사람의 심장을 느끼게 되며, 성령에 감동된 중심에서 나오는 매우 신선하고 순수하며 고결한 감동을 받게 된다.

16세기 유럽에서 일어난 개신교들의 운동은 엄청난 변화를 가져왔다. 수직적인 성직주의를 깨트리고 성경적 종교개혁의 종합적인 완성자로서 칼빈의 공헌을 생각할 때에, 인류 역사상 가장 위대한 신학자라는 찬사가 결코 허황되지 않을 것이다.

더욱이 그가 성경에서 터득하여 제시한 지침들로 인하여 개신교 전체가 도움을 얻은 것을 생각하면 당연한 평가일 것이다. 사실 칼빈은 성령의 신학자라는 명예만이 아니라, 가장 위대한 신학자라는 칭호를 얻기에 부족함이 없는 업적을 남겼다. 적어도 칼빈이 가졌던 다음과 같은 신앙인의 태도는 성령의 신학자라는 찬사가 아깝지 않다. 모든 그리스도인이라면 이와 같아야만 하지 않는가? 칼빈이 자신을 쫓아냈다가 다시 부른 제네바 교회로 돌아가면서, 주변에서 강권하는 분들에게 보낸 편지의 한 부분은 다음과 같이 비장했었다.

> 나는 나 자신만의 것이 아니라는 것을 기억할 때,
> 하나님에게 바쳐진 희생 제물처럼,
> 나는 나의 심장을 하나님께 드리나이다.
> …
> 하나님의 영광과 교회의 유익을 위해서 가장 좋은 것이
> 무엇인지를 바라는 것 외에는 전혀 다른 욕심이 없습니다.
> …
> 나는 하나님께 순종하기 위해서 나의 뜻과 나의 애틋한 감정들을 바치오며, 복종시킬 것이며, 흔들리지 않으렵니다.
> 그리고 나 자신의 뜻을 버려야만 할 때에는 언제든지,
> 주님께서 친히 나에게 말씀하실 것을 소망하면서,
> 나 자신을 복종시키고자 합니다.[26]

---

26 김재성, 『나의 심장을 드리나이다: 칼빈의 생애와 신학』(서울: 이레서원, 2001; 재판, 킹덤북스, 2013), "제10장"에 실린 전문을 참고할 것. Bruce Gordon, *Calvin*(New Haven: Yale University Press, 2009), 122.

칼빈은 성경의 모든 중요한 가르침을 하나도 놓치지 않고 요약하여 제시하고자 노력한 신학자였다. 그래서 다섯 번이나 수정 보완하여 마침내 완성한 『기독교 강요』 최종판(1559년)에는 무려 26가지 중요한 신학 주제들이 총망라되어 있다. 거기에는 하나님과 우리 자신에 관한 지식, 성경의 필요성과 신빙성, 참 하나님에 대한 설명, 삼위일체, 창조, 섭리, 타락한 인간, 인간과 하나님과의 관계, 율법, 구약과 신약의 관계, 그리스도의 위격, 그리스도의 사역, 믿음, 회개, 그리스도인의 삶(자기부인과 묵상), 칭의, 선행과 확신, 그리스도인의 자유, 기도, 선택이 주는 위로(예정론), 최후 부활, 참된 교회, 교회의 권위와 권징, 세례, 성만찬, 교회와 국가 등이 들어 있다. 그 어느 것 하나라도 소홀히 할 수 없는 기독교 진리의 핵심이자 본질적인 것들이다. 모두 다 잘 이해해야 할 기초적인 성경의 교훈들이다.

칼빈은 각종 주제들을 성경에 비교해서 상세히 설명하였는데, 그 내용들이 경건한 신앙고백과 같고, 순수한 성경적 해석과 진술에 심혈을 기울이면서도 설교처럼 토로하는 열정을 담아놓았다. 그리고 그 행간에는 어느 주제에서나 성령의 사역을 빼놓지 않고 연관 지어 설명하여 놓음으로써, 하나님의 영광과 인간 사이의 역동적인 관계성을 건설하여 놓았다.

성경적 신학자로서 칼빈이 당대의 로마 가톨릭교회가 주장하는 문제점을 수정하고자 제시한 핵심적인 내용들 가운데서 성경관, 신론, 기독론, 교회관, 구원론, 성례론, 설교론 등에서 자주 등장하는 것이 성령의 사역이었다.[27] 로마 가톨릭에 따르면, 구원은 로마 교회의 성

---

27 Mark A. Garcia, *Life in Christ: Union with Christ and Twofold Grace in Calvin's Theology*(Milton Keynes: Paternoster, 2008), 133.

직자들이 시행하는 일곱 가지 성례를 통해서 전달되고 주어진다고 하였다. 그러한 교회의 성직주의와 독선적인 주장들로 인하여서 예수 그리스도의 성취와 성령의 적용사역이 전혀 언급조차 되지 않고 잊혀져 버리고 말았다. 칼빈은 성령의 사역이 없으면 예수 그리스도의 구원 역사가 적용될 수 없음을 인식하고 주장하여, 제자리에 되돌려 놓은 신학자이다.

구원은 로마 가톨릭교회의 성직자들이 결정할 사항이 아니다. 구원은 오직 성령의 적용사역에 의하여 결정된다. 성령이 사용하는 믿음이라는 도구를 통해서 인간의 심령에 심어지고, 그 믿음은 하나님의 말씀을 통하여 생겨나고 만들어진다.

성경은 성령에 의하여 감동을 입은 사람들이 써 놓은 책이기에 성령과 떼어놓을 수 없다. 그리고 성령은 성부와 성자와 함께 삼위일체가 되어서 구원사역에 동참한다. 성령은 최초의 예루살렘 교회를 창설하고, 그리스도의 피로 값 주고 사신 교회를 하나 되게 하며, 모든 구원의 방편들을 활용하여서 성부의 계획이 성자로 인하여 성취되었고, 이를 적용하고 보전하는 구원사역을 지속하고 있다. 기독교 신학사에서 성령의 역사를 가장 정확하게 체계화한 최초의 신학자가 바로 존 칼빈이었다.

4. 워필드 박사, "칼빈은 성령의 신학자이다."

칼빈의 성령론이라는 주제가 결코 잊혀서는 안 될 부분이라는 지적을 처음으로 강조한 사람은 지금부터 백여 년 전에 미국에서 칼빈

연구의 기틀을 세운 워필드 박사였다. 필자가 확신을 갖도록 눈을 열어준 것도 역시 워필드 박사가 남긴 칼빈 연구 논문들 속에서였다. 워필드 박사의 칼빈 연구업적은 훗날 영국과 북미주에서 많은 후배 학자들의 칼빈 연구에 길잡이가 되어주었다.

필자가 미국 웨스트민스터신학대학원에서 수학할 때에, 마크 놀(Mark Noll) 박사에게서 '프린스턴 신학'이라는 과목을 수강하였다. 매주 그가 발표한 프린스턴 신학자들에 관한 논문과 저술들을 섭렵하는 한편, '워필드 박사의 경건과 성령이해'를 학기말 논문으로 제출하면서 상세히 연구하였다.

1909년, 칼빈이 출생한지 4백주년이 되던 해에도 미국 남부 죠지아주 사바나에서 칼빈 탄생을 기념하는 대회가 개최되었다. 워필드 박사가 초청강연을 맡았었다. 당시 미국 프린스턴신학대학원 조직신학과 변증학 교수로 재직하던 워필드 박사는 그 해에 칼빈에 관한 논문을 무려 일곱 편이나 쏟아 내놓았는데, 영어권에서 칼빈의 신학을 연구하는 이들의 기초석이 되는 훌륭한 연구 성과였다.

박학다식하여 많은 방면에 지속적인 논문을 펴낸 워필드 박사는 '최고의 신학자, 칼빈'이라는 논문에서 "그 어떤 이름보다도 성령의 신학자라는 위대한 이름이 칼빈에게 합당하다"[28]라고 선포하였다. 그 후로, 주요 칼빈 신학자들이 이를 다시금 재인용하면서 강조하였다.[29] 워필

---

28 Benjamin B. Warfield, "John Calvin the Theologian," in *Calvin and Augustine*(Philadelphia: Presbyterian and Reformed Publishing Company, 1956), 487: "And above everything else he deserves, therefore, the great name of the *Theologian of the Holy Spirit*." S. van der Linde, *De Leer Van de Heiligen Geest bij Calvijn*(Wageningen: H. Veenman & Zonen, 1943).

29 H. Quistorp, "Calvins Lehre vom Heiligen Geist," in *De Spiritu Sancto*, Bijdragen tot de leer van de Heilige Geest bej gelegenheid van het Stipendium Bernardium(Utrecht:

드 박사의 연구 성과 이후로 여러 칼빈 학자들과 성령론 전문가들이 동의를 표시하였고, 이젠 확고한 명칭으로 널리 인정을 받고 있다.

> 성령의 사역이란 교리는 칼빈으로 인해서 그리스도 교회에 주어진 선물이다. 물론, 칼빈이 이것을 개발한 것은 아니다… 그러나 성령의 사역에 대해서 조직적이요 적합한 표현을 제시한 첫 번째 신학자가 바로 칼빈이었다. 그로 인해서, 그를 통해서 그리스도의 교회가 성령의 사역들에 대해서 확실하게 소유하게 되었다. 이는 기독교 교리의 발전에 있어서 칼빈이 끼친 공헌들이 많다는 평범하게 받아들여져 오고 있는 견해를 훨씬 능가한다. 이보다 더 놀라운 교리사의 현상은 더 이상 없었다.[30]

워필드 박사는 칼빈의 여러 저술을 완벽하게 독파한 연후에, 성령의 비밀스러운 역사를 가장 뛰어나게 강조하고 제시한 신학자라고 특징지었다.

V. H. Kemink en Zoon, 1964). Hendrikus Berkhof, *The Doctrine of the Holy Spirit*(Richmond: John Knox Press, 1964), 96. Jrgen Moltmann, *God in Creation*, A New Theology of Creation and the Spirit of God, The Gifford Lectures of 1984-85(San Francisco: Harper & Row, 1985), 11. John Bolt, "*Spiritus Creator*: the use and abuse of Calvin's cosmic pneumatology," in *Calvin and Holy Spirit*, ed. Peter De Klerk(Grand Rapids: Calvin Studies Society, 1989), 17-33.

30 B. B. Warfield, "Introductory Note," in *The Work of the Holy Spirit*, by Abraham Kuyper, tr. Henri De Vries(New York: Funk & Wagnalls Company, 1900): xxxiii-xxxiv, xxxvii.

> 따라서 『기독교 강요』라는 책은 죄악된 인간을 하나님과 거
> 룩한 교제로 인도하며, 죄악된 인간에게 구원을 베푸시는 하
> 나님을 알게 하여 주는 성령 하나님의 사역에 대한 논술인
> 것이다.[31]

그러나 이러한 워필드 박사의 주장은, 그 이전에도 그러하였듯이, 또 다시 20세기 초엽 영어권 장로교회와 개혁교회의 성도들에게 크나큰 영향을 미치지 못하고 말았다. 자유주의 신학, 실존주의 신학, 에큐메니칼 운동 등은 칼빈의 성령론을 덮어버렸다. 특히, 칼 바르트의 신정통주의 신학이 기독론 중심의 신학체계를 제시하면서 칼빈의 성령론은 완전히 묻혀 버리고 말았다.

다른 일부 기독교 교파에서는 칼빈의 신학사상이 너무나 신학적 과학과 같이 논리적이며, 자신과 다른 주장을 하는 사람들과의 논쟁 부분에서는 너무나 자기 주관적이라고 논평하는 사람들이 간혹 있었다. 그러나 워필드 박사는 칼빈에게서 편협한 마음을 가진 교리주의자의 면모가 전혀 들어있지 않았고 오히려 복음을 바르게 파악하려고 노력한 신학자였다고 주장했다. 워필드 박사는 "칼빈은 구원하시는 하나님의 자비하심에만 절대적으로 의존하는 죄인으로서 접근하였다"[32]라고 평가하였다.

칼빈의 성령론을 연구하면서 워필드 박사가 주목한 부분은 칼빈이 구원의 적용자로서 성령의 사역에 대해서 정확하게 서술하여 주었다

---

31 B. B. Warfield, "The Knowledge of God," in *Calvin and Augustine*(Philadelphia: Presbyterian and Reformed Publishing Company, 1956), 130.

32 B. B. Warfield, "The Theology of Calvin," in *Calvin and Augustine*, 484, 487.

는 점이다. 비록 칼빈의 『기독교 강요』에 나타난 구원론에 다소 주관적인 면모가 들어있다 하더라도 그것은 전혀 문제될 것이 없는 것이요, 오히려 구원의 이해를 가장 바르게 접근하여 제시한 훌륭한 이해라는 것이다. 구원은 각각 개개인에게 주관적으로 제공되는 것이므로 그러한 설명을 하는 것이 오히려 구원론을 완벽하게 이해하게 한다는 것이다. 성령은 모든 생명의 창조자요, 저자요, 수여자라고 칼빈은 이해하였다. 칼빈은 구원의 적용자로서 성령의 사역을 가장 강도 높게 주장하였다. 구원의 적용을 통해서 그리스도와 연합을 하게 하는 분이 바로 성령이기 때문이다.

그 밖에도 워필드는 성령의 증거사역에 대해서도 칼빈이 가장 적절한 설명을 남겼다고 지적했다.

> 칼빈이 개혁주의 교회에 기여한 것은 성령의 증거라는 교리가 가장 기본적인 교리라는 것이다.[33]

칼빈은 누구보다도 성경의 진실함에 대해서 증거하는 성령의 사역에 대해서 매우 중요하게 취급하였다. 성경이 하나님의 말씀으로서 권위를 가지는 것은 바로 성령의 사역에 의해서이다. 성경을 하나님의 계시로서 받아들일 수 있는 것은 오직 성령의 내적인 증거가 우리에게 주어지기 때문이다. 성경은 자체 안에 스스로를 입증하는 확증을 오직 성령의 내적증거로부터 확보하고 있다. 성령은 성경 속에 담긴 계시의 확증자로서 성경이 스스로 입증하는 본질을 확실하게 증

---

[33] B. B. Warfield, "The Knowledge of God," 115.

거하여 주는 사역을 하고 있다.

워필드 박사는 칼빈이 성령의 초자연적 사역에 대해서 다음과 같이 말하였음을 주목하였다.

> 칼빈주의가 특별히 주장하는 것은 구원의 초자연주의로서, 이는 영혼 속에서 역사하는 성령 하나님의 긴밀한 사역인 것이다.[34]

다른 말로 하면, 워필드는 당대 신학자들이 진화론과 같은 자연주의적 세계관에 빠져있어서 초월적이요 초자연적인 사역을 이해하지 못하고 있음을 지적하면서, 칼빈의 초자연주의가 성령의 사역이라고 하는 교리적 해결책을 제시했던 것이다. 워필드 박사는 "구원의 초자연주의라는 일관된 교리야말로 칼빈주의라는 이름을 붙일만한 것이다"[35]라고 주장했다.

워필드 박사의 칼빈 해석을 지지하는 최근 학자들의 연구결과에서도 공통점을 발견할 수 있다. 웨스트민스터신학대학원 존 머레이 교수는 "칼빈은 매우 합당하게 성령의 신학자로 명명되었다"[36]라고 말하였다. 머레이의 뒤를 이어서 조직신학을 가르치면서, 최근 성령론

---

34 Warfield, "The Theology of Calvin," 506.

35 Ibid., 507.

36 John Murray, "Calvin as Theologian and Exegete," *Collected Writings of John Murray*, vol. 4(Edinburgh: Banner of Truth Trust, 1976), 311: "Calvin has quite properly been called the theologian of the Holy Spirit," I. John Hesselink, "Calvin, the Theologian of the Holy Spirit: the Holy Spirit and the Christian Life," *Calvin in Asian Churches*. Vol. I.(Seoul: Korean Calvin Society, 2002): 113–128.

에 관한 주목할 만한 저술을 많이 남긴 리챠드 개핀 교수는 비록 널리 인기 있는 해석은 아니라 하더라도 워필드의 지적을 지지하였다. 개핀 교수 역시 워필드 박사의 해석에 동의하면서, 성령의 내적 증거로 인하여서 성경의 신적 기원과 진리성에 대해 확신을 주는 칼빈의 주장이야말로 교회가 칼빈에게 빚지고 있는 매우 뛰어난 확증이라고 인정하였다. 개핀 교수는 다음과 같이 말하면서 성령의 논의가 적절하게 주어졌다고 평가하였다.

> 칼빈이 『기독교 강요』 제3권 구원론에서 논의하는 것들 중에 성령에 관한 언급이 특별히 주목된다고 보았다. 여기서 칼빈은 개인적인 죄인의 체험 속에 구원의 적용을 논의하고 있다.[37]

웨스트민스터신학대학원에서 조직신학을 가르치는 퍼거슨 교수는 가장 최근에 펴낸 성령에 관한 주목할 만한 교과서적인 저술에서, 그리스도와의 연합이라는 교리가 칼빈의 성령론에서 가장 핵심이며 이후 개혁주의 구원론의 뼈대라고 다시 한번 강조한 바 있다. 그리고 다른 논문에서도 역시 성령의 신학자 칼빈의 설명들이 얼마나 중요한 초석이 되었는가에 대해서 주목하고 있다.[38]

그런데, 필자가 워필드 박사의 선언과 이를 지지하는 여러 학자들

---

[37] Richard B. Gaffin, Jr. "The Holy Spirit," *Westminster Theological Journal* 43(1980): 60.

[38] Sinclair B. Ferguson, *The Holy Spirit*(Downer Grove: IVP, 1996); 김재성 역, 『성령』 (서울: 한국 IVP, 1999); idem, "Preface," in Joel R. Beeke, *Assurance of Faith: Calvin, English Puritanism, and the Dutch Second Reformation*(N.Y.: Peter Lang, 1991), xvi.

의 주장들이 담긴 칼빈의 성령론에 관련된 연구 논문들을 살펴본 바, 비록 칼빈을 성령의 신학자라고 정확하게 지적하고 명명을 하기는 했지만, 그러한 선언을 하고 난 후에 좀 더 그 주장을 입증하는 상세한 연구를 더 이상 발표하지 않았다는 점을 확인할 수 있었다. 그리고 너무나 아쉽게도 성령의 신학자로서 칼빈의 성령론을 종합적으로 연구한 학자가 후대에도 그리 많지 않았다.[39] 결국 성령의 신학자라는 명성을 얻기는 했지만, 대표적인 몇 가지 성령관련 내용만을 집중하여 설명하였을 뿐이다.

하지만 비록 짧은 논문들에서지만, 워필드가 칼빈의 성령 이해에서 발견한 핵심은 결코 가볍게 취급할 내용이 아니다. 성령의 초자연적 사역에 대한 칼빈의 이해는 결국 "칼빈주의가 특별히 주장하는 초자연적 구원론을 의미하는 것이다. 이것은 영혼 속에서 성령이 친히 즉각적으로 역사한다."[40] 다시 말하면, 워필드는 그가 살고 있던 시대에 자연주의적인 신학이 세력을 펼치는 상황에서 칼빈의 성령론은 초자연적인 근원을 강조하였다는 것에 주의를 환기시켜 주었다.

> 구원의 지속적인 초자연주의는 칼빈주의를 부르는 또 다른 이름이다.[41]

일부 칼빈 학자들에게는 아직도 "칼빈은 성령의 신학자이다"라는

---

39 Robert Godfrey, "Reformed Thought on the Work of the Holy Spirit and Evangelization: An Historical Overview," 1-22.
40 Warfield, "The Theology of Calvin," 506.
41 Ibid., 507.

선언이 간과되고 있지만, 옛 프린스턴신학교 교수들과 그 정신을 이어받은 웨스트민스터신학대학원에서는 여전히 이를 매우 의미심장한 부분으로 받아들이고 있다. 다시 말하지만, 존 머레이 교수는 워필드 박사의 주장을 매우 합당한 것으로 인정하였으며, 칼빈의 성경 해석과 신학전반에서 성령의 사역이 균형 잡혀 있다고 하였다.[42] 리챠드 개핀 교수, 퍼거슨 교수, 그리고 갓프리 교수 등은 모두 다 워필드와 존 머레이의 해석에 따르고 있음을 알 수 있다.[43]

칼빈의 신학사상에 대해서 분석한 수천수만 편의 논문들 가운데서, 비교적 세계 교회가 별로 관심을 기울이지 않았던 칼빈의 성령론에 대해서 필자가 관심을 갖게 된 것은 웨스트민스터신학대학원 박사과정 첫 과목에서였다. 스코틀랜드 에버딘대학교에서 존 오웬이라는 청교도 신학자를 연구하여 '기독신자의 생활에 관한 교리'로 박사

---

[42] John Murray, "Calvin as Theologian and Exegete," in *Collected Writings of Murray*, vol. 4(Edinburgh: Banner of Truth, 1976), 311; "Calvin *John* has quite properly been called the theologian of the Holy Spirit."

[43] Richard B. Gaffin, Jr., "The Holy Spirit," *Westminster Theological Journal* 43(1980): 60; "B. B. Warfield has taken the position that Calvin is preeminently the theologian of the Holy Spirit.' This may seem a surprising assessment and is certainly not the popular view of Calvin. The internal testimony of the Holy Spirit, by which we are brought to a saving conviction of the divine origin and truth of Scripture(I.viii), is a particular doctrine the church owes to Calvin…The progression of the argument in Book III of the *Institutes* is particularly significant. There Calvin discusses the application of salvation in the experience of the individual sinner." W. Robert Godfrey, "Reformed Thought on the Work of the Holy Spirit and Evangelization: An Historical Overview,". Sinclair B. Ferguson, "Preface," in Joel R. Beeke, *Assurance of Faith: Calvin, English Puritanism, and the Dutch Second Reformation*(New York: Peter Lang, 1991), xvi; "The later Reformed divines sought to honor and recognize the person and ministry of the Holy Spirit. In this sense they simply further developed B. B. Warfield's striking *bon mot* that Calvin was the theologian of the Holy Spirit'. Although Warfield's insight was largely ignored by Calvin scholars, it found acceptance by a number of scholars who maintained the same interpretation."

학위를 받은 싱클레어 퍼거슨(Dr. Sinclair B. Ferguson) 교수가 당시 박사과정 학생들에게 개설한 과목이 바로 '칼빈의 성령론'이었다. 필자는 박사과정 첫 학기 첫 과목의 제목에서부터 엄청난 충격과 신선한 감동을 받았다. 이때부터 필자는 매우 생소하게 느껴진 바로 이 성령론에 대한 관심을 갖고, 새로운 칼빈 신학에의 해석을 시도하고자 노력했다. 과연 이런 해석이 정확한 체계를 세울 수 있는지에 대해서 그 타당성 조사에 착수하였다. 그리고 이 후로 여러 해 수학기간을 거치면서, 칼빈의 신학사상 중에서 새로운 조명이 필요한 부분임을 확신하게 되었다.

'밭에 감추인 보화'를 발견한 필자는 감격하지 않을 수 없었다. 새롭게 조명해야 할 진리를 찾게 되었으니, 이제야말로 박사학위 논문의 중요한 주제로 발전시킬 수 있게 되었다. 이처럼 귀한 보석이 워필드 박사를 따르는 일부 개혁신학자들을 제외하고는 대부분의 칼빈 학자들에 의해서 외면당하고 있었고, 그 빛나는 부분들이 빛을 잃었으며, 그냥 방치되어 있었다. 문제는 탁월한 학문성을 갖춰 객관적으로 입증하는 일이 남아있었다.

필자는 칼빈의 성령론에 관한 학문적인 체계를 입증하기 위해서 많은 칼빈 학자들의 자문과 조언을 구하는 한편, 재조명의 전체 구도를 설계해 나갔다. 마침 당시에 미국칼빈학회와 세계칼빈학회에는 많은 학자들이 열정적으로 참여하고 있었다. 여러 모임에서 만나게 된 세계적인 칼빈 학자들로부터 자문을 받았고, 신진 연구자들의 논평과 도움을 얻어서 연구의 깊이와 체계를 갖추어 나갔다. 칼빈의 신학사상에서 가장 잊혀진 부분이 성령론 분야임을 입증하면서 전체 칼빈 저술을 통해서 재조명했다. 마침내, "그리스도와의 연합: 칼빈의 신학

에 나타난 성령의 사역"이라는 박사 학위논문이 완성되었다.[44]

2009년은 칼빈 탄생 5백주년이 되는 해였다. 스위스 제네바에서 성대한 세계 칼빈 연구자들의 학술대회와 기념행사가 있었다. 필자가 한국 대표로 참여하여 달라는 심사위원회의 연락을 받았다. 전혀 상상하지도 못했던 기회가 주어졌다. 뿐만 아니라, 이번에 필자가 발표한 글을 통해서 다시금 조금이나마 칼빈주의 확장사 연구에 기여를 할 수 있게 되었다.

필자는 프랑스와 스위스를 오가면서 일주일간 지속된 세미나 시간에서도 칼빈의 생애와 신학에 대해서 짧은 강의를 맡았는데, 필자의 연구내용을 경청했던 많은 칼빈 학자들에게 격찬을 받았다.

미국 펜실바니아 대학교 법학교수 스킬 박사는 월스트릿 저널 기고문에서 이번 스위스 제네바에서 개최된 5백주년의 의미를 세계대륙으로 확산되어 나가는 것에 대해 확인을 하게 된 것이라고 하였다. 그는 "우간다의 대주교 헨리 옴브리가 설교한 것과 한국의 칼빈 학자로 김재성 박사가 '아시아에서의 칼빈주의'를 발표한 것이 가장 큰 특징이다."[45]라고 지적하였다. 필자의 발표문을 포함하여, 이날 발표된 칼빈의 시대, 사상, 영향 등은 귀한 연구자료가 될 것이다.[46]

성령의 인격과 사역을 연구하는 죠엘 비키와 파이파 교수 등 일부

---

44 Jae Sung Kim, "*Unio cum Christo*: The Work of the Holy Spirit in Calvin's Theology," Ph.D. dissertation, (Westminster Theological Seminary, 1998). Mark A. Garcia, *Life in Christ: Union with Christ and Twofold Grace in Calvin's Theology*(Milton Keynes: Paternoster, 2008), 316.

45 David Arthur Skeel, "Legacy of Calvin," *The Wall Street Journal*, 2009년 7월 31일자.

46 Jae Sung Kim, "Calvinism in Asia." In *Tributes to John Calvin*: A Celebration of His Quincentenary, David Hall, ed.,(Phillipsburg: P&R, 2010), 487-503. 김재성, 『Happy Birthday, 칼빈』(킹덤북스, 2011), 14.

개혁주의 신학자들도 워필드 박사의 주장을 기본으로 따르고 있다.[47] 최근에 비록 소수이지만, 칼빈의 성령론을 계승하면서 현대적인 논의를 다루고 있어서 유익한 도움을 주고 있다.

5. 칼빈주의 성령론의 발전

칼빈의 신학사상이 한 사람의 독백으로 그쳤다면 오늘날 '칼빈주의'라는 이름으로 널리 공감대를 형성하는 거대한 신학적 유산과 교회들을 형성하지 못했을 것이다. 그가 추구했던 것들은 세계 모든 기독교 신자들이 공유할 수 있는 보편적 신앙이었기에 지역과 언어를 초월하여 널리 공감대를 얻게 되었고, 심지어 오늘날에도 생생한 교훈을 주고 있는 것이다. 칼빈에게 공감하면서도 각각 자신들의 시대가 직면한 문제를 해결하는 가운데 칼빈주의 신학은 다양하게 발전을 이룩하였다. 그 핵심에 해당하는 중요 교리가 바로 성령의 주권적 사역이라는 점을 공통분모로 삼았다.

칼빈주의자들은 구원의 적용을 전적으로 성령께 의존하는 가운데서만 신앙생활이 가능하다는 점을 강조하게 되었는데, 이는 칼빈 이후로 모든 칼빈주의자들의 핵심적인 신학사상이 되었다.

지난 2천 년의 기독교 역사에서 활동한 그 어떤 신학자보다도 칼빈

---

[47] Joel R. Beeke & Joseph A. Pipa, Jr., eds., *The Beauty and Glory of The Holy Spirit*(Grand Rapdis: Reformation Heritage books, 2012), vii, "Christians of the Reformed and Presbyterian tradition have long adored the Person and cherished the work of the Holy Spirit. B. B. Warfield said that John Calvin could rightfully be named, 'the theologian of the Holy Spirit.'"

의 신학적인 영향력은 실로 방대하다. 이것은 조금도 과장이 아니다. 칼빈의 위대한 신학사상은 후대의 신학자들과 경건한 성도들에게 엄청난 영향을 주었다. 거의 모든 신학적 주제들이 칼빈에 의해 체계화 되었기에 후대의 성도들은 편리하게 분별력을 갖출 수 있게 되었다.

예를 들면, 17세기로 내려오면서 신학이란 어떤 학문인가를 규명하는 『신학서론』(prolegomena)이 크게 발전하였는데 이것은 칼빈의 『기독교 강요』의 첫 장, "하나님을 아는 지식이란 무엇인가?"에 대하여 연속적으로 발전시킨 해답들이라고 볼 수 있다. 그 밖에도 삼위일체론을 비롯한 신론, 하나님의 경륜과 언약, 성경과 계시의 이해, 예수 그리스도의 선지자 제사장 왕으로서의 사역, 사람이자 하나님이신 분이 어떻게 한 인격 안에서 가능한가에 대한 설명, 구원론의 전체 과정과 예정론의 이해, 기도의 실제와 이론, 교회의 직분과 권징, 세례와 성찬에서 그리스도의 영적 임재 등 기독교신학에서 다루는 핵심 분야 전반의 발전이 칼빈 사상과의 연속성 속에서 이루어졌다.

그 중에서도 우리가 범위를 좀 더 좁혀서 살펴보려는 성령에 관한 이해에 있어서도, 정통 신학을 세우려는 17세기 기독교 교리학자들과 청교도들, 그리고 최근의 개혁주의 신학자들에 이르기까지 칼빈주의자들은 연속성을 갖고 발전시켰다.[48]

미국에서 20세기 초엽에 시작된 오순절 운동이 여러 개의 교단을 형성하면서 마치 성령론을 부활시킨 것으로 생각한다거나, 오순절파 교회들만이 성령의 역사를 인정하고 있다는 식으로 생각하는 것은 매

---

48 Robert Godfrey, "Reformed Thought on the Work of the Holy Spirit and Evangelization: An Historical Overview," 1–22. 『교회와 역사, 은석 김의환 박사 고희 기념 논총집』(서울: 총신대출판부, 2003)에 게재하였다.

우 좁은 시야에서 본 것이다. 칼빈주의 장로교회와 개혁교회에서 성령이 없었다거나 무시했다고 생각하면 큰 오산이다. 이는 거의 완벽할 정도로 신학의 역사에 대하여 무지한 사람들의 주장에 불과하다.

1907년 미국에서 오순절파의 방언운동 이후로 성령에 대한 바른 이해가 주어졌다는 주장도 잘못된 말이다. 그들은 성령의 은사 중 한 가지에 해당하는 방언운동을 했다고 하는 것이 정확한 표현이다. 이미 칼빈주의 신학자들과 성도들은 성령의 역사하심에 의지하여 믿음생활을 경주하여 왔고, 철저히 주님의 말씀과 기도로 거룩한 경건을 힘써왔던 것이다. 일부에서 주장하는 대로 장로교회에는 성령이 없어서 힘이 없고 나약하며 딱딱하다는 선입견을 버려야만 할 것이다.

칼빈 당대의 문서들과 후기 칼빈주의자들이 요약한 성령론을 들여다보면 칼빈주의자들 사이에 성령의 사역에 대한 이해와 강조에 있어서 연속성과 지속성이 있음을 발견하게 된다. 즉 칼빈의 성령론에서 강조된 것들이 역시 16세기 후반과 17세기 칼빈주의자들에게서 그대로 드러난다는 점이다.

앞에서 워필드 박사가 지적한 칼빈의 성령론에 나오는 것들이 주로 칼빈주의자들의 문서에서도 찾아볼 수 있다는 것이다. 결국, 성령은 모든 교리의 핵심으로서 신학의 전반에서 다루어졌으나, 오늘의 성도들과 교회 사역자들이 철저히 연구하고 조사하지 아니하여 무지하게 덮어두고 있었던 것이다.[49]

---

[49] 김재성, 『개혁주의 성령론』(CLC: 2002), 41. Edwin H. Palmer, *The Person and Ministry of the Holy Spirit: the traditional calvinistic perspective*(Grand Rapids: Baker, 1974).

1) 하이델베르그 교리문답

하이델베그 교리문답서에 핵심적인 교리들은 모두 다 성령에 연계되어있다. 예수 그리스도의 탄생과 구원사역과 승천과 중보자의 사역에서 그리고 성령의 동역과 개인의 신앙 생활에서 중생, 성화, 믿음, 기도, 확신, 영적 전쟁, 종말론적 기대, 설교, 성례들에 관련되어 있는 성령의 적용적 사역을 다루고 있다. 거의 모든 구조와 문항에서 성령의 사역이 관련을 맺고 있다.

1563년에 독일에서 나온 '하이델베르그 교리문답'은 우르시누스와 올레비아누스가 작성한 간단한 신앙교본이다. 이 문답은 독일 남서부 지역의 영주 프레데릭 3세가 종교개혁 시대에 자기의 영지 내에 살고 있던 사람들에게 통일된 신앙을 갖도록 만든 문서였다. 독일에서는 '영주의 신앙이 곧 그 지역의 신앙이다'라는 원칙을 결정하였으므로 그는 객관적인 신앙에 대한 안목을 추구한 나머지 독일 비텐베르그에서 멜랑톤에게 배운 우르시누스와 프랑스 출신의 신학자 올레비아누스까지도 초청하여 신앙고백서를 작성하게 하였다.[50]

하이델베르그 교리문답은 서술형식이 아니고, 질문과 답변 형태로 되어있다. 그 이유는 당시 대부분의 무학자들과 문맹자들이 쉽게 깨닫도록 하려는 교육적 의도에서였다. 총 129개의 문답에 들어있는 내용들은, 성령에 관계된 내용들은 말할 필요도 없고, 거의 칼빈의 주장들과 일치하거나 유사하다.[51]

---

50 김재성, "하이델베르그 교리문답의 언약사상"「국제신학」15(2013), 국제신학대학원 출판부, 40-82.

51 칼빈과 하이델베르그 요리문답과를 관련지어 연구한 논문들을 참고할 것. Diedrich

첫 문답에 핵심을 담았는데, 사람에게 유일한 위로는 오직 예수 그리스도에게서 나오며, 성부의 섭리적 보호와 우리 안에 감사하는 마음과 영생의 확신을 창조하는 성령의 사역이다.[52]

3-11문까지 죄책과 불행을 다루면서 성령 하나님에 의해서 거듭나야함을 밝힌다. 21문에서 성령은 믿음을 창조한다고 되어있다. 우리 인간들이 죄의 비참함에서 벗어나는 길은 "성령으로 거듭나야만 한다"고 강조한다(제8문답).

칼빈이 『기독교 강요』 제3권 1장 4항에서 "믿음은 성령의 기본적인 사역이다"라고 주장한 말과 제3권 2장 7항에서 믿음에 대하여 개념을 정리한 것이 거의 그대로 하이델베르그 교리문답에도 들어있다. 즉 성령이야말로 믿음의 저자라는 점이다.

> 오직 믿음으로만 우리가 그리스도와 그의 모든 은택들에 참여할 수 있는데, 이 믿음은 어디서 오는가? 성령에게서 온다. 그분은 거룩한 복음의 선포로 우리 마음에 믿음을 일으키시

Hinrich Kromminga, "The Heidelberg View of the Fourth Commandment. Does it Conflict with Calvin?," *The Calvin Forum* Vol. 6(1940 vol. 27(1993): 487–499. –1941): 161–164. Ludolf Ferdinand Schulze, "Calvyn en die Heidelbergse Kategismus," *In Die Skriflig* 27(1993): 487–499. Fred H. Klooster, "Calvin's Attitude to Heidelberg Catechism," in *Later Calvinism: International Perspectives*, ed. W. Fred Graham(Kirksville: Sixteenth Century Journal, 1994): 311–331. idem, "Missions–the Heidelberg Catechism and Calvin," Calvin Theological Journal 7(1972): 181–208; idem, "The Heidelberg Catechism– an Ecumenical Creed?," *Evangelical Theological Society Bulletin* Vol. 8(1965): 23–33.

52 Daniel R. Hyde, "The Spirit–Filled Catechism: The Heidelberg Catechism and the Holy Spirit," in *A Faith Worth Teaching: The Heidelberg Catechism's Enduring Heritage*, eds., Jon D. Payne and Sebastian Heck(Grand Rapids: Reformation Heritage Books, 2013), 195–214.

고 성례의 시행으로 믿음을 굳게 하신다(65문답).

하이델베르그 요리문답에서 믿음의 정의를 내린 21문답은 거의 칼빈의 『기독교 강요』와 같다.

> 참된 믿음은 하나님이 그의 말씀으로 우리에게 계시하신 모든 것이 진리라고 여기는 확실한 지식이며, 동시에 성령께서 복음으로써 내 마음속에 일으키신 굳은 신뢰이다. 곧, 순전한 은혜로 오직 그리스도의 공로 때문에 하나님이 죄 사함과 영원한 의로움과 구원을 다른 사람뿐만 아니라, 나에게도 주심을 믿는 것이다.

제21문과 22문은 삼위일체 하나님을 설명하는데, 24문답에서는 성령 하나님을 설명한다. 성부는 창조주로, 성자는 구속주로, 성령은 우리의 성화를 관장하신다는 경륜적 사역의 구별, 또는 삼위일체 하나님의 외적사역에 관한 구분을 칼빈이 설명한 바와 같이 풀이하였다. 앞에서 본 것처럼 칼빈의 성령이해는 먼저 삼위일체론에서 나오고 있는데, 각 위격이 담당하는 사역을 구별하여 설명한 바와 같다.

사도신경의 구조를 따라서, 24문에서 64문까지 삼위일체되신 하나님의 사역을 풀이한다. 53문답에서는 다음과 같이 고백한다.

> 성령은 첫째, 성부와 성자와 함께 참되고 영원한 하나님이시다. 둘째, 그분은 또한 나에게도 주어져서 나로 하여금 참된 믿음으로 그리스도와 그의 모든 은덕에 참여하게 하며 나를

위로하시고 영원히 나와 함께 하신다.

65문에서 82문까지는 은혜의 수단들을 다루는데, 하나님의 백성들 속에서 믿음을 창조하고 확증하는 성령의 사역을 다룬다. 성례를 규정한 68문답과 세례에 대한 설명(70문답, 73문답)들도 모두 칼빈의 성령론과도 깊은 연계성이 발견된다. 가장 결정적인 것은 칼빈이 성령의 사역에서 손꼽는 구원의 적용사역 가운데서 그리스도와의 연합을 이루는 성령의 역사하심인데 역시 하이델베르그 요리문답에서도 성만찬은 성령에 의해서 연합된 것을 강조하고 있다.

> 76문: 십자가에 달리신 그리스도의 몸을 먹고 그의 흘리신 피를 마신다는 것은 무슨 뜻인가?
> 답: 그것은 믿는 마음으로 그리스도의 모든 고난과 죽음을 받아들이고 이로써 죄 사함과 영원한 생명을 얻는 것이며, 나아가서 그리스도 안에 또한 우리 안에 거하시는 성령으로 말미암아 우리가 그리스도의 거룩한 몸에 더욱 더 연합됨을 의미한다….
>
> 성령에 의해서 우리는 그리스도에게 연합되었으며, 그의 참된 몸은 하늘에 있고 하나님 우편에서 우리의 경배를 받으심을 확증한다(80문답).

마지막 부분, 86문에서 129문까지는 성령을 주제로 우리가 감사하는 삶 속에서 어떻게 그리스도의 형상을 회복하는가를 다룬다. 십계명을 간추린 질문들에서 성령의 역할이 기록되어 있고, 기도에 대한 부분에서도 줄곧 언급되어 있다.

2) 돌트 신경

16세기 후반에 큰 희생의 기초 위에서 개혁주의 교회를 발전시킨 네덜란드에서는 1618년에 알미니우스파와의 신학논쟁을 통해서 돌트 신경을 작성하였다.[53] 하나님의 주권적인 은총을 강조한 다섯 가지 조항을 담고 있기에 성령에 관한 내용이 그리 많지는 않지만, 칼빈의 핵심 강조점들이 여전히 살아있음을 발견하게 된다.

특히 회심에 있어서 성령의 역사하심을 강조한 칼빈의 입장을 그대로 표현하였다.[54] 그들은 선택된 자들에게 외부적으로 복음을 선포하도록 역사하는 성령에 의한 말씀 선포의 사역이 필수적이라고 선언하였다.[55] 네덜란드 개혁주의 신학자들은 성도들의 증거사명과 선교를 강조하였다.

3) 웨스트민스터 신앙고백서와 청교도의 '회심'

영국과 미국에서 새로운 기독교 역사를 일으킨 청교도들은 성령에

---

53 Arthur C. Custance, *The Sovereignty of God*(Philipsburg: P&R, 1979), R. C. Sproul, *Grace Unknown*(Grand Rapids: Baker, 1997).

54 Canons of Dort, III-IV, 11 and 12. 김의환 편역, 『개혁주의 신앙고백집』(생명의 말씀사, 1984), 262-304.

55 Canons III-IV, 11. III-IV, 17.

관한 기본적인 이해와 해석을 한 단계 높여 놓았다. 성령에 대한 언급이 광범위하게 등장하는데, 웨스트민스터 신앙고백서에는 42회, 대요리문답에서는 38회, 소요리문답에서는 10회나 언급되어있다. 청교도 신학자들은 확장된 성령의 이해를 추구하면서, 성령의 신성, 삼위일체 내에서 성령의 인격, 그리스도의 인격과 사역과의 관련성, 하나님의 말씀과의 관계, 개인에게 적용하는 주관적 사역과 성도들의 삶에서 인도하는 객관적인 사역 등이 다루어졌다.[56]

회심체험이 가장 중요한 관심사항이었다. 종교개혁 이후로 세대가 점점 흘러가면서 아무런 열심도 없는 명목상의 기독교신자가 많이 양산되어갔다. 16세기 후반에서부터 18세기 초엽에 이르는 청교도들의 시대는 기독교인이라는 형식을 갖추었지만 외형적 신자로 살아가는 사람들과 위선적인 기독교인들도 많아졌다. 그래서 목회자들은 이중생활을 하는 사람들을 분별하고자 회심체험을 강조하게 되었던 것이다.

따라서 청교도들의 신앙이 달라졌다기 보다는 세대가 흘러가면서 그에 합당한 대안을 찾고자 노력한 것이라고 본다. 참다운 신앙을 점검함에 있어서 성령의 역사로 인한 회심을 강조하였는데, 죄인이 회개하였다는 경험을 목회 현장에서 구체적으로 점검하였고, 교회의 책임을 구체적으로 강조하였다.

그래서 워필드 박사는 "청교도 사상은 총체적으로 성령의 사역을 즐겁게 연구하는 정신으로 거의 가득 차 있다고 본다"라고 하였다.

---

56 Joshep Morecraft III, "The Holy Spirit in the Westminster Standards," in *The Beauty and Glory of the Holy Spirit*, 247-266. 김재성, "하이델베르그 교리문답과 웨스트민스터 신앙고백서의 언약사상," 『한국개혁신학』 40(2013): 149-206.

우리는 성령의 사역을 강조한 『웨스트민스터 신앙고백서』(1647)와 대, 소요리문답서에서 확인할 수 있다.[57] 청교도들은 성령이 사람의 심장 속에서 내적으로 적용하는 사역을 통해서 역사하되 성령의 외적인 도구를 통해서 역사한다는 점을 강조하였다. 성령은 말씀과 함께 우리의 심장 깊은 곳에다가 새로운 생명과 권능을 심어서 효과적으로 죄를 쫓아내고, 죄인을 복음에 반응하도록 하며 기꺼이 초청을 받아들이도록 역사한다.

기본적으로 청교도 신학자들은 복음전파에 있어서 목회자들의 공적인 말씀 선포사역과 개인을 변화시키는 성령의 사역을 강조하면서, 모든 그리스도인들의 생활에서 맺어야 할 열매에 대해서도 깊이 인식하였다. 대표적인 청교도 신학자 토마스 굳윈은 『우리의 구원을 위한 성령의 사역』의 마지막 부분에서, 새로운 피조물로부터 즉각적으로 흘러나오는 뛰어난 결정체는 회심에 대한 열망과 다른 사람들을 하나님께로 인도함이라고 썼다.

굳윈은 "하나님이 영혼을 다루시며 사람들을 가르치는 방법은 그들을 회심시키거나 혹은 하나님이 회심을 일으켜서 무너진 그들을 회복시키는 것인데, 이런 회심이야말로 거룩하게 하는 가장 효과적인 방법이다"[58]라고 하였다.

영국 청교도 최고의 신학자 존 오웬의 성령론은 성령과 삼위일체

---

57 B. B. Warfield, "Introductory Note" in Abraham Kuyper, *The Work of the Holy Spirit*, xxviii.

58 Thomas Goodwin, *Works*, Vol. VI, *The Work of the Holy Ghost in Our Salvation* (Edinburgh: 1863), 512.

하나님 사이의 관계성 연구에 담겨있다.[59] 청교도 교과서를 저술한 신학자 오웬은 성령론에 주목하여 좀 더 심화된 주제들을 다루었는데, 성령의 인격과 개인 성도의 생애 속에서 역사하심에 대해서 상세한 풀이를 하였다. 오웬의 저작 전집 4권에서는 성령과 성경의 권위, 조명, 기도, 영적인 위로, 은사들을 실제적으로 풀이했다.[60] 오웬은 종교 개혁자 칼빈이 남긴 유산을 연구하면서 왜 아직까지 성령에 관한 교과서가 한 권도 없는가에 대해서 의문을 가졌다. 그래서 그는 자신이 이해한 성경에 나오는 성령의 사역을 종합적으로 묶어서 제시하였다.

오웬을 비롯한 위대한 청교도들이 총망라하여 작성한 웨스트민스터 신앙고백서(1647)는 무려 5년간의 산고(1643-48) 속에서 나온 기도의 결정체였다. 이들 17세기 절정기의 영국 청교도들은 성령의 역사하심에 대한 강조를 성경과 연결시켜서 '웨스트민스터 신앙고백서'에 그대로 담아 놓았다. 간단히 지적하자면 칼빈의 성경관처럼 성령의 내적 증거사역을 강조한 것부터 연속성을 입증해준다.

> 성경이 무오한 진리요, 신적인 권위를 가지고 있다는 것을 우리가 충분하게 납득하고 확신하게 되는 것은 우리의 심령 속에서 말씀에 의하여 말씀으로 증거 하시는 성령의 내적 사역에 의해서이다.

---

59 John Owen, *Pneumatologia*, in *The Works of John Owen*(Edinburgh: Banner of Truth Trust, 1976), 3:7-8, 36-39.

60 Ryan M. McGraw, "John Owen on the Holy Spirit in Relation to the Trinity, the Humanity of Christ, and the Believer," in *The Beauty and Glory of the Holy Spirit*, 267-283.

회심은 성령에 의하여 발생한다는 것에 대하여는 의문의 여지가 없었다. 그래서 성령은 두 가지로 동시에 일하시는 것으로 이해하였다. 먼저 말씀이라는 도구에 의해서 우리의 마음속에 이해와 확신을 불어넣으시고, 이와 동시에 즉각적으로 반응을 만들어 낸다고 생각하였다. 그래서 성령의 역사로 일어나게 되는 특수한 것, 매우 예외적인 사건들에 대해서 기대하였다. 따라서 회심을 기대하던 청교도들은 점차 성령의 축복을 어떤 예외적인 사건에서 구체적으로 찾으려 하였던 것이다.

믿음이 약한 자들을 격려하여서 구원의 확신을 갖도록 돌보아 주고 성장시켜 주는 것이라야 하는데 다소 지나치게 이것만을 강조하는 경우도 있었다. 청교도 신학자 토마스 쉐퍼드의 『진정한 회심』(*The Sincere Convert*, 1643)이란 책에는 "참된 신자의 소수를 분별하기; 그리고 구원받는 회심의 엄청난 어려움"이라는 부제가 달려있다.

칼 바르트에 의해서 확산된 신정통주의는 청교도 신학자들이 칼빈의 전통에서 벗어났다고 비판한다. 바르트는 웨스트민스터 신앙고백서의 언약사상을 비난했다. 칼빈을 비롯한 16세기의 기본적인 개혁주의 입장과 17세기 웨스트민스터 신앙고백서를 작성한 청교도 신학자들은 서로 다르다고 주장하면서, 후대에 조금씩 다른 독특성을 추가하기도 했다고 비판한다. 청교도들이 너무나 완고하게 구원을 얻기 위한 회심체험을 매우 강조하는 바람에, 구원에 이르는 길을 미리 준비를 하게 한 점이 발견된다는 것이다.

그러나 과연 20세기 중엽의 신정통주의자들이 17세기 청교도들의 시대적 과제를 온전히 이해한 것일까? 21세기를 살고 있는 성도들이라도 앞선 세대를 이해하기가 쉽지 않은데 과연 신정통주의자들은 정확하게 잘 파악하였을까? 시대마다 장소마다 신학적인 강조점과 방법론이 약간씩 차이가 날 수밖에 없다. 17세기라는 시대적 환경은 전혀 그 이전 세대와는 달라졌다. 영국과 미국 신대륙에서 새롭게 대응해야 할 심각한 문제점들이 대두되었기 때문이었다.

> 청교도들은 하나의 규칙을 생각하고 있었던 바, 죄의 확신은 율법을 선포함으로 촉발된다는 것이고, 그것은 믿음을 갖기 전에 일어나야만 한다는 것이었다. 왜냐하면 그 누구도 자신의 죄로부터 구원을 받아야 한다는 필요성을 알기 전까지는 구원을 받고자 그리스도에게 나아오려는 의지를 가질 수 없다고 생각하였다. 이것이 매우 강조되었던 믿음을 위한 '준비'의 필요성을 강조한 요점으로서 청교도의 회심교리에서 강조된 매우 독특한 것이다.[61]

하지만, 준비 단계의 지식이나 확신만을 가지고는 그리스도 안에서 구원 얻는 믿음을 가지고 있다고 확언할 수 없다.

> 준비단계의 역사하심에 의하여 우리는 확고한 내적인 자격들을 이해하게 되고, 죄의 상태에 있는 영혼의 육적인 요소와 율법과 복음의 동시적인 사역으로 회심에 도달하게 된다. 성령의 동시적인 사역으로 인하여 영혼은 즉각적으로 믿음의 사역에 들어가게 되는데, 예를 들면 주 예수 그리스도를 즉각

---

61 *Ibid.*, 10.

적으로 받아들이는 일이 발생하는 것이다.[62]

성령의 사역을 강조한 후기 청교도의 거장 리챠드 백스터의 경우, 복음의 선포와 요리문답 교육을 지속함으로 키더민스터에서 행한 그의 목회사역은 많은 열매를 맺었는데, 17년 동안에 무려 육백 명을 회심시켰다.[63] 18세기 마지막 청교도에 해당하는 토마스 보스톤의 경우에도 들과 산으로 다니면서 복음을 전하여 처음 그가 성찬을 베푼 사람들은 60여 명이었지만, 20여 년이 지난 후인 1731년에 시행한 마지막 성찬에는 777명이나 참가하는 놀라운 전도의 결실을 맺었다.[64] 그러나 이런 행동들은 모두 다 정통 칼빈주의자들의 비판에 직면했었다.

스코틀랜드 칼빈주의 신학자 제임스 뷰캐넌의 성령론 교과서에서도 역시 청교도 전통에서 중요시되어온 회심 사역이 핵심적으로 다루어졌다.[65] 죄인을 회개케 하시는 성령의 사역을 구체적으로 소개하는데 집중하였다.

---

62 John Norton, *The Orthodox Evangelist*(London: 1654), 130.

63 J. I. Packer, *A Quest For Godliness: The Puritan Vision of the Christian Life*(Wheaton: Crossway Books, 1990). 김재성, 『개혁신학의 정수』(서울: 이레서원, 2003), "제 8장 청교도 신학의 정수: 오웬과 백스터"를 참고할 것.

64 김재성, 『개혁신학의 정수』, "제10장 신학의 정수논쟁(Marrow Controversy)"을 참고할 것.

65 James Buchanan, *The Office and Work of the Holy Spirit*(1843; London: Banner of Truth Trust, 1966).

4) 부흥운동과 특별한 체험

칼빈의 성령론이 영향을 끼친 개혁주의 부흥운동의 흐름을 살펴보면, 미국 역사의 획기적인 전환점과 맞닿아 있음을 발견하게 된다. 죠나단 에드워드(1703-1758)와 죠지 휫필드(1714-1770)가 이끌던 개혁주의 부흥운동에서 가장 강조된 것은 독특한 회심체험이었다.[66] 일상생활에서 느낄 수 없는 자극을 받아서 극적인 반전을 일으키는 것이다.

설교를 통해서 역사하는 성령의 주권적인 사역을 강조한다는 점에서는 칼빈의 입장과 전혀 다를 바가 없었지만, 이들은 교회사에 나타나는 성령의 사역 가운데서 부흥의 중요성에 무게중심을 두었다. 이들 미국의 부흥운동가들은 칼빈과는 전혀 다른 시대를 살았었고, 직면했던 신앙인들의 문제점들도 전혀 달랐다.

지금도 부흥운동은 성령의 특수한 활동으로 생각하고 있으며, 주권적인 개념에서 볼 때에도 일상을 넘어서는 특별한 것을 기대하고 강조하는 것이다. 그러나 이런 부흥운동은 교회 안에서 다시 체험을 유발하고 있고, 필수적인 것으로 간주되고 있다.

에드워드는 부흥운동을 다음과 같이 강조하였다.

> 인류의 타락 이후 오늘의 시대에 이르기까지 그 효과 면에서 구원의 사역이란 하나님의 영의 놀라운 전달수단에 의해서 주로 수행되었다고 관측된다. 비록 하나님의 영의 지속적인

---

66 J. Edwards, *Works*, II: 850. 김재성, 『개혁신학의 전망』, "제5장 요나단 에드워드와 뉴잉글랜드 칼빈주의"를 참고할 것.

> 영향이 평상적으로 일반적인 범위에서 항상 있었다고 말할 수 있지만, 위대한 일을 행하도록 선택한 방법은 항상 놀라운 증거가 일어났다. 따라서 더욱 특별한 긍휼의 열매들이 맺는 우리의 임무를 지금부터 더욱 수행함으로써 앞으로 충분히 나타나게 될 것이다.[67]

성령에 의해서 쓰임을 받은 설교자들을 통해서 일어난 것이 부흥운동이다. 그러므로 전문적인 부흥사가 부흥의 방법론으로 일어난 것이 아니다. 성령의 주권적인 역사로 인하여 나타난 것일 뿐이다. 부흥사들이 영광을 받거나, 부흥을 일으킨 현장 즉 어떤 특정한 교회가 영광을 가로채서는 안 된다. 휫필드는 자신들의 사역이 놀라운 성령의 역사임을 인정하였다.

휫필드는 교단을 초월하여 부흥운동의 도구로 자신의 모든 능력을 발휘하였다. 마이크가 없던 시대에 수만 명의 사람들에게 선포한 복음이 바람결을 타고 널리 퍼지는 특별한 현상을 체험하였다. '회심하지 않은 목회사역의 위험성'이라는 설교에 담긴 내용은 당시 미국 장로교회 부흥운동가 길버트 테네츠와 공감대를 형성하였다.[68] 휫필드에 이르러서 뉴잉글랜드와 영국 장로교회는 설교의 강조점이 달라졌는데, 준비단계를 강조하기 보다는 즉각적인 회심을 호소하게 되었다. 이것은 요한 웨슬레의 설교에서 나온 영향이기도 하다.

---

67 J. Edwards, *A History of the Work of Redemption*, *Works*, I:529.
68 Arnold A. Dallimore, *George Whitefield*(Westchestr: 1980), II:149.

5) 인간중심적 부흥주의와의 충돌

개혁주의 신학에서 성령론이 점차 소원하게 다루어지게 된 것은 19세기 말에 일어난 잘못된 부흥운동의 영향이 크다고 볼 수 있다. 부흥운동은 개혁주의 신학이 강조하여 온 기본적인 주제들 보다 사람들의 현장체험으로 치우쳐 졌다. 따라서 개혁주의 진영은 전혀 부흥운동에 참여하지 않고 성령의 일상적 사역에 대해서만 설교함으로써 사람들의 관심을 끌지 못하게 되었다. 이것은 오늘날에도 여전히 계속되고 있는 흐름이다.

19세기 초 찰스 피니(Charles G. Finney)가 주도한 부흥운동은 하나님의 주권적 사역을 거부한 인위적인 부흥운동이었다. 이들은 1837년 구학파(Old School)와 신학파(New School)로 나뉘어졌다.[69] 피니는 부흥설교에서 먼저 인간의 자연적인 능력을 사용하도록 자극했다. 이는 성령이 설득하는데 도움을 주고 영향을 미쳤지만, 하나님의 영이 주도하는 것이 아니라, 사람이 보고 깨닫고 듣는 심리학적인 자유의지를 발동하여 회심하도록 유도하였던 것이다.

피니의 인본주의적인 부흥설교는 성령에 대한 신학적 곡해이자 나쁜 방법론을 만들어내고 말았다. 존 네빈은 부흥운동 자체에 대한 거부가 아니라, 피니의 방법이 지닌 모순점에 대해서 강하게 비판하였다. '미국적 낙관론과 복음적인 알미니안주의와의 혼합'으로 전개되자 개혁주의는 거의 동참하지 않았다.[70] 다만 무디(Dwight L. Moody,

---

69　D. A. Hart, *Calvinism: A History*, 189, 249.
70　Sydney E. Ahlstrom, *A Religious History of the American People*(New Haven: 1979), 745.

1837-1899)의 부흥운동은 피니와 다르다고 확신하였던 찰스 핫지 박사가 적극 후원하였고 신학적으로 부족한 부분들을 지도해 주었다.[71]

개혁주의 신학자들이 성령의 사역을 지속적으로 이해하고자 노력하면서 당대의 잘못된 성령운동의 문제점을 적절하게 지적하였다. 워필드 박사는 로마 가톨릭, 알미니안주의자들, 웨슬레안들, 퀘이커주의자들, 정숙주의자들, 케직사경회 운동 등에서 '완전주의'라는 공통분모를 발견하였다. 이들은 잘못된 죄에 대한 기본인식이 결정적인 문제라고 설파하였다. 죄가 현존하는 한, 인간이 율법의 조항을 완전히 지키기는 불가능하다는 것을 이들이 간과하고 있다고 비판하였다. 워필드는 특히 찰스 피니의 부흥운동의 문제점을 지적하였다.[72]

아브라함 카이퍼는 성령의 주권적 역사하심에 대하여 방대한 저술로 복원시켰다. 성령의 중생 사역을 강조하면서, 유아세례의 의미를 크게 부각시켰다. 점차 감리교회와 부흥운동이 인간적인 방법론(Methodism)에만 치우치게 되면서, 기본적인 교리와 신학이 무시되고 신앙고백의 중요성은 거의 사라지고 말았다. 따라서 이를 간파한 아브라함 카이퍼는 일찍이 감리교회에서 강조하는 회심체험을 위한 부흥회는 축소주의적이요, 펠라기우스적인 부흥회라고 공격하였다.

> 감리교회는 성례의 예민한 감각을 죽여 버린다. 그것은 매우 차가운 것일 뿐만 아니라, 교회의 교제를 무시해버린다. 신앙고백에서 제시한 진리를 무제한적으로 무시하도록 만든다.

---

71   David B. Calhoun, *Princeton Seminary*, vol. 2(Edinburgh: Banner of Truth Trust, 1996), 24-26. 김재성, 『무디, 오 놀라운 복음전도자』(킹덤북스, 2013), 260-267.
72   B. B. Warfield, *Perfectionism*(Philadelphia: Presbyterian and Reformed, 1958).

> 우리 주 하나님이 육십육 권으로 된 아주 두꺼운 책을 우리에게 필수적으로 생각하라고 주셨는데, 감리교는 그 복음을 싸구려처럼 쓸 수 있다고 자랑하는 것이다.[73]

성령은 자발적인 조직에서 역사하는 것이 아니라, 교회 공동체를 통해서 은혜롭게 주어지며 경험된다고 주장했다.

19세기와 20세 초엽, 프린스턴 신학자들은 워필드의 영향으로 미국 개신교회에서는 구원의 집행자로 역사하는 성령의 모든 사역들을 다시금 새롭게 인식할 수 있었다. "프린스턴 신학자들은 지속적으로 성령의 역사하심과 그 체험의 중요성을 강조하였다."[74] 알렉산더 핫지 역시 성도의 믿음생활에 절대적으로 간여하는 성령의 결정적인 역사를 강조하였다. 프린스턴 신학자들을 집중적으로 연구한 마크 놀 교수에 의하면, 프린스턴 신학의 유산과 전통 속에는 균형 잡힌 성령론이 들어있음을 알 수 있다.[75] 이러한 성령은 웨스트민스터 신학자들에 의해서 견고하게 지켜져 내려오고 있다. 리챠드 개핀 교수는 사도행전 2장에 나오는 오순절 날의 성령 역사는 요엘 2:8의 성취

---

[73] Abraham Kuyper, *The Work of the Holy Spirit*(Grand Rapids: Eerdmans, 1966), 143.

[74] Mark A. Noll, "The Princeton Theology," in *Reformed Theology in America*, ed. David F. Wells(Grand Rapids: Eerdmans, 1985), 23.

[75] A. A. Hodge, *Evangelical Theology: Lectures on Doctrine*(reprinted; Edinburgh: The Banner of Truth Trust, 1976), 112-116. Cf. John D. Woodbridge, *Biblical Authority: A Critique of the Rogers/ McKim Proposal*(Grand Rapids: Zondervan, 1982), 137: "The Princetonians did not neglect the role of the Holy Spirit in confirming biblical authority…A. A. Hodge's statement concerning the decisive role of the Holy Spirit in this regard." 이 시대에 나온 남부 장로교회의 성령론도 이와 다를 바 없다. C. R. Vaughan, *The Gifts of the Holy Spirit: To Believers and Believers*(Edinburgh: Banner of Truth Trust, 1894).

로서 이해하되 예수 그리스도의 왕권이 행사되는 날로 보아야 하며, 그러므로 이 세상에서 단 한번 일어났지만 영원토록 그 효력이 유효하다는 입장을 정리하였다. 그리고 성경이 종결된 이후로 예언적 성격의 방언은 완전히 종결되었다는 입장을 전개했다.[76]

퍼거슨 교수는 1995년 자신의 '구원론' 강의 노트를 발전시켜서 성령에 관한 종합적인 교리를 체계화 하면서 많은 현대 오순절 운동의 주장들이 지닌 모순점들에 대해 개혁주의 입장에서 다시 해답을 제시하였다.[77]

칼빈에서 퍼거슨에 이르기까지 개혁주의자들이 내놓은 일련의 성령에 관한 연구들은 개혁주의 교회와 장로교회가 결코 성령에 관하여 소홀히 하지 않았음을 충분히 입증하는 신학적인 증거들이다. 성령에 관하여 가장 정확하게 성경적으로 이해하는 보편적 진리들을 추구하였고, 놀랍도록 풍성한 답변들을 찾아 놓았던 것이다. 이제 더 이상 개혁주의 신학에 성령이 빠져버렸다는 잘못된 편견은 버려야 한다. 세계적인 신학자들의 연구 업적들을 자신만 모르면서 마냥 남들이 하는 '험담'만을 앵무새처럼 반복해서는 안 되는 것이다.

물론 이들의 연구가 우리가 지금 궁금하게 생각하는 모든 문제점들을 다 해결해 주었다고 볼 수 없다. 아직도 우리가 해결해야 할 문제가 많고, 한국 교회 성도들이 더욱 궁금해 하고 있는 문제들에 대한 해결책도 있어야 한다. 하지만, 가장 기본적인 성령의 존재와 사

---

76 Richard B. Gaffin, Jr. *Perspectives on Pentecost: The New Testament's Teaching on the Gifts of the Holy Spirit*(Phillipsburg: Presbyterian and Reformed Publishing Com. 1979).

77 Sinclair B. Ferguson, *The Holy Spirit*(Downers Grove: Inter Varsity Press, 1996); 김재성 역, 『성령』(서울: 한국 IVP, 1999).

역을 놓쳐 버리고, 좀 더 특수한 것, 좀 더 새로운 것, 좀 더 강력한 것을 직접 체험하려 하면서 성경 말씀을 저버리는 성령운동은 혼돈에 빠지고 만다.

이것이 칼빈으로부터 그리고 그 후 개혁주의 신학자들이 남긴 성령에 대한 강조들 가운데서 우리가 얻어야 할 지혜인 것이다. 우리는 지금 지혜도 필요하고, 성령의 권능과 능력에 사로잡혀서 다시금 소망을 새롭게 하는 시기에 처해 있으므로 더욱 더 주의가 필요하다.

마지막으로, 우리는 바울 사도를 통해서 분명한 하나님의 말씀을 받았으므로 사람의 지혜에 의지하여 살아가지 말고, 하나님이 주시는 성령의 능력으로 살아가야 한다.

> 소망의 하나님이 모든 기쁨과 평강을 믿음 안에서 너희에게 충만하게 하사 성령의 능력으로 소망이 넘치게 하시기를 원하노라 내 형제들아 너희가 스스로 선함이 가득하고 모든 지식이 차서 능히 서로 권하는 자임을 나도 확신하노라 그러나 내가 너희로 다시 생각나게 하려고 하나님께서 내게 주신 은혜로 말미암아 더욱 담대히 대략 너희에게 썼노니 이 은혜는 곧 나로 이방인을 위하여 그리스도 예수의 일꾼이 되어 하나님의 복음의 제사장 직분을 하게 하사 이방인을 제물로 드리는 것이 성령 안에서 거룩하게 되어 받으실 만하게 하려 하심이라(롬 15:13-16).

우리는 지금 성령 안에서 거룩하게 되어가고 있는 현재 진행형의 기독교인이다. 우리는 하나님이 받으시기에 합당하도록 자신의 욕망을 내어 버리고 제물로 드리는 삶을 살아야 한다. 성령의 능력으로 날마다 믿음 안에서 성화의 삶을 매일 살아가는 것은 평범한 생존이 아닌, 종말론적 기대 속에서 소망에 넘치는 성령 충만한 자의 자화상이다.

저술에 몰두하는 칼빈

2장
성령의 신비로움

　성경에 나오는 모든 교리를 균형있게 연구하여 제시한 책이 칼빈의 『기독교 강요』이다. 칼빈이 가장 공헌한 부분 중에 하나는 16세기라는 제한된 시대상황에서 살았으면서 성령에 관련된 해설들을 그리스도 중심적으로 연계시켰다는 점이다. 칼빈은 그리스도를 닮아가는 성도는 성령의 인격과 사역이 연계된다는 사실을 결코 소홀히 취급하지 않았다. 성령의 신적인 특성과 존재의 신비함에 대해 연구하는 개혁주의 신학자들은 칼빈이 기여한 공헌을 결코 잊지 않고 계승하여 칼빈주의 성령론이 이어지고 있다.
　종교개혁 시대의 신학자들은 주로 성령에 대해서 '권능', '힘', '생명' 등으로 표현하는 데 그치고 말았다. 예를 들면, 루터는 성령에 대해서 '성화의 영'이라고만 강조하였다. 그러나 칼빈은 삼위일체 되신 하나님의 존재에 대해 다루면서 성령의 신성과 사역을 다른 위격과 동등하게 설명하고 있음을 보게 된다.
　특히, 삼위일체 하나님의 존재를 다루는 부분에서 칼빈이 자주 언급하는 개념에 주목하여야 한다. 칼빈은 하나님을 아는 지식을 매우 상세하게 다루었다. 철학이나 게으른 의심을 풀어주려는 것이 아니라, 하나님에 대한 확신을 가지고 경외하며 순종하기 위함이다. 칼빈은 하나님에 대해서 인간이 가지고 있는 지식의 한계를 인정하는 경건한 신학자이다. 그래서 칼빈은 '하나님의 불가이해성'이라는 교훈을 강조했다. 그 후에 대부분의 개혁주의 신학자들이 하나님을 아는 지식을 다룰 때에 이 개념을 계승하고 있다.

> 실로 하나님의 영적인 본성은 자신에 대한 그 어떤 세속적, 육체적 상상을 우리에게 허락하지 아니한다.[1]

하나님에 대해서는 오직 믿음으로만 의존하고 신뢰하며 경외하게 된다. 아무리 탁월한 사람이라도 인간의 지성을 발휘하여 논증해 낼 수 없다. 우리의 언어와 감각으로는 하나님의 모든 것들을 다 알 수 없다.

> 바람의 길이 어떠함과 아이 밴 자의 태에서 뼈가 어떻게 자라는지를 네가 알지 못함 같이 만사를 성취하시는 하나님의 일을 네가 알지 못하느니라(전 11:5).

성령의 임재는 마치 바람이 어디서 오며 어디로 가는지 알 수 없

---

[1] *Institutes*, I.xiii.1.

듯이 영원한 신비로움에 속한다. 우리는 바람의 소리와 궤적을 알 수 있다. 하지만, 단지 결과에 의해서 얼마나 강한 바람인가를 측정할 수 있을 뿐이다. 성령의 임재는 오로지 결과에 의해서만 인식된다.

하나님의 존재와 사역에 대해서 인간이 접근할 수 있는 부분은 오직 부차적으로 나오는 결과에 의존하는 것이다. 성령은 성부로부터 보냄을 받으며(요 14:26), 성자도 또한 성령을 아버지의 이름으로 보내신다(요 15:26). 그런 신비로운 과정과 사역에 대해서 우리의 작은 머리로서는 충분히 만족할만한 해설을 만들어 낼 수 없다. 다만 우리는 이처럼 성부, 성자, 성령, 세 위격들 사이에 긴밀하게 서로 깊이 인격적으로 관련성을 맺고 있음을 구별할 수 있을 뿐이다.

1. 성부, 성자, 성령의 긴밀성과 친밀성

성령은 성부가 주권적으로 선택한 계획에 의거하여 성자가 성취하고 완성한 구원을 선택된 자들에게 적용하는 사역을 수행한다는 것이 칼빈의 기본구도에서 자주 등장한다. 이를 위해서 성령은 성도들의 내면에 역사하고, 외적으로는 교회라는 기관에 역사한다.

선택된 자들의 심령 속에 역사하여 믿음을 선물로 주고, 회개를 촉발시킨다. 칼빈은 믿음이 사람의 노력에 따른 하나님과의 합작품이라는 개념을 철저히 거부하였고, 오직 성령의 첫 번째 방법이라고 주장하였다. 우리는 각자 자신의 믿음을 고백하게 되지만 이는 전적으로 하나님이 주권적으로 믿는 자들에게 은혜로 주신 것이다(엡 2:8).

칼빈의 성령에 대한 설명은 철저하게 삼위일체 하나님의 '위격'

(person)이라는 관점에서 벗어나지 않는다. 성령 하나님이라는 위격에 대해 우리가 알 수 있는 것이란 단지 삼위일체이신 하나님의 외적 사역이 구별되어 풀이된 성경에 의존할 뿐이다. 예수님은 스스로 '성부 성자 성령의 이름으로 세례를 주라'(마 28:19)고 가르쳐 주셨다. 이를 근거로 우리는 하나님의 위격을 구별하게 되었고, 칼빈도 그의 『기독교 강요』에서 통일성과 구별됨에 대하여 설명하였다.

다시 말하면, 『기독교 강요』에는 성삼위 하나님의 사역에 대한 설명이 차례로 다루어져 있는 바, 성부 하나님의 주권적 사역을 『기독교 강요』 제1권에서 집중적으로 설명했고, 성자 예수님의 구속사역을 제2권에서 풀이했으며, 제3권에서는 성령님의 개인별 적용사역을, 제4권에서는 성령의 외적 사역인 교회에 대해서 설명하였다. 물론, 이러한 구조는 이미 '사도신경'에 담겨 있는 기독교의 기본교리에 따른 것이다.

칼빈이 성령의 인격과 존재에 대해서 다룬 부분은 『기독교 강요』 제1권 13장, '삼위일체론'에서인데, 성부와 성자에 비교해 본다면 성령의 신성과 본질에 대한 설명은 그리 많은 편은 아니다. 성자의 영원한 신성은 7장에서 13장까지, 성령은 14장에서 15장까지 다루었다.

칼빈은 성자에 대한 설명을 성부와 성령에 대한 설명보다 무려 세 배나 많이 집중하고 있다. 그러나 이런 외적인 분량의 차이가 있다고 해서, 성령을 소홀히 취급한 것이라고 할 수 없다. 왜냐하면, 삼위일체 되신 하나님의 각각 세 인격의 구별과 통일성을 다루는 부분에서는 성부, 성자, 성령에게 동일한 지면을 할애하고 있기 때문이다.

성부에게는 모든 만물의 근원이요 첫 출발과 행동하는 존재

의 시작이 달려있으며, 성자에게는 지혜, 계획과 만물의 질서
있는 지배가 귀속되며, 성령에게는 권능과 만물의 효용성이
귀속되어 있다.²

　이러한 삼위 하나님의 사역은 서로 관계를 가지면서도 교통할 수 없는 특성에 의해서 따로 구별된다. "세 실재는 상호 관계를 맺고 있으면서도 각자의 특성에 의해서 서로 구별된다…각자에게 고유한 것은 어떤 것이라도 전달될 수 없는 것"이라고 칼빈은 주장한다.³

　물론, 앞에서 시작할 때 지적한 바와 같이, 하나님의 존재의 신비로움에 대한 설명은 성경에 나와 있지 않으며, 우리의 지혜로 풀 수 없는 초월적 영역이다. 따라서 우리는 인간의 구원에 관해 계시된 하나님에 대해서만 알 수 있을 뿐이다. 그래서 칼빈이 삼위일체 하나님에 대해서 구원론적 관계성을 중심으로 설명한 것이다.

　구원을 성취하시는 하나님의 경륜의 사역을 정리해 보면서, 성부는 시작하시고, 성자가 완성하시며, 성령은 적용하신다고 칼빈은 요약하였다. 비록 이들 사역들이 하나님의 한 위격에서 다른 위격이 기인한다고 표현되었지만, '삼위의 외적 사역은 나누어질 수 없다'(opera ad extra trinitatis indivisa sunt). 삼위일체 되신 하나님은 서로 경륜적 동등함과 밀접성을 갖고 일하신다. 각 위 사이에는 존재론적 혼합이 있다는 말이 아니라, 완벽한 친밀성의 관계를 갖고 있다는 뜻이다.

2　*Institutes*, I.xiii.18: "to Father is attributed the beginning of activity, and the fountain and wellspring of all things; to the Son, wisdom, counsel, and the ordered disposition of all things; but to the Spirit is assigned the power and efficacy of all activity."

3　*Institutes*, I.xiii.6.

특히 성령의 사역은 구약성경에서 간헐적으로 드러나다가, 예수 그리스도의 지상강림과 구원사역이 완성되는 시점에서는 전면에 등장하게 된다. 그동안 자신을 감추었던 성령께서 인류 구원의 대역사가 일어나는 정점에서 대대적으로 자신의 사역을 드러내신 것이다. 그래서 사복음서의 서두에 등장한다. 그리고 성령의 등장은 예수 그리스도가 중심이 되어 하신 일로 나타나 있다.

다시 말하면, 성령은 예수 그리스도의 동반자이다. 그리스도의 모든 행동은 성령의 임재 하에서 일어났다. 성자의 생애동안 즉 요람에서 무덤까지 성령은 영원한 동반자였다.

성령은 예수 그리스도의 잉태와 탄생 시에 간여하여 동정녀 마리아의 몸을 통해서 세상에 오실 때에 죄가 간섭하지 않도록 지키셨다. 성령이 그녀를 덮고 지극히 높으신 자의 권능이 위로부터 강림함으로 마리아는 잉태하게 되었다(눅 1:31, 35). 성육신의 사건은 성령의 사역이 수반되고 있으며 이 때 성령의 기능은 태어날 분의 거룩함과 죄 없으심을 유지하는 것이었다. 오직 성령의 역사로 인하여 '로고스'(말씀)의 신성이 진정한 인성과 관계를 맺게 되었다. 그래서 예수 그리스도는 '거룩한 자'(눅 1:35)가 될 수 있었다.

예수님의 전 생애에 걸쳐서 성령의 사역이 항상 함께 하였는데, 예수 그리스도가 어린 시절에 지혜와 키가 자라면서 하나님과 사람들의 사랑을 받는 데 함께하였다(눅 2:52).

그리고 예수 그리스도가 공적인 구원 사역을 맡고자 나설 때에 성령으로 인침을 받았다. 세례 요한에게 요단강에서 물세례를 받을 때에, 성부의 음성, "이는 내 사랑하는 아들이요 내 기뻐하는 자"(막 1:11; 눅 3:21)라는 선포와 함께 비둘기 같은 영으로 강림하였다. 제사장이 몸을 씻고 난 후, 기름부음을 받고서 사역에 취임하듯이, 예수님 역시 성령의 기름부음과 세례의 씻음을 받으신 것이다. 이 성령의 강림은 선지자, 제사장, 왕에 의해서 미리 보인 메시아의 세 가지 직분에 대한 기름부음이다.

그리고 성령은 예수 그리스도를 광야로 이끌고 가서, 40일 동안 금식기도를 하도록 힘을 주셨고, 말씀으로 사탄을 물리치는 데 도움을 주셨다(눅 3:23-38). 여기서 둘째 아담 예수 그리스도는 첫째 아담이 실패한 것을 원상태로 회복시켜 주셨다(고전 15:45). 예수님에게 주어진 사탄의 시험이란 아담에게 주어졌던 것과 아주 유사했으나, 하나님과 같이 높아지라는 유혹을 물리치고 승리하였다. 그 대신 순종과 고난을 통해서 하나님에 대한 신실함을 보여주셨다. 이것은 성령의 권능과 지혜가 함께하였기에 예수 그리스도가 승리한 것이다.

그리스도가 공생을 시작하고자 갈릴리로 가도록 성령께서 이끌어 주셨고, 회당에서 말씀을 읽을 때에 함께 하셨다(눅 4:14). 하나님은 예수님에게 성령과 권능으로 기름 부으셨다. 예수님의 모든 사역, 권세 있는 설교(눅 4:32), 귀신을 쫓는 권능(눅 4:33-37), 병을 고치는 손길(눅 4:40)은 메시아적 성령의 권능 안에서 행사된 것이다. 따라서 인자를 거역하는 자는 사함을 얻지만, 성령을 모독하고 훼방하는 죄는 사함을 얻지 못한다(마 12:25-29; 눅 10:21).

사람의 아들로 오신 예수님을 인간적으로 거부하였던 자들은 다시 한 번 재창조되어서 용서를 받을 수 있다. 그것은 단순한 인격적인 거부였기 때문이다. 성령의 사역을 모독하거나 훼방하는 자들은 예수 그리스도로 인한 하나님 나라의 도래와 새로운 시대의 시작을 거부하는 자들로서 곧 메시아 사역을 거역하는 죄를 범하는 것이다.

성령을 거스르는 죄는 예수 그리스도의 사명이 메시아라고 증거하는 성령을 거부하는 것이므로 저주받을 수밖에 없다.

모든 지상 사역에 함께 하신 성령은 그리스도의 마지막 구원사역, 죽으시고 부활하시며 승천하는 일에 동역하셨다. 예수는 "영원하신 성령으로 말미암아 흠 없는 자기를 하나님께 드린 그리스도"(히 9:14)이시다. 예수의 부활에서도 성령의 역할은 빼놓을 수 없다. 성경은 "그리스도께서… 육체로는 죽임을 당하시고 영으로는 살리심을 받으셨으니"(벧전 3:18)라고 하였다. 성령의 권능이 역사하는 가운데 예수는 죽은 자 가운데서 부활하셨고, "아버지의 영광에 의하여 살아나셨다"(롬 6:4).

그리스도가 승천한 이후에는 성령께서 각 사람의 마음에 역사하여서 예수 그리스도를 구세주로 고백하게 하신다. "마지막 아담은 살려 주는 영이 되었다"(고전 15:45). 이제 그리스도는 승천하고, 그의 사역은 또 다른 보혜사인 성령이 담당하였다. 그리스도는 성령을 통해서 생명을 주신다. 부활하신 이후에 주님은 권능을 가진 하나님의 아들로서 성령을 주신다. 이제 성령을 소유하는 것은 그리스도를 소유하는 것과 같다. 성령은 '그리스도의 영' 혹은 '주의 영'이기 때문이다(고후 3:13, 17-18).

2. 성령은 결코 열등하지 않다

성령의 신적인 본질은 성부나 성자 그 누구로부터 나온 신성의 일부분을 소유하는 것이 아니다. 삼위일체 하나님을 곡해한 오리겐과 아리우스처럼 '종속설'을 따라가서는 안 된다. 성령은 처음부터 스스로 하나님이셨다. 요한복음 15:26에서, 성령이 성부로부터 나오시고, 성자의 보냄을 받았다고 말씀하신 것은 삼위 각 위 사이의 관계성을 풀이하는 말이다. 성령이 성부의 신성을 일부분 떼어 가지신 것이 아니다. 성령은 성부와 성자와 모든 신성과 권능과 영광과 능력이 동등하며, 결코 열등하지 않다. 그래서 칼빈은 다음과 같이 힘주어서 말한다.

> 여기서 우리 독자들은 다음을 주목해야 한다. 성령은 종종 성부 하나님의 영으로 언급되기도 하고, 종종 성자의 영으로 불리기도 하는데, 특별한 구분 없이 그렇게 불린다. 성자의 영이라고 말할 때에, 성령이 우리의 중보자요 머리이신 성자 위에 모두 다 쏟아 부어져, 그로 인해 우리가 주님으로부터 그 일부분을 받게 되었다는 말이 아니다. 오히려 이 말은 성부에게나 성자에게나 성령은 동일하게 공통적이어서, 하나의 본질과 똑같은 영원한 신성을 소유한다는 말이다.[4]

성령은 주의 영(the Spirit of the Lord, 고후 3:17), 그리스도의 영(롬 8:9; 벧전 1:11), 예수 그리스도의 영(빌 1:19), 하나님의 아들의 영(갈 4:6)으로 불렸다. 특히 바울은 우리가 육신에 속한 자가 아니라, 영에 속한자라고 하였다(롬 8:9).

이런 표현에서 알 수 있는 것은 그리스도 안에 있다는 말은 성령

---

[4] 칼빈, 로마서 8:9 주석.

안에 있다는 말과 같다는 것이다. 우리가 그리스도와 함께 동참한다는 것은 성령에 동참한다는 말로 표현된다. 더구나 고린도전서 12:3에서 "성령으로 아니하고는 누구든지 예수를 주시라 할 수 없느니라"라고 했으니, 믿음으로 예수 그리스도를 하나님의 아들로 인정하고 자신의 구세주이자 왕이라고 고백하는 것은 전적으로 성령의 은사이다. 성령은 결코 약화시키거나 축소시킬 수 없는 근원적인 일을 하고 계시며, 성자와 긴밀하게 연결되어 일체성을 유지하고 있다.

세 위격의 특성을 표현하는 성경 구절에 대해 발전된 존재론적 삼위일체론에서 볼 때, 삼위의 성령은 성부와 성자와 동등하고 본질이 같으시다. 영원한 하나님의 한 위격이시다. 예수님과 보혜사 성령의 연합은 완벽하다. 예수님의 생애 동안 임재하면서 메시아적 사역을 완수하신 성령은 전적으로 성자의 사역의 연속 선상에 있다.

칼빈에 의하면 하나님의 본질은 두 가지 특성, 그의 무한하심과 육체나 물체가 아닌 영적인 본질을 소유하신 분이라는 점이다. 하나님은 신성의 본질 속에 통일성 혹은 일체성을 이루고 있고, 동시에 다양성을 갖고 있다. 삼위일체 하나님의 영적인 본질을 표현하는 용어가 매우 다양하게 나타나는데, 그것을 가르쳐주고자 우리 인간의 이해 가능한 수준으로 표현해 주셨다. 그래서 한 분 하나님이 하시는 일들이 우리 인간에게 드러나면서 외적인 사역(opera ad extra)에서는 서로 각 위격이 구별되는 일을 하시는 것으로 드러낸다.

칼빈은 삼위일체 각 위격의 인격적 다양성에 대한 용어들이 등장하는 이유는 결국 그들 삼위일체 각 위격들 사이의 관계성에 기인한다는 어거스틴의 말을 그대로 받아들였기 때문이다.[5] 삼위일체 되신 하나님의 각 위격들 사이의 관계성에 관한 용어들을 통하여서 우리가 가르침 받는 것은 하나님의 신성과 위대하심이며, 여러 단어들은 인간의 이해 수준으로 낮추어주신 까닭이라고 보았다.

여기서, 우리는 칼빈의 신학에서 기본적인 관점 중에서 매우 중요한 원리 한 가지를 충분히 인식하도록 주의를 환기시키면서 강조하지 않을 수 없다. 칼빈은 성경이나 모든 계시는 '인간이 수용가능 하도록 하나님이 자신을 낮추어 주셨다'(accommodation)라는 것에 주목하였다. '낮아지심의 원리'란 무엇을 말하는가? 인간이 이런 정도라도 하나님에 대해서 알 수 있는 것은 오직 하나님이 인간수준으로 자신을 낮추어서 알려주셨다는 계시의 원리에서 기인하는 것이다.

그리고 모든 구원의 방법들도 이런 관점에서 보면 잘 이해된다. 왜 하나님이 동물제사를 원하셨는지, 왜 하나님이 기도라는 방법을 택하여 만나주시는지, 왜 성경이라는 문자의 책을 인류의 발전사 속에서 주셨는지, 왜 전도의 미련한 방법을 택하여 복음을 전해 주시는지, 모두 다 인간의 수용가능성을 고려하였기 때문이다.

'낮아지심의 원리'는 『기독교 강요』의 영어판 번역자였던 포드 루이스 배틀즈 박사가 칼빈의 글 속에서 여러 번 발견하게 되어 확신을 갖고 소개함으로써 세계 학계가 주목하게 되었고, 이제는 수많은 연구가 진척되어서 어느 누구도 부인할 수 없는 칼빈의 중요한 계시 이해와 신학 방법론으로 정립되었다.[6]

---

5 *Institutes*, I.xiii.19: "As Augustine shows, the diversity of the terms for the persons of the Trinity is due to their relationships."

6 Ford Lewis Battles, "God Was Accommodating Himself to Human Capacity,"

> 그러므로 그러한 표현방식(신인동형적 표현들)은 하나님이 어떤 분이라는 것을 분명하게 설명해 주는 것이라기보다는 오히려 하나님에 관한 지식을 우리의 미약한 수용능력에 알맞게 적응시키고 있는 것이다. 이를 수행하기 위해 하나님은 그 높은 위엄에서 훨씬 밑으로 내려오지 않으면 안 되었던 것이다.[7]

하나님을 아는 지식을 설명하는 칼빈의 신학적 방법론은 바로 성경에서 배운 '수용성의 원리'를 활용한 것이다. 하나님은 영이시기에 사람의 지식과 지혜만으로는 완전히 다 알 수 없다. 오직 하나님이 인간의 수준에 낮춰주셔서, 인간의 수용 가능한 범위 내에서 알려주신 것이다. 마치 박사가 유치원에 다니는 아이에게 설명하려면 단순하게 그들의 능력에 맞도록 그림이나 손짓, 발짓을 동원해야만 하듯이, 성경의 모든 진술들은 하나님이 인간에게 낮아지셔서 깨닫는 범위 안에서 자신을 가르쳐 주신 것으로 보아야 한다.

인간의 수용능력을 벗어나서는 흑암에 빠질 수밖에 없다. 인간에게 요구하시는 순종하는 기독교 신자의 삶과 기도, 율법에 대한 철저

Interpretation 31(1977): 19-38. A. Mitchell Hunter, *The Teaching of Calvin; A Modern Interpretation*(Glasgow: Maclehose, Jackson and Co, 1920), 48. Clinton Ashley, "John Calvin's Utilization of the Principle of Accommodation and its continuing Significance for an Understanding of biblical Language,"(Th.D. dissertation, Southwestern Baptist Theological Seminary, 1972). Garret Wilterdink, "The Fatherhood of God in Calvin's Thought," *Reformed Review* 30(1976-1977): 9-22. Jon Balserak, "The God of Love and Weakness: Calvin's Understanding of God's Accommodating Relationship with His People," *Westminster Theological Journal* 62(2000): 177-95. 김재성, 『칼빈과 개혁신학의 기초』, 134-137.

[7] *Institutes*, I.xiii.1.

한 준수와 신앙생활의 거룩한 방편들은 할 수 없는 것들이 아니요, 힘에 겨운 것도 아니라, 모두 다 가능한 것들로서 인간이 할 수 있는 수준으로 하나님이 낮추어서 요청하신 것이다.

3. 예수 그리스도만을 높이는 성령

삼위일체 사이의 일체성과 긴밀성을 보여주는 놀라운 설명이 예수님에 의해서 주어졌는데, 성령은 예수 그리스도의 가르침을 그대로 생각나게 하고 가르치는 영이며, 아버지께서 보내신다는 사실이다. 그래서 예수 그리스도가 지상 사역을 마치고 죽으신 이후에는 성령의 사역이 대행하는 중요한 역할을 하게 된다. 우리는 이제 성령의 사역을 강조하려 하기보다는 예수 그리스도께서 완성하신 것에 더욱 중요성을 두려는 칼빈의 강조점을 간파해야만 한다.

성령은 오직 예수님만을 높인다. 예수님을 중요시하지 않는 교회는 '신성모독'을 범하고 칼빈은 로마 가톨릭교회를 비판했다. 요한복음 16:14은 성령의 사역이 집중하고 있는 가장 중요한 내용이 예수님을 영화롭게 하려는 것임을 밝혀준다.

칼빈은 당시 예수님의 사역과 역할을 무시하고 경시하려는 로마 가톨릭의 오류를 신랄하게 비판하였다. 예수님 중심의 신앙구조가 아니었음을 철저히 밝히고 있다. 먼저 예수 그리스도가 오셔서 초보적인 것만 가르치시고 후에 성령이 가르치시는 더 수준 높은 학교로 보내신다는 착각을 하고 있었다.

> 도저히 용납할 수 없는 오류가 여기서 그치지 않고 계속되어서, 그들은 마치 그리스도가 통치하던 시대는 끝이 났고, 이제는 그리스도가 아무것도 아닌 존재가 되었다는 듯이, 그리스도는 종결을 짓고 성령을 그 자리에 위치시킨다. 교황주의자들과 이슬람교도들의 신성모독은 바로 거기서 비롯되었다…우리가 교황의 가르침을 반박하기 위해서 성경을 제시하면, 교황은 성령께서 오셔서 성경에 없는 많은 것들을 우리에게 가르쳐 주셨기 때문에, 우리가 성경에만 갇혀 있어서는 안 된다는 논리를 편다.[8]

여기서 칼빈은 그리스도의 역할과 사역이 가장 중요함을 역설한다. 중세시대에 기독론은 완전히 왜곡되어서, 마리아의 품속에 평안히 안겨있는 어린 아기 예수로 그려졌다. 대중들은 예수님을 잘 이해하지 못하고 말았다.

예수 그리스도를 통해서 이 땅에 성취되는 하나님의 나라는 성도들에게 많은 영적인 축복들을 가져다 준다. 그것은 모두 다 예수 그리스도의 나라에서 나오는 것들이다. 성령은 하나님의 나라를 유지시키고 견고히 세워나가기 위해서 그리스도가 명령한 말씀을 순종하라고 그리스도의 영광을 드러내고 가르치신다.

그리스도에게서 받은 혜택과 은혜란 무엇인가? 칼빈은 네 가지를 핵심으로 지적한다.

---

8   칼빈, 요한복음 16:14 주석.

> 우리가 그리스도의 피로 씻음을 받아 깨끗하게 되는 것, 그리스도의 죽으심으로 말미암아 우리의 죄악이 도말되는 것, 우리의 옛 사람이 십자가에 못 박히는 것(롬 6:6), 그리스도의 부활하심으로 말미암아 우리가 새 생명을 얻게 되는 것이다(롬 6:4). 요약하자면, 그것은 우리로 하여금 그리스도의 혜택들에 참여하는 자들이 되도록 만들어 주시는 것이다. 그러므로 성령께서 우리에게 주시는 것 중에는 그리스도와 상관없는 것이란 아무것도 없다. 성령이 우리에게 부어주시는 것은 모두 다 그리스도에게서 가져온 것이다.[9]

칼빈은 여기서 사도 바울이 고린도전서 1:30에서 설명한 바, 그리스도는 우리를 위해서 지혜가 되신다는 것과 그리스도 안에 감추어진 모든 보화를 드러내 보여주신 것들을 상기시킨다.

한마디로 말해서, 성령께서는 오직 그리스도의 부요하심으로 우리를 부요하게 하심으로써 모든 것 속에서 그리스도의 영광을 드러내신다.[10]

중세시대 로마 가톨릭교회는 그리스도를 제쳐두고, 미혹에 빠져서 엉뚱한 길에서 하나님을 찾고자 한다고 칼빈은 비판했다.

요한복음 14:26과 15:26에 보면, 예수님은 자신의 이름으로 아버지께서 성령, 곧 보혜사를 우리에게 보내셔서 모든 것을 가르치시되 예수님이 제자들에게 가르친 것을 생각나게 하리라고 설명해 주셨

---

9 칼빈, 요한복음 16:14 주석.
10 칼빈, 요한복음 16:14 주석.

다. 이것을 말씀하신 이유에 대해서 칼빈은 제자들이 이미 "풍성한 위로를 갖고 있음을 가르쳐주심으로써 그들이 성령 이외에 다른 것에서 위로를 찾지 못하게 하려 하심이다"[11]라고 하였다.

칼빈은 성령께서 '내적인 교사'(interior magister)로서 예수님이 말씀하신 것과 똑같은 것을 제자들의 가슴 속에서 말씀하실 것이라는 점을 상기시킨다. 이것은 모든 사람들에게 매우 유익한 충고이다. 비록 우리가 순간적으로는 자만심이 자신을 지배하여서 예수님이 말씀하신 것을 이해하지 못한다 할지라도, 그 불분명한 것들을 파헤치려고 쓸데없는 시간을 낭비하고 노력을 기울여야 하는 염려를 할 필요가 없다는 것이다.

우리가 '하나님의 학교'에서 진보를 나타내고자 하는 마음이 있다면 먼저 가르침을 받아들일 수 있는 준비를 갖추고 어려운 교훈들이라도 관심을 집중해서 듣고자 노력해야 한다. 그러나 무엇보다도 "우리는 우리가 헛되이 읽고 들은 것들을 성령께서 친히 명쾌하게 가르쳐 주실 때까지 기다리는 마음을 가져야 한다." 칼빈은 예수님이 가르친 것들을 이해하지 못할지라도, 하나님이 말씀하신 것을 거부하지 말고, 우리는 "인내심을 갖고 조용히 계시의 시간이 오기까지 기다려야 한다"고 거듭 촉구하였다.

성령의 가장 독특한 직분은 사도들에게 이미 예수님의 입을 통해서 배운 것들을 가르쳐 주는 역할을 하는 것이다. 귀로 듣는 외적인 가르침이 공허하게 스쳐가 버리는 것은, 사실상 성령께서는 인간의 마음속에서 가르침을 주시지 않았기 때문이다. 하나님은 두 가지 방

---

11 칼빈, 요한복음 14:25 주석.

법으로 가르치신다. 사람의 입으로 나오는 말을 사용하여 우리 귀를 통해서 가르치시고, 성령을 통해서 내적으로 가르치신다. 하나님은 어떤 때는 이 두 가지를 동시에 사용하시기도 하시고, 어떤 때는 따로따로 사용하시기도 하신다.

요한복음 14:26 주석에서 칼빈이 관심을 기울인 또 다른 대목이 있다. 그것은 성령이 가르치는 사역을 하되, '내가 너희에게 말한 것'을 가르친다는 구절이다. 다시 말하면, 성령은 새로운 계시의 구성자가 아니라는 말이다. 성령은 오직 예수 그리스도의 가르침만을 증거한다.

> 성령께서는 우리의 믿음이 오직 그리스도 안에만 머물러 깊이 뿌리를 내리게 하셔서 우리로 하여금 다른 곳에서 우리의 구원과 관련된 그 어떤 것도 찾지 않도록 하실 것이기 때문이다.[12]

성령이 하시는 가장 중요한 일은 우리의 내적인 심령 속에 예수 그리스도를 고백하게 하고 받아들이게 하는 것이다. 성령은 다른 프로그램을 가지신 영이 아니다. 그는 그리스도의 영이요, 하나님의 영이다. 요한복음 15:26에 대한 주석에서 칼빈은 다시 한번 성령의 증거 사역이 세상의 어떤 공격에서라도 견고하게 예수 그리스도를 향한 우리의 신앙을 지켜주실 것이라고 강조하였다.

예수께서 말씀으로 '우리의 가슴 속에 새겨진 하나님의 진리'를 지

---

12 칼빈, 요한복음 15:26 주석.

켜나갈 것을 요청한다. 예수님을 믿는 신앙 안에 살도록 하기 위해서 온갖 세상의 유혹과 혼돈에서 지켜 주시고자 성령께서는 하루에 백 번이라도 우리 성도들의 마음을 지배하실 것이라고 하였다.

> 하나님이 우리에게 주신 것들을(고전 2:12) 우리가 알 수 있는 것은 우리가 세상의 영이 아닌, 하나님의 영을 받았기 때문이다. 이 하나의 증거만으로도 이 세상이 하나님의 진리를 무너뜨리고 모호하게 만들고자 하는 그 어떤 시도도 강하게 무너뜨릴 것이며, 부숴버릴 것이다. 성령이 부어진 자는 누구든지 이 세상의 모욕이나 미워함을 당하는 절망의 위험에서 벗어나게 될 것이요, 이 모든 세상을 이기는 승리자가 될 것이다…성령의 내적이며 비밀스러운 증거를 기억해야만 하는데, 그로 인해서 신자들은 하늘로부터 그들에게 주어진 것을 알게 된다.[13]

성령께서 예수 그리스도를 증거하는 영으로 사역하는 것은 바울이 로마서 8:9-10에 잘 설명하였다. 성자와 성령은 인격적으로는 구별되면서도, 경륜적 일체성을 가지고 사역하는 까닭에 동등하다.

---

[13] 칼빈, 요한복음 15:26 주석. "…*interius et arcanum Spiritus testimonium*."

4. 성령 사역의 세 가지 차원

성령은 오직 믿는 사람의 내면에만 역사하고 계신다는 생각은 너무나 좁은 안목에서 벗어나지 못한 것이다. 칼빈이 생명에 대하여 설명한 부분을 살펴보면, 성령의 사역은 세 가지 차원에 걸쳐서 총망라 되어있다. 이것은 칼빈의 섭리관에서도 역시 잘 드러나는데, 섭리의 세 가지 차원과 성령의 세 가지 사역의 차원이 매우 유사한 구조를 이루고 있다.[14] 하나님이 만물을 창조하신 이후에 모든 것은 하나님의 뜻을 향해서 합동하여 진행되는데, 여기에는 우주적 일반섭리(자연질서), 보편적 섭리(특수한 자연현상과 인간의 모든 학문들), 특별섭리(성령의 역사로 인한 믿음과 구원의 적용)가 있다고 하였다.[15]

이와 아주 흡사한 체계로서, 성령의 역사도 정리되어 있다. 세 가지 차원은 세상을 바라보는 칼빈의 섭리관이자, 그 안에서 역사하는 성령의 광범위한 사역을 파악하게 해 준다. 믿음의 저자인 성령은 삼중적인 활동을 하고 계신다.

> 첫째, 모든 피조된 만물 속에서 생명과 성장의 근원이 되신다.
> 둘째, 모든 인간에게 지혜를 주시며, 말씀하신다.
> 셋째, 중생, 칭의, 능력, 성화, 진리, 은총 그리고 모든 선한 것의 저자이다.

---

14 Jae Sung Kim, "*Unio cum Christo*: The Work of the Holy Spirit in Calvin's Theology" (Ph.D.: Westminster Theological Seminary, 1998), 58-67.
15 김재성, 『개혁주의 성령론』, 14-16.

여기서 성령의 사역이 세 가지 차원 가운데에서, 첫째는 보편적이며 우주적인 만물 속에서 역사하는 차원, 둘째는 그 속에서 살고 있는 전 인류에게 역사하고 간여하는 성령의 활동, 마지막으로 오직 구원받은 백성들과 교회에 역사하시는 차원으로 구별하여 말한다. 로마서 8:14 주석에서 이를 구체적으로 설명하였고, 보다 명쾌한 세 가지 차원의 설명은 에베소서 4:18 '하나님의 생명'이라는 구절에서 풀이하고 있다.

> 우리는 이 세상에서 생명의 세 가지 차원이 있음을 알 수 있다.
> 첫째는 우주적 생명으로, 이는 모든 움직임과 느낌을 구성하는 바, 짐승들도 함께 나누고 있는 것이다.
> 둘째는 인간의 생명으로, 이는 아담의 후손들로서 우리가 가지고 있는 것이다.
> 그리고 셋째로는 초자연적 생명이 있는데, 이는 오직 믿는 자들만 소유한다.
> 이 모두 다 하나님으로부터 온 것이어서, 각각 모두 다 하나님의 생명이라고 부른다.[16]

칼빈이 말하는 위의 세 가지 구분은 다음과 같이 구별되어야만 한다. 첫째 영역에 속하는 모든 피조세계에는 '우주적 보편은혜'(universal common grace)를 주시고, 둘째 영역에 속하는 모든 사람들에게는 '일반적인 보편은혜'(general common grace)를 주신다. 이는 하나

---

[16] 칼빈, 에베소서 4:18 주석.

님의 호의와 배려하심이 있기 때문이다. 하지만 이 두 영역에는 구원의 능력을 주시지는 않고, 일반적인 은혜에 속한 것만을 허용하신다. 오직 셋째 영역에 속하는 믿는 자들에게만 '언약적 보편은혜'(covenant common grace)를 허용하시는데, 여기에 속한 은혜를 받는 이들 만이 성령의 내적인 구원사역이 수반된다.

구원 역사가 없음에도 불구하고, 성령의 우주적 차원은 만물의 창조와 자연의 보전에 관련되어 있다. 헨드리쿠스 베르크호프는 "창조와 성령 사이의 관계에 대해서는 기독교인들의 생각 속에서 많이 잊혀져 있는 부분이다. 칼빈과 그를 따르는 아브라함 카이퍼만이 이 우주적 성령론의 측면을 합당하게 밝혀보려고 애를 쓴 유일한 신학자들이다"[17]라고 평가한 바 있다. 성령은 자연 질서를 주관하고 있으면서 모든 만물 속에 하나님의 능력을 불어넣고 있다.

칼빈이 이렇게 주장한 이유는 직통계시를 받았다고 주장하던 당대 극단주의자들, 곧 재세례파들과 자유방임파들, 신령주의자들의 성령론에 대한 총체적 반론을 펼쳤기 때문이다. 이 세상의 일상적인 모든 일은 하나님의 섭리하에 있으며, 하나님의 손에 들린 도구들이다. 창조주 되신 하나님은 여전히 세상을 아버지의 사랑으로 돌보고 계신다. 그런데 이 창조와 섭리가 오직 성부 하나님에게만 의존하고 있다고 생각하는 것은 매우 잘못되었다는 것이다.[18]

성령은 성부와 성자와 함께 창조의 권능을 부여하신다. 그리고 "모든 만물을 보전하시고, 자라게 하며, 지상과 천국에서 자극을 하

---

17 Hendrikus Berkhof, *The Doctrine of the Holy Spirit*(Atlanta: John Knox Press, 1964), 96.
18   Calvin, *Treatises Against the Anabaptists and Against the Libertines*, ed. & tr. B. W. Farley(Grand Rapids: Baker, 1982), 234.

여 주신다. 성령은 모든 만물의 질서와 생명과 움직임의 근원자이시다."[19] 성령을 통해서 하나님의 선하심이 적용되는 것이다.

또한 성령은 인간의 모든 활동에 간여하신다. 피조물의 세계 속에서 특히 사악한 자들에 대하여 죄책의 두려움과 형벌에 대한 심판으로 억제하고 계신다.

> 하나님이 자신의 피조물들에게 역사하시는 두 번째 방법은 그의 선하심, 의로우심, 심판하심에 대한 복종을 하도록 하시고자, 그의 현존하는 뜻에 따라서, 그의 종들을 도우시고, 사악한 자들을 처벌하시며, 그의 신실한 자들의 인내심을 시험하시고, 또한 아버지의 친절하심 가운에서 그들을 채찍질 하시는 것이다.[20]

인간은 하나님의 창조의 영광이 반영된 존재이다. 하지만 하나님의 형상이 파괴되어서 더 이상 기능을 하지 못하고 있다. 이것을 피조물 가운데서 다시 질서 있게 작동시키는 분이 바로 성령님이시다.[21]

성령의 역사하심이 함께하는 이 두 번째 차원인 인간은 예술과 학문과 각종 과학을 발전시키는 재능을 부여받았다. 이러한 칼빈의 사상을 훗날 아브라함 카이퍼와 헤르만 바빙크, 반틸 등의 학자들이 '일

---

19 *Institutes*, I.xiii.14.
20 Calvin, *Treatises Against the Anabaptists*, 243-4.
21 M. Eugene Osterhaven, "John Calvin: Order and the Holy Spirit," *Reformed Journal* 32(1978): 23-44.

반은총론'으로 발전시켰다.[22]

성령이 하시는 가장 중요한 사역은 역시 개인과 교회 안에서 구원을 적용시키는 사역이다. 성령은 개인적으로 믿음을 주시고 회개케 하시며, 집합적으로 교회 안에서 은혜의 방편들(말씀과 성례)을 통해서 지속적인 은총을 부여해 주신다.

> 하나님의 활동의 세 번째 형태는 성령으로 그의 신실한 자들을 통치하시고, 살리시며, 그들 가운데 머물러 계시는 것이다. 원죄로 인하여서 무척이나 부패하여 있는 만큼, 우리는 황폐하고 메마른 광야와 같아서 그 어떤 착한 열매도 맺을 수 없다. 오직 우리는 심판만이 합당할 뿐이다. 우리의 의지는 하나님을 정면으로 배반하고 있으며, 사악함에 기울어져 있고 빠져버렸다. 결론적으로, 우리는 전체 본성이 사악하다.

성령의 역사하심은 이미 그리스도의 지상사역에서 충분히 드러나지만, 성령의 재창조 역사로 인하여서 우리 성도들을 거듭나게 하며, 우리 안에 "하늘 생명의 씨앗과 뿌리를 심어놓으셔서 예수 그리스도와 연합하게 하신다."[23] 모든 구원의 과정에 역사하시는 성령으로 인하여서 우리가 믿음의 생활을 영위하게 된다.

성령의 역사하심은 구원론적인 차원에 집중하고 있지만, 여전히 종말론적 차원으로 연결된다. 칼빈은 이에 대해서 다음과 같이 성령

---

[22] H. Kuiper, *Calvin on Common Grace*(Grand Rapids: Smitter Book, 1928); C. Van Til, *Common Grace and the Gospel*(Philadelphia: Presbyterian and Reformed, 1977), 233.

[23] *Institutes*, II.ii.20; II.vi.1-4.

의 역사에 대해서 설명한다.

> 우리는 하나님의 영의 가장 뛰어난 그런 은총들 곧 인류의 보편적인 유익을 위해서 원하는 자들에게 나누어주시는 것을 잊어서는 안 된다. 브사렐과 오홀리압의 깨달음과 지식은 성막을 건설하는 데 필요한 것과, 하나님의 영에 의해서 그들 속에 갖추어 놓으셔야만 했던 것이다(출 31:2-11, 35, 30-35). 인간의 삶에서 가장 뛰어난 모든 지식이 하나님의 영을 통해서 우리에게 전달되는 것은 전혀 놀라운 일이 아니다. 하나님으로부터 완전히 떠난 경건치 않은 자들이 성령과 함께 하느냐는 것은 물론 물어볼 필요가 없다. 우리는 하나님의 영이 오직 신자들 속에 거하신다는 선언을(롬 8:9), 우리를 하나님이 성전으로 신성하게 봉헌케하는 성화의 영에 대한 언급으로 이해해야 한다(고전 3:16). 그럼에도 불구하고 하나님은 동일한 성령의 권능으로 만물을 채우시고, 움직이시고 자극하시며, 또한 각자에게 창조법칙을 부여하시고 그 특징에 맞게 그렇게 하신다. 만일 우리 주님이 우리로 하여금 물리학, 변증학, 수학 그리고 다른 과목들에서, 믿지 않는 사람의 작업과 활동에 의해서 도움을 얻도록 뜻하셨다면, 이런 도움들을 사용하자…그러나 우리는 어떤 사람이 이 세상 재료들로 진리를 이해하는 큰 능력을 소유하고 있다고 확신하여 참으로 복을 받은 것으로 생각하지 않도록(참고 골 2:8), 그러한 능력과 그것에 의존하여 나온 모든 이해는 하나님의 관점에서 볼 때(견고한 기초가 들어있지 않은) 안정감이 없으며 가

변적인 것이라는 사실을 다시 한 번 덧붙여야 한다.[24]

칼빈은 성령의 일반적인 역사와 특별한 역사를 구별하여서 말하고 있다. 하나님의 일반적인 은혜를 받고 은사를 활용하는 자들 가운데서도 구원받지 못한 자들도 있다. 하나님은 모든 인간의 활동에서 역사하시는데 이때 성령은 일시적이요 제한적인 은사를 주신다. 하지만, 핵심적으로 구원활동에 간여하여 믿는 자들에게만 내주하시고 성화의 전 과정에 함께 하신다.

성령은 개인적으로 역사하여 모든 성도들에게 구원을 적용한다. 이를 칼빈은 '그리스도와의 연합'이라는 교리로 집약시켰다. 여기서는 대략적인 개요만을 다루므로 다음 장에서 더 상세하게 다룰 것이다. 성령은 개인적으로 역사할 뿐만 아니라, 집합적으로 다시 말하면 공동체적으로 역사하여 교회를 이루고 믿는 자들 사이를 하나로 묶는다. 성령이 개인의 심령에 역사하게 하시는 방법으로써 외적인 은혜의 수단들을 사용하신다. 성령은 교회 안에서 설교를 통해서, 성례를 통해서, 권징을 통해서 믿음을 증진시키고 자라가게 한다.

---

24 *Institutes*, II.ii.16. II.xi,12. 창 4:20; 출 20:4; 34:17에 대한 칼빈의 주석도 참고할 것.

제네바에서 추방되는 파렐과 칼빈(1538년)

3장
그리스도와의 연합

칼빈을 '성령의 신학자'로 부르게 된 이유는 앞에서 설명한 것처럼 너무나 분명하고 적절하다. 칼빈은 로마 가톨릭교회가 일곱 가지 성례를 통해서 구원을 전달한다고 주장하던 구원론의 총체적 오류를 지적하면서, 성령의 위치와 사역을 회복시켰다. 성령이 각 사람에게 믿음을 심어 주어서 하나님의 은혜가 전달되는 것이요 구원이 적용되고 집행된다는 교리가 칼빈에 의해서 비로소 체계화되었다. 구원의 적용을 위해서 결정적인 성령의 사역을 제자리에 복원시킨 신학자가 바로 칼빈이다. 기독교 신학의 발전사를 되돌아볼 때에, 성령의 영광과 위치를 재설정할 수 있었던 것은 성경을 충실하게 연구하였기에 가능했다. 성경으로 돌아갔기에 알아낸 것이다. 칼빈의 성령론에 이르러서 비로소 구원의 적용에서 강조되어야 할 핵심사항들이 성경적으로 정돈되었다.

1. 성령은 접착제다

어떤 특정한 주제에만 집착하지 않고 성경을 종합적으로 제시하려는 칼빈 신학의 진면목이 그의 구원론에서도 입증된다. 특히『기독교강요』제3권의 제목과 서두에서 칼빈은 성령의 적용 사역의 핵심 구도를 명쾌히 제시한다. 즉 성령은 성도들로 하여금 그리스도와 연합시키는 '끈', '영적인 접착제'(spiritual bond)가 되어서 강력하게 하나 됨을 이루어 주심으로서 축복들 속에 참여케 하신다.[1] 칼빈은 구원이란 그리스도와의 연합을 강조하면서 이는 전적으로 비밀스러운 성령의 교통하심으로 인하여 이루어진다는 것을 강조하였다.

사람의 관점에서는 믿음이 접착제이다. 믿음은 성령 이외에 다른 근원에서 나올 수 없다. 믿음은 성령에 의해서 주어지는 초자연적인 선물이다. 성령은 항상 믿음을 사용하여 우리 성도들을 그리스도와 연합시키며, 그리스도의 혜택들을 합당하게 사용하는 자유함을 주신다. 이 믿음은 그 대상 때문에 모든 가치가 결정된다.

그리스도가 없는 믿음이란, 가치도 없고 존엄성도 없다. 믿음은 단지 방법적인 수단에 불과하기 때문이다.[2] 그리스도에게 초점을 맞추게 될 때에, 믿음은 이루 다 셀 수 없는 가치를 가진다. 오직 믿음에 의해서 우리가 그리스도의 구원사역을 자신의 것으로 받아들이게 되고, 칭의와 성화와 같은 그리스도의 모든 은택들을 얻게 된다.

---

1 *Institutes*, III.1.4, III.xi.10. Joel R. Beeke, "Appropriating Salvation: The Spirit, Faith and Assurance, and Repentance," in *A Theological Guide to Calvin's Institutes*, eds., David W. Hall & Peter A. Lillback(Phillipsburg: P&R, 2008), 275. 김재성,『개혁주의 성령론』, 445.

2 *Institutes*, III.xi.7.

그리스도와 성령은 우리의 구원을 위해서 서로 합력하여 작동하신다. 성령은 우리 안에 거하시는데, 곧 그리스도께서 우리 안에 거하신다는 것과 같다.[3] 모든 성령의 작동은 본질상 그리스도의 작동이다. 성령을 보내주신 분이 바로 그리스도이기 때문이다. 성령은 그리스도의 구원사역을 적용하여서 하늘에 계신 그리스도와 땅에 있는 신자들을 결합시킨다.

오늘날 21세기를 맞이한 성도들에게 칼빈의 성령론에서 강조한 그리스도와의 연합이라는 핵심 내용은 매우 큰 도움을 주고 있다. 일부 교파와 신학자들은 성령을 거론하는 것 같지만, 오직 성령의 은사들에 관하여서만 강조하고 있다. 이는 기본적인 성령의 사역을 간과하고 지엽적인 관심에 빠지게 만들어서 성도들의 일상적인 신앙생활과 거룩한 삶을 지도하는 성령의 사역을 전혀 무력하게 만든다.

특히 오순절 날 일어난 독특한 성령의 강림과 같은 은사 체험만을 중요하게 다루고 있음에 대해서 주의가 촉구된다. 그들은 체험을 현재 이곳에서(here and now) 다시 한 번 경험하고자 부르짖고 기도해야 한다고 가르친다. 이런 오순절파의 성령론에 의하면, 현장에서 경험하게 된다는 일시적 충만으로 인한 기쁨이 있다. 하지만, 지속적인 성령의 역사가 성부와 성자와의 일체성에 입각하여 지속되고 있다는 구원 경륜의 균형을 잃고 만다. 간단히 말하면 성령의 능력에만 치우치고, 성부의 섭리와 성자의 모범과 완성을 잃어버린다.

우리 한국 사람들은 당장 병을 고침 받고, 현장에서 문제를 해결하

---

3 *Institutes*, III.ii.39. III.i.4. III.ii.8. Jelle Faber, "The Saving Work of the Holy Spirit in Calvin," in *Calvin and the Holy Spirit*(Grand Rapids: Calvin Studies Society, 1989), 3.

기를 바란다. 그래서 오랜 세월이 지난 후에 알게 되는 성부의 뜻과 섭리, 예수 그리스도의 구속 사역이 아니라, 당장 자신의 심령 속에 역사하였다고 느끼는 성령의 놀라운 권능만을 바라는 것이다.

하지만, 오늘날 성령론에 치우친 여러 운동을 살펴보면, 은사 중에서도 어떤 그룹은 방언에, 어떤 그룹은 병 고침에, 어떤 그룹은 희열과 신비한 몸짓에, 어떤 그룹은 예언의 능력에 대해 각각 강조하는 바가 서로 일치하지 않는다. 현대 오순절 운동은 서로 간에 불일치를 낳고 있어서 더욱 혼란스럽다.[4]

지금 한국 교회가 배우고 있는 성령에 대한 교훈은 천편일률적으로 흐르고 있다. 지나치게 성령의 은사와 개인주의적인 체험에만 치우치고 있어서 예수 그리스도와 삼위일체 되신 하나님에 대해서 균형을 이루지 못하고 있다. 그리스도 없는 성령은 있을 수 없다. 성령의 사역에 관하여 종합적이고 균형이 잘 잡힌 성경의 교훈은 우리 각 개인에게 예수 그리스도 안에서 주어진 엄청난 갖가지 축복들을 적용시켜서 하나도 빠짐없이 전체적으로 접목시켜 주는 것이다.

2. 양자의 영

로마서 8:12-21에서 단 한차례 사용되었지만 '양자의 영'을 받았다

---

[4] 현재 활동하는 일부 성령운동가들과 방송 설교자들의 문제점을 지적한 다음 책들을 참고할 것. Hank Hanegraaff, *Christianity in Crisis*(Eugene: Harvest House Publishers, 1993); Michael Horton, ed., *The Deceit of the Satan*(Chicago: Moody Press, 1990).

는 표현을 칼빈은 매우 중요하게 취급하였다. 이 명칭이야말로 성령의 제일가는 호칭이라고 지적하였다. 성령을 통해서 우리 그리스도인들은 하나님의 자녀라는 의식을 갖게 되며, 이것은 예수 그리스도가 인간의 몸을 입고서 가지셨던 것과 같은 경험에 동참케 되는 것이다. 성령은 믿음으로 우리를 그리스도와 연합시키기 위해서 중생 가운데 역사한다. 성령의 목표는 우리를 그리스도와 같이 되도록 변화시키는 일이다(롬 8:29).

회개는 옛 생활에 대한 죽음이요, 자아를 십자가에 못 박는 일이다. 성령의 조명하심으로 인하여 회개하고 눈물로 뉘우친다. 상한 심령이 되는 것이다(시 51:1-17). 자만심과 자기 방어를 깨트리는 회개는 성령의 사역이다. 하나님의 거룩하심을 이해하게 하고, 그분의 자비하심 앞에서 반성하게 만든다.

회개는 마음속에 진실함과 정결함과 새롭게 하심을 동반한다. 성령께서는 우리의 죄악된 상태를 조명하여서 뉘우치게 할 뿐만 아니라, 깨끗한 생활을 향한 새로운 열망을 불러일으킨다. 깨어진 자존심을 붙들고 낙심하는 것이 아니라, 용서에 대한 희망으로 이끌어 준다.

성화 혹은 거룩함이란 그리스도와 같이 되는 것이다. 그리스도의 형상을 덧입는 것이기도 하다. 성령의 성화 사역을 통해서 하나님의 영광이 반영된 하나님의 형상을 회복하게 되는 것이다. 그리하여 그 전에는 하나님의 영광이 미치지 못하던 자들, 다시 말해 수치스러운 죄악으로 인하여 망쳐버린 자들을 변화시켜서 영광스러운 하나님의 형상을 다시 덧입도록 만들어 준다. 성도들은 이제 '신의 성품에 참여하는 자'가 되는 것이다(벧후 1:4).

칼빈이 성령의 이름으로서 가장 중요하게 생각한 개념이 로마서

8:15에 소개된 '양자의 영'이라는 개념이다. 성도들은 하나님의 영의 인도를 받아서 영생을 유업으로 상속받는다.

먼저 성령의 사역에 대해서 칼빈은 포괄적인 안목을 세 가지로 제시한다. 칼빈이 하나님의 섭리를 다루는 부분에서도, 세 가지 종류로 나누었던 것과 비슷하다. 칼빈이 일반섭리, 특별섭리, 특수섭리로 나누어서 풀이하였듯이, 여기서도 역시 세 가지 차원이 강조된다.[5] 성령의 역사가 미치는 세 가지 영역으로 나누는 것은 앞에서 섭리의 대상과 거의 비슷하다.

첫째로, 성령은 보편적인 사역을 통해서 우주 만물에게 생명을 준다.

둘째로, 성령은 인간에게 생명을 주시는 사역을 하신다. 인간이 영혼을 갖고 생각하며, 창조적인 예술과 문화활동을 하면서 살아 숨쉬는 것은 성령의 사역이다.

셋째로, 성령은 오직 하나님의 특별한 은혜의 대상을 향해 놀라운 은혜를 주신다. 즉 선택받은 백성들에게만 집중하는 특수한 사역이다.

> 우리는 성령의 역사가 다양하다는 것을 유념하는 것이 마땅하다. 모든 피조물을 붙들어주고 보존하는 성령의 보편적인 역사도 있고, 오직 사람들을 대상으로 한 갖가지 성격을 지닌 성령의 역사도 있다. 그러나 바울이 여기에서 말하고자 하는 것은 성령의 거룩하게 하시는 사역이다. 하나님은 자신의 택함 받은 자들을 자신의 자녀들로 구별하셔서 오직 그들에게

---

[5] 김재성, 『개혁주의 성령론』, 404-413.

만 은혜를 베푸신다.⁶

'양자의 영'을 받은 사람들은 이제 성령이 낳는 특별한 효과를 얻게 되는 바, 믿는 자들에게 영생에 대한 확신 속에서 안심하라고 명한다.

칼빈은 '양자의 영'과 '종의 영'이 대조되고 있음에 주목한다. '종의 영'을 받은 자들은 율법의 정죄와 심판을 두려워한다. 그러나 '양자의 영'을 받은 자들은 죄악들과 육신의 연약함들을 용서해 주시는 아버지로서의 하나님의 너그러우심(indulgentia)에 더 집중하게 된다. "하나님이 성령을 우리에게 주신 것은 우리로 하여금 두려워 떨게 하거나 불안감 속에서 괴로워하게 하시기 위한 것이 아니라, 도리어 우리의 모든 불안을 잠재우고 평온한 마음을 회복시켜서 우리로 신뢰감과 자유함 가운데서 하나님의 이름을 부르게 하시기 위한 것이라"고 강조한다.

양자의 영이 구원의 확실성을 보장해준다. 여기서 '율법과 복음'의 대비로 칼빈이 풀이하는 것은 바울 신학의 전체 주제를 연계시키는 뛰어난 안목이다. '율법 아래에서는 양심을 두려움으로 짓누르는 종의 영'이 있다. 그러나 복음 아래에서는 우리가 구원받았음을 증언해주면서 심령을 시원케 해주시는 '양자의 영'이 있다.

율법이 지배하는 한, 우리의 심령은 끔직한 정죄와 책망을 당해야만 하기에 불안하고 고통스럽다. '양자의 영'을 받아서 하나님을 아버지로 부르는 자녀들에게는 인자하게 대해 주시는 까닭에 심령이

---

6 칼빈, 로마서 8:15 주석.

평안을 얻을 수 있다. 양자의 영을 받은 증거는 하나님을 아버지라고 부르는 것이다. 성령으로 말미암아 모든 믿는 자들이 하나님을 아버지라고 부르게 된다. '아빠 아버지'라는 단어가 두 번 반복되는 이유에 대해 칼빈은 강조법으로 본다.

> 이것은 하나님의 영이 우리의 인도자와 선생으로서 우리에게 증언해 주실 때에, 우리의 영이 우리가 하나님의 자녀라는 것을 확신하게 된다. 왜냐하면, 우리의 영은 성령의 선행적인 증언 없이는 독자적으로 그러한 확신을 우리들 자신에게 줄 수 없기 때문이다…성령이 우리에게 우리가 하나님의 자녀라는 것을 증언함과 동시에 우리의 심령에 그런 확신을 부어줄 때, 우리는 담대하게 하나님을 '아버지'라고 부르게 된다.[7]

인간은 스스로 하나님과의 관계를 말할 수 있는 능력이 없다. 오직 성령께서 인간의 마음에 확신을 심어넣어 주셔야만 가능하다. 기도할 때에도 역시 아버지에 대한 확신과 분명한 인식이 있어야만 가능하다.

사람이 자신의 힘이나 지식만으로는 하나님의 뜻을 확실하게 알 수 없다. 그러나 하나님의 영으로 말미암아 자신이 하나님의 자녀라고 하는 참된 확신을 갖게 된다. 성령이 지배하게 되면, 육신은 폐하여지고, 포기하게 된다.

---

7 칼빈, 로마서 8:16 주석.

3. 그리스도 안에

주님은 인간의 세계에 육신을 입고 오셔서 용서와 의로움을 받을 수 있도록 십자가의 사역을 성취하셨고, 죽음에서 부활하는 승리를 보여 주셨다. 성도들은 주님과 연합함으로써 참여자가 되고, 혜택을 누리는 수여자가 된다. 성도들이 부패에서 벗어나 거룩함으로, 불순종에서 순종으로, 실패와 패망에서 생명으로의 건짐을 받게 되는 것은 오직 승리를 이룩하신 예수님과 함께 하나가 되어져서 공동체로서 참여할 때 가능하게 되는 것이다.[8] 그런데 그것을 누리게 하는 방법은 성령에 의해서 주님과 성도들이 하나로 연합되는 것이다.

> 만일 너희 속에 하나님의 영이 거하시면 너희가 육신에 있지 아니하고 영에 있나니 누구든지 그리스도의 영이 없으면 그리스도의 사람이 아니라 또 그리스도께서 너희 안에 계시면 몸은 죄로 말미암아 죽은 것이나 영은 의로 말미암아 살아 있는 것이니라(롬 8:9-10).

성령은 그리스도의 승천 이후에, 성령이 이루고자 하시는 사역은 믿는 자들에게 찾아 오셔서 그들을 '그리스도처럼'되게 하기 위하여 새롭게 창조하고 빚어가는 일이다(고후 3:17-18). 그리스도를 믿는 자들의 삶 가운데 역사하여 그리스도와 하나 되게 하는 일이 성령의 핵

---

[8] Sosthenes, *Thoughts on Union to Christ*(Edinburgh: 1838), Paul van Buren, *Christ in Our Place*(Edinburgh: Oliver and Boyd, 1957); Norman F. Douty, *Union with Christ*(Lancashire: Reiner Publication, 1973), 152.

심적 사역이다. 칼빈은 이를 가장 잘 파악하고 표현한 신학자이다. 그래서 일부 신학자들은 그리스도와의 연합의 교리가 칼빈 신학의 핵심교리라고까지 말한 바 있다.[9]

이처럼 중요한 교리인 '그리스도와의 연합'을 구체적으로 제시하고 있기에, 만일 칼빈의 신학을 가장 짧은 시간에 살펴볼 수 있는 가장 적합한 부분이 어디인가를 묻는다면 주저 없이 『기독교 강요』 제3권 1장 1절을 읽도록 권고하는 것이다.

성령의 핵심적인 역할이 그리스도를 계시하고 그분을 우리와 연합시키며, 그리스도에게 모든 믿는 자들을 참여하게 하는 일이다. 그래서 그리스도의 내주하심이라는 말이나 성령이 우리 안에 거주하고 계신다는 말은 사실상 동일한 실재를 표현하는 것이다.

사도 바울은 '그리스도 안에서'(in Christ)라는 말을 160회나 사용하였는데, 바로 성령 사역의 핵심을 표현한 단어이다. 우리가 그리스도 안에서 거하는 것은 오직 성령의 사역을 통해서만 가능하다. 그리스도 안에 있는 모든 영적인 축복들과 은택들은 지금 여기서도 모든 믿는 자들에게 주어진다(엡 1:3). 모든 구원의 축복들은 성령을 통해서 즉각적으로 우리의 것이 되도록 믿는 자들을 그리스도 안에 연합시킨다.

칼빈은 『기독교 강요』 제3권에서 예수 그리스도가 십자가와 부활에서 성취한 구원을 우리에게 적용하는 사역이 성령 사역의 핵심이

---

9 Charles Brookes Partee, "Calvin's Central dogma again," *The Sixteenth Century Journal* 18(1987): 191-199. Wilhelm Niesel, "Union with Christ: the basic confession of the Reformed churches," in *Reformed symbolics: a comparison of catholicism, orthodoxy, and protestantism*(Edinburgh: Oliver and Boyd, 1962), 181-186.

라고 말한다. 따라서 그리스도의 영으로서 성령은 자연스럽게 성도들을 그리스도와 결합시키고, 교회를 하나의 영적인 공동체로서 결합시키는 사역을 하고 있는 것이다. 이 그리스도와의 연합을 첫 장에서부터 분명히 제시한다.

> 그리스도가 우리 밖에 머물러 계시고, 그분이 우리에게 멀리 떨어져 계시는 한, 그분이 고난 당하신 모든 것과 인류의 구원을 위해서 하신 일들은 우리에게 아무런 소용도 없고, 가치도 없는 채로 있게 되는 것을 우리는 이해해야만 한다…우리는 그분 안으로 접붙임 되어야 하고(롬 11:17), 그리스도로 옷을 입어야 한다(갈 3:27). 왜냐하면 내가 이미 말한 바와 같이, 그분이 소유하신 모든 것은 우리가 그분과 한 몸이 될 때까지는 우리에게 아무것도 아니기 때문이다. 우리는 이것을 믿음으로 받는다…그러나 이성 그 자체가 우리로 하여금 좀 더 높은 곳으로 올라가서 성령의 비밀스러운 능력을 점검하도록 가르치는 바, 그 성령의 능력으로 인하여 우리는 그리스도의 모든 은혜를 즐거워하게 된다.[10]

칼빈이 여기서 '성령의 비밀스러운 능력'이라고 하는 부분은 이미 앞 장에서 설명한 바와 같이 우리 인간으로서는 이해하기 어렵고 오직 결과만으로 알 수 있을 뿐이다.

성경에서 나온 교훈에서 칼빈은 그리스도와의 연합이야말로 성령

---

[10] *Institutes*, III.i.1.

의 사역을 이해하는 핵심이 되어야 한다고 말한다.[11] 로마서 6:11, "이와 같이 너희도 너희 자신을 죄에 대하여는 죽은 자요 그리스도 예수 안에서 하나님께 대하여는 살아 있는 자로 여길지어다"라는 구절을 보면 칼빈의 특징적인 설명이 잘 드러난다.

> 나는 그리스도 안에서(in Christ)라는 바울의 말을 그대로 간직하는 것을 더 좋아한다. 에라스무스가 예수 그리스도에 의하여(by Christ)라고 바꾼 것보다 더 좋아한다. 왜냐하면 그 말은 우리가 그리스도에게 접목되어 하나로 만들어졌다는 사상을 좀 더 분명하게 전달하기 때문이다.

성도들은 성령을 통해서 그리스도와 연합하고 그리스도 안에 직접 참여하는 것이다. 칼빈에 의하면 그리스도와의 연합은 성령 사역의 중추적인 원리가 되며, 이는 성경에 나오는 매우 다양한 구원의 적용을 생동감 있게 풀이해준다는 것이다. 구원의 과정에서 성령은 우리와 함께 살아가면서 마음속에 내주하신다(요 14:7; 롬 8:9; 고전 3:16; 딤후 1:14).

그리스도와의 연합을 성령의 적용사역의 핵심으로 보자는 주장은 칼빈에 이어서 최근 널리 확산되어 있다. 존 머레이 교수는 "그리스도와의 연합은 구원론의 핵심 진리이다…이 연합은 단순히 구원 적용과정의 한 측면이 아니라, 구원 적용과정의 모든 측면들의 기초가

---

11 Duncan S. Watson, "In Union with Christ: Calvin," *Open to God*(Melbourne: Uniting Church Press, 1991), 102-107.

된다"[12]라고 하였다. 스미스는 그리스도와의 연합이 "참된 인간의 존재방식이다"[13]라고 했다. 후크마 박사 역시 고린도전서 12:13의 "우리가 다 한 성령으로 세례를 받아 한 몸이라"는 말씀에 근거하여서 "성령의 주된 역할은 우리를 그리스도와 하나 되게 하는 것"이라고 풀이했다.

4. 성령의 주권적 적용사역

그리스도 안에 있다는 말은 그리스도가 이루신 모든 것을 함께 소유한다는 것이다. 부활하신 그리스도와 연합한 자는 칭의, 양자됨, 성화, 영화를 함께 소유한다.

그리스도와 분리할 수 없는 한 몸이요 한 지체로서 성도들은 회개하고 영접하는 즉시 자신의 것으로 얻게 될 것이며 또한 종말론적으로 완성된 것을 장차 취하고 누리게 될 것이다. 그런데, 그리스도와의 연합은 성령의 지속적인 사역을 통해서 점진적으로 완성되어 간다. 성령의 권능으로 말미암아 성도들이 이 지상에서 획득하고 취하

---

[12] John Murray, *Redemption: Accomplished and Applied*(Grand Rapids: Eerdmans, 1955), 161: "Union with Christ is really the central truth of the whole doctrine of salvation not only in its application but also in its once-for-all accomplishment in the finished work of Christ." John W. Beardslee, "Sanctification in Reformed Theology," in *The New Man. An Orthodox and Reformed Dialogue*(New Brunswick, N.J.: Agora Books, 1973), 132-48. Julie Canlis, "Calvin, Osiander and Participation in God," *International Journal of Systematic Theology* Vol. 6, No. 2(2002): 169-184.

[13] Lewis Smedes, *Union with Christ*(Grand Rapids: Eerdmans, 1983), xii.

게 된다. 성령이 주어진 성도들은 즉각적으로 그리스도와 교통하는 상화 관계를 맺게 된다.

1) 두 가지 차원의 연합

그리스도와의 연합은 두 가지 차원으로 칼빈의 『기독교 강요』에 표현되어 있다. 첫째는 개인적으로 그리스도와의 연합을 통해서 구원을 적용받아서, 다양한 은사의 측면을 체험하고 도움을 받는 것이다. 둘째는 공동체적으로 교회를 통해서 머리되신 그리스도에게 연결된 몸으로서 살아가면서 지체된 성도의 은사를 발휘하는 차원이다. 이 두 가지 차원을 위해서 성령은 개인 성도의 내면에서 역사하므로 '내적인 사역'이라고 말하는 것이고, 교회를 통해서 역사하는 것을 '외적인 사역'이라고 정리한 것이다.

2) 신비로운 연합

성령이 성도들과 예수 그리스도 사이를 연합하게 하는 일은 매우 신비로운 일이어서, 니고데모에게 설명하였으나 이해를 하지 못하였다. 성령의 연합사역은 신비롭고, 주권적이다.

> 바람의 길이 어떠함과 아이 밴 자의 태에서 뼈가 어떻게 자라는지를 네가 알지 못함 같이 만사를 성취하시는 하나님의 일을 네가 알지 못하느니라(전 11:5).

성령도 이와 같이 역사하신다. 바람이 임의로 부는 까닭에 그것이 어디서 오며 어디로 가는지 알 수 없듯이, 성령의 임재도 역시 사람의 육안으로 이해할 수 없다.

여기서 우리는 약간의 긴장을 발견하게 된다. 사람에게 결단을 촉구하지만, 그 결과는 분명히 성령이 하신 것이다. 한 사람의 심령을 주장하는 것은 분명히 그 개인이지만, 동시에 그 사람에게는 성령이 역사하여 신비롭게 움직이고 있는 것이다.

믿음도 하나님이 주시는 것을 받아들이는 수동적 측면과 성도들이 적극적으로 참여하는 능동적 측면이 있다.[14] 이와 같이 초월적인 차원을 이해하지 못하면 성령의 임재와 주권적 사역을 이해하지 못한다.

예를 들면, 사도 바울은 분명히 자신이 모든 것을 버리고 배설물로 여기면서 자신이 거의 죽기까지 충성하고 수고하며 노력했다고 말하면서도(빌 1:20; 골 1:24) 그 모든 것은 '하나님의 은혜'일 뿐이라고 간단히 압축한다(고전 15:10; 엡 3:8).

우리의 구원은 성령의 역사로 인하여 주님과 이루는 '신비로운 연합'(unio mystica)이라는 점을 설명하면서, 칼빈은 세 가지 본질로 정리한 것을 찾아 볼 수 있었다.[15] 첫째로 이 연합은 분명히 역동적인 것이어서 인간이 충분히 알게 되는 것임에도 불구하고 인간이 이해할 수 없다는 차원에서 신비한 연합이다. 둘째로 신비롭다는 의미는 이 연합이 영적으로 이루어진 것이라는 점이다. 셋째로 이 연합은 사람의

---

14 김재성, 『구원의 길, 기독교 구원론의 구조와 핵심진리』(킹덤북스, 2014), 180-182, 191-193.

15 Ronald S. Wallace, *Calvin's Doctrine of the Christian Life*(Edinburgh: Oliver and Boyd, 1959), 19.

차원을 넘어서서 하나님의 언약 안에서 주어지는 것이다.

칼빈이 사용한 '신비적 연합'이라는 단어는 사실은 중세 신비주의 자들과 로마 가톨릭에서도 많이 사용해 오던 단어들이다.[16] 로마 가톨릭교회에서는 교회의 성례들이 거행하면서 '신비스러운 사역'이라고 하는 용어를 강조하였다. 그러나 칼빈은 이 용어가 중세 신비주의적인 수도사 끌레르보에게서 사용된 것을 충분히 인식하면서도, 같은 의미로 사용하지 않았다. 오히려 칼빈은 로마 가톨릭에서 '신비하다'라는 용어를 잘못 사용하고 있다고 지적하였다.

칼빈이 이해한 성경적인 신비스러움은 주님과의 연합을 결혼에 비유하여 설명한 바울의 용어에서 찾아볼 수 있다고 한다. 인간이 이해할 수 없는 신비한 연합 중에 하나로서 주목할 연합의 비유는 에베소서 5:30-32에 나오는 결혼의 비유이다. 이 연합에서 바울 사도는 "이 비밀이 크도다 나는 그리스도와 교회에 대하여 말하노라"라고 하였다. 결국 견고한 연합으로서, 그리스도가 우리에게 모든 선한 것을 부여하신다는 의미다.

그러나 칼빈은 로마 가톨릭에서 결혼을 성례의 하나로서 신비롭게 포장하는 것을 거부하였다. 예수께서는 세례와 성찬, "이 두 가지 성례 이외는 제정하지 않으셨다"라는 확신에서이다. 로마 가톨릭 내에서도 최근에 라칭거(Joseph Ratzinger)가 과연 성경적인 검증과 역사적

---

[16] W. Stanford Reid, "Bernard of Clarivaux in the Thought of John Calvin," *Westminster Theological Journal* 41(1978): 127-45. Jill Raitt, "Calvin's Use of Bernard of Clairvaux," *Archive for Reformation History* 72(1981): 98-121. A. N. S. Lane, "Calvin's Sources of Saint Bernard," *Archive for Reformation History* 67(1976): 253-83. Dennis E. Tamburello, "Christ and Mystical Union: A Comparative Study of the Theologies of Bernard of Clairvaux and John Calvin."(Ph.D. diss., The University of Chicago, 1990).

인 차원에서 검토하여 볼 때에 혼배성사를 여전히 성례의 하나로 간주해서는 안 된다고 촉구하고 있다.[17] 그는 "이 위대한 연합은 그리스도가 교회에게 자신의 생명과 권능을 호흡처럼 불어넣으시고 계시는 것이다. 그러나 이런 것을 성례를 가지고 만들어낼 수 있을 것인가?"라고 반문한다.[18]

그리스도와의 연합이 있기 이전에 모든 인류는 아담의 타락으로 인하여 육체 가운데서 육체를 따라서 살던 자들이었다. 고린도전서 6:17에서, "주와 합하는 자는 한 영이니라"고 하였으니, 우리 몸은 성령이 거하면서 영적으로 그리스도에게 결합된다. 이런 연합은 오직 영적인 성격의 것이므로 더 이상 사람의 감각을 가지고 입증하려는 게으른 회의론자가 되어서는 안 될 것이다.

3) 성령의 첫 번째 방편으로서 믿음

칼빈이 그리스도와의 연합이라는 안목에서 성령 사역을 다루고 있는 『기독교 강요』 제3권을 살펴보면, 성령의 내적 사역과 외적인 사역이 매우 잘 결합되어 있다. 1장 서두에서 "믿음은 성령이 사용하는 가장 근본적인 사역이다"라는 선언을 하고 있는데, 이것이 그 후에 나오는 여러 주제들과 긴밀히 연결되어 있다. 다음에 나오는 2장에서는 믿음이란 무엇인가를 다루고 있는데, 믿음의 개념규정을 매우 세

17　*Calvin's Commentary on Ephesians* 5:32. "ideas and verification of marriage as a sacrament." F. S. Fiorenza, J. P. Galvin ed., *Systematic Theology: Roman Catholic Perspectives*, vol. II(Minneapolis: Augsburg Fortress, 1991), 308.

18　*Calvin's Commentary on Ephesians* 5:32.

밀하게 조사하고 세우려는 노력을 기울인다. 3장에서 20장까지는 믿음의 효과들을 다루고 있다. 회개와 기독교 신자로서의 삶, 칭의와 그리스도인의 자유, 그리고 믿음을 다룬다. 21장에서 24장까지는 하나님의 영원하신 예정을 다루는데, 이것이 믿음이 주어진 근거이기에 우리는 자신의 구원을 확신하게 된다. 25장에서는 '믿음의 미래 산물'이 될 최종 부활에 대해서 명상하라고 촉구한다. 이렇게 볼 때, 성령의 역사로 인하여 주어지는 믿음을 구원의 핵심적인 기초로 삼고 다른 주제를 다루는 독특한 구조임을 알 수 있다.[19] 결국 칼빈에게서 성령의 사역은 16세기 신학의 대주제였던 '믿음으로 인하여 주어지는 의로움'을 결정짓는 근거가 되었던 것이다. 성령은 "우리의 내부에 있는 선생으로서 우리의 마음속을 관통하여 구원의 약속이 효력을 발휘하게 한다."[20]

4) 공동체로서 그리스도와의 연합

『기독교 강요』 제4권은 교회를 통하여 역사하는 매우 객관적이며 외적인 성령의 사역을 다루고 있다. 칼빈이 사용한 제목, "하나님이 우리를 그리스도의 사회에 초대하시고 그 안에 붙들어 두시는 외적인 수단들과 도움들"이라는 제목이 말해 주듯이, 이 부분은 성령이 일상적으로 사역하는 결정적인 방법들을 집약시킨 것이다. 그러기에

---

[19] Craig B. Carpenter, "A Question of Union with Christ? Calvin and Trent on Justification," *Westminster Theological Journal* 64, No. 2(2002): 363–86.

[20] *Institutes*, III.i.4, "the Spirit is the inner teacher by whose effort the promise of salvation penetrates our minds."

거의 절반에 해당하는 13장까지를 교회의 독특성, 조직, 권세, 그리고 역사를 설명하는 데 할애하였다.

교회의 목회사역과 권징은 성도들의 신앙생활에 있어서 핵심이 된다. 나머지 여섯 장은 성례에 대한 논의를 집중적으로 하고 있는 바, 이는 성도들이 약점을 극복하고 역동적인 신앙을 건설해 나가는데 결정적으로 중요하기 때문이다.[21]

칼빈은 그리스도와 성도를 연합시키는 성령의 사역과 교회의 목회 사역을 결코 분리시키지 않았다.[22] 하나님은 공적으로 교회의 사역자들(목사, 박사, 장로, 집사)을 세워서 사람들로 하여금 믿음에 이르도록 촉구하고 선포하고 돌아보게 하신다. 말씀의 선포와 가르치는 교사의 사역은 너무나 결정적으로 중요하게 인식하였다.[23] 칼빈은 직분자 중에서도 설교자의 의미와 중요성을 매우 강조한다.

> 바울은 그것이 생산해내는 유용성으로 인하여서 말씀의 외적인 선포를 명령한다. 그것의 요약은 복음은 그 직분에 임명된

---

[21] John D. Nicholls, "Union with Christ: John Calvin on the Lord's Supper," *Union and Communion, 1529-1979*.(London: The Westminster Conference, 1980), 35–54. Arie R. Brouwer, "A Study of Calvin's Concept of Sacrament," *Reformed Review* 11, No. 4(1958): 1–15. Egil Grislis, "Calvin's Doctrine of Baptism," *Church History* 31(1962): 46–65. Paul D. L. Avis, "The Reformation Tradition Teaches a Real Union of Christians With Christ Through Baptism and the Lord's Supper," in *Christians in Communion*(Collegeville: The Liturgical Press, 1990): 40–44.

[22] Philip Graham Ryken, "Pastoral Ministry in Union with Christ,"in *The Practical Calvinist: An Introduction to the Presbyterian and Reformed Heritage*(Greanies House: Christian Focus Publications, 2002), 445–62.

[23] Robert C. Doyle, "The Preaching of Repentance in John Calvin: Repentance and Union with Christ," *Who is Rich in Mercy*(Grand Rapids; Distributed by Baker Book House, 1986), 287–321.

> 합당한 사람들에 의해서 선포되어야만 하며, 이것이 주님께서 자신의 교회를 통치하시는 경륜이기에 이 세상 속에서 안전하게 머물러 있어야만 하고, 궁극적으로는 그 온전한 완벽성을 지켜나가야만 한다.[24]

따라서 말씀을 전하는 직분자는 함부로 아무에게나 주어지는 것이어서는 안 된다. 모든 그리스도인들이 다 설교하라고 하는 것이 아니다. "하나님은 많은 사람들을 개인적으로 살아가도록 남겨 두셨다. 하지만 자신의 말씀을 설교하기에 즐거워하는 자들을 친히 선택 하신다."[25] 그리고 교회의 회원들은 "질서 있게 그리고 겸손하게 하나님이 은혜의 수단으로 사용하시는 바에 따라서 그가 준비하신 것을 가지고 공적인 교회의 책임을 완수해 가야만 하는 것이다."[26]

가장 핵심적인 연합의 방법은 말씀을 선포하는 사역에서 발휘된다. 보이는 지상의 교회를 약화시키고 부정하려는 자들과 특히 교회의 목회자들 없이도 신앙생활을 잘 꾸려나갈 수 있다는 자들에게 칼빈은 다음과 같이 경고한다.

> 우리의 진정한 온전함과 완벽함은 그리스도의 몸 안에 우리가 연합되어야만 갖추어진다. 이것을 효과적으로 이룩하기 위해서 신자는 말씀의 사역을 넘어서는 어떤 다른 것을 높이도록 명령받지 않았다. 그리스도의 참된 교회를 올바르고도

---

[24] Calvin's Commentary on Ephesians 4:10.
[25] Calvin's Sermon on Ephesians 4:10(Edinburgh: 1975), 371.
[26] Institutes, IV.i.12.

> 완전히 견고하게 건설하는 것보다 더 뛰어난 것이 무엇이 있겠는가? 그러나 사도가 매우 격찬할만하고 거룩한 이런 일들이 말씀의 외적인 사역에 의해서 성취된다고 여기기 때문에 선포하는 것이다. 이 부분에서 명쾌하게 밝혀진 바, 이런 방법들을 무시하고, 아직도 여전히 그리스도 안에서 완벽하게 되겠다고 하는 자들은 미친 사람이다. 그러한 자들은 광신자들로서, 그들 스스로 성령의 비밀스러운 계시를 만들어내는 자들이다. 그들은 스스로 성경을 개인적으로 읽어도 충분하다고 생각하는 오만한 자들로서, 교회의 공통적인 사역이 필요치 않다고 주장하는 자들이다.[27]

일반 성도들이 아무것도 하지 않은 채 교회가 온전해질 수 없다. 역시 그리스도와의 연합을 이룬 모든 성도들도 교회 안에서 서로의 은사를 발휘함으로써 교회의 발전과 성장에 크게 기여한다.

> 우리가 소유한 모든 은사들은 하나님이 주신 것이며, 우리 이웃 사람들의 유익을 위해서 사용하라는 조건 속에서 우리들에게 주어졌다.[28]

모든 성도들은 자신의 거룩한 생활을 증진하여 인격적 성장을 도모하면서, 이웃에게 사랑을 나눠주는 자선적인 생활을 도모해야 한다.

---

[27] *Calvin's Commentary on Ephesians* 4:12.
[28] *Instittues*, III.vii.5.

생명의 복음을 입으로 전파하여 성도들에게 도움을 주어야 하기 때문이다. "모든 성도들은 신실한 초병과 같이 자신의 특별한 소명을 성취해야만 한다."[29]

모든 회원들에게는 복음 전도의 의무가 주어진다.

5. 그리스도 중심의 구원론 모델

마지막으로, 칼빈이 제시한 그리스도와의 연합 교리가 오늘날 구원론을 이해하는데 얼마나 큰 도움을 주고 있는지에 대해서 새롭게 평가를 하지 않을 수 없다. 구원론을 체계화한 16세기 종교개혁자들의 숨결 속에 핵심적으로 자리 잡았던 성령의 역사로 인한 그리스도와의 연합이라는 교리는 오늘날에도 여전히 많은 도움을 주고 있다. 이는 사람을 구원하시는 성령의 적용 사역을 다루는 데 있어서 가장 성경적 패러다임, 혹은 모델을 발견하는데 그리고 핵심적인 논쟁점들을 정리하고 해결하는 데 결정적인 도움을 주고 있다.

개신교 진영에서는 상당히 오랫동안 성령이 개개인에게 역사하는 방법을 '구원의 서정'(ordo salutis, order of salvation)이라는 표제 하에서 논의하여 왔다. 17세기 신학자들이 가장 집중적으로 이를 정리하였고, 루이스 벌코프와 존 머레이 교수까지도 이의를 제기하지 않았지만, 20세기에 들어와서 심각한 반성이 제기되었다.

포괄적으로 새로운 패러다임을 제시한 신학자는 게할더스 보스 박

---

29 *Institutes*, III.x.6.

사로서 일찍이 '구원 역사'(historia salutis)에 초점을 맞추어 하나님의 모든 구원행위를 탐구하라고 제안하면서, 성경에 담긴 계시의 점진적 발전 역사 속에서 그리스도를 정점으로 하는 객관적 성취를 강조하였다.[30]

보스는 성경은 원래 체계적인 신학이나 조직적인 교리가 아니라, 연속성을 지닌 삶과 구체적인 역사로서 주어졌음을 강하게 상기시킨 바 있다. 따라서 조직신학자들이 체계화 한 '서정'이라는 말은 일련의 묶음으로 연속된 구조 속에서 구원을 설명하려는 시도들을 할 때에 매우 조심해야만 한다는 반성이 제기되었다.[31]

구원의 서정이라는 매우 직선적인 연결 구도는 구원을 적용할 때 일어나는 갖가지 요소들이 질서 있게 서로 연관을 맺고 있다는 생각이 반영되어 있다. 구원의 서정은 논리적이며, 교육적인 의미를 갖고 있지만, 순서에 초점을 맞추어서 발전되어온 것이 사실이다.

루터파 신학자들에 의해서 '구원의 서정'이라는 교리가 새롭게 정리 되었다. 구원의 서정이라는 단어를 처음 사용한 사람은 루터파 신학자들로, 프란츠 부데우스(Pranz Buddeus)가 쓴 『교의신학 개요』(Institutiones Theologiae Dogmaticae, 1724)와 야곱 칼포프(Jacob Carpov)의 『교의계시 신학』(Theologia Revelata Dogmatica, 1737)에서 구원의 서정을 본격적으로 거론하면서 내적인 일관성과 논리성을 밝혀보려고 시도하였다.

---

30 G. Vos, *Biblical Theology*(Grand Rapids: Eerdmans, 1948), 17.
31 G. C. Berkouwer, *Faith and Justification*(Grand Rapids: Eerdmans, 1954); Karl Barth, *Church Dogmatics*, IV.2. Otto Weber, *Foundations of Dogmatics*, vol. 2(Grand Rapids: Eerdmans, 1983).

하지만, 구원의 서정은 그보다 먼저 15세기 이후로 중세 로마 가톨릭 내부에서 논의되어 왔었다. 개혁주의 구원론을 좀 더 넓은 관점에서 잠시 살펴보면서, 그리스도와의 연합 교리가 얼마나 중요한 발전적 모티브인가를 살펴보고자 한다.

개혁주의 구원론은 오랫동안 로마 가톨릭에서 가르쳐온 칭의를 얻는 방법으로, 개인에게 구원이 적용되는 방편에 대한 오류를 시행하면서 더욱 발전되었다. 중세신학의 주된 관심은 구원의 은혜를 성례에 연결시켜서 의롭게 되는 과정을 강조하는 것이었고, 이런 모든 성례는 오직 교회 내의 사역이라고 주장하였다. 그래서 교회 밖에는 구원이 없다는 키프리안의 고전적인 표어와 초대 교부들의 교회 중심적인 신앙생활을 전혀 중세 로마 가톨릭교회가 설명한 것과는 다른 의미에서 더욱 강력하게 간직할 수 있었다.

로마 가톨릭교회가 시행하는 일곱 가지 성례는 성령의 사역보다 더 중요하게 취급되었다. 트렌트 종교회의(1545-1563)에서 결정된 바에 따르면, 교회의 의식에 절대적으로 의존하는 성례주의가 성령의 주권적 사역을 대체하고 있음을 확인할 수 있다.

로마 가톨릭교회에서는 칭의를 얻기 위한 고해성사를 강조하고, 구원의 확신이라는 교리를 부인하였다. 칭의는 인간이 개인적으로 의롭게 만들어져야만 가능하기에, 평생에 걸쳐 충분한 성례를 통해서 은총을 주입해야만 한다는 것이다.

이에 맞서서 종교개혁자들은 하나님이 우리 안에 있는 의를 보고 인정하는 것이 아니라, 하나님 자신의 기준에서 그리스도 안에 있는 의를 우리의 의로 간주하여 선포한다는 '법정적 칭의론'을 주장하였다. 인간은 개인적으로 아무리 노력해도 완전한 성결에 도달하지 못하기 때문에 결코 의로움을 완성할 수 없고, 오직 하나님이 의롭다고 선포하고 간주하는 것이다.

　루터는 로마서 1:16-17이 증거하는 바에 따라서 복음 안에서 믿음으로 의롭다 하심을 얻는다는 점을 새롭게 인식하였다. 로마 가톨릭이 가르쳐온 구원을 얻기 위한 과정은 완전히 새로운 교리로 대체되었다.

　영국 17세기 청교도 신학자 윌리엄 퍼킨스가 제시한 '황금사슬'의 모델에 바로 개혁주의 구원의 서정으로 널리 알려져 왔다. 개인에게 구원이 적용되는 논리적이며, 체계적인 순서를 정했는데 소명, 중생, 회개, 믿음, 칭의, 성화, 양자됨, 견인, 영화로 이어지는 순서를 정하고자 했다. 구원의 서정에 나오는 각각의 주제들은 성경에서 나온 것들이다.

　먼저 로마서 8:29-30에 '소명'과 '칭의'와 '영화'가 언급되어 있다. 그리고 사도행전 16:31에서 간수장이 어찌하여야 구원을 얻느냐라는 질문에, 회개하고 주 예수를 믿으라고 강조하여, '회개'와 '믿음'이 구원받은 사람의 심령 속에서 일어난다는 사실을 확인하였다. 그리고 갈라디아서 2:16에서 '믿음'과 '칭의'를 논리적으로 연결하였다. 그리고 요한복음 1:12-13에서 '양자됨'과 '중생함'을 받는다는 사실을 확인한다. 하지만, 이런 서정은 예수 그리스도 중심성에서 벗어나서 개인이 체험하는 것을 더 중시하여서 결국 주관주의가 작용하게 된다. 그래서 새로운 모델로 제시되는 것이 '그리스도와의 연합' 모델이다.[32]

32　Antthony A. Hoekema, *Saved by Grace*(Grand Rapids: Eerdmans, 1988), 99-110.

믿음의 완성자요 온전하게 만드시는 주님 예수 그리스도와의 연합이 불분명한 상황에서 우리 인간들 내부에 어떤 작용들이 서로 관련을 짓고 있느냐에 관심을 두는 것은 지나치게 주관적인 사유일 뿐이다. 리델보스 교수는 구원의 서정이라는 개념을 강하게 반박한다.

> 바울의 설교에는 구원의 인간론적인 적용에 대한 자세한 교리인 구원의 서정의 조직적인 발전단계와 같은 요소란 전혀 없다. 이는 바울의 교리의 특징이 학문적인 의미에서 조직적이지 않을 뿐만 아니라, 무엇보다도 그의 관점이 이와 다르기 때문이다.[33]

성령이 구원을 개개인에게 적용하는 순서가 심지어 개혁주의자들 사이에서마저도 합의를 도출하기가 어려웠다. 따라서 원인과 결과를 따져서 성령의 여러 가지 사역에 순서를 부여하여 재배치하려는 개혁주의 신학자들의 관점 차이는 해소될 길이 없었다. 후크마 박사에 따르면, 구원의 서정을 종래와 같이 논리적 체계로 구성하는 것은 몇 가지 결정적으로 해결하기 어려운 문제점을 안고 있다.[34]

첫째로 조직신학자들이 구원의 서정을 이해하는 방식으로 성경의 저자들이 그 용어를 사용한 것은 아니다. 헤르만 바빙크 역시 "중생, 믿음, 돌이킴, 새로워짐 등등의 표현들은 성경 속에서 구원의 여정이 나타나는 연속적인 단계들을 가리키기 보다는, 사람의 속에서 일어

---

33 H. N. Ridderbos, *Paul: An Outline of his Theology*, tr. J. R. de Witt(Grand Rapids: Eerdmans, 1975), 206.

34 Hoekema, *Saved by Grace*, 26.

나는 변화의 전체 과정을 한 단어로 요약시키는 것이다"라고 하는 견해에 동의하고 있다.[35]

둘째로 구원의 과정에 나오는 각 단계들이 서로 항상 똑같은 순서로 나오는 것이 아니다. 고린도전서 6:11에서는 성화가 칭의보다 먼저 나온다.

그래서 벌코프 교수와 머레이 교수 사이에도 구원의 서정은 차이가 난다. 어느 성경에 더 우선을 두느냐에 따라서 구원의 서정을 서로 다른 순서로 정리하였던 것이다. 벌코프 교수는 소명, 중생, 회개, 믿음, 칭의, 성화, 견인의 순서로 정리했으나, 머레이 교수는 소명, 중생, 믿음, 회개, 칭의, 양자됨, 성화, 견인, 영화로 결론을 지었다.[36]

셋째로 구원의 서정을 구성하는 것으로 이해되어온 로마서 8:30을 보면, 어떤 순서를 가르쳐 주려고 하였다고 보기 어렵다. 오히려 구원받은 백성들이 누릴 안전과 영원한 축복을 설명하려는 것이었다.

넷째로 구원의 서정에서 거론되는 단계들은 각각 다음 단계로 연결되기도 하지만, 정작 그리스도인들이 생활 속에서 일생동안 지속적으로 함께 갖고 살아가야 할 필수적인 요소들이다. 예를 들면 믿음이란 칭의와 긴밀하게 연결되어있지만, 칭의로 가는 단계에서만 필요한 것이 아니라 지속성을 가지고 있으므로 서로 연결 짓는 어떤 일련의 순서상의 하나가 되어서는 안 된다.

다섯째로 동시적으로 나타나는 것들이 많다. 고린도전서 1:30에는 칭의와 성화가 동시적이다.

35　Herman Bavinck, *Gereformeerde Dogmatiek*(Kampen: Kok, 1918), 3:682.
36　Louis Berkhof, *Systematic Theology*(Grand Rapids: Eerdmans, 1941), 660-664.

여섯째로 구원의 서정에는 사랑과 소망이 들어있지 않은데, 사실 이런 요소들은 필수적인 것이다. 따라서 우리는 좀 더 새로운 패러다임으로 구원의 진행과 집행을 이해하여야 한다.

성령의 사역을 그리스도와의 연합이라는 중심 구조 속에서 이해하려 할 때에 비로소 모든 논리상의 문제가 해소될 수 있다. 성령은 모든 성도들을 그리스도와 연합 시켜서 갖가지 영적인 축복들– 회개, 믿음, 용서받음, 칭의, 양자됨, 성화, 견인, 영화 –을 단번에 주신다고 이해하자는 것이다. 주님을 의지하고, 주님을 중심에 놓고, 여러 가지 영적인 축복들을 연결하여야만 그 원천과 근거가 명확하게 되 살아나게 된다. 창세 전에 그리스도 안에서 선택을 받은 자들이 그리스도의 죽으심과 부활에 참여하여 하나가 되고, 그러한 영적인 모습들을 자신의 반응 가운데서 드러내게 된다. 이 연합은 영적인 것이요, 실제적인 것이며, 종말론적인 것이요, 즉각적이다. 모든 영적 축복의 측면들이 동시적으로 일어난다.

칼빈은 여기서 구원의 축복들이란 그저 그리스도에 근거를 두는 것으로만 인식하는데 반대하는 것이다. 성령을 통하여 그리스도와 연합하고 그리스도 안에 직접 참여함으로써 우리의 것이 된다. 그리스도 안에서 성도들이 연합하도록 하는 것이 성령 사역의 핵심이라고 파악하고, 그에 대한 성경적인 다양한 측면들을 연구하는 것이 '구원의 서정'으로 이해하는 것보다는 훨씬 더 타당하다.

그리스도의 죽음, 부활 승천 사건들 속에 성도들은 함께 연합하여 (롬 6:2-11; 엡 2:4-6; 골 3:3-4) 참여하고 구원을 얻으므로, 이를 성령의 사역의 핵심으로 구조화하는 것이 우리가 채택할 구원의 전 과정에 대한 새로운 패러다임이 되는 것이다.

성령의 사역 중에 핵심이 바로 그리스도와의 연합이라는 사실을 강조한 신학자가 칼빈이다. 그는 에베소서 1:1-14에 근거하여 그리스도 안에서 복음의 모든 축복들이 우리의 것이 된다는 점을 상기시킨다. 따라서 그리스도와의 연합이라는 핵심구조를 통해서 구원의 적용을 이해하는 것이 가장 합당하다.[37]

칼빈이 가졌던 '구원의 서정'이 있었다면, 믿음으로 역사하는 성령에 의한 그리스도와의 연합이다.[38] 그리스도와의 연합은 우리 안에 성령이 작용하는 믿음으로 주어지며, 칭의가 함께 포함된다.

칼빈은 『기독교 강요』 제3권 11장 2-4항에서 성경을 근거로 믿음으로 얻는 칭의를 설명한다. 철저하게 타락한 인간에게는 의로움이 전혀 없고, 외부적으로 의롭다 하심을 얻게 되는 것임을 강조한다. 하나님 앞에서 인간의 의롭다 하는 인정을 받으려면, 철저하게 선한 행동만을 수행해서 평가를 받든지, 아니면 믿음으로 값없이 얻든지 둘 중에 하나이다.

『기독교 강요』 제3권 11장에서 18장까지 다루어진 칼빈의 칭의론은 종교개혁시대의 핵심 논쟁이었다. 가장 많은 분량을 할애해서 다루고 있는 곳이 바로 칼빈의 칭의론이다. 여기서 우리가 주목해야 할 부분은 그리스도의 '의로움의 전가'이다. 믿음에 의해서 먼저 의롭다 하심을 얻은 사람에게는 그리스도의 순종을 자신의 것으로 인정하신다.

---

37 S. B. Ferguson, "Ordo Salutis," in *New Dictionary of Theology* (Leicester: IVP, 1988), 481.

38 Richard B. Gaffin, Jr. "Justification and Union with Christ," in *A Theological Guide to Calvin's Institutes*, 259.

제네바에 다시 돌아온 칼빈(1541년)

4장
하나님의 영광을 위한 경건한 삶

　예수 그리스도를 믿는 사람에게는 두 가지 분명한 성취동기가 발생한다. 하나는 하나님을 영화롭게 하고자 하는 마음이요, 다른 하나는 새로운 생명이 자라나면서 거룩하고 경건하게 살아가려는 열망이 흘러넘치는 것이다. 칼빈은 경건의 신학을 집대성하였다. 모든 면에서 하나님을 경외하고, 그를 사랑하려는 경건과 연계시킨다. 신령하고 거룩한 삶으로의 모든 노력과 수고를 과소평가하고 있는데 이에 대한 균형 잡힌 이해를 칼빈에게서 찾아보고자 한다.

　기독교인으로 살아간다는 것은 놀라운 특권과 의무가 따른다. 성경이 가르치는 지혜와 지식을 가지게 되고, 분명히 세속과는 다른 가치관과 인생관을 따라서 생활하게 된다. 다시 말하면, 하나님을 거역하면서 율법을 거부하던 자들과는 다른 것이다. 기독교 신앙인의 모습은 내적으로 가지는 그리스도의 의로움에 대한 확신과 함께, 십계명에 따라서 진실하게 살려는 거룩함이 수반된다.

　이러한 삶의 과정을 잘 소개한 신학자가 칼빈인데, 그는 하나님의 주권과 그리스도 안에서 나타난 값없이 주시는 은총에 의하여 죄인들을 구원하시는 하나님의 의도와 계획을 자세히 살펴서 제시한 바 있다.[1] 칼빈은 중세의 잘못된 선행론을 교정하고자, 하나님은 믿음을 통하여서 성도들을 의롭다 하시되, 그들의 인격과 그들의 행위 모두를 의롭다고 하시는 '이중적 의로움'에 대해서 강조하였다.

종교개혁자들과 로마 가톨릭의 근본적인 차이점은 어떻게 죄인이 구원을 얻는가에 대한 질문의 해답에 관한 것이다. 오직 은혜로만(sola gratia), 오직 그리스도만의 공로에 의해서(solo Christo), 그리고 오직 믿음을 통해서만(sola fide) 죄인이 구원을 얻는다는 것이 개신교회의 답변이었다.

로마 가톨릭에서는 이러한 은혜들 위에다가 인간의 선행을 추가해야 하고, 행위에 의해서 은총이 입증되어야만 한다고 가르쳤다. 그리고 로마 교회는 이러한 구원론의 결정적 근거로서 교회 회의와 주교의 권위를 통해서 행사되는 교회의 권한에서 찾아야 한다고 가르쳤다. 종교개혁자들은 오직 성경으로(sola Scriptura)를 확정적인 원리의 근거로 삼고자 했다.

1. 믿음으로 얻는 두 가지 축복: 칭의와 성화

그리스도와의 연합은 구원론의 핵심 주제인데, 칼빈의 시대에는 칭의와 성화를 따로 분리해서 다루는 경향이 있었다. 칼빈은 이 두

---

[1] Arthur C. Custance, *The Sovereignty of God* (Philipsburg: Presbyterian & Reformed, 1979), 67-78.

요소를 성경적으로 취급하면서, 본문에 칭의가 먼저 나오면 우선적으로 다루고, 성화가 먼저 나오면 그대로 먼저 설명하였다. 그러나 칼빈은 분리시키지 않고, 성령의 변혁적 요소와 의로움의 전가를 모두 함께 묶어 놓았다.[2] 그리스도와의 연합을 통해서 성도들에게는 칭의와 성화라는 두 가지 은혜가 동시에 주어진다.

이러한 기초적인 근거 위에서 구원에 관한 교리는 칼빈의 신학에서 가장 중요하게 취급된 주제 가운데 하나였다. 칼빈은 루터처럼 '믿음'과 '칭의'에 대해서 각각 많은 의미를 부여하였다. 『기독교 강요』 제3권에서 칼빈은 맨 먼저 '믿음'을 다루면서 성령이 최초로 사용하는 축복이라고 설명하였다. 그리고 성령에 의해서 우리에게 적용된 지속적 변화의 과정을 다룬다. 곧 '회개'와 '성화'로 이어지는 그리스도인의 삶을 다루고, 다음에 3권 11장부터 16장까지 칭의를 가장 길게 다루면서 기독교 신앙의 핵심조항이라고 하였다.

여기서 루터와의 차이점이 돋보인다. 루터는 값없이 주시는 칭의를 훼손시키지 아니하려고 기독교 신자가 순종의 생활을 열심히 해야만 한다는 동기 제시를 분명히 하지 못하였다. 그러나 칼빈은 '이중적 은혜'(duplex gratia Dei)라는 용어로써 믿음에 의해서 우리가 그리스도를 얻게 된 축복을 설명하였다. 첫째 은혜는 하나님과의 화해를 그리스도의 순결함을 통해서 이룩한다는 것이다. 둘째 은혜는 그리스도의 성령으로 거룩하게 하여 흠없고 점도 없이 생활의 거룩함을 이루어가는 것이다.[3] 인간 차원에서 행하도록 노력해야만 하는 '성

---

2 Robert Letham, *Union with Christ: In Scripture, History, and Theology* (Phillipsburgh: P&R, 2011), 2-3, 42-43.

3 *Institutes*, III.xi.1.

화', '선행', '회개', '인간의 노력' 등이요, 다른 하나의 은혜는 값없이 거저 주시는 의로움이라고 설명하였다.[4] 따라서 칼빈의 신학에서는 값싼 은총이란 있을 수 없다. 철저히 피 흘리기까지 인간은 은총을 받은 자로서 살아가야 한다고 보았다. 입으로만 믿는 '낙천적 맹신주의자'가 되어서는 안 된다.

칼빈은 고린도전서 1:30에 근거하여, 예수 그리스도가 우리의 의로움과 거룩함이 되신다는 데 주목하였다. 현대적인 개념으로 표현하자면, 칭의와 성화라는 두 가지 은혜를 주셨다는 사실을 매우 조심스럽게 구별한 것이다. 칭의는 하나님의 법정적 행위로서 그리스도의 의로우심으로 인하여서 믿는 자들을 받아들이시고 용서하시는 은택이다.[5] 중생(혹은 회개 혹은 성화)은 성령에 의해서 진행되는 일상의 기독교 신자의 삶에서 이루어지는 것으로서 거룩하게 하심과 순종 가운데서 새롭게 된다. 그리고 그 목표는 하나님의 영광을 향하고 있다.[6] 칼빈은 회개를 중생으로 해석하였다.

칼빈은 각각 성화와 칭의를 매우 간결하면서도 분명하게 규정한다.

> 회개는 다음과 같이 정의한다: 우리의 삶을 하나님께 진정으로 돌이키는 것이요, 그분에게 진정하고도 순수한 두려움으로 인하여서 돌이키는 것이다. 이는 육체와 옛 사람의 죽임과

---

[4] Cornelis P. Venema, "The 'Twofold Knowledge of God' and the Structure of Calvin's Theology," *Mid-America Journal of Theology* 4(1988): 156-82.

[5] *Institutes*, III.xi.2.

[6] *Institutes*, III.iii.5, 9.

> 성령으로 인한 살려냄으로 구성된다.[7]
> 따라서 우리는 칭의를 단순하게 받아들이심이라고 정의하는 바, 하나님이 우리를 의로운 사람들로 그의 호의 가운데서 받아주신다. 그리고 우리는 이것에는 죄의 제거와 그리스도의 의로움의 전가로 구성됐다고 말한다.[8]

칼빈의 칭의론에서 주목할 사실은 그리스도의 의로우심을 전가 받는다는 교리이다. 그리스도와의 연합을 통한 의의 전가(imputation)라고 하는 것은 로마서 5:12-19에 나오는 아담의 원죄를 전가 받는다는 것과 유사한 구조로 이해하는 것이다.[9] 믿음으로 우리에게 주어지는 의로움이란 우리 자신의 것이 아니다. 하나님이 인정하실 만한 것은 오직 그리스도의 의로움 뿐이다. 그리스도 안에 있던 그 의로움이 우리의 것이 되는 것은 전가에 의하여 우리의 것이 되는 것이다.

우리는 실제로 의롭지 않지만, 그리스도의 의를 우리의 것으로 간주하여 주심으로, 우리는 의롭다하심을 얻는다. 하나님 앞에서 우리가 얻는 의라고 하는 것은 그가 우리를 의롭다고 하시는 자신의 은혜 안으로 우리를 영접하시는 것이다.

죄사함이라는 것도 역시 그리스도의 의로우심이 우리에게 전가되

---

7   *Institutes*, III.iii.5.

8   *Institutes*, III.xi.2.

9   *Instittues*, III.iv.30; III.xi.23; III.xiv.12; III.xv.4. John Murray, *The Imputation of Adam's Sin*(Grand Rapids: Eerdmans, 1959). John V. Fesko, *Justification: Understanding the Classic Reformed Doctrine*(Phillipsburg: P&R, 2008), 241-265. Brian Vickers, *Jesus' Blood and Righteousness: Paul's Theology of Imputation*(Wheaton: Crossway, 2006).

기에 가능한 것이다. 그리스도와의 연합이 주님의 의로우심의 전가를 가져오는 원인이라고 할 수는 없지만, 그리스도와 연합되는 순간부터 우리는 그리스도의 지체가 되는 것이다. 전가와 그리스도와의 연합은 동일한 하나님의 은혜의 두 가지 측면이다. 두 가지 모두 다 있어야만 한다.

그리스도의 의의 전가라는 교리로부터 얻게 되는 결론적인 교훈은 죄사함을 받은 후에라도 결코 우리는 실제로 의롭지 못하다는 것이다. 반대로 우리는 칭의를 수반하고 있는 성화, 아니면 적어도 칭의와 함께 시작하는 성화로 인하여 우리의 죄를 더 분명하게 인식하게 된다.

여기서 우리는 칼빈이 먼저 성화를 다루고 난 후 칭의를 다루고 있음을 주목하지 않을 수 없다. 비록 칭의론을 가장 많이 다루었지만, 먼저 회개를 소개하여야만 인간의 행위라는 것이 결코 완전하지 않은 것이며, 하나님에 의해서만 칭의가 주어진다는 점을 소개하고자 하는 의도를 읽을 수 있다.

다시 말하면, 칭의는 단순히 용서하는 것으로, 그 이전에 회개에 대해서 설명하여 줌으로써 칭의와 성도의 선행으로 다시 전개시켜 나가려는 의도가 들어있는 것이다. 칼빈을 '성화의 신학자'로 만들고, 루터는 '칭의의 신학자'로 해석하는 칼 바르트의 이중화법은 동의할 수 없다. 왜냐하면 칼빈은 성화를 먼저 다룸으로써 칭의를 손상시킬 의도가 있었던 것이 아니다. 성화는 일생동안 진행될 일이지만 결국에는 완전함에 이룰 수 없다. 이것으로는 하나님의 기대치를 만족할 수 없으므로, 그저 하나님이 받아주시는 것임을 선명하게 이해할 수 있다.

첫째, 칭의와 회개의 삶은 각각 다른 것들을 의미한다. 칼빈은 하나님의 은혜들을 무작정 섞어놓아서는 안 된다고 하면서 각각 명확한 개념규정을 시도하였다. 성경에 나오는 각각의 은택들에 대한 명쾌한 이해를 해야만 한다. 마치 그리스도의 양성과 같다고 말할 수 있다. 그리스도와의 연합으로 인하여 일어나는 이 중요한 은택들을 혼합시켜서는 안 된다.

둘째, 그렇다고 해서 성화와 칭의를 떼어놓아서는 안 된다. 칼빈은 성화 없이는 칭의도 없다고 강조한다. 기독신자의 노력과 순종과 회개와 거룩한 삶이 없으면 칭의란 있을 수 없다. 개혁주의자들이 칭의론만을 붙잡고 있는 관계로, 성화를 약화시키고 있다는 비난은 잘못된 것이다. 칭의와 성화는 결코 분리할 수 없으며 마치 손바닥의 양면과 같다. 두 가지는 결코 혼합시키거나 분리시킬 수 없다. 그리스도는 우리의 의로움과 거룩함이 되었다(고전 1:30). 성령에 의해서 그리스도와 연합하고, 교통 가운데 있는 자들은 칭의와 성화를 동시에 받는다.

셋째, 회개와 선행 등의 생활이 결코 칭의를 얻기 위한 근거가 될 수 없다. 칭의를 얻기 위해서 성화를 도구로 사용하는 것은 아니다. 구원을 얻는 것은 오직 믿음뿐이다. 성화는 믿음으로 구원을 얻은 자의 삶을 통해서 열매로 나타나야만 한다. 기독교 신자의 삶은 감사와 은혜를 표현하려는 동기를 갖고 있다. 두려움으로 억지로 거룩함을 따라간다거나, 의무감에서 순종하는 것이 아니요, 하나님의 호의를 얻기 위하여서 선행하는 것이 아니다. 결국 무게중심이 칭의론으로 옮겨 가지 않을 수 없다.

필자가 이미 칼빈의 칭의론에 대해서는 다른 곳에서 충분히 다루

었으므로, 여기서는 성화를 더 자세히 살펴보고자 한다.[10]

2. 경건한 삶: 자기부인과 십자가를 지는 삶

경건은 칼빈의 생애와 신학에서 빼놓을 수 없는 중요한 동기로 작용하고 있다.

경건(pietas)이란 "하나님의 은혜들을 아는 지식이 포함된 그분의 사랑과 결합된 존경심이다"라고 칼빈은 정의하였다.[11] 경건은 하나님을 향한 진실된 두려움을 포함하는데, 율법에 언급된 합당한 예배를 드리는 가운데 기꺼이 존경심을 표현하는 것이다. 따라서 경건은 믿음, 두려움, 존경심, 지식 등이 함께 결부되어 있다. 여기에 표현되는 두려움이라는 것은 공포심에 사로잡힌 자들의 도피심리가 아니다. 그리스도를 본받아 닮아가려는 열망이다.

그런데 칼빈은 경건의 내부적인 의미라는 것은 반드시 공적인 요소들로 나타나야 하는데(officia pietatis) 그 핵심은 주일성수와 예배라고 강조하였다. 그러나 형식적인 예배만으로 그친다면 거짓 경건이라고 질타하였다.[12]

칼빈은 성령의 사역을 특징짓는 중요한 측면 가운데 하나로, 성령

---

10 김재성, 『칼빈과 개혁신학의 기초』 제5장 "신앙의 요체: 칼빈의 칭의론과 트렌트 종교회의", 177-207.

11 *Institutes*, I.ii.1.

12 *Institutes*, I.iv.4. F. L. Battles, *The Piety of John Calvin*(Grand Rapids: Baker, 1978), 13-26.

은 그리스도와 연합시킬 뿐만 아니라 교통케 하는데, 그 과정은 옛 사람을 죽이고(mortificatio) 새 사람을 소생시키는 일(vivificatio), 두 가지를 양면적으로 성사시키고 있다고 정리하였다.[13] 그리고 이러한 온갖 종류의 고통과 핍박을 이기면서 십자가를 지는 삶은 궁극적으로 부활의 소생을 향한 종말신앙에서 나온다는 점을 인식하였다.

우리 성도들 안에서 역사하시는 성령은 그리스도 안에서 연합된 성도들이 거룩한 생활을 유지하도록 교통하시면서 도움을 준다.[14] 주님이 기독교 신자들에게 기대하는 것에 대해서 칼빈은 너무나 간략하면서도 선명하게 잘 기술하였다. 그의 『기독교 강요』 제3권 6장에서 10장 사이에 들어있는데, 칼빈은 다음과 같은 말로 시작하고 있다.

> 중생의 목표는, 우리가 말한 바와 같이, 하나님의 의로우심과 신자들의 순종 사이에 하나의 완벽한 조화와 일치를 성도들의 생활 속에서 입증하는 일이며, 그리하여 그들이 자녀로서 받아들여졌다는 양자됨을 확증하는 것이다.[15]

이렇게 하나님의 의로우심과 인간의 완전한 순종이 완벽하게 조화를 유지하기 위해서는 엄청나게 많은 여러 가지 요소들이 관계된다. 성도들은 확실하게 순종하면서 선한 생활을 하려는 목표를 가지고 살아간다는 것을 인식해야만 한다. 그러기 위해서 성도들은 율법

---

13 *Institutes*, III.viii.1.

14 R. Tudor Jones, "Union with Christ: the Existential Nerve of Puritan Piety," *Tyndale Bulletin* 41, No. 2(1990): 186-208.

15 *Institutes*, III.vi.1.

에서 가르쳐진 교훈들을 따라야 하는 것이요, 그리스도가 모범을 보여준 삶을 따라가야만 한다. 이웃을 사랑하라는 것은 이런 기독교인의 생활에서는 아주 기본적인 명령이다. 성도들은 자신의 생활의 모든 부분에서 하나님에 의해서 인도를 받고자 하는 진실된 열망을 가져야만 한다. 그리고 기독교 신자라면 마땅히 인간의 지혜와 욕망들을 포기해야만 한다.

칼빈은 기독교 신자가 가져야 할 생활의 좌우명을 '자기를 부인하는 것'(self-denial)이라고 명명하였다. 『기독교 강요』 제3권 제7장은 '자기를 부인하라'는 말씀을 다루고, 8장에서는 자기 부인의 한 부분으로서, '십자가를 지는 삶'을 다룬다.[16] 그는 마태복음 16:24의 말씀을 통해서 예수님이 제자들에게 하신 교훈에 주목한 것이다.

하나님이 그의 양떼들을 돌아보시고, 간섭하여 주시는 것을 알면 알수록, 칼빈은 사람의 절망적인 죄악의 실상을 철저하게 파헤치지 않으면 안 되었던 것이다. 옛 생활을 벗어버리고, 자신의 모든 자긍심을 부정하는 것이 바로 자기를 부인하는 것일 진대, 모든 신자들은 자신의 이성과 의지를 신뢰하던 습성을 벗어야만 하는 것이다. 인간은 바른 동기를 가지고 살아야 하며, 마음속에 있는 헛된 야심과 더러운 생각을 떨쳐야만 진정한 제자가 될 수 있다.

예수 그리스도와 교통을 하고 있으면서도 이 땅 위에 살아가는 성도들은 일상생활에서 고난과 시련을 겪게 된다. 이것은 하나님이 합력하여 선을 이루고자 누구에게나 허용하시는 섭리 가운데서 벌어지

---

16 *Institutes*, III.vii. *"ubi de abnegatione nostri"*(The Sum of the Christian Life: the Denial of Ourselves). John Leith, *John Calvin's Doctrine of the Christian Life*(Louisville: Westminster/John Knox, 1989), 38-45.

는 일이다. 고난에 대한 칼빈의 확신은 다음에서 엿볼 수 있다.

> 착한 사람이나 나쁜 사람이나 모두 다 현재 세상의 어려움들과 불행한 일들을 같이 나누고 있다는 것이 사실이다. 그러나 경건치 않은 자들에게는 이런 것들이 하나님의 진노의 상징들이다. 왜냐하면 그런 일들은 죄악의 결과들이기 때문이다. 그런 것들이 가지는 단 하나의 충고는 하나님의 진노이며, 아담의 파멸 속에서 우리가 가진 것과 그것들의 결과는 영혼을 망치는 일이다. 그러나 믿는 자들은 이런 고난들로 인하여서 주님에게 더욱 다가가게 되며, 그들의 몸속에 주님의 죽으심을 짊어지게 되어서, 그리스도의 생명이 그들 속에 어느 날 입증되게 만들어질 것이다. 나는 지금 고통당함에 대해서 말하는 것인데, 그것들은 그리스도의 증거를 위하여 짊어져야만 하는 것이다…우리가 주님의 이름으로 고난을 당하지 않는 한, 베드로전서 4:13에서 읽는 것과 같이, 그리스도의 고난을 나누어 가졌다고 말하는 것은 옳지 않다. 바울이 말하는 바는 하나님이 항상 자신이 어려움 가운데에서도 자기와 함께 임재해 계셨다는 뜻이다. 그는 자신의 연약함을 주님의 위로함으로 이겨낼 수 있었다. 그리하여 자신을 무너뜨릴만한 병들로 인하여서도 정복당하지 않을 수 있었던 것이다.[17]

이것은 칼빈의 고난의 신학이다. 그러나 고난에 대한 이론적 설명

---

[17] *Calvin's Commentary on II Corinthians* 1:5.

만으로 그친 것이 아니었다. 자기를 부인하고 십자가를 지는 삶이 어떻게 그의 생애에 나타났는가를 구체적으로 이해할 필요가 있다. 칼빈은 자신의 건강문제와 가정문제로 많은 고난을 이겨내야만 했다. 1541년, 남편을 여읜 프랑스 출신의 아내와 결혼하여 함께 살았던 생활은 9년간으로 그치고 말았다. 이미 첫 번째 결혼생활에서 두 자녀가 있었던 이들레 부르는 칼빈과 재혼하여 아이를 낳으려다 병을 얻었다. 그래서 칼빈의 내조자로서 큰 활동을 하지 못하고, 1549년 하나님의 품으로 돌아갔다. 칼빈과의 사이에 낳은 아이는 출생한지 얼마 되지 않아서 죽고 말았다. 아내가 첫 번째 결혼 생활에서 얻은 딸이 열병으로 고생하여서 애간장을 녹여야만 했었다.

3년간의 피난 생활을 마치고, 1541년 제네바 교회로 다시 돌아오게 될 때에, 칼빈이 성도들에게 보낸 공개적인 서한에서 자신을 드리고자 원하였다. 이 때의 칼빈은 자신의 삶을 하나님께 바치려는 순교자적인 결심을 하고, 독일과 프랑스 접경지 스트라스부르그에서 스위스 제네바로 돌아갈 결심을 하게 된다. 그리고 자신의 좌우명과 같은 "나의 심장을 드리나이다"라는 말을 담아서 자신을 향해 그토록 간절하게 제네바로 돌아가 개혁 작업을 계속해 줄 것을 요청하는 기욤 파렐에게 편지를 보냈다.[18]

1538년 4월에 추방명령을 받고 불명예스럽게 떠나야 했던 제네바는 불과 3년여의 종교개혁이 정립되지 못하여 신학적으로 큰 소용돌이 속에서 방향을 잡지 못하고 있었다. 과연 무엇을 어떻게 개혁해야 하는 것인가를 분별하지 못하고 있을 때에, 하나님의 사람에게 주신

18　김재성, 『나의 심장을 드리나이다』, 서문과 제10장을 참고할 것.

신학적인 분별력은 너무나 정확하고 명료한 대답이었다.

칼빈은 자신의 고향 프랑스에서 종교전쟁의 시대를 경험하였고, 그 과정에서 고뇌하며 살았다. 1555년 처음으로 그가 사랑하던 조국 프랑스 여러 지방에(파리, 모, 쁘아띠에, 부르쥬, 오를레앙, 툴루즈, 르네즈, 리용 등) 칼빈주의적인 개혁교회가 설립되었지만, 잇단 국왕들의 서거와 암투가 지속되는 프랑스 궁전의 불안함에서 비롯된 개신교 박해로 인해서 긴박한 시간들을 맞이해야만 했었다. 그는 오랫동안 자신이 원했던 이런 건전한 개혁교회의 건설에서 승리하지 못하였었다. 아직도 로마 가톨릭에 익숙했던 사람들이 성경에 대해서 무지하였고, 일부는 조직적이요 의식적으로 반발하고 있었기 때문이다.

그가 인격적으로 감화력을 발휘한 시기는 1555년부터 1564년 죽을 때까지 마지막 10년간이었다. 그 때는 아무도 감히 공개적으로 이 위대한 개혁자에게 대드는 사람이 없었다. 그러나 그는 자신의 신앙 정신과 내용 그리고 하나님을 향한 진심을 이해하게 만들고, 제도적으로 정착시키기 위해서 수많은 논쟁을 치루며 대적자들과 싸워야만 했다. 내적으로는 시의회를 장악하려는 아미 뻬렝과의 싸움이 가장 어려웠으며, 신학적으로는 세르베투스의 처형이라는 극한의 선택을 하지 않을 수 없을 정도로 위급하였다.

칼빈의 신학은 진지하게 대하지 않으면서도, 너무나 편협한 대중적 이미지만으로 성급한 판단에 사로잡히는 경우가 많다. 그의 외적인 모습은 욥의 고통스러운 시련기와 매우 유사하다.

그의 얼굴은 세월이 흘러가면서 수척해졌으며, 숨쉬는 것도 자유스럽지 못했고, 등은 굽었으며, 몸에는 고열로 인한 고통이 역력하였다. 편두통, 발열, 신장결석, 치질, 폐결핵 등과 끊임없이 투쟁해야만 했었기에 외적인 모습 역시 욥의 경우와 닮은 점이 많았다. 그래서 욥이야말로 칼빈이 가장 잘 이해하고 평가할 수 있었던 주제였다. 오직 죽음만이 칼빈으로 하여금 이런 고통에서 건져낼 수 있었다. 칼빈주의는 하나의 훈련과목이라고 볼 수 있다. 칼빈주의는 금욕의 최정상까지, 매우 견디기 어려운 지점까지 끌어올리는 제자됨의 연단과정을 중시한다.

칼빈주의를 결코 오해해서는 안 된다. 칼빈주의는 '제네바의 이데올로기'가 아니다. 칼빈의 사상과 신학은 칼빈주의 속에 용해되어 버렸다. 프랑스의 종교적 부산물이 제네바의 이데올로기를 만들었고, 그리고 새로운 세상을 정복해나갔다고 생각하는 것은 너무나 잘못된 생각이다.[19]

칼빈주의라는 체계는 이제 칼빈이라는 인물을 한 개인에 불과하게 만들어 버렸고, 하나의 거대한 성경적 교리체계, 마치 이데올로기처럼 느껴지는 사상체계로 발전하였으며, 심지어 이전에 없었던 새로운 종교처럼 인식될 만큼 어떤 의미에서는 하나의 문화로서 드러나게 되었다.

때로는 '칼빈주의'라는 용어가 부정적으로 사용되었다. 함부르그의 루터파 목회자 요아킴 베스트팔이 성만찬에 대한 설명에서 루터파와 구별되는 칼빈의 견해에 대해서 별로 달갑지 않은 별명을 붙이려고 처음 사용하였다.

칼빈은 이 용어로 자신에게 모욕감을 주려는 자들의 시도에 대해

---

[19] Bernard Cottret, *Calvin: A Biographie*, (1995), tr. M. Wallace McDonald(Grand Rapids: Eerdmans, 2000), 239.

서 분명하게 간파하고 있었다.[20] 칼빈은 한 시대에 자신의 임무를 마쳤고, 그것은 네덜란드 정통 신학자들과 영국의 청교도들과 뉴잉글랜드 개척자들의 손으로 빚어지면서 칼빈주의라는 독특한 신학체계가 형성되었다.

3. 종말론적 희망

오늘의 삶은 미래의 소망에서 위로를 얻는다. 그래서 사도 바울은 초대 교회 로마의 박해와 어려움에 직면했던 성도들을 향해서 "소망의 하나님이 모든 기쁨과 평강을 믿음 안에서 너희에게 충만하게 하사 성령의 능력으로 소망이 넘치게 하시기를 원하노라"(롬 15:13)고 격려하였다. 우리는 하나님을 믿었던 모든 성도들이 넘치는 소망의 하나님에 대한 기대치로 가득하였다는 것을 기억하면서 오늘의 어려움을 극복하는 지혜를 얻고자 하는 것이다.

그리스도와의 교통하심을 이루어 가고 있는 성령의 사역은 종말론적 구조를 가지고 있다. 이는 주님 안에서 이미 단번에 완성된 구원(already)은 현재 성도들의 모든 경험에서 모범적인 모델로 제시되어 따라가게 하면서도, 한편으로는 아직 완전하지 못하므로(not yet) 마지막 최종적인 완성을 바라보면서 나아가게 한다. 이것은 성령의 임재와 권능으로 믿는 자에게 내주하는 성령이 하시는 지속적인 사역이다.

---

20 1548년 '칼빈주의'라는 용어의 출현과 칼빈 자신의 반응에 대해서는 이 책의 1장과 필자의 『개혁신학의 광맥』, 24-28을 참고할 것.

그리스도인들은 현재 죽을 몸을 입고 있으면서 성령의 내주하시는 역사 가운데서 살아간다(고전 6:19). 미래에 주님의 재림이 다가오면 죽은 몸이 다시 일어나고 능력과 권능 가운데서 썩지 아니할 몸으로 변화될 것이다(고전 15:42-29). 현재와 미래 사이에서 살고 있는 성도들은 성령의 내주하심으로 미래의 생명을 맛보며 살아간다.

믿는 자들의 마음에 있어야 할 종말론적인 신앙은 이미 구약시대의 성도들에게 약속과 언약을 통해서 주어졌다. 하나님은 성령을 통해서 그 백성들 가운데 친히 머물러 계셨다. 낮에는 구름기둥으로 밤에는 불기둥으로 머물러 임재하였다. 하지만 성령의 내주하심이 어떤 구체적 심리현상을 동반했는지에 대해서는 구체적인 언급이 없다. 우리가 분명히 알 수 있는 것은 인간의 이해력을 초월하는 범위까지 깨달아 알도록 성령께서 능력을 부어주신다는 점이다.

> 내가 다시는 내 얼굴을 그들에게 가리지 아니하리니 이는 내가 내 영을 이스라엘 족속에게 쏟았음이라 나 주 여호와의 말씀이니라(겔 39:29).

출애굽 이야기 속에서, 구약의 여러 왕조시대를 거치면서, 그리고 오늘의 성도들까지도 미래와 연결된 언약의 옛 약속들과 새 약속을 맛보고 살고 있다. 이미 그리스도 안에서 충만하게 나타났고, 마침내 그의 재림의 날에 최종적으로 완전한 실체로 드러나게 될 것이다.

지금까지 개혁주의 신학자들은 종말론에 관한 논의에서 성령의 역사 보다는 대체로 정통신학자들의 저술들을 파헤치면서 그들의 신학방법론에서 담긴 스콜라적인 요소들, 기독론에서 영원한 작정의 문제, 칭의와 예정과 보전에 관한 구원론적 질문들을 많이 다루었다. 하지만 종교개혁자들과 후기 정통신학자들의 종말관에 대해서는 연구가 적었다. 종말을 인식하고 개신교 신앙인들이 좀 더 예민하게 대처하게 되기까지는 수십 년의 세월이 흘렀다. 16세기 성도들이 가졌던 시대적인 상황으로 인하여서 그들의 신앙 속에서는 종말론적 요소들이 매우 큰 의미를 가지고 있었다. 우리 한국 교회가 일제하에서 고난과 박해를 이겨내는 데에도 종말에 대한 신앙이 중요하였다. 그러기에 구원받은 성도들은 자신들의 미래에 대한 적극적인 소망을 가지고 살아가게 되므로 종말론적 동기들을 밝혀내는 일은 매우 중요한 의미가 있다.

칼빈주의자들의 종말론을 검토하기 위해서 일찍이 하인리히 퀴스토르프가 『칼빈의 종말론』이란 글을 발표하였다.[21] 그 후로 칼빈의 종말론에 대한 연구들은 단편의 논문에 그쳤고, 본격적인 단행본으로 나온 종합적 연구가 없었다고 해도 과언이 아니다.[22]

---

[21] Heinrich Quistorp, *Die letzten Dinge im Zeugnis Calvins : Calvins Eschatologie*(Gutersloh: C. Bertelsmann, 1941); English translation, *Calvin's doctrine of the last Things*, tr. by Harold Knight(London, Lutterworth Press, 1955).

[22] R. H. Bremmer,. "Enkele karakteristieke trekken van Calvijn's eschatologie," *Gereformeerd Theologisch Tijdschrift* 44(1943): 65-96. Thomas Forsyth Torrance, "The eschatology of hope: John Calvin," in *Kingdom and Church*(Edinburgh: Oliver and Boyd, 1956), 90-164. Erhard Kunz, "Die Eschatologie Johannes Calvins," in *Handbuch der Dogmengeschichte*. Band IV. Faszikel 7c Protestantische Eschatologie von der Reformation bis zur Aufklarung(Freiburg: Herder, 1980), 31-41. Richard A. Muller, "Christ in the Eschaton: Calvin and Moltmann on the Duration of the Munus Regium," *Harvard Theological Review* 74(1981): 31-59. M. A. van den Berg, "Op Weg naar het Vaderland: De eschatologie bij Calvijn," *Theologia Reformata* Vol. 39, No. 4,(1996): 265-287. Willem Balke, "Some characteristics of Calvin's eschatology," in *Christian Hope in Context*, Vol. I.(Zoetermeer, Netherlands: Uitgeverij Meinema, 2001), 30-64.

노만 콘은 그의 저서, 『천년왕국의 추구』에서 16세기 초반에 주목할만한 종말론적 운동들이 있었다고 결론지었다.[23] 루터의 종교개혁이 시작된 때부터(1517년) 개신교를 인정하게 된 30년 전쟁의 종결(1618-1648)에 이르기까지, 루터교회 내에서 신학자들과 성도들 사이에 종말론적 신앙의 발전이 매우 널리 퍼져 있었음이 입증되었다.[24] 하지만, 16세기 후반 칼빈주의 정통신학자들의 종말론에 대해서 추적한 연구들은 다른 주제에 비하면 아주 적은 실정이다. 특히 영어권에서 더 관심이 적은 것을 알 수 있다.

제3세대의 개혁신학자들까지 내려오면서 결코 소홀히 취급한 주제가 아님에도 불구하고 매우 좁은 관점에서 극소수만을 취급하여 균형을 잃어버린 연구도 있었다.[25]

칼 바르트에게 영향을 입은 일단의 신정통신학자들은 맹렬하게 청교도 개혁주의자들의 신학과 칼빈의 사이를 벌려놓으려고 시도하였다. 제임스 마틴의 입장은 정통신학자들의 역사는 초기 종교개혁자들의 사상으로부터 현저히 다른 역사, 즉 원래 개신교 종교개혁자들의 전형을 왜곡한 역사라는 인식에서 출발하였다. 앞장에서 여러 차

---

23 Norman Cohn, *The Pursuit of the Millennium*(Oxford: Oxford University Press, 1970).

24 Robin Bruce Barnes, *Prophecy and Gnosis: Apocalypticism in the Wake of the Lutheran Reformation*(Stanford: Stanford University Press, 1988). I. John Hesselink, "The Millennium in the Reformed Tradition," *Reformed Review* 52, No. 2(1999): 97-125. William James Grier, "The Reformers and the Millennium," in *The momentous event: a discussion of scripture teaching on the second advent and questions related thereto*(Belfast: Evangelical Book Shop, 1959), 23-25.

25 James Perry Martin, "The last Judgement in Protestant Orthodoxy," in *The Last Judgement: In Protestant Theology from Orthodoxy to Ritschl*(Grand Rapids: Eerdmans, 1963), 1-27.

례 지적한 바와 같이, 하인리히 헤페의 '핵심교리'라는 연구 방법은 대단히 잘못되었는데도 불구하고, 마틴은 그 방식을 따라서 개신교 정통주의 스콜라신학에 대한 비판을 서슴지 않았다. 그래서 종말론은 개혁주의 정통신학의 핵심교리가 아니었다고 결론지었다.[26]

종말론이란, 마틴에 따르면, 16세기 후반과 17세기 초반에 걸쳐서 지엽적인 것으로 취급을 받았고, 본질적으로 중요한 부분이 아니었다고 보았다. 오히려 성경 해석의 역사, 해석학이 보다 핵심적인 부분이라고 주장하였다. 그럼에도 불구하고 이 책에서 정통신학자들의 종말론을 파헤치기 위해서 성경 해석 부분을 깊이 살펴야 하는데 심도 있게 다루어지지 않았다.

개신교 스콜라 정통신학자들은 '오직 성경으로만'(sola Scriptura)이라는 원칙을 잃어버리고, 마치 로마 가톨릭처럼 성경과 전통을 함께 붙잡고 있는 듯하다고 비판한 것이다.

제임스 마틴이 정통신학을 비판하는 핵심은 '오직 성경으로만' 이라는 원리와 함께 개신교 종교개혁 초기 지도자들이 가졌던 그리스도 중심적인 이해를 회복해야 한다는 것이다. 그러면서 칼빈의 후예들이 너무나 지나치게 스콜라적 개념을 내세우며 아리스토텔레스의 인과율과 형이상학을 채택하였다는 것, 기독교 공동체의 사회적이며 연합된 희망을 추구하기 보다는 개인주의적으로 흐르고 말았다는 점, 타락전 선택설과 같은 엄격한 작정교리에 집착했다는 점을 지적하였다. 그래서 "역사의 우연성이나 인간성 같은 주제들이 하나님에

---

[26] John L. Farthing, "Christ and Eschaton: The Reformed Eschatology of Jerome Zanci," in *Later Calvinism*, ed. W. Fred Graham, Sixteenth Century Essays and Studies, vol. XXII((Kirksville: Sixteenth Century Journal Publishers, 1994), 334-5.

대한 사색과 영원의 개념에 매료된 나머지 함몰되어 버렸다"라고 하였다.[27]

그러나 리챠드 뮬러 교수는 정통신학에 대한 비판적 주장에 대해서 결정적인 문제가 있다는 새로운 분석을 제시하였다. 개혁주의 종말론에 대한 평가는 기본적으로 서로 공감할 수 없는 다른 전제에 근거하여 이론적 체계를 구성하고 있다.[28]

걸출한 종교개혁의 사학자 하이코 오버만 박사는 1990년 미국 칼빈대학의 칼빈연구소에서 개최된 '세계 칼빈학회'에서 발표한 논문에서 칼빈의 초기 신학적 발전과정을 검토하면서 그의 초기 저술 속에 담긴 종말론의 중요성을 지적한 바 있다.[29]

칼빈은 평생을 난민이자 디아스포라(흩어진 자들)의 인식을 가지고 수많은 불안과 두려움을 지니고 살아갔다는 것이다. 그러나 단순히 그러한 환경적 두려움보다 더 큰 것은 종말신앙에서 나오는 경건과 거룩함에의 열망이었다고 하여야 더 옳을 것이다.

칼빈을 비롯한 16세기 성도들의 개인적 형편은 분명히 낙심할 수밖에 없었다. 그러나 종말신앙으로 함께 하시는 성령의 내주하심에서 새로운 통치와 하나님 나라의 도래에 대한 지혜와 깨달음을 가지게 되었다.[30] 이처럼 칼빈을 비롯하여 박해받던 옛 성도들이 종말론

---

27 Ibid., 6: "the contingencies of history and of personality were removed in favor of a history of eternal ideas or thoughts of God."

28 Richard A. Muller, *Christ and the Decree*(Durham, N.C.: Labyrinth, 1986); idem, *Post-Reformation Reformed Dogmatics*, vol. 1(Grand Rapdis: Eerdmans, 1988).

29 Heiko A. Oberman, "Initia Calvini: The matrix of Calvin's Reformation," *Akademie van Wetenschappen Mededelingen: Afdeling Letterkunde* Vol. 54, No. 4(1991): 106-47.

30 J. H. Van Wyk, "John Calvin on the kingdom of God and eschatology," In *Die Skriflig* Vol. 35, No. 2, June 2001, 191-205. P. F. Theron, "The Kingdom of

이 어떻게 발전했으며 어떤 영향을 미쳤는가에 대해서 관심을 가질 필요가 있다.

4. 하나님을 아는 지식과 그의 영광

　기독교 신자가 가져야 할 바른 신앙의 출발점과 목표점을 연결해서 말한다면, 그것은 하나님을 아는 지식과 그에게 영광을 돌리는 일이다. 먼저는 하나님을 아는 지식을 견고하게 확보하는 것이다. 그리고 자신이 믿는 하나님의 영광이라는 목표와 성취동기를 정하여 나아가는 것이다. 바로 성령의 교통 가운데 사는 자들은 이와 같은 구체적인 삶의 동기를 갖게 된다.
　칼빈은 하나님께 영광이라는 궁극적 목표를 분명히 성경에서 발견하였다. 그의 전체적인 신학의 정립과 목회활동 그리고 설교 중심의 예배생활은 이 목표와 성취동기에 집약되어있다.

> 바른 신학자가 되기 위해서 우리는 거룩한 생활을 해야 한다. 하나님의 말씀은 우리들이 쓸데없는 소리를 하지 않아야 하며, 말장난이나, 의심이나, 내가 무엇인지 모르겠다는 식으로 말해서는 안 된다고 가르친다. 성경은 우리의 생활을 변혁시켜서 우리가 하나님을 섬기는 소망을 가지며, 우리 자신을 전적으로 하나님께 헌신하고, 그의 선하신 뜻을 따라서 우리가

God and the Theology of Calvin: Response to the paper of Prof. J. H. van Wyk" In *Die Skriflig* Vol. 35, No. 2, June 2001, 207-213.

행동할 것을 깨닫게 한다.[31]

칼빈은 전적으로 하나님께 헌신하는 생활을 원하였고, 그 원리들을 성경에서 발견하였다. 앞에 인용한 칼빈의 디모데후서 3:16에 대한 설교문은 지금도 우리의 가슴에 깊은 감동을 던져 준다. 칼빈은 성경에서 하나님의 영광을 위해서 살라고 가르치는 믿음의 원리에 대한 통일성을 발견하였다. 그러나 모두 같은 방식으로 설명하거나 이해한 것은 아니다. 칼빈이 성경에서 주된 관심사로 삼은 것은 통일성이었다.

그는 다니엘, 신명기, 미가 혹은 갈라디아 등 어디에 대해 설교하든지, 신학적인 설명을 하든지, 하나님의 영광을 드러내려는 저자들의 마음을 이해하고 있었다. 성경은 통일성을 가지고 있다. 그 이유는 이 책의 한 사람의 저자인 성령 때문인데, 그분은 항상 자신에게 머무르고 계신다. 성경의 메시지는 하나이다. 왜냐하면 하나님이 인간에게 주신 하나의 말씀 또는 하나뿐인 메시지이기 때문이다.

성경에 나오는 통일된 메시지의 본질이 무엇인가? 칼빈은 '믿음', '교리', '복음', '메시지'(message, doctrine, the Gospel, the Faith) 등이라고 불렀다. 칼빈은 용어들은 거의 같은 동의어로 사용하여 '바른 교훈'을 뜻하는 말이다. 목회 서신에서는, '바른 교훈'의 구체적인 설명과 요구가 들어있으며, 목회 사역에 대한 지침이 제시되어 있다.

바른 교훈은 성경의 메시지가 지닌 특징이었다. 우리는 칼빈이 신

---

31 칼빈 전집 54:292. *Ioannis Calvini Opera quae supersunt omnia*. ed. G. Baum, E. Cuniz, E. Reuss. 59 Volumes(*Corpus Reformatorum*).(Brunswick and Berlin, 1863-1900).

조를 신학적인 구성을 위해서 직접적으로 적용하는 것을 거의 볼 수 없다. 그는 이런 것을 해석의 의도적인 원칙으로 사용하고 있지 않다. 그는 때때로 설명할 때 필요하면 그 때에만 제한적으로 사용하였다. 그는 성경적 메세지, 교리, 또는 복음, 믿음의 개요를 제시하여 주고자 노력했던 것이다.

이것은 역사적인 신조 속에서 이미 압축된 바 있다. 1536년판 『기독교 강요』 초판에서 다음과 같이 말한다.

> 이제 믿음의 본질에 관하여 질문하는 것에 대해서 생각해 보고자 한다. 그것은 소위 사도적인 상징이라고 불리는 것으로부터 우리가 배울 수 있는 것인데, 그 속에 간략하게 개요가 축약되어있고, 소위 보편적인 교회들이 동의하는 믿음의 대략이기도 하다.[32]

그러나 신조 그 자체와 믿음의 대략이란 성경이 가르치는 교훈의 대략이요, 개요이다.

성경이 증거하는 참된 교리의 원천은 하나님을 아는 지식을 갖는 일이다. 참된 교리의 원천은 우리의 믿음이 하나님을 아는 지식을 갖게 하는 것이다. 이것을 『기독교 강요』 첫 구절에서, "참된 지혜는 하나님을 아는 것과 인간을 아는 것"이라고 강조하였던 것이다. 아주 단순하게 제시된 참된 교리에 대한 설명을 좀 더 들어보자.

칼빈은 '참된 교훈'과 '믿음'의 개요는 하나님을 아는 지식이라고

---

[32] John Calvin, *Institutes of the Christian religion*; 1536(Grand Rapids: Eerdmans, 1986).

말하였다. 참된 교훈, 즉 믿음이란 우리의 하나님을 아주 구체적인 경험으로 알게 되는 것이다. 즉 우리가 그분 안에서 전적으로 안식을 얻게 될 것이요, 우리가 그분을 의지하여 담대하게 외치는 것이다. 또한 우리가 그분께서 우리를 들어주실 것임을 의심하지 않게 될 것이요, 우리의 필요에 따라서 우리를 도와주시기를 원하시는 것이요, 우리에게 약속하셔서 기다리고 있는 영원한 구원에 관한 것이다.[33] 디모데전서 1:5, '거짓 없는 믿음에서 나오는 사랑'에 대한 설명에서, 우리의 믿음은 오직 우리 주 예수 그리스도만을 바라보아야만 한다고 강조한다. 우리의 안목은 그분에게만 전적으로 확고하게 고착되어 있어야만 하며, 그를 떠나서는 우리 아버지 하나님께 가까이 갈 수 없다. 왜냐면, 우리는 스스로 너무나 멀리 떨어져 있기 때문이다.

우리가 바른 교훈을 가져야 할 것을 칼빈은 거듭해서 강조하였다. 디모데전서 6:3, "누구든지 다른 교훈을 하며 바른 말 곧 우리 주 예수 그리스도의 말씀과 경건에 관한 교훈을 따르지 아니하면" 안 된다는 것을 거듭 강조하였다. 우리가 반드시 지켜야만 하는 참된 교리를 요약하자면, 인간에 대한 바른 교훈을 깨달아야 한다는 것이다.

다시 말하면, 인간에 대한 바른 교리를 강조한다. 우리 안에는 비참함과 타락함 외에는 아무 것도 없음을 아는 것이다. 우리는 하나님만을 찾고 추구하여야 한다. 우리는 그분께서 우리에게 주신 지시와 방법에 따라야 한다. 그것은 우리 주 예수 그리스도의 인격 안에 있다. 때문에 우리에게 반드시 필요한 것은, 우리가 그분이 주신 은혜를 굳게 붙잡는 일이다.

---

33 칼빈 전집 53:31.

이로 인해서, 믿음으로 우리 주 예수 그리스도의 일원이 되고, 그리스도가 우리를 아버지 하나님께로 인도하시며, 궁극적으로 하늘나라에 인도하심을 의심하지 않게 될 것이다. 우리는 완전한 비참한 상태에 처해 있었는데, 우리의 필요한 것을 그리스도로부터 받게 되었다. 그리하여, 예수 그리스도께서 우리에게 가져 오사 나눠주신 축복들로 인해서 부요해진다. 우리가 하나님을 부르며, 그분을 의지하는 데 담대하여질 수 있는 것이다. 우리의 삶을 올바로 다스려 나가도록 착수할 것이다. 그리고 아무도 자신이 섬길 자를 고안해 내지 않을 것이다.[34]

칼빈이 강조하는 바른 신학은 하나님을 아는 것이요, 사람을 바로 아는 것이다. 디모데후서 1:13, "바른 말을 본받아 지키고"에 대한 설명에서, 우리가 과연 무엇을 믿는 것인가를 간략하게 요약하고 있다. 믿음이란 참된 하나님이 누구인가를 아는 것이다. 우리가 스스로 상상이나 우상에 빠지지 않도록 한다. 살아있는 하나님을 아는 것이요, 우리 아버지로서 그분을 아는 것이다. 우리가 그분을 전적으로 의지하고, 그분에게 우리의 신뢰를 두게 되는 것이다. 우리가 그분을 담대하게 부르고, 우리가 간구한 것들을 들으셨으리라고 의심치 않는 것이다.

믿음을 가지게 되면, 우리는 참된 하나님이 누구이신가를 알게 된다. 우리가 그분을 우리의 아버지요 구세주로 붙잡는 것이다. 우리가 그분의 은혜와 사랑으로 확신케 될 것이다. 우리가 그분을 참된 신뢰 가운데 부르는 것이다. 그것은 만일 우리가 은총을 입으면, 우리는

---

34 칼빈 전집 53:557.

그리스도 예수 안에서 하나님 앞에서 흠잡을 데 없이 순결하게 될 것이다. 그리고 이는 그리스도 안에 있는 것이다.[35]

칼빈이 이해한 복음의 핵심교리는 매우 단순한 원리를 지켜나가자는 것이다. 우리는 이 단순한 교리를 온전히 지켜야 할 것이다.

첫째, 칼빈이 발견한 복음의 내용은 긍정적인 특징을 가지고 있다. 하나님에 대한 모든 것과 인간에 대한 간략한 교리들은 모두 다 매우 긍정적이다. 칼빈의 인간론은 매우 우울하고 어둡다고 생각하는 사람이 많으며, 인간에 대해서는 매우 부정적인 교리를 제안한 것으로 알려져 있는데, 그것은 단지 '비참함과 타락함'의 상태와 우상숭배의 금지를 말할 때이다.

둘째, 하나님이 예수 그리스도 안에서 우리가 자신을 알도록 하신 그리스도 중심적인 신학이다. 이 주제가 하나님을 아는 지식의 내용에서 전체적으로 다루어지고 있다. 인간에 대해서 말한 모든 부분 역시 이 주제에 의존하고 있을 뿐만 아니라, 엄격하게 말한다면 이 주제의 일부분이기도 하다. 이 두 가지 특징들이 전체적으로 넘치는 행복감과 확신과 희망의 밝은 빛을 던져주고 있는 것이다. 복음, 교리, 믿음 등은 칼빈에게 있어서 참으로 거대한 기쁨의 좋은 소식이다.

---

35 칼빈 전집 54:71.

5. 성령의 임재와 교통

> 예수를 죽은 자 가운데서 살리신 이의 영이 너희 안에 거하시면(롬 8:11).

성령의 위대한 능력이 우리 안에서 다시 살려내는 역사를 행하신다. 칼빈은 그리스도를 다시 살리신 하나님이시기 때문에, 바울이 '생명을 주시는 성령을 하나님의 영'이라고 부른다고 하였다.[36]

하나님을 아는 바른 지식을 갖고 믿음으로 구원받은 자의 두 가지 열매(칭의와 성화)를 맺으면서 살아가는 유일한 근거는 성령이 머물러 계시면서 성도와의 교통을 도모하시기 때문이다. 이런 일상적인 것처럼 보이는 성령의 사역으로 인하여 믿는 자는 중요한 임무를 수행하게 된다.

바울 사도는 에베소서 1:13에서 "그 안에서 너희도 진리의 말씀 곧 너희의 구원의 복음을 듣고 그 안에서 또한 믿어 약속의 성령으로 인치심을 받았으니"라고 하였다. 그리고 이어서 그리스도인은 구속의 날을 위해서 인을 쳐 주신 성령을 근심케 하여서는 안 된다고 설명해 주었다(엡 4:30). 그래서 우리는 성령의 교통하심 속에서 유지되는 성도의 삶이 거룩을 향하여, 하나님의 영광이라는 목표를 가지고, 하나님에 대한 확고히 새로워진 지식을 유지하면서, 종말론적인 신앙을 갖고 살아가야 한다는 칼빈의 설명을 연결 지어 묶어보고자 한다.

그리스도인의 삶 전체는 성부의 사랑에 뿌리를 두고 있으면서, 성

---

[36] 칼빈, 로마서 8:11 주석.

자의 은혜에 의존하는 한편, 성령의 교통하심(koinonia) 가운데서 신령한 복을 누리며 살아가는 것이다(고후 13:13; 빌 2:1). 우리가 최종적으로 하나님의 자녀로서 완전한 자리에 나아가기까지는 그리스도인들은 고난을 이겨내는 능력을 성령의 교통하심에서 공급받고 있는 것이다. "영광의 영 곧 하나님의 영이 너희 위에 계심이라"(벧전 4:13-14)는 사실 때문에 감격과 환희에 가득 차서 모든 난관을 이겨낼 수 있다.

성령의 구원론적 사역에서 그리스도와의 연합(union with Christ)이라는 중요한 기초적 교리에 근거하여, 성령은 이제 지속적으로 내주하시면서 그리스도와의 교통(communion with Christ)이라는 사역을 성취하고 계신다. 예수 그리스도께서 성령과 함께하시면서 교통하셨듯이, 그리스도의 사람들은 모두 다 성령의 교통하심 속에 살아간다. 성령의 임재와 기름 부으심이 예수 그리스도에게 항상 함께 하였듯이, 그리스도를 믿고 받아들인 자들에게는 동일한 권능이 함께 하면서 믿는 자들에게 성령을 부어주시는 것이다. 하나님은 성령에 의하여 아들의 형상을 본받은 자 되도록 성도들을 인도하신다(롬 8:29). 칼빈은 성령의 사역으로 인하여 그리스도와 연합될 뿐만 아니라, 그리스도와의 교통이 이루어진다고 강조하였다. 이로 인하여서 성도들은 거룩함을 이루고자 노력한다.

6. 끝맺는 말

개혁주의 칭의론과 성화에 관한 가르침을 좀 더 큰 안목에서 이해하려고 할 때에, 바른 예배로 귀결되는 것임을 발견하게 된다. 우리는 인간중심적인 '번영의 신학'을 정립할 것이 아니라 하나님의 영광을 위한 도구임을 절감하는 '송영의 신학'이 더욱 필요함을 절감하게 된다. 우리의 모든 삶은 하나님 앞에 헌신된 것이요, 모든 성도는 제사장으로 하나님 앞에 나아간다.

예배는 이런 일반적인 봉사행위(general service)보다는 좀더 특수한 모임(specific worship)으로 하나님의 특수한 임재하에 이루어진다. 요한복음 1:17과 고린도후서 3장에 근거하여 볼 때에 예배는 특수한 헌신이다. 예배를 드리는 곳에서 듣게 되는 교회의 말씀 선포에는 주님의 임재가 있다.

사도바울은 고린도전서 5장에서 하나님의 면전에서의 영적인 두려움을 강조하고 있다. 또한 사도는 계속적으로 "너희는 성령을 따라 행하라"라고 힘주어 말했다. 갈라디아 성도들에게 절실히 필요한 권면은 우상숭배에 빠져서는 안된다는 것이다(갈 5:16).

우리 성도들은 "성령으로 살고, 성령으로 행하라"는 권고를 잊어서는 안된다. 성령을 거스르는 일들은 헛된 영광, 육체적인 욕심, 우상숭배, 음행과 호색, 분쟁, 시기, 분냄, 당짓는 것, 분열함과 이단, 술 취함과 방탕함 등이다(갈 5:19-21).

칼빈의 강좌를 듣고 있는 학생들

5장
성경과 성령

종교개혁은 16세기 유럽에 퍼져있던 '교황무오설'에 따라서 전승과 교리를 신봉해오던 중세 로마 가톨릭을 떠나서 하나님의 말씀으로 돌아가자는 운동이었다. 교황의 절대적인 권위 대신에, 성경의 절대적인 권위를 존중하자는 것이 종교개혁의 핵심사상이다. 거의 모든 개신교 지도자들은 오직 성경 본문에 대한 지속적인 강해 설교를 통해서 믿음을 일깨웠다. 개신교 교회는 하나님의 말씀에 담긴 계시의 정신과 교훈을 선포하는 데 최선의 노력을 경주하였다. 종교개혁자들은 자신들의 의지나 지식적인 열정을 내세운 것이 아니라, 하나님의 말씀만을 진리의 근거로 삼았다. 신앙과 생활을 지배하는 권위의 원천으로 오직 하나님의 말씀만을 주장하였다.[1]

로마 가톨릭의 성례주의에 맞서서, 종교개혁자들은 미사를 폐지하였다. 그리고 하나님께 대한 예배에서 가장 중요한 것으로 설교를 위

---

[1] Hughes Oliphant Old, "Preaching as Worship in the Pulpit of John Calvin," in Tributes to John Calvin, 95-117.

치시켰다. 설교자의 강대상도 중심부 높은 자리로 옮겼다. 하나님의 말씀만이 순종하고 복종해야 할 권위 있는 문서이기에, 이를 풀어내는 설교를 부활시켰고 중시하였다.

또한 그들은 하나님의 말씀이 그 어떤 것보다도 중요한 은혜의 수단임을 강조함으로써, 로마 가톨릭이 일곱 가지 성례에 참가하여야만 교회를 통해서 베풀어지는 은혜를 받는다는 신학을 완전히 거부하게 되었다.

성경을 중시하는 종교개혁은 신앙의 분별력을 회복시켜 주었다. 칼빈은 성경에 따라서 예배의 개혁을 시도했고, 매너리즘에 빠진 교회의 회복을 시도하여 교회의 순결과 일치를 유지하는 데 앞장서 나갔다.[2]

정치적으로 쫓기는 몸이 되어 조국 프랑스를 떠나서 1536년 7월 제네바에 들렀다가 파렐의 강력한 부름을 받아 머물게 된 칼빈은 곧바로 말씀의 선포자로 일하게 되었다. 그는 통일된 제네바 신앙고백서를 만들어서 모든 시민들이 하루 빨리 로마 가톨릭에서 벗어나서 성경적인 신앙을 체질화하는 데 주력하였다. 그래서 그는 강해 설교를 시작한 것이다.

그러나 1538년 4월, 너무나 오랫동안 로마 가톨릭에 익숙해 있던 사람들의 반발로 인해서 크나큰 반대에 부딪히게 되었다. 제네바 시민들은 자신들의 생활을 바꾸도록 강요하는 제네바 교회의 법령들을 지키는 것이 불편하고 거북스러웠다. 개혁주의 교회로 급격하게 변화시키는 것에 대해서 불만을 품은 시의회원들은 누룩 없는 빵을 먹

---

2 W. Robert Godfrey, *Reformation Sketches*(Philipsburg: Presbyterian and Reformed, 2003), 67-68.

어오던 전통을 깨고, 평상시와 같은 빵을 성만찬에서 사용하려 한다는 칼빈의 주장을 빌미로 삼아서, 강제 추방을 결정하고 말았다.

하지만, 칼빈과 파렐 등이 쫓겨 난 이후에도 다시 제네바 시에 신앙적인 문제들로 인해서 소용돌이가 계속되자 1540년부터 돌아와 달라는 간청을 받게 되었다. 칼빈은 완강히 거부하면서 스트라스부르그에서 온건한 개혁자 마틴 부써의 도움을 받으면서 학문과 결혼생활, 설교와 회의 참석 등으로 분주히 지내었다. 거의 일 년을 미루다가, 주위의 강력한 권고에 승복하고, 마침내 1541년 9월에 목숨을 바치기로 작정한 칼빈은 내키지 않는 걸음을 돌려서 제네바로 되돌아왔다. 그리고 다시 처음 제네바에 머물던 때처럼 강해 설교를 계속하였다.

믿는 자들에게서 성경은 하나님에 대해서, 우주에 대해서, 인간에 대해서 가르쳐주는 안내자요 교사이다. 창조주 하나님과 구속주 예수 그리스도, 그리고 보혜사인 성령, 곧 하나님을 아는 지식을 가지려면 먼저 성경을 통해서 안내를 받아야만 한다. 우리는 성경이라는 교사를 신뢰하고, 성경의 안내를 따라가야만 한다. 성경의 권위는 절대적이다. 성경은 완전한 순종과 완전한 신뢰를 요구한다.

칼빈의 성경관은 먼저 '성경의 권위'(authority, *auctoritas*, *autorite*)라는 문제를 집중적으로 설명한다. 그가 마음속에 가지고 있던 생각은 이 권위라는 단어와 아주 유사한 형태의 단어인 '저자'(author, *auctor*, *auteur*)라는 단어이다.[3] 성경의 저자는 그리스도 예수이다. 그리스도

---

3 *Institutes*, I.vii.1; "it is worth-while to say something about the authority of Scripture…Hence the Scriptures obtain full authority among believes only when men regard them as having sprung from heaven, as if there the living words of god were heard." Warfield, *Calvin and Calvinism*, 71.

는 하나님의 영원한 지혜요, 절대적인 권위를 소유하고 있으신 '안내자요, 교사'가 되신다. 하나님의 말씀을 읽고 복종하거나 신뢰하는 마음을 가지는 것은 어떤 강압에 의할 것도 아니고, 외적인 형식으로 표현하는 것도 아니다. 가슴과 마음에서 우러나오는 순수한 움직임이요, 믿음에서 나온 감격스러운 행동으로 표현되어야 할 것이다.

하지만 오늘날 포스트모더니즘 시대에 더욱 극렬하게 반항적인 마음을 가지고 있거나 배우려하지 않는 마음을 가진다면 성경은 아무런 역할을 할 수 없다.[4] 지식적으로나 종교적으로 자신의 주관을 확고히 갖고 있는 사람이라면, 아무리 성경을 읽어도 배울 것이 없다. 자신의 고집이 너무나 세고 완고한 사람들, 유순하지 않은 사람들에게는 성경의 지도력은 불가능한 일이다.

1. 성경은 교회가 만들어낸 것이 아니다

칼빈은 성경과 교회와의 관계에 대해서 가장 먼저 집중적으로 거론하였다. "성경은 하나님으로부터 온 권위를 가지는 것이요, 교회로부터 권위를 인정받은 것이 아니다"라는 요지를 먼저 강조했다. 그리고 "교회는 성경에 기초하여 세워졌다"라는 것을 상세히 설명했다.

---

[4] D. A. Carson, *The Gagging of God: Christianity Confronts Pluralism* (Grand Rapids: Zondervan, 1996), 150-191.

1) 성경이냐 로마 가톨릭교회이냐?

칼빈의 성경관은 어거스틴의 선언들을 의지하여 로마 가톨릭교회의 권위를 주장하는 코클라에우스(Cochlaeus)와 에크(John Eck)의 주장을 정면으로 거부하였다. 가톨릭의 주장은 교회의 권위에 우선권을 두고 있다. 교회가 신약성경이 기록되기 이전에 이미 존재했었으며, 신약성경에 포함된 책들은 결국 초대 교회로부터 나온 책이기에, 교회가 결정권을 가졌다는 것이다.

로마 가톨릭교회에서는 여러 문서들과 편지들 중에서 신약성경에 어떤 책을 포함시킬 것인가를 결정한 것은 초대 교회였다고 주장한다. 그들은 교회의 권위가 성경의 권위보다 더 우선적이라고 가르친다. 얼핏 보면 신약성경의 권위는 초대 교회가 모여서 결정한 책이므로 마치 교회의 권위가 먼저 세워졌고, 성경은 그것에 의존하는 것처럼 보인다.

이에 대해서 칼빈은 강력하게 반론을 제기한다. 오히려 성경과 말씀이 먼저 있었고, 교회가 나중에 존재했다는 것이다. 성경이 과연 '빌려온' 권위만을 가진 책이요, 인간의 판단에 좌우되고 있다는 점이다. 사도 바울의 교회론에 따를 것 같으면, 선지자들과 사도들의 가르침을 기초로 하여 교회가 세워졌다고 성경이 강조하고 있다(엡 2:20).

신약성경의 메시지는 교회가 세워지기 이전에 이미 존재하고 있었으며, 그 말씀이 먼저 있었기에 교회의 존립 자체가 가능했다고 칼빈은 반박하였다. 따라서 교회가 신약의 정경을 결정하였다기 보다는 도리어 인정했을 뿐이라고 하는 것이 더 타당할 것이다. 교회는 이미 하나님에 의해서 선포된 진리에 대해서 순종하고 감사했을 뿐이다.

칼빈은 성경에 대해서 의심하는 사람들의 체험 없는 믿음에 대해서 다음과 같이 반문한다. 코클라에우스와 같은 이는 성경이 하나님께로부터 나왔는지를 인정해주는 교회의 선언을 의지하지 않는다면 어떻게 알 수 있겠는가라고 반문한다.

칼빈은 이런 주장에 대해서 신앙의 체험이 없는 사람이 가질 수 있는 대표적인 학문적 의구심이라고 생각하였다.

칼빈은 이렇게 묻는다.

> 여러분은 어떻게 빛과 어두움을 구분하며, 흰색과 검은색, 쓴맛과 단맛을 식별해낼 수 있는지를 배울 수 있었는가? 성경은 본질적으로 진리에 대한 이해와 개념이 아주 평범함을, 마치 흰색과 검은색을 구분해 내며, 단맛과 신맛을 구분해 낼 수 있듯이 증명하고 있다.[5]

성경이 하나님으로부터 온 계시라는 것을 증명하기 위해서 성경 밖에 있는 어떤 외부적인 논쟁의 도움을 얻을 수 없을 뿐만 아니라, 증명될 수도 없다.

성경의 가르침에 대한 신뢰는 오직 우리가 하나님이 성경의 저자임을 확신하도록 성령께서 역사하실 때에만 확고히 성립된다. 성경 어떤 장을 읽든지, 공부하든지, 각 곳마다 그 안에는 어디에서나 말씀하시는 분은 결국 하나님이라는 사실이 들어있다.

---

5 *Institutes*, II.vii.2.

선지자들과 사도들은 그들의 지성이나, 어떤 외부 사람들의 이성에 근거하여 자신들의 성경관을 개진하지 않았다. 그들은 단순히 하나님의 거룩하신 이름을 언급하였고, 이에 대해서 전 세계가 순종하도록 역설하였다. 주께서 말씀하셨다는 것 이외에 다른 주장이 필요하지도 않았다.

이성적인 논쟁을 통해서 성경의 진리를 입증하는 것은 바른 방법이 될 수 없다. 성경이 하나님의 말씀이라는 사실을 입증하려면, 다른 방법을 가지고 다가가야 한다. 성경은 이성적인 책이 아닌데 어떻게 이성적인 논증과 합리적인 자료에 근거하여 입증할 수 있다는 말인가! 이성의 잣대로 판단이 불가능하다. 칼빈은 성경이 다른 책보다 월등히 뛰어남을 입증할 수 있다고 확신하였고, 이를 그의 『기독교 강요』 제1권 7장에서 증명하고 있다. 하지만, 하나님이 성경의 저자임을 밝히고자 논리적으로 입증하려고 하지 않았다.

교황주의자들은 그들 교회가 가르쳐온 교훈을 갖고서 하나님의 권위를 대체시키고 있다. 이는 황금으로 된 컵에다가 거짓된 교리라는 독을 집어넣는 것과 다를 바 없다. 로마 교회 안에서 하나님의 권위는 어디로 갔는가? 성경이 하나님의 권위를 가진다는 점을 받아들여야만 하는데, 로마 교회를 지배하는 것은 다른 율법이나 규칙들이었다. 결국 그들은 전적으로 하나님께 복종하지 않고 있는 것이며, 진정한 왕으로 공경하지 않았던 것이다.

교황주의자들은 하나님의 이름으로 말한다고 주장한다. 그러나 실제로는 자신들의 꿈과 이상을 내세우고 있을 뿐이요, 그것이 전부이다. 칼빈은 기록된 말씀을 전달하려 할 때에, 교회의 책임과 권위란 곧 복종과 순종이라고 강조했다.

누구든지 자기 자신을 주제넘게 내세우려고 해서는 절대로 안 되며, 이제부터 내가 말하려고 한다는 식으로 말해서도 안 된다. 사도 바울은 우리가 강단에 올라갈 때에 하나님이 우리를 보내셨으며, 이에 따라 우리는 우리에게 부탁하신 하나님의 메시지를 가지고 있고, 말씀하시는 분이 그분이요, 하나님의 말씀으로 그분이 말씀하시도록 해야 한다(벧전 4:11)는 확신을 가지기를 원하였다. 즉 다시 말하면, 사도 바울은 자기의 뜻에서 나온 것을 가지고 강요하지 않았으며, 자신의 꿈에서 나온 어떤 것도 혼합시키지 않았고, 오직 하나님의 순수한 진리만을 붙잡고 나아간 것이다.[6]

2) 교회의 권위와 그 한계

칼빈은 교회론에서 '믿음의 교리를 취급하는 교회의 권위'라는 제목으로 교회의 권위에 대해서 성경적 지침을 제시하고 있다.[7] 교회의 권위나 권세는 교회의 머리되신 예수 그리스도의 권위와 권세와 관련되어있다. 교회는 그 머리되신 분의 권위를 가장 최고로 받아들여야 한다는 것을 의미해야만 한다. 그런데 교회에서 과연 그리스도가 과연 최종 권위로서 존중을 받고 있는가? 그리스도는 교회의 유일한 선생으로 하나님의 인정을 받았으므로 우리는 그리스도의 말을 들어야 하고 그리스도의 권위에 복종해야한다.

---

6 칼빈 전집 54:286.
7 *Institutes*, IV.viii.1.

교회 안에는 율법의 기록자 모세를 비롯하여, 선지자들과 사도들이 있었다. 이들은 자신이 터득한 진리를 전달하라고 부름을 받은 것이 아니라, 하나님으로부터 나온 것을 말하도록 부름을 받았다.[8] 성부 하나님으로부터 그의 성육신하신 성자에게로, 영원하신 보혜사 성령님으로 그리고 사도들로 거슬러 내려오면서 형성된 교리적 전통을 잘 이해할 때에 교회의 권위는 무제한적이 아니요, 하나님의 말씀에 종속되어있으며, 그 안에 제한되어 있다.[9]

다시 말하면, 교회는 그리스도의 완전한 가르침을 부여받았을 뿐이다. 이것을 가지고, 우리는 만족해야 하며 배워야만 하고, 더 이상 다른 사람들이 고안한 것을 가지고 대치해서는 안 되며, 우리 자신들로부터 어떤 새로운 것을 고안하려고 해서도 안 된다. 변화산에서 하나님은 하늘로부터 모든 말씀의 결론을 선포하셨으니, '이는 내 사랑하는 아들이니 그의 말을 들으라'(마 17:5)라고 하셨다.

> 이것으로 확고한 원칙을 삼자, 더 이상 다른 것을 하나님의 말씀으로 여겨서는 안 되며, 처음에는 율법 속에, 그리고 선지자들이, 그 후에는 사도들이 간직하였던 것 이상으로 교회 안에서 주요한 위치를 차지해서는 안 된다. 하나님의 말씀의 기준과 규범에 의하지 않고 교회 안에서 바르게 가르침을 주는 방법이란 없다.[10]

---

8 *Institutes*, IV.viii.2.
9 *Institutes*, VI.viii.4.
10 *Institutes*, IV.viii.8.

사도들 자신들이 본인들의 직분에 대해 위와 같이 이해했기에, 칼빈은 교회가 말씀의 지배를 받아야 한다고 설명한 것이다. 그리스도와 그의 복음이 비로소 완전한 것을 가르쳐 주는 것이기 때문에, 교회는 구약성경을 참고하고 신약성경의 가르침으로 보다 분명한 이해를 가져야 한다.

3) 최고의 계시자 예수 그리스도

더욱 중요한 사실은, 예수 그리스도만이 진정한 교사요 계시자라는 점이다. 예수님은 글로바와 또 다른 형제에게 "모세와 모든 선지자들의 글로 시작하여 모든 성경에 쓴 바 자기에 관한 것을 자세히 설명하셨다"(눅 24:27). 부활을 의심하는 제자들에게 다시 나타나신 주님은 "모세의 율법과 선지자의 글과 시편에 나를 가리켜 기록된 모든 것이 이루어져야 하리라 한 말이 이것이라 하시고 이에 그들의 마음을 열어 성경을 깨닫게 하셨다"(눅 24:44-45).

구약성경 시대에 활동하던 선지자들과 성경기록자들로 하여금 언약의 백성들을 가르친 진정한 교사는 그리스도였다. 신약성경 시대의 교사도 역시 같은 분인 그리스도이다. 족장들이나, 율법의 기록자들, 선지자들 모두 다 신약성경을 기록한 사도들을 감동시킨 동일한 성령에 의해서 조명을 받았고 영감을 입었다. 칼빈은 심지어 신약성경을 기록한 사도들이라고 해도 구약성경을 해석함에 있어서 선지자들이 이미 보았던 것을 넘어서지 못하였다고 말한다. 신약이나 구약이나 기록자들이 보여주고자 하던 모든 것이 그리스도 안에서 성취될 뿐이다.

마태복음 11:27에서 예수 그리스도에게만 하나님이 모든 것을 알려주셨다고 말씀하였다. 따라서 교회가 하나님의 말씀에 대해서 권위를 행사할 아무런 권위가 없다. 그리스도 자신이 성경 안에 있는 여러 단계의 계시들에 대해서 가르칠 수 있는 교회의 유일한 대스승이기 때문이다.

> 내 아버지께서 모든 것을 내게 주셨으니 아버지 외에는 아들을 아는 자가 없고, 아들과 또 아들의 소원대로 계시를 받는 자 외에는 아버지를 아는 자가 없느니라(마 11:27).

따라서 하나님의 아는 지식을 갖기 원하는 사람은 누구든지 그 영원하신 지혜가 되시는 그리스도의 인도를 항상 받아야만 가능하다. 비밀을 알고 계신 그분에 의해서 가르침을 받지 않는다면 아무도 하나님의 비밀을 이해하거나 설명할 수 없다.

> 하나님은 결코 그의 아들이 아닌 다른 방법으로 자신을 사람들에게 계시하지 않으신다는 말이다. 그분은 곧 유일한 지혜요, 빛이요, 진리이다.[11]

족장들이나, 선지자들이나 그 누구든지 지혜의 원천이신 그리스도만이 하나님을 아는 지식의 기초였다. 하나님의 지혜는 여러 가지 다양한 방법을 계시의 전달 수단을 삼았다. 문자가 없었던 시대에는 구

11　*Institutes*, IV.viii.5.

전에 의해서 계시된 것들이 전달되도록 하셨다. 그 후에는 기록된 형태로 전달되었는데, 이제는 좀 더 영구적으로 주어지게 되었다. 이것은 하나님의 뜻에 의해서였다. 율법이 문자의 형태로 보전되고 전수되었고, 하나님이 가르치신 것 외에 더하거나 빠트리지 말도록 엄격한 규제를 받았다.

선지자들은 율법의 개발자들이 아니라 해설자들이었다. 하나님은 구두로 선포된 예언들 역시 기록하도록 명령하셨고, 이에 따라서 영구적인 형태로 남게 되었다. 성경의 첫 기록에서부터 그리스도의 오심까지 모든 율법서, 예언서, 역사서, 시가서 모두가 구약시대의 사람들에게 주신 하나님의 말씀 전체를 이루고 있다.[12]

예수님은 인류역사 선상에 최종적으로 나타난 분으로서 최고의 계시자이다. 하나님의 지혜를 구체적으로 알려주고자 낮고 천한 인간의 몸을 입고 나타났다(요 1:14). 하나님의 비밀에 대해서 인간들이 이해할 수 있도록 모든 것을 드러내어 선포하였다. 구원의 모든 비밀을 가르쳐 주셔서 마치 의로운 태양이 떠오른 것과 같았다. 어두움이 물러가고 완전한 광명을 갖게 되었으며 하나님의 진리가 충만하게 드러났다.

2. 성령의 내적 증거

칼빈은 성령의 역사하심에 따라서 성도들이 성경을 인정하게 된다

---

12 *Institutes*, IV.viii.6.

고 주장했다. 성경을 하나님의 말씀으로 인정하게 만들어주는 것은 로마 가톨릭이 주장하듯이 교회가 아니다. 그리고 세상학문도 아니다. 고고학이나 역사학이나 문화인류학이나 고대문헌학이나 민속학이나, 문학 등의 검증으로 통해서 입증되는 것이 아니다. "성령의 증거가 다른 모든 증거보다도 더 강력하다." 과연 어떤 증거에 의해서 성경이 하나님의 말씀으로 확정되는가? 칼빈은 "성령에 의해서 그 권위가 확신된다"라고 주장한다.[13] 성경 저자가 예수 그리스도라는 인식을 가지게 되면, 성경의 권위에 대해서도 인정을 하게 되는데, 이 생각은 오직 하나님 자신에 의해서 주어진다.

성도들로 하여금 성경의 권위를 믿게 하는 일은 '성령의 내적 증거'에만 의존한다.[14] 그런데 이 내적 증거라는 것을 오해해서는 곤란하다. 칼빈은 우리 성도들이 하늘로부터 직접 성령의 내적 증거를 날마다 신비한 방법으로 어떤 음성을 듣는 것은 아니라고 했다. 성령께서는 믿는 자들의 영혼 속에서 내적으로 신비롭고 초자연적인 방법으로 역사하신다. 그래서 문자로 기록하여 갖게 된 하나님의 진리의 말씀을 영원토록 기억하도록 하는 방법을 채택하신다.

성경이 하늘로부터 왔다는 것에 대해서 성도들이 확신을 갖게 되는 것은 성령의 역사하심에 따른 것이다. 그밖에 어떤 다른 외부로부터 오는 자료들을 무시하는 것은 아니지만, 그것들의 특별한 권위에 의존할 필요가 없다. 성경은 마치 '하나님의 살아있는 음성'(*vivae ipsae Dei voces*)이 우리들 마음 속에 직접 들려지는 것이다. 하나님이 성경

---

[13] *Institutes*, I.vii.4.
[14] A. T. B. McGowan, "John Calvin's Doctrine of Scripture," in *Tributes to John Calvin*, 370-375.

의 저자라는 사실을 입증하실 분은 오직 하나님 한 분이다. 그래서 성령을 통해서 입증하는 방법 외에는 다른 방법은 없다. 그런데 성령의 증거는 우리의 믿음에서 역사하는 것과 같다.

> 나는 성경의 증거는 모든 이성적 추론을 초월한다고 답변하고 싶다. 하나님 자신만이 그 자신의 말씀 속에서 스스로에 대해서 충분한 증인이라고 하듯이, 성령의 내적인 증거에 의해서 인침을 받기 이전까지는 그 말씀이 사람들의 마음속에서 어떤 믿음도 발견할 수 없을 것이다. 따라서 선지자들의 입을 통하여 말씀하신 동일한 성령님께서 우리의 마음을 감동하사 하나님이 말씀하셨던 것들이 신실하게 선포되도록 확신시키는 일이 필요하다.[15]

성령께서 성경만이 우리의 교사요 안내자로 주어진 하나님의 말씀이라는 확신을 믿는 성도들에게 주신다. 성경의 권위는 성경 밖에 있는 어떤 근거들에 의해서 증명될 수 없다. 성경 그 자체가 스스로의 권위를 선포하고 주장하고 있는 것이다. 성경 스스로 자신의 신빙성과 참된 진리임을 입증하고 있기에 '내적증거'(아우토피스톤, αυτοπιστον)라고 한다.

하나님의 영이 우리의 마음에 인치시고, 감화력을 발휘했을 때에만 비로소 진정으로 신실한 마음이 우리에게 생겨나게 되는 것이다. 성령의 권능으로 조명을 받아 우리의 마음이 밝아지게 되어서 성경

---

15 *Institutes*, I.vii.4.

이 하나님으로부터 온 것이며 하나님의 입으로부터 흘러나온 것이라는 믿음을 갖게 된다. 칼빈은 이런 자신의 경험으로부터 이 진리를 모든 사람이 알고 있다고 보았다.

하나님은 성경을 떠나서는 사람들과 그 어떤 교제도 하지 않으신다. 칼빈은 16세기의 은사주의자들이자, 직통 계시파였던 재세례파의 논지를 반박하였다. 성경을 무시해버리는 광신자들의 무리들은 모든 경건의 원리들을 왜곡하고 계시로부터 벗어나 있다.[16] 그들은 영적으로 다가올 시대를 준비하는 사람들이라고 자부하면서, 성경과는 대립되는 성령을 가진 것이 합당하다고 자부하던 자들이었다.

그러나 그들이 말하는 성령이란 과연 그리스도의 성령이라고 말할 수 없다. 그들이 가졌다고 자랑하던 성령은 사도들과 초대 교회의 성도들을 조명해 주시던 성령과 동일한 성령이 아니었다. 만일 같은 성령을 가졌다면, 동일한 성령의 조명을 받은 이들이 기록한 말씀을 어떻게 무시할 수 있다는 말인가! 성령의 조명을 받아서 은혜를 받아야 할 것이지 어떻게 성령의 사람들이 기록한 신약 성경을 무시하거나 멸시할 수 있다는 말인가! 만일 성령이 성경의 저자라면, 그 성경은 성령보다 열등하게 취급해서는 안 될 것이다. 또한 성경의 가르침이 성령의 생각과 다르다거나 부족한 것으로 생각해서는 안 된다.

성령은 항상 성경과 함께 역사하며, 또한 성경도 성령과 함께 역사한다. 만일 이런 성령의 역사라는 생명력이 빠져 버린다면, 성경은 죽은 책이 되고 말 것이다. 그리스도와 그의 은혜로 인하여서 우리는 성경을 통해 역사하는 성령의 감동과 감화를 받는다. 성경을 단지 인

---

16 *Institutes*, I.vii.9.

쇄된 글자로만 들여다보면서, 그저 눈으로 바라보듯이 지나칠 때에는 아무런 역사가 일어나지 않는다. 성경의 메시지는 성령에 의해서 우리의 마음속에 아로새겨지며, 그리스도를 알게 하고, 그 생명의 말씀이 우리 영혼을 거듭나게 한다.

3. 신학과 목회의 원천

칼빈은 신학사상을 이론적으로 정립하고, 그것을 목회적으로 활용한 사람이었다. 그는 단순히 학생들을 가르치고 논문이나 저술에 전념하면서 상아탑에 안주하는 신학자로 살아갈 수 없었다. 그의 시대는 개신교회가 견고히 서느냐 아니면 힘없이 무너지느냐의 기로에 서 있었던 격동기였다.

그는 복음의 교훈을 정연하게 정리해야만 할 뿐만 아니라, 앞장선 사람으로서 구체적으로 개신교회를 세워야 할 시대적 요청을 받고 있었다. 그래서 칼빈은 여러 차례 신학논쟁에 참가하여 당시 교회가 이해해야 할 바른 진리에 대해서 치열한 토론에 나섰다.

프랑크푸르트, 하게나우, 보름스, 레겐스부르그 등에서 개최된 신학논쟁에 참가하였다.[17] 그리고 수많은 난민들이 몰려들어오는 제네바 교회에서 각기 다른 교리를 갖고서 이민해 오는 사람들을 바로잡아야 했다. 로마 가톨릭, 재세례파, 루터파, 쯔빙글리파, 이탈리아의 반삼위일체론자 등 서로 다른 신학적 주장들에 대해서 분명하게 파

17　김재성, 『나의 심장을 드리나이다』 제9장.

악하여 잘못을 지적해 주었다. 그의 신학은 곧바로 목회현장에서 활용되었다. 그가 성경에서 찾아낸 원리들은 글로써 표명되기도 하였지만, 곧바로 교회의 설교에 반영되었다. 신학은 그에게 설교의 동기를 부여하여 주었다. 바른 진리를 깨닫고 그저 개인적으로 한가로이 지낼 수 없었고, 곧바로 강단에 올라가서 선포하려는 강렬한 의지를 가지고 있었다.

그래서 칼빈의 마음에는 신학적인 열심과 목회적인 열정이 모두 들어있었다. 마찬가지로 우리 모든 성도들과 사역자들도 이런 마음이 있어야 한다. 이들 두 가지 마음, 학문과 적용은 서로 긴밀히 연결되어서 도저히 분리시킬 수 없다. 신학연구와 강단에서의 설교는 따로 떨어져 있어서는 안 된다. 신학은 교회를 위한 학문이요, 바른 교회는 바른 신학에 입각하여 설 수 있기 때문이다.

1) 성경은 하나님의 영감으로 된 책이다

무엇보다도 칼빈의 신학에의 열심과 설교에의 열정은 모두 다 성경에 대한 인식에 근거하고 있음을 주목해야만 한다. 칼빈의 신학과 목회적인 모든 사상은 그의 성경관에서 나오고 있는 바, 디모데후서 3:16-17에 대한 해설에서 분명히 드러났다.

바울은 "모든 성경은 하나님의 감동으로 된 것으로 교훈과 책망과 바르게 함과 의로 교육하기에 유익하니 이는 하나님의 사람으로 온전하게 하며 모든 선한 일을 행할 갖추게 하려 함이라"라고 가르쳤다. 칼빈은 다음과 같이 설교하였다.

> 하나님의 말씀은 우리의 영적인 검으로 불리고 있으니 우리는 이것으로 무장되어야만 한다. 왜냐하면, 이 세상에서 사탄은 한시도 우리를 대적하여 싸우기를 쉬지 않고 있으며, 그의 거짓된 것으로 우리를 유혹하고, 미혹시키려 하고 있기 때문이다. 이제, 사도 바울은 우리가 이를 좀 더 잘 대적하기 위해서 우리를 권고하고 있으니, 첫째로, 하나님의 말씀은 모든 사람이 아무런 갈등 없이 평화롭게 이를 듣고 자신을 그 아래 복종시켜야 할 그런 높은 명예를 간직하고 있다고 말한다. 둘째로, 그는 우리가 성경으로부터 얻는 유익을 첨가하였다. 이는 우리로 하여금 모든 존경과 순종하는 마음으로 받아들이도록 이끌어 갈 것이다.[18]

칼빈은 주석에서도 역시 성경의 권위와 유익성에 대해서 주목하였다.[19] 칼빈은 구약성경은 지금도 여전히 권위를 가지고 있으며, 유익하다는 점을 설교에서도 누누이 지적한다.

> 율법과 선지서는 반드시 우리를 지배하는 말씀이 되어야 하고, 우리는 율법이나 선지서의 가르침을 우리의 기준으로 삼아야 하며, 변개 시키거나 파멸시킬 수 없는 영원하고 불멸하는 진리임을 알아야 한다. 하나님은 한 특정한 시대에만 봉사

---

[18] 칼빈 전집 54:283. 디모데후서에 대한 24번째의 설교. 1555년 7월 21일 오후에 설교한 것임.

[19] 칼빈 디모데후서 3:16 주석, *Calvin's New Testament Commentary*, ed. D. W. Torrance, and T. F. Torrance(Grand Rapids: Eerdmans, 1964), 10:329.

> 할 일시적인 가르침을 주신 것이 아니다. 그분은 그것의 힘이 오늘에도 유지되기를 원하시고, 율법이나 선지자들의 권위가 폐하여지기보다는 오히려 세상이 무너지고, 하늘이나 땅이 멸망 가운데 떨어지기가 쉽다.[20]

성경은 하나님의 영감을 받아서 기록된 책이다. 이것은 성경의 권위에 대한 선언이다. 따라서 성경을 받아들이기를 거부하는 자들은 피조물로서 창조주와의 전쟁을 하려는 사람이라고 보아야 한다. 바울은 "이는 사람들로부터 만들어진 것이 아니요, 거기에는 세상적인 것이 없다"고 말하기 때문이다. 따라서 대단한 권위를 갖고 있는 것이다.

2) 성경은 유익한 책이다

성경을 가르치는 일은 하나님이 기뻐하시는 일이요, 이것은 우리에게 선한 것이며 구원이 주어진다. 그러나 성경이 우리 하나님이 지으신 책이라는 점을 확신하지 않으면 아무런 유익을 줄 수 없다. 만일 우리가 모세나 선지자들을 상대화시켜, 그들이 쓴 책들을 단지 역사책으로나 유한한 인간으로부터 나온 것으로 취급해버린다면, 우리는 틀림없이 우리를 감화하시는 하나님의 성령의 생명력을 느낄 수 없게 될 것이다. 이것은 하나님이 말씀하시는 것이요, 우리를 향하신 그의 뜻을 선포하신 것이라고 알게 될 때까지는, 성경은 죽은 책이

---

20 칼빈 전집 54:284.

요, 힘없는 책이 되고 말 것이다.

> 성경은 단지 하나님의 위대하심이 어떤 것인가를 보여주는 책일 뿐만 아니라, 우리를 구원에 이르도록 권고하기 위함임을 알 때에, 이로 인해서 유익을 얻으려는 열성과 소원으로 감동을 입게 되며, 우리에게 사랑스럽고 달콤한 책이 될 것이다.[21]

자신이 잘되며, 구원을 바라는 사람이라면, 성경 외에 다른 데서 발견할 수 없는 것이다. 칼빈은 성경을 '하나님의 학교'(Schola dei)라고 불렀다. 불타는 소망을 가지고 와서 행복과 구원을 추구하는 것을 배우기 때문이다.[22]

성경은 유익하다. 교훈에 있어서 유익하고, 책망하기에 유익하고, 바르게 하기에 유익하며, 의로 교육하기에 유익하다. 단순히 가르치는 것만으로는 충분하지 않다. 왜냐하면 우리는 하나님의 진리로부터 무관심하고, 냉정하기 때문이다. 우리는 자극을 받아야만 할 필요가 있다. 설교자는 열정을 사용해야만 하며 이를 인하여 우리는 이것이 일종의 장난이 아님을 알게 되는 것이다.

---

21 칼빈 전집 54:287.
22 칼빈 전집 54:287.

3) 성경은 바른 교훈을 준다

사도 바울은 성경에서 교훈(teaching)을 얻는다고 말한다. 왜 교훈에 대해서 먼저 말하고 있는 것인가? 우리가 그것을 따르도록 훈계를 받기 이전에, 먼저 무엇이 진리인가를 알아야만 하기 때문에 성경은 바른 교훈을 준다는 것을 지적한 것이다. 여기서 바울은 성경의 교훈, 성경의 메세지에 대해서 말하고 있다.

> 그 거룩한 교훈이란 사도 바울이 말한 것 바로 그 자체이다. 오직 이 아침에 우리는 그 목적이 예수 그리스도를 아는 것임을 알았다. 따라서 우리가 주님께 온전한 신뢰를 갖게 될 때, 우리는 하나님의 기준에 따라서 현명한 사람이 되는 것이다. 그리고 앞서 우리가 기도와 간구의 부분에서 살펴보았던 것은 하나님께만 우리의 소망을 두고, 그가 우리를 부르신 영생을 바라보며, 우리의 모든 감성으로부터 나오는 것들을 죽이고, 그분의 의로우심으로 우리 자신을 개혁하는 것이다. 이것이 성경이 주는 교훈의 압축이다. 우리가 아는 것은 하나님은 우리로 하여금 모든 신뢰를 그분께만 두기를 바라고 계시며, 우리가 그분 안에 피난처로 삼으며, 우리들이 알아야 할 방법과 수단은 그가 선포하신 대로 그분만이 우리의 아버지요 구세주라는 사실이다. 즉 우리를 위해 주시되 죽기까지 내버리신 그의 아들, 우리 주 예수 그리스도 안에서이다.[23]

---

[23] 칼빈 전집 54:288-289.

4) 성경은 죄에 대해서 책망한다

성경은 책망(reproof)을 하여 성도들로 하여금 깨우치게 만든다. 칼빈은 책망을 잘 사용하지 않는 프랑스어 단어, 꾸지람(redargution) 혹은 힐책(reprehension)이라는 말로 풀이하였다. 고린도전서 14:24에 나오는 동사, '책망을 들으며'가 있는데, 그것의 명사형이 사용된 것이다.

어떤 불신자가 교회에 들어와서 하나님의 말씀을 듣는다고 가정할 때, 그는 책망을 당할 것이고 판단을 받을 것이다. 다른 말로 하면, 불신자가 아직 어두움과 무지한 상태에 있을 때에는 하나님을 아는 지식이 없으므로, 그는 완전히 무감각하고 무관심하다. 그러나 하나님이 그를 조명하심으로 그는 자신의 인생의 비참함을 알게 되고, 자신이 악한 사람이었으며 불쌍한 자임을 인식하기에 이른다. 책망은 불신자가 설득을 받는 방법이다. 하나님의 말씀 앞에 나오면 책망을 받고 마음의 비밀들이 드러나게 된다(고전 14:24-25).

책망을 통해서 우리 기독교 신자들도 지난날의 비참함과 부패함을 알게 된다. 책망은 우리의 부족함을 분명하게 지적하여 주며, 자신의 부끄러움을 알게 해 준다. 그래서 천국의 생활에 대해서 소망을 두게 될 것이고, 다시는 죄악으로 돌아서지 않게 될 것이다.

5) 성경은 바르게 교정시켜 준다

책망과 함께 모든 일은 '바르게 함'(correction)이 뒤따라야 한다. 하나님의 말씀에 의한 채찍, 이로 인하여 우리는 사악한 데로부터 건져지게 될 것이다. 우리가 너무나 깊은 악에 빠져 있다면, 그것을 송두리째 뽑아버리도록 해결책을 제시한다. 악의 수렁에서 벗어날 수 있도록, 성경은 강력한 힘과 격렬한 열정을 불어넣어 준다.

> 아버지가 자식들이 나쁜 길에 빠져있음을 알게 될 때에, 내 아들아 그리하지 말라고 그냥 말하는 정도로 만족하지는 않을 것 아닌가?…이 불쌍한 자식아! 내가 너를 그렇게 키웠느냐? 내가 지금까지 너를 위해 그렇게 하라고 했느냐? 너는 꼭 이런 식으로만 나에게 보답해야 하느냐?…꺼져버려라, 나쁜 자식아! 너는 교수형 집행인의 손에 있어야만 마땅해…내가 인간쓰레기를 내 집에서 먹이고 있었구나![24]

세상의 어떤 아버지가 못된 행동을 하는 자기 자식들에게 화를 내는 것보다도, 하나님은 더욱 더 안타깝게 진노하신다. 더구나 하나님께 대해서 아주 악독한 행동을 하고 있는 인간들에 대해서 과연 하나님은 진노하지 않으시겠는가? 물론 하나님은 진노 중에라도 긍휼을 베푸신다. 하나님은 분통을 터트리되 부드러움을 잃어버리지는 않으실 것이고, 우리를 굴복시키도록 열정을 사용하시어, 결국 하나님께 굴복하게 만드실 것이다. 하나님의 말씀은 사람들에게 권능과 활력을 불어 넣어서 바르게 한다.

현대인들은 단 하나의 책망도 듣기 싫어한다. 매우 예민한 사람들은 신경질적인 반응을 할 것이다. 더구나 요즘 사람들은 좀 부드럽고

---

[24] 칼빈 전집 54:290.

도 편한 방식으로 교훈 받기를 원한다. 하지만, 그렇게 책망을 멀리하고 바르게 하지 않은 채 지내기만 한다면 그 인생의 결과는 멸망이다. 믿는 사람들은 스스로 겸손하게 자기를 낮추어서 기꺼이 모든 비판을 받아들일 자세가 되어있어야 한다. 이를 가르쳐주는 하나님의 학교, 성경에서 유익을 얻게 될 것이다.

6) 성경은 의로 교육한다

성경은 하나님의 사람으로 모든 선한 일을 할 수 있도록 준비시켜 준다. 특히 칼빈은 당대 모든 교황주의자들의 교리적 선언들이 얼마나 신앙교육을 망치고 있는가에 대해서 통렬히 비판하였다. 교회가 이것이나 저것을 하라고 명령한다. 바른 인생을 건설하려면 인간들의 이념을 택해서는 안 된다. 오직 하나님의 뜻을 따라야만 한다. 이것은 오직 성경에서만 발견된다.

'착한 일'이 의미하는 바는 하나님이 보실 때에 착한 일이라는 뜻이다. 우리가 생각하기에 착한 것을 말하는 게 아니다. 그런데 안타깝게도 교황주의자들은 '착한 일들'이라고 부른 것이 따로 있었다. 칼빈은 당시에 착한 일로 거론되던 것들을 열거한다. 이는 성자들의 날과 금요일에 금식하는 것, 사순절을 지키는 것, 남녀 성자들을 숭배하는 것, 교회당을 참배하는 것, 미사에 참석하는 것, 성지순례를 가는 것이라고 가르쳤다. 이것들은 하나님이 명령하신 것이 아니다. 성경 안에서는 전혀 찾아 볼 수 없는 일들이다. 이런 것들은 사람의 눈에 선한 것처럼 보이지만, 하나님 앞에서는 모두 다 소용이 없는 일이다.

로마 가톨릭에서는 성자들의 날을 지키고 있는데, 과연 성경에 나오는 율법과 선지자들이라 하더라도 완전한 생활을 했다고 말할 수 있겠는가? 인간 성자들이 완전함을 소유했다면, 복음이 무엇 때문에 필요하단 말인가? 선한 것이 무엇이며, 인간의 부패함이 어떠한 가를 가르쳐주는 성경의 교훈은 일관성이 있다.

> 신약 성경의 모든 내용을 읽어보고, 조사해 보자. 우리는 단 한 줄이라도 율법이나 선지자들에게 추가된 것을 찾아볼 수 없다. 이는 이미 지난날에 가르쳐진 것의 선포일 뿐이다. 하나님은 우리 주 예수 그리스도가 오시기 이전에 살았던 조상들보다 우리에게 훨씬 자비로우셔서 모든 일들이 훨씬 더 우리에게 분명하게 되었음을 부인할 수 없다. 그러나 첨가된 것은 없다.[25]

구약과 신약 성경을 통틀어서 전체적으로 선한 것을 가르침에 있어서 일치한다. 우리시대는 구약시대의 성도들보다 다른 방법이 있다고, 즉 율법과 선지자들에 첨가하여 복음까지 가지게 되었으므로 의롭게 살아갈 필요가 없다는 식으로, 핑계 댈 수가 없다. 좋으신 하나님이 우리에게 매우 분명하게 알게 해주셨다는 것과, 자신의 뜻을 계시해 주셨음을 우리가 알면 알수록, 우리들은 더 이상 다른 핑계를 댈 수 없이 하나님께 전적으로 순종해야만 하며, 매우 열심히 준행해야만 한다.

25　칼빈 전집 54:294.

제네바 아카데미를 방문한 칼빈과 시의원들

6장
칼빈의 삼위일체론

성령에 대한 종합적인 바른 이해를 갖고자 한다면, 먼저 전체적으로 하나님에 대해서 지금까지 거론되어온 지식, 즉 하나님의 존재와 사역에 관한 교리를 잘 살펴보아야 한다. 성령론에 관련된 것들만 제한적으로 주장하는 것은 하나님에 대한 전체 지식과 분리시키는 것이다. 삼위일체 되신 한 분 하나님을 왜곡하지 않도록 한 분 하나님의 개념을 살펴보고자 한다.

예수님은 너무나 분명하게 "아버지와 아들과 성령의 이름으로 세례를 베풀고…모든 것을 가르쳐 지키게 하라"고 말씀하였다(마 28:19). 기독교 신학사에서 수많은 논쟁이 얽혀있는 삼위일체론의 정립에 가장 큰 기여를 한 신학자는 존 칼빈이다. 그의 삼위일체론은 중세 말기와 종교개혁 초기에 하나님에 대한 여러 이단들이 분출하는 가운데서 가장 성경적인 하나님을 이해할 수 있는 길을 열어놓았다. 그리고 삼위일체라는 매우 어려운 주제에 대해서 매우 딱딱하고 차가운 학문이라는 고정관념을 바꾸어 놓았다. 삼위일체에 접근하는 그의 신학적인 설명들은 구원론적이요, 목회적이며, 실제적으로 경건한 신앙생활에 도움을 주려는 특징을 갖고 있다. 물론, 철저히 성경에서 사용된 단어와 개념에만 집중하는 특징을 가지고 있어서 가장 올바른 복음을 찾으려는 현대인들에게도 큰 길잡이가 되고 있다. 오늘날까지도 칼빈의 개혁신학은 하나님에 대해서 이해하고자 노력하는 성도들에게 가장 균형 잡힌 안목을 열어주는 나침반과 같은 역할을 수행하고 있다.

필자는 단순히 칼빈의 삼위일체론에 담긴 내용분석에만 그치지 않고, 신학사상사와 교리발전사를 토대로 이 교리의 형성과정을 중점적으로 조명해 보고자한다. 과연 기독교 신학사에서 가장 첨예하게 논의되어 온 여러 주장을 뛰어넘어서 칼빈이 무엇인가 새로운 독창성을 발휘한 것이냐의 공헌 여부를 다루고자 한다.

지금부터 약 일백여 년 전에, 칼빈 탄생 4백주년을 기념하여 주옥같은 칼빈연구 논문을 펴낸 워필드 박사는 칼빈의 삼위일체론이야말로 기독교 교리사의 기념비적인 장을 열어놓았으며 새로운 발전이라고 극찬한 바 있다.[1] 그런가하면, 그 후로 약 오십여 년 후에, 유럽의 대표적인 칼빈학자 프랑소와 방델은 칼빈의 이론은 당대 여러 종교개혁자들의 삼위일체론에 관한 이론들을 모아놓은 것에 불과하다는 다소 평이한 비평을 내놓았다.

칼빈에게는 새로운 것이 없고, 그저 루터와 부써의 삼위일체론을

---

[1] Benjamin B. Warfield, "Calvin's Doctrine of Trinity," *Calvin and Augustine* (Philadelphia: Presbyterian and Reformed, 1974), 198: "…not only a Biblical proof of the doctrine of the Trinity argued with exceptional originality and force, but also of a strongly worded assertion and defense of the correctness and indispensableness of the current ecclesiastical formulation of it."

종합하여 정리하였을 뿐이라고 평가하였다.[2]

이제 또 다시 오십여 년이 지난 후에 그간 칼빈학자들이 내놓은 연구업적을 살펴보고자 한다. 특히 필자는 칼빈의 삼위일체론은 당대 첨예한 신학논쟁을 통해서 빛을 발휘하였음을 제시하고자 한다. 칼빈의 공헌도를 이해하려면 당시 여러 차례의 논쟁을 통해서 어떻게 칼빈이 삼위일체 되신 하나님을 옹호하고 증언 했던가에 주목해야만 한다.

1. 삼위일체론에 근거한 『기독교 강요』

칼빈의 명저로 손꼽히는 『기독교 강요』는 총 4권으로 구성되었는데, 전체가 삼위일체론적인 구조이다. 칼빈은 철저히 사도신경에 나오는 구조를 따라서, 삼위일체론적 관점을 가지고 저술하였다.[3] 1권은 하나님을 아는 지식과 신론, 2권은 예수 그리스도와 인간의 죄, 3권은 성령의 구원사역, 4권은 교회에 대한 것이다.

하나님은 과연 어떤 분이신가에 대해서 바르게 알고 믿는 것은 칼빈에게 있어서 매우 중요한 문제였다. 그는 기독교 개혁신학의 초석

---

2 François Wendel, *Calvin: Origin and Development of His Religious Thoughts*, tr. Phillip Mairet(1950; N.Y.: Harper and Row, Inc., 1963): 169: "Although devoid of originality, this trinitarian doctrine constitutes an essential part of the theology of Calvin."

3 T. H. L. Parker, *The Doctrine of the Knowledge of God: A Study in the Theology of John Calvin*(London: 1952; rev. ed. Edinburgh: Oliver & Boyd, 1969), 6. Richard Muller, *Unaccommodated Calvin*(New York: Oxford, 2000), 134. John M. Frame, *The Doctrine of God*(Phillipsburg: P&R, 2002), 35.

을 놓은 많은 신학적 저술을 통해서 교회가 고백해야 할 하나님에 관한 지식에 관하여 매우 주목할 만한 교리들을 남겼다. 중세시대에 변질된 하나님을 아는 지식을 다시 회복하기 위해서 종교개혁자들은 예배와 섬김을 받으시는 하나님은 어떤 분인가에 대해서 심혈을 기울여 연구하였다.

성경을 통해서 발견한 하나님에 관한 지식은 칼빈으로 하여금 삼위일체 되신 하나님을 고백하게 만들었다. 칼빈이 다섯 번의 개정을 거듭한 후 펴낸 1559년 최종판 『기독교 강요』의 전체 4권에 대해서 구조를 분석해 보면 저자의 의도를 가늠해 볼 수 있다.

『기독교 강요』 제1권에서, 저자는 처음 열두 장에서 성경이 가르치는 하나님을 아는 지식과 거짓된 신에 대한 지식을 대조한다. 그리고 제13장을 삼위일체에 할애하고, 그에 기초하여 14장부터 18장까지 창조와 섭리를 다룬다. 따라서 『기독교 강요』 제1권 초반부는 기독교 인식론과 신론의 기초 작업을 한 후에 삼위일체론을 제시한 것이고, 삼위일체론을 다룬 후에는 하나님이 하시는 두 가지 중요한 사역을 다루고 있다.

『기독교 강요』 제1권 13장을 다시 상세히 들여다보면, 먼저 삼위일체론을 다루는 칼빈의 주요 관심이 초대 교부들의 용어에 대한 비평적 논의에 있음이 드러난다(2-6항). 그리고 그리스도의 신성(7-13항)과 성령의 신성(14-15항)을 다루고, 하나님 안에서 하나 됨과 구별됨(16-20항)을 설명한다. 마지막 부분(21-29항)은 반 삼위일체론자들에 대한 반박으로 매우 논쟁적이다. 즉 하나님의 세 위격의 동등성과

구별성을 핵심으로 한다.[4]

하지만, 『기독교 강요』 제1권에 나오는 불과 40여 쪽에 담긴 삼위일체론으로 충분한 분석을 다 했다고 생각해서는 오산이다. 『기독교 강요』 제1권 13장을 요약하는 것만으로는 결코 충분하지 못하다는 점을 명심해야 한다.[5] 칼빈의 삼위일체론은 그의 목회와 삶의 현장에서 일생 동안 수없는 논쟁을 해야만 했던 난해하고도 뜨거운 핵심 주제였다. 칼빈의 삼위일체론을 다룸에 있어서, 그저 표면에 나타난 교리해설에 그쳐서는 안 되고, 그 내면에 흐르고 있던 첨예한 대적자들과의 생생한 논쟁들이 들어있음에 주목해야 한다. 칼빈은 누군가에 대해서 분명하게 반박하고자 노력하고 있었다.

더욱 확실한 것은 『기독교 강요』의 첫 문장에서부터 삼위일체 교리가 전제되고 있음을 주목해야 한다. 하나님을 아는 지식론에서 다루어진 부분을 살펴보자.

2. 하나님의 아는 지식의 두 가지 기초

하나님을 아는 지식을 소유하는 사람이 가져야 할 두 가지 중요한 전제가 칼빈의 저술들 속에 일관되게 강조되어 있다. 칼빈의 삼위일체론은 가까이는 중세 스콜라주의와 본질적으로 다르다.

첫째로, 1536년에 발표한 『기독교 강요』의 첫 관문이자, 항상 자주

---

4 Douglas F. Kelly, "The True and Triune God: Calvin's Doctrine of the Holy Trinity," in *A Theological Guide*, 65-89.

5 *Institutes*, I.xiii.1-29.

인용되는 그의 유명한 문장, "우리가 갖고 있는 참된 지혜의 총체는 두 부분으로 구성되어 있으니, 하나님을 아는 지식과 우리 자신을 아는 지식으로 구성되어 있다"라는 선언 속에 담겨있는 바, 경건과 신앙(*pietas et religio*)이 철저하게 근저에 있는 것이다.[6]

칼빈이 추구한 하나님을 아는 지식은 사변적이요, 회의적인 지식을 추구하였던 것이 아니다. 하나님의 존재에 대한 단순한 이성적 확신을 가지려 했던 것도 아니었고, 하나님의 속성들이나 본성에 대해서 합리적인 체계를 구축하려고 했던 것도 아니다. 가슴에서 우러나오는 뜨겁고 감격에 찬 존경심과 하나님을 사랑하는 마음이 결합하여 바르게 예배하기를 소원하였다.

하나님께 예배하는데 합당한 마음을 가지는 것이 하나님을 아는 지식을 소유한 사람의 태도라는 것이다. 교부들이 사용했던 '경외심' 혹은 '신앙'을 의미하는 헬라어 '유세베이아'(εύσέβεία)가 신약성경에 사용되었음에 주목하였다. 하나님을 모르던 무지 속에 살던 자들이 미신숭배에서 벗어나 진정으로 하나님을 경외하는 심령을 갖기를 원했던 것이다. "이것은 거대한 신비이다. 철저한 경외심과 냉정함을 잃지 말아야 한다."[7]

둘째로, 하나님을 아는 지식에서 칼빈이 기본적으로 강조하면서 지속적으로 서술한 것은 하나님의 존재는 물체가 아닌 영적인 본질이므로 사람의 제한된 지식으로는 '이해 불가능한 성격'(intrinsically

---

6 *Institutes*, I.ii.1: "that reverence joined with the love of God which knowledge of his benefits brings about." I.xii.1. "the knowledge of God does not rest in cold speculation, but carries with it the honoring him."

7 *Institutes*, I.xiii.17.

incomprehensibility of God)을 지니고 있다는 점이다.[8] 인간은 하나님에 대한 지식을 완전하게 가질 수 없으며, 하나님이 자신을 아시는 것처럼 알 수는 없다.

칼빈은 1539년 개정판에서 보다 포괄적으로 '우리가 갖고 있는'이라는 용어를 첨가하여 하나님을 아는 지식의 제한성과 한계를 보다 철저하게 전달하고자 했다. 우리가 갖고 있는 가장 참된 지혜를 갖는 길은 하나님을 경외하고 섬기는 것이다(잠 1:7). 지혜란 하나님을 알고 자신을 아는 것이다. 이 설명은 『기독교 강요』의 총 주제와 같은 것이다. 그런데, 하나님을 아는 지식은 곧 바로 하나님의 존재의 특징을 이해하는 것으로 직결된다. 하나님의 존재는 사람의 존재와는 전혀 다른 창조주로서 신의 속성을 갖고 있으므로, 사람의 상상이나 개념이나 탐구범주를 넘어선다.

따라서 칼빈은 중세시대 라틴계 신학자들이 하나님의 본성을 풀이하고자 자주 사용했던 질문인 '하나님은 누구인가?'(*quid sit Deus*)라는 추상적이고 개념적인 의문에 답하는 방식을 더 이상 사용하지 않았다. 하나님의 본질과 위엄에 관한 부당한 호기심은 적절한 것이 아니다. 질문을 합당하게 하려면, '하나님은 어떠한 분이신가?'(*qualis sit Deus*?)라고 해야 한다.

다시 말하면, 앞에서 규정한 두 가지 기본 전제에 근거하여 볼 때에, 칼빈은 우리가 하나님을 아는 지식을 갖는다는 것은 하나님이 우

---

8 *Institutes*, I.v.ix; "Consequently, we know the most perfect way of seeking God, and the most suitable order, is not for us to attempt with bold curiosity to penetrate to the investigation of his essence, which we ought more to adore than meticulously to search out, but for us to contemplate him in his works whereby he renders himself near and familiar to us, and in some manner communicates himself." I.xiii.1, 21.

리를 향하여 활동하신 것이 무엇인가에 대해서만 알 수 있다고 말하는 것이다. 무엇보다도 우리의 중보자가 되어주시고 화목제물이 되신 예수 그리스도를 통해서 우리에게 계시하신 것만을 안다는 것이다. 예수 그리스도는 '창세 전에 아버지와 함께 가졌던 영화'(요 17:5)로서, 성육신하심으로써 계시된 신성만이 우리가 정확하게 알 수 있는 부분이다.[9]

칼빈의 하나님에 대한 지식에서 자주 등장하는 인간의 제한성과 신성에 대한 불가이해성은 다시 한걸음 더 나아가면, 하나님은 자신만이 완전히 이해할 수 있는 분이기 때문에, 하나님이 자신을 계시해 주신 자기 계시와 자기 증거를 떠나서는 안 된다는 것이다. "어떻게 자신의 조그만 계산능력을 가지고 인간의 마음대로 무한하신 하나님의 존재를 규정할 수 있는가?"[10]

성경에 계시하신 바에 따라서 하나님에 대해서 이해할 수 있는 가장 정확한 내용은 성부, 성자, 성령으로 자신의 존재를 계시하신 것이다.[11] 믿음의 방식으로 하나님에 대해서 설명하고 보여준 것이 바로 삼위의 인격적인 구분이며, 하나님은 한 분으로 설명하는 것이다. 삼위일체가 아니고서는 다른 방식으로는 하나님을 알려주시지 않으셨기 때문에, 아버지와 아들과 성령으로 자신을 이름 지으시고, 풀이하

---

9 *Institutes*, I.ii.1. I.vi.4.
10 *Institutes*, I.xiii.21.
11 *Institutes*, I.xiii.2: "he also designated himself in a special way by which he may be known and by which he can be peculiarly distinguished; for he proclaims himself as the One in such a way that he presents himself to be contemplated distinctly in three Persons. Unless, we hold fast to these it is merely a naked and empty name of God, without the true God, that flutters in our brain."

여주신 계시를 떠나서는 어떤 경우라도 하나님을 바르게 알 수 없다. '삼위일체'(Trinity)는 그저 그렇게 하나님을 이해하는 하나의 방식이 아니다. 이것은 참된 하나님을 이해하는 유일한 방법이다. 세 인격이 하나의 참된 하나님을 이루는 것은 하나님 자신에 대한 유일한 계시이다.

삼위일체 하나님의 이해라는 확고한 개념을 위해서 칼빈이 자주 인용한 두 사람은 이레니우스와 힐러리(Hilary of Poitiers, 315-368)이었다.

> 이런 의미에서, 이레니우스는 무한하신 성부께서 그의 아들 안에서는 유한하게 되셨다고 쓴 바 있는데, 왜냐하면 그분이 우리의 아주 작은 계산능력 속에 자신을 낮춰주셔서 측량할 수 없는 영광으로 압도하실 수 있으시기 때문이다…하나님은 그리스도 안에서만 이해된다.[12]

성부에 의해서 성자를 아는 지식 가운데서 알려 주신 것을 통해서, 그리고 성령을 통해서 우리에게 내려주신 그 계시를 통해서 우리는 하나님을 알 수 있다는 말이다(마 11:27; 고전 12:3; 고전 2:9; 눅 10:22). 특히, 이 말은 "우리는 그의 말씀의 지도를 벗어나서 다른 데서 하나님을 찾으려는 생각을 갖지 말아야 한다는 것이다. 또한 말씀의 지도를 벗어나서는 그분을 생각지도 말아야 한다는 것이며, 바로 그 동일

---

[12] *Institutes*, II.vi.4.

한 말씀을 떠나서는 절대로 말하지 말아야 한다는 것이다."[13] 힐러리는 라틴어로 헬라 교부들의 신학서적을 번역한 걸출한 서방 신학자였는데 이로 인해서 서방 교회와 어거스틴의 삼위일체 신학의 형성에 큰 공헌을 남겼다.

하나님이 자신을 우리에게 알려주신 한계 안에서 믿음으로 받게 되는 지식은 '삼위일체'라는 것인데, 이것은 한 분 참되신 하나님은 실재적으로 본래적으로 삼위라는 것이며, 그 외에 다른 것으로 전혀 생각해서는 안 된다는 것이다. 하나님이 자신을 계시하신 지식을 떠나서 달리 생각해서는 안 되는 바 하나님은 오직 성부, 성자, 성령 세 인격이신 참된 한 분이시다. 이를 떠나서는 하나님의 존재의 실재와 인격을 생각할 수 없다.[14]

하나님의 계시인 성경이 정확하게 증언하는 바를 따라서 우리에게 하나님을 이해하도록 하신 것은, "하나님의 한 존재 안에 세 인격이 있으며, 성경이 말하는 대로 여러분이 증거하는 것이 공허한 말을 이기게 될 것이다."[15] 하나님은 예수 그리스도 안에서 하나님의 신성을 보여주셨고, 자신의 사랑을 나타내셨다. 이러한 점들이 칼빈의 『기독교 강요』에서 나타난 삼위일체 교리의 기본적인 원칙들이요 강조점들이다.

---

13 *Institutes*, I.xiii.21.
14 *Institutes*, I.xiii.20: "when we profess to believe in one God, under the name of God is understood a single, simple essence, in which we comprehend three persons, or hypostases."
15 *Institutes*, I.xiii.5.

3. 고전적 삼위일체론

칼빈은 니케야 신조에 관한 설명, 초대교부들의 다양한 주장들, 갑바도기아 신학자들과 어거스틴의 차이점 등 삼위일체 신학의 다양한 흐름을 아주 정확하게 이해하고 있었다.[16] 서방 교회와 헬라 정교회의 두 전통은 서로 다른 기초 위에서 서로 다른 체계를 세웠음을 충분히 인식하고 있었다.

1) 초대교부들의 삼위일체론

터툴리안과 어거스틴을 정점으로 하는 서방 라틴계 신학은 헬라어를 사용하던 터키와 그 주변 지역의 신학자들과 거리감이 크다. 라틴신학자들은 헬라교부들, 특히 갑바도기아 교부들을 정점으로 존중하는 동방신학과는 너무나 다른 기초 위에서 삼위일체론을 구성하였다. 오리겐과 갑바도기아 신학자들은 하나님의 본성을 성부의 위격을 중심으로 이해하고자 했다. 이 때문에, 신플라톤주의 철학의 토양에서 나온 동방신학의 특징은 존재론적 삼위일체론, 혹은 본체론적 삼위일체론이라고 부르는 것이다.

초대 교회부터 보이지 않는 성삼위 하나님의 신비로움을 인간이 표현할 때에, '삼위일체'라는 용어와 개념을 사용하여 왔는데, 이런 용어들이 가장 성경의 표현을 잘 드러내는 신학적인 술어인가에 대

---

16 *Institutes*, I.xiii.5: "What are the formulas employed by the councils and excused by Hilary? With what great freedom does Augustine sometimes burst forth? How unlike are the Greeks and the Latins?"

해서, 그리고 적합하게 사용된 것이냐에 대하여 의문이 제기되어 왔었다. 이점에 대해서도 칼빈은 매우 솔직하게 용어적인 혼란들의 실상을 직시하였다.

칼빈은 초대 교회 삼위일체 신학의 형성과정을 거쳐서 사용된 '위격'(hypostasis)라는 용어로 성부와 성자와 성령의 차이를 드러내려했던 고전적인 삼위일체론의 용어들을 채택하고 사용하였다. 그리고 '휘포스타시스'의 라틴어 번역이 '수브스탄티아'라는 것도 그대로 초대교회처럼 채용하였다.

칼빈은 고전적 삼위일체론에 담겨진 종속주의의 잔재를 매우 잘 이해하고 있었고, 그의 『기독교 강요』에서 이를 잘 설명하고 있다. 칼빈의 전체적인 관심사는 성부와 성자와 성령의 동등성을 극대화하는데 있었다. 그는 어떠한 종속적 암시라도 못마땅하게 여겼고, 삼위일체에 대한 바른 이해라고 생각하지 않았다.

서방신학의 경륜적 삼위일체 교리를 발전시킨 신학자는 스토아 철학과 로마 법률의 영향을 입고서 자라난 터툴리안(Tertullian, 196-212에 활약함)이었다. 그는 라틴어 '수브스탄티아'(substantia)라는 용어를 헬라어 '휘포스타시스'(hypostatis)에 해당한다고 확신하였는데, 스토아적인 의미에서 보면, '통합적 실재'(corporeal reality)라는 뜻이었다. 이 용어를 가지고 최초로 삼위일체 교리를 다루었던 터툴리안은 하나님의 단일성을 설명하고자 했으나 분명하게 삼위일체 교리를 설명할 수는 없었다.[17]

터툴리안은 하나님의 삼위성을 표현하기 위해서 또 다른 법률용어

---

17 Louis Berkhof, *The History of Christian Doctrines*(Edinburgh: Banner of Truth Turst, 1937), 83.

인 '페르소나'(*persona*)를 사용했는데, 원래 이 단어의 뜻은 오늘날의 인격이라는 뜻보다는 '가면'(mask)이라는 뜻으로 연극에서 서로 다른 얼굴을 하고서 출연할 때에 쓰였다고 한다. 후에 이 용어는 점차 뜻이 확대되어서 '개인적으로 구별된 실재'(individually distinct entity)를 의미하게 되었다. 아직 충분하게 위격과 본질을 구분하여 설명할 수 없었던 터툴리안은 성부와 성자와 성령은 각자의 특수한 역할, 즉 극중에서 역할이 서로 다른 인물과 같이, 독립적인 권능을 수행한다고 풀이하였다.[18] 칼빈은 헬라어 '프로소폰'(*prosopon*)이라는 단어를 라틴어로 '페르소나'(*persona*)라고 번역하여 사용되는 것도 받아들였다.

동방신학자들이 격돌한 논쟁에서 고전적인 삼위일체론의 대미를 장식하는 초대 교부들의 신학이 그 모습을 드러냈다. 알렉산드리아의 장로 아리우스(250-336)와 아타나시우스(296-373)가 격돌한 니케야 종교회의였다. 안디옥 학파(300-484까지 활동)의 아리우스는 아리스토텔레스의 영향을 입은 바 있었다.[19] 히브리서 1:3에서 예수 그리스도가 하나님과 본질적으로 동일한 본체라고 설명되었으므로, 삼위일체 신학에서 '동일본질'이라는 대목이 논쟁의 대상으로 등장하였었다.

아리우스는 하나의 존재에서 다른 위격들의 구분을 용납할 수 없었고, 결국 성자는 피조물이라는 이해의 수준에서 벗어나지 못했다. 반면에 아타나시우스는 예수 그리스도가 인류를 구원할 자이시면,

---

[18] G. W. H. Lampe, "Christian Theology in the Patristic Period," in *A History of Christian Doctrine*, ed. Hubert Cunliffe-Jones(Edinburgh: T & T Clark, 1978), 86.

[19] Rowan Williams, *Arius: Heresy and Tradition*(London: Darton, Longman, and Todd, 1987).

그는 하나님과 동일한 본질을 소유한 하나님이라고 강조하였다. 니케야 종교회의(325년 제1차 회의)는 성자가 성부와 동일본질임을 선언했다.

이어지는 고전적 삼위일체론의 전개는 갑바도기아의 교부들에 의해서 전개되었다. 가이샤라의 바질(329-379), 그의 친구 나지안주스의 그레고리(Gregory of Nazianzus, 329-390), 바질의 동생인 닛사의 그레고리(Gregory of Nyssa, 330-395) 등은 삼위일체 신학의 이론적 기초를 제시하였다. 이들의 사상은 콘스탄티노플 종교회의(381) 아폴리나리우스의 이단설을 척결하고, 성령의 신성을 확고히 정립하는데 큰 기여를 하였다. 동방에서 발전된 이런 내용들은 포이티어스의 힐라리(Hilary of Poitiers, 315-368)에 의해서 라틴어로 소개되어서, 어거스틴의 서방신학에 깊은 영향을 미쳤다.

갑바도기아 교부들은 유출과정에서 셋으로 확대되는 식으로 생각하지 않고, 삼위일체는 공히 영원 속에서 존재하고 있음에 주목하였다. 하나님의 '우시아'는 하나이며, 삼위는 휘포스타세스에서 발견된다고 보았다. 서로 달리 보이는 외적인 위격들은 성부와 성자와 성령의 원인관계에서 그 발생과 기원을 중심으로 설명하고자 했다.[20]

그래서 성자는 성부로부터 '출생'(begotten)하고, 성령은 성부로부터 '발출'(proceeds)한다는 점을 부각시켰다(요 1:14; 15:26). 그리고 이런

---

20 Gregory of Nyssa, *gainst Eunomius* I:42. John of Damascus, *Exposition of the Orthodox Faith*, I:8. "우리는 또한 주님이시며, 생명을 주시는 분이신 한분 성령을 믿사오니 그는 성부에게서 나와서 성자 안에 머무신다." J. N. D. Kelly, *Early Christian Doctrines*(London: A. & C. Black, 1977), 240-264. G. L. Bray, "The *Filioque* Clause in History and Theology," *Tyndale Bulletin* 34(1983):91-144. C. Stead, *Divine Substance*(Oxford: Clarendon Press, 1977).

관계에 대한 표현들을 곧바로 각 위격의 속성들로 바꾸어버렸다. 그래서 성부는 무출생성(unbegotten)을 그 존재의 속성으로 소유하고 있다고 주장하였다. 성자는 성부로부터 영원출생 하는데 이것이 성부와 성자와의 관계를 결정지었다고 보았다.

> 성부는 무출생적이다(unbegotten, *agennétos*).
> 성자는 성부로부터 출생했다(begotten, *gennétos*).
> 성령은 성부로부터 발출했다(proceeds, *ekporeuetai*).

하나님의 '우시아'가 하나임을 설명하기 위해서 세 위격은 하나의 신적인 공간을 공유하고 있다는 설명을 첨가하였다. 위격들의 상호점유, 혹은 상호교류, 상호순환으로 번역되는데, '페리코레시스'(*perichoresis*)라는 헬라어를 사용하였다. 이를 라틴어로 번역한 것이 '써큐민쎄시오'(*circuminsessio*)로서, 삼위일체의 각위가 구별되더라도 신적 본질의 완전한 현시임을 이해시키고자 노력하였다. 세 위격은 모두 다 전능하며, 전지하고, 영원하다.

하지만, 갑바도기아 교부들은 신적인 '우시아'(본질)가 '휘포스타시스'(위격)들보다 훨씬 더 근본적이라고 간주하는 잠재적인 경향을 드러냈다라는 비판을 피할 수 없다. 갑바도기아 교부들이 각 휘포스타시스의 신성을 극대화하는 수단으로 상호점유설을 주장했지만, 역시 신적인 본질을 중시하는 존재론적 삼위일체론을 벗어난 것은 아니었다. 성부의 위격 안에 신적인 '우시아'를 위격화 시킴으로써 상호 점유론에서 주장했던 위격들의 동등성을 상대적으로 약화시키는 결과를 초래한 것이다. 오리겐을 이미 오래 전에 배척했음에도 불구하고 여전히 성부우위론으로 해석될 요소들은 여전히 바실의 글에 남아있으며, 그 후 헬라 정교회에 널리 퍼지게 되었다.

칼빈은 이러한 입장의 모호한 부분들을 더욱 선명하게 주장하였으니, 성자는 자유의사로 종의 형체를 입고 이 땅에 오셨기 때문이다. 물론 성자는 성부의 보냄을 입고 오셨고, 보냄을 받았다.

성경적인 증거와 용어사용에 주의를 기울였다 하더라도 '출생'과 '발출'이라는 단어를 지나치게 추상화하는 경향은 결코 환영을 받을 수 없는 것이다. '관계'로부터 '속성'이 나온다면, 성부의 무출생성에서 과연 어떤 속성을 설명할 수 있을 것인가? 삼위가 모두 영원하시다는 속성을 공유하고 있는데, 어떻게 성부의 무출생성만을 주장할 수 있는가? 그리스도는 영원하신 분이요, 알파와 오메가이시다. 성자와 성령의 위격도 똑같이 무기원적이다. 낳으심과 나오심은 기원에 대한 기술이 아니라 '관계'에 대한 묘사인 것이다.[21]

갑바도기아 신학자들의 삼위일체론은 아직 성경도 제대로 읽지 못하고 신앙생활을 하던 초대 교회 형성기의 혼란을 수습하는 좋은 모델이 될 수 있었으나, 후대의 학자들에게 해결할 과제를 남겨놓는 미완성의 패러다임이었다. 휘포스타시스들의 상호점유를 인정하면서 동등성을 강조하는 측면과 신성의 원천으로서 성부 수위성을 주장하는 그들의 주장 사이에는 여전히 미해결의 장이 남아있다.

서방신학의 삼위일체론은 어거스틴에 의해서 심각한 의문을 제기하는 방식으로 전개되었다. 어거스틴은 '영'과 '사랑'을 동일한 것으로 믿었다. 그래서 하나님의 본질은 영이자, 사랑이라고 주장하면서, 성

---

21 Donald Macleod, *The Person of Christ*(Leicester, IVP, 1998), 201.

령은 거룩한 사랑의 인격화(the personification of holy love)라고 인식하였다. 요한복음 4:24에서 '하나님은 영이시니'라는 말은 하나님의 본성을 의미하는 설명이다. 요한일서 4:16에서 '하나님은 사랑이시라'라는 표현은 하나님이 기능하시는 방식에 관한 것이다. 그런데 어거스틴은 '영'을 삼위일체의 제3위에 해당하는 성령의 이름으로 간주하지 않고, 신적 본성에 대한 하나의 명칭으로 취급했다. 성부는 사랑하는 자(Lover)이며, 성자는 사랑받는 자(Beloved)이고, 성령은 사랑(love)이다. 따라서 성령의 자리가 매우 불분명하게 규정되었으며, 위격과 본질을 명확히 구별하지 못하였다.

칼빈은 초대 교회 교부들이 채택하고 주장한 용어들과 그 신학이 지닌 약점과 오류를 충분히 인식하고 있었다. 어떤 한가지만을 집착하면 그것은 곧바로 온전한 균형을 놓쳐버리게 되어서, 삼위일체의 경우에 핵심적인 내용을 왜곡시키게 된다는 힐라리의 지적을 칼빈은 아주 잘 기억하고 있었다.

2) 중세의 삼위일체론

칼빈과 종교개혁자들이 삼위일체론에 있어서 중세시대와는 본질적으로 다른 입장에 서 있었음을 간과해 버리는 경향이 많다. 오늘날 종교개혁의 신학을 깊이 파악하지 못하는 복음주의자들과 에큐메니칼 신학자들이 피상적으로 신학을 하고 있기 때문이요, 서로의 입장 차이를 축소하려는 의도를 갖고 있기 때문이다. 중세의 삼위일체 신학은 고전적 유신논증이라는 형태를 취하고 있었고, 하나님의 본질에 대해서 집중적으로 사변적인 주장을 하는 삼위일체론과 신비주의

자들의 왜곡된 신론으로 압축될 수 있다.

사변적 이성을 중시하는 경향을 처음 들여온 것은 안셀름이었고, 이어서 아리스토텔레스의 영향으로 형성된 스콜라주의 신학에서 정점에 달했으며, 현재까지도 일부에서는 주장되고 있다. 은혜와 자연의 영역을 대비시킨 토마스 아퀴나스(1226-1274)는 감히 하나님에 대한 물질적 존재증명이라는 연구를 탄생시켰다. 아퀴나스의 신학은 하나님을 아는 지식과 이성을 서로 혼합하여 모든 진리를 논리적으로 입증하고자 노력하였다. 아리스토텔레스가 설명할 수 없는 실재는 은혜의 영역으로 교회가 베푸는 성례전을 통해서 전달된다고 보았다. 또 하나는 중세 말기에 이르러서 유명론이 대두되어서 진리의 개체화에 치중하게 되었다.

아퀴나스의 신론은, 존재의 유비를 통해서 이 세상이 존재들보다도 더 고차원적인 존재가 있다는 논증을 하는 것이다. 아리스토텔레스의 '최초의 원인'을 신 존재 증명으로 채용하되, 창조주와 피조물 사이에 연결고리가 있다는 점을 중시하고 단서들을 사용해서 존재증명을 발전시킨 것이다.[22]

아퀴나스는 갑바도기아 교부들과 마찬가지로, 출생(generation)과 발출(procession)이라는 용어를 사용하되 내용을 달리 규정하였다. 출생은 성부가 성자를 생산하는 것처럼 자신과 같은 것을 생산하는 것이요, 발출은 신적의지의 충동이라고 정의했다. 특히 삼위사이의 관계를 '아버지 되심'(paternity), '아들됨'(filiation), '발출'(procession) 이라

---

22 Anton C. Pegis, ed., *Introduction to St. Thomas Aquinas*(New York: Modern Library, 1945). F. Copleston, *Aquinas*(Hammondsworth: Penguin, 1955). E. Gilson, *Reason and Revelation in the Middle Age*(New York: 1953).

는 용어로 풀이하고, 결국 삼위 사이에 존속적 관계(subsistent relation)를 위격과 동일시했다. 아퀴나스의 삼위일체론은 성경적 사고를 벗어나서 철저히 철학적으로 변질했고, 추상화되고 말았다. 비철학적인 용어였던 '위격'을 약화시켜서, 위격이란 본성의 한 측면, 한 양상으로서 본성 안에 존재하는 독특한 것으로 취급하고 말았다.[23]

여기서 '출생'이나 '발출'이라는 용어들은 어떠한 인과율적인 요소도 첨가해서는 안 되는 단어들이다. 칼빈은 이런 단어들이 혹시라도 인과율적인 의미로 받아들여질까 봐 세심한 주의를 기울인다. 성자의 존재와 성자의 행위는 일치시켜서는 안 된다는 것이다. 성자가 아들로서 행위하시는 것은 존재론적으로 성부에게 의존해 있기 때문이 아니다. 성부와 연관을 지어서 자신을 아들로서 표현하는 것은 단지 성자가 자신을 이해하는 방식으로써 모든 것을 성부와 관련지어서 이해하고 있기 때문이다.

칼빈은 하나님의 본질을 정태적인 존재로 생각하지 않았다. 어느 한 위격이 다른 위격에 대해서 의지를 강요하거나 주장할 수 없다. 각각의 위격은 '스스로 하나님'이시기 때문이다. 이런 단어들은 각 위격들이 기능일 뿐이지, 결코 위격들의 본질을 규정하는 것이 아니다. 중세신학에서도 역시 성부 우위설을 피할 수 없었고, 성자와 성령은 신성의 근거인 성부에 비교해보면 모든 면에서 동등하신 하나님으로 취급되지 못했다.

스콜라주의 신학은 교회의 전통 안에서 삼위일체론은 매우 왜곡시켜 버렸다. 존재론적 삼위일체론에 치중한 나머지 하나님의 본질과

---

23 J. Pelikan, *The Christian Tradition 3: The Growth of Medieval Theology(600-1300)* (Chicago: University of Chicago Press, 1978): 59-61.

속성에 대한 논의에만 집중하면서도 각 삼위를 공정하게 다루지 않았다. 성부는 성경을 넘어서서 미신적인 형상이나 마귀적인 성상을 만들어놓고 부적당한 논의를 계속하고 있었다.[24] 따라서 칼빈은 중세 스콜라신학자들이 구분해 놓은 사변적인 항목들을 열거하지 않았다.

아퀴나스에 의해서 정립된 삼위일체 신학은 '한 본성'에 '세 위격'을 가진 하나님이었다. 종교개혁자들이 발견한 심각한 문제는 고전적인 삼위일체론이나 중세시대의 것이나 비슷하게 '하나님의 본성'에 강조를 두고 있다는 점이다. 그래서 위격들의 차이는 본성에 비해서 부수적인 것으로 생각하였다. 여기에는 신비주의적인 전통과도 무관하지 않은데, 세상에 대한 거부와 포기로 이끌어가는 자연을 매개체로 하고 있기 때문이다.

종교개혁자들은 토마스주의자들이 만들어낸 이중 구조(은총과 자연)라는 학문방법론보다는 그 이전의 고전적인 스콜라주의인 피터 롬바르드(1095-1160)의 『명제집』(Sentences)을 읽고 교육을 받았었다. 점차 인문주의자들과 접촉하면서, 낡고 시대에 뒤떨어진 아퀴나스의 글이나 신비주의자들에게서 멀리 벗어나고자 노력하면서 성경연구에 집중하였다.

또한 중세 신비주의자들처럼 하나님의 본성을 초월적인 연합이라고 생각하지 않았다.[25] 중세 신비주의자들이 하나님의 본성을 미지의 구름 속에 감추어버렸다. 끌레르보의 버나드, 윌리엄, 구아릭 등은 인간은 자신을 초월하는 실재의 세계에 들어가기를 동경하면서, 영

---

24 *Institutes*, I.xi.6: "Whoever, therefore, desires to be rightly taught must learn what he should know of God from some other source than images."

25 Gereal Bray, *The Doctrine of God* (Leicester: IVP, 1993), ch. 5.

혼이 내적인 깊이에 이르면 초월하신 분을 경험할 수 있다고 보았다. 이러한 신비주의자들과는 달리, 종교개혁자들은 황홀경적인 경험을 통해서 하나님과의 영혼이 초월적으로 연합하는 것을 가르치지 않았다. 종교개혁자들은 그리스도인의 영적인 생활을 위해서는 성경에 나오는 하나님의 자기 계시만으로 충분하다고 확신하였다.

4. 반삼위일체론자들과의 논쟁[26]

칼빈의 파악한 삼위일체론은 고전적인 교부신학의 연구를 통해서나 당대 로마 가톨릭의 모순에서 나온 것일 뿐만 아니라, 피를 말리는 이단들과의 논쟁을 통해서 더욱 견고하게 발전되고 형성되며, 조직되었다. 따라서 칼빈의 삼위일체론 이해는 격렬한 토론 부분들을 이해하지 않으면 안 된다.

다시 말하면, 칼빈의 삼위일체 신학이 사변적으로 구성된 것이 아니라, 목회현장의 문제였던 것이다. 그리고 삼위일체 교리는 성경에서 가르친 대로 하나님을 믿는 진실된 교회임을 입증하는 핵심적인 교리였기 때문에 그 어떤 논쟁의 주제보다도 진지하게 대응하였다. 성부와 성자 사이에 하나 됨을 강조하였으므로 양태론적 유니테리언

---

[26] 칼빈의 삼위일체론을 심층적으로 이해하기 위해서 그가 반삼위일체론자들과 벌인 논쟁을 집중적으로 검토해 보아야 한다. 필자가 영문으로 쓴 논문에서 자세한 내용과 세밀한 참고문헌을 찾아볼 수 있으므로 이 논문에서는 개괄적인 것만 소개하고자 한다. Jae Sung Kim, "Calvin's Controversy with Anti-Trinitarianism," the 8th Asia Calvin Studies Conference, Seoul. January 24, 2002. 신복윤 박사 은퇴기념 논문집, 『칼빈신학과 한국 교회』(수원: 합동신학대학원 출판부, 2002)에 게재함.

으로 공격을 받았는가 하면, 일부 유니테리언들로부터는 삼신론자로 오해를 받기도 했다.

칼빈의 삼위일체론의 가장 두드러진 특징은 끊임없는 논쟁 속에서 자신의 입장을 견고히 세워나갔다는 점이다. 그가 제네바 종교개혁자로 활약하기 시작한 초기부터 그의 생애의 마지막까지 지속적으로 그를 위협한 사람들은 이단적인 삼위일체론자들이었다.

1) 제세례파에 대한 논평

칼빈이 로마 가톨릭에서 회심한 후, 처음 신학적인 비평논문을 쓴 대상은 16세기에 널리 퍼져나간 재세례파들에 대한 것으로, 『영혼의 잠에 관하여』(*Psychopannychia*, 1534년) 라는 글이다.[27] 칼빈은 한 친구로부터 재세례파의 한 그룹에서 영혼의 불멸성을 부정하므로 이것을 논박해 달라는 부탁을 받고 펜을 들었다. 동시대의 성도들이 가진 문제점 즉 인간 영혼은 사후에 잠을 자고 있다거나, 영혼의 멸절을 맞이한다는 등 형이상학적인 불안감과 절망감에 빠져들지 않도록 바른 지침을 주고자 한 것이다.

그런데, 삼위일체와 관련해서 재세례파들이 가진 하나님에 대한 곡해를 밝히 드러내고자 칼빈은 그의 초기 저술에서 이미 논쟁을 하고 있었다. 칼빈에게 있어서 삼위일체론의 첫 출발점이자 강조점은 하나님의 '인격'(person) 이라는 개념이며, 이를 왜곡한 재세례파에 대

---

27 Henry Beveridge, trans., *John Calvin, Tracts*, vol. 3(Edinburgh: 1851): 413-90.

해서 통렬하게 비판하였다.[28] 하나님의 인격이라는 주제는 중세신학에서 논란이 많았는데, 보에티우스나 토마스 아퀴나스는 인격을 이성적 본성 안에 있는 독특하게 구별되는 본질로 생각하였다.

이와는 다른 방향에서 하나님의 인격성(personhood)이란 상호 교류할 수 없는 속성으로 생각하면서(immutability), 본질로서 실재하기보다는 영적이며 보이지 않는 존재의 질서(order of existence)라고 가르치는 부류가 있었다. 12세기의 성 빅터의 리챠드와 13세기 둔스 스코투스 등은 그리스도인들에게 계시된 하나님은 신성의 차원에 속하기 때문에 결코 상호 교통할 수도 없고, 함께 나눌 수도 없다고 보았다. 하나님 안에도 세 차원이 있는데, 그리스도의 계시가 그 핵심이라고 하였다. 계시된 로고스의 아버지는 아들도 아니요, 성령도 아니며, 성부는 오직 성자의 아들 됨이라는 계시를 통해서, 그리고 성령의 나오심을 통해서 비쳐질 뿐이다. 이것은 중세 말기의 신비적인 명상에서 비롯된 것들이었다.

칼빈은 특히 제세례파들이 영혼의 불멸성에 대해서 이해를 잘못하고 있음을 지적하면서 인간의 영혼에 내주하시는 삼위일체 하나님의 임재의 차원을 강조하였다.

2) 삐에르 까롤리와의 논쟁

소르본느 박사 출신으로 스위스 개신교 진영에 가담한 삐에르 까롤리(Pierre Caroli, 영어로는 Peter)는 1536년 봄 뇌샤뗄의 개혁교회 담

---

[28] George H. Tavard, *The Starting Point of Calvin's Theology* (Grand Rapids: Eerdmans, 2000), 177.

임목사로 취임하여 여러 종교개혁자들과 사귐을 가진 후, 그 해 11월에는 로잔의 수석목사로 부임하였다. 이 도시에는 칼빈이 일생동안 가장 절친하게 우정을 나눈 삐에르 비레가 종교 개혁진영의 지도자로 있었다. 그런데 까롤리가 로마 가톨릭의 옛 습관을 따라서 죽은 자를 위한 기도를 가르치고 시행한다는 문제가 발생하였다.[29]

까롤리는 자신이 죽은 자들을 위해서 기도해온 것은 로마 가톨릭의 오류를 그대로 답습하고 있다는 지적을 받고 아무런 반론을 제시하지 못하였다. 점차 수세에 몰리자 자신의 로마 가톨릭적인 잔재를 변호하기 위해서 칼빈과 파렐 등을 터무니없는 말로 공격하는 야비한 수법을 폈다.

1537년 2월 17일 첫 번째 토론장에서 도리어 칼빈의 신학사상이 아리우스주의라고 공격하였다.[30] 그리고 아다나시우스 신경에 절대적으로 복종한다는 서명을 해야만 삼위일체에 대해서 정통신앙을 가진 개혁진영의 목사라고 주장하였다. 그러나 칼빈은 한 개인이나 한 종교회의에서 결정한 어떤 신경이나 신앙고백이라도 성경을 능가할

---

29 William Nijenhuis, "Calvin's Attitude towards the Symbols of the Early Church during the Conflict with Caroli," *Ecclesia Reformata: Studies on the Reformation*(Leiden: Brill, 1972): 73-96.

30 *Confessio de Trinitate propter calumnias P. Caroli* in *Calvini Opera* IX:703-710; Calvin's letter to Caroli, in *Calvini Opera* XI: 72-75. *Pro Farello et collegis eius adversus Petri Caroli calumnias defensio Nocolai Gallasii* which in written by Calvin in 1545 and addressed to a wider European public, in *Calvini Opera* VII:289-340. Cf. Eduard Bähler, *Pierre Caroli und Johannes Calvin in Jahrbuch für Schwizerrische Geschichte* xxix(1904): 41-167. W. Walker, *John Calvin: The Organizer of Reformed Protestantism, 1509-1564*(New York: Schocken Books, 1906):195-202. Bernard Roussel, "François Lambert, Pierre Caroli, Guillaume Farel- et Jean Calvin(1530-1536)," in Wilhelm H. Neuser, ed., *Calvinus Servus Christi*(Budapest: Presseabteilung des Ráday-Collegiums, 1988), 35-52. 김재성, 『나의 심장을 드리나이다: 칼빈의 생애와 신학』, 250-255.

수 없으므로 어떤 특정한 문서에 서명할 수 없다고 맞섰다.

사실 까롤리가 이의를 제기한 것은 하나님 안에서 인격들 사이의 구분과 하나님의 본성에 관한 것이었는데, 그가 인용한 근거문서들은 칼빈이 작성했다는 확증도 전혀 없는 것들이었다.[31]

칼빈이 아리우스주의자라는 비난은 전혀 터무니없는 것이었지만, 한번 퍼져나간 불명예스러운 호칭은 칼빈의 초기 사역에 결정적인 타격을 입히고 말았다. 니케야 종교회의에서 정죄된 아리우스를 따르는 자라는 오명을 입게 됨으로써 칼빈이 당한 치명적인 상처는 이루 헤아릴 수 없을 정도였다.

종교개혁 초기에 유럽 각 지역에서 막 피어오르던 칼빈의 명성에 결정적인 오점을 남기게 되었고, 이를 불식시키는데 오랜 세월이 흘러야 했다. 칼빈이 제네바에서 초기 사역에 실패하게 되어 1538년 봄에 쫓겨나게 되는 것도 이런 불명예스러운 인신공격이 널리 퍼져 있음을 부인할 수만은 없을 것이다.

까롤리와의 논쟁은 칼빈의 강력한 요청으로 몇 차례 더 지속되었다. 2월 28일, 3월 1일 연이은 회의에서 칼빈은 이미 발표한 제네바 요리문답 31항과 33항에서 삼위일체 교리를 천명하였다고 반박하였다. 칼빈은 『기독교 강요』 초판 제 2장 신앙에 관한 풀이에서 이미 삼위일체를 믿는 신앙을 고백한 바 있었으나, 까롤리는 의도적으로 이런 문서들에 담긴 칼빈의 증언을 외면하였던 것이다. 까롤리는 새로 발표된 신앙고백서나 요리문답들은 신뢰할 수 없기 때문에 초대 교

---

31 칼빈 전집 VII:316, 318. Jean-Fançois Gounelle, *Défense de Guillaume Farel et de ses collègues contre les calomnies du théologastre Pierre Caroli far Nicolas Des Callars*(Paris: Presses Universitaires de France, 1994).

회에 만들어진 세 가지 신앙고백서들(사도신경, 니케야 신경, 아다나시우스 신경)에만 서명을 하라고 주장하였다.

두 번째 논쟁에서 칼빈은 자신의 입장이 왜 아리우스주의자가 아닌지를 밝히는데 주력하였다.

> 나는 당신이 어떻게 내가 아리우스를 따르는 이단이라고 알고 있는지 묻지 않을 수 없소이다. 나는 내가 이미 공개적으로 표명한 증언들을 살펴보라고 권하는 바이며, 당신은 그 어느 누구보다도 열심히 그리스도의 신성을 확고히 주장해온 나의 입장을 아무런 어려움 없이 발견하게 될 것이라 확신하는 바입니다. 나의 저술들은 모든 사람이 손쉽게 볼 수 있는 것이며, 모든 정통교회들이 나의 신앙과 내 견해에 동의하리라 확신합니다. 그러나 당신은 술이나 마시고 팁을 주는 일 외에 과연 어떤 글이라도 남긴 게 있소이까? 당신이 관련된 것이란 고작 싸움하는 일 뿐이요. 도대체 무슨 근거로 나를 아리우스주의자라고 고소하는 것이요? 나는 그러한 정당치 못한 의심을 나에게 던지는 것을 결코 묵과하지 않을 것이며 나에게 가해지는 비난을 깨끗이 해소시킬 것 입니다.[32]

칼빈은 이 논쟁이 끝난 후(1537년 8월) 쥐리히 교회에 보낸 편지에서 왜 자신이 아타나시우스 신경에 서명하지 않았는지 밝히고 있다. 그는 이 문서가 비신앙적이라고 생각해서가 아니라, 어떤 한 개인이

---

32 칼빈 전집 VII: 309.

만든 신앙고백이나 문서에 서명을 강요하는 것은 한 개인의 신앙을 강압적으로 무시하는 폭거라고 반박하였다. 더구나 로마 가톨릭은 그러한 행위를 교회의 이름으로 자행하고 있는데, 이것은 성경 자체의 권위를 짓밟는 것이라고 항변하였다.[33]

마지막으로, 5월 31일 파렐은 결정적으로 까롤리의 부도덕을 증언하였다. 칼빈의 강력한 발언이 있은 후, 칼빈의 입장은 정통개혁주의 신학임을 천명하게 되었고, 까롤리는 설교를 금지당한 후 6월 6일 다시 출두하라는 명령을 받았으나 나타나지 않고 몰래 도시를 빠져나가서 로마 가톨릭으로 되돌아가 버렸다. 그 후에 다시 그를 모르는 개신교 교회에 일시적으로 가담하였다가, 또 다시 로마 가톨릭으로 회귀하는 등 일생 동안 세 차례의 반전을 거듭하였다. 최종적으로 1543년 멧츠의 로마 가톨릭 설교자로 복귀하고 말았다.

1545년 칼빈은 『삐에르 까롤리의 중상모략에 대한 반론』(*Pro Farello et collegis eius adverseus Petri, Caroli calumnias*)을 저술하여 다시금 아리우스주의자들이라는 불신과 오해를 벗어나고자 노력하였다. 초대 교부들의 문서를 철저히 섭렵한 칼빈이 아리우스의 어떠한 신성도 그리스도에게 존재하지 않았고, 그리스도는 오직 피조물에 불과하다는 사상을 과연 칼빈이 받아들였다고 상상조차 할 수 있을 것인가?

3) 세르베투스와의 대결

성경적 삼위일체론을 수호하려는 칼빈과 종교개혁자들은 유티테

---

[33] 칼빈 전집 X:120 이하.

리안들이나 삼신론자들을 그저 신학적인 이견을 가진 사람들로 그저 보아 넘길 수 없었다. 이단적인 가르침은 어느 시대에나 그저 묵과할 수 없는 절박한 문제다. 칼빈은 삼위일체 이해를 잘못한 자들이 종속주의와 양태론적 단일신론을 주장하고 있음을 매우 경계하고 이를 바로 잡으려 노력하였다. 특히 칼빈은 사벨리우스주의자이며, 아리우스파로서 제네바 종교개혁에 매우 어려운 삼위일체 논쟁을 야기한 세르베투스(1511-1553)를 처벌해야하는 난제를 떠맡게 되었다.

세르베투스는 스페인 출신으로 처음에는 의학을 공부하다가 신학으로 방향을 전환하였다. 오랫동안 스페인에는 모슬렘이 점령하고 있었는데, 그 영향으로 세르베투스는 사벨리우스주의를 받아들이게 되었던 것 같다. 더구나 세르베투스는, 칼빈이 날카롭게 지적한 바와 같이, 모든 이단설을 종합하여 자신이 새로운 체계를 세워놓은 것으로 착각하고 있었다. 그는 『삼위일체에 대한 오류들에 관하여』(*De Trinitatis Erroribus*, 1531)와 『삼위일체에 관한 두 권의 대화록』(*Dialogorum de Trinitate libri duo*, 1532)을 펴냈는데, 모두 다 사벨리우스주의적인 양태론적 단일신론을 벗어나지 못한 것이다.

칼빈은 나름대로 헬라 정교회의 삼위일체론과 서방의 삼위일체 모델을 종합하려고 시도하였는데, 세르베투스는 정반대로 이단들만을 종합하여 중대한 오류를 범하고 있었던 것이다. 심지어 마니교도들의 조잡한 신론이 혼합되어 있었다. 결국, 비엔나에서 사형언도를 받았으나, 감수에게 뇌물을 주고 도망쳐 나온 세르베투스를 지지하는 일부 반대파들이 의회에 포진하고 있어서 칼빈 편을 들어준다는 확고한 보장이 없었던 어려운 시기였다.

칼빈은 지금까지 세르베투스의 이단적인 삼위일체론에 대해서 단호히 맞서서 그가 죽도록 했다는 오명을 안고 있으며, 이로 인해서 그의 모든 인간성이 매도당하고 매우 냉혹한 인간으로 오해를 받고 있다. 그러나 사실은 세르베투스가 주장한 사상들이 바로 중세 말기에 내려온 이단적인 사상에 젖어서 "삼위일체 되신 하나님을 조롱하고, 하나님의 아들 성자에 대한 모독죄"로 고소를 당하였다. 가히 하나님에 대해서 천재적인 새로운 교리를 자신이 발표하겠다는 야망을 품고 있던 세르베투스는 사벨리우스와 아리우스의 종속설을 교묘히 혼합시킨 사상을 유포하였다.[34]

칼빈은 삼위일체 위격들 중에서 한 위격을 다른 위격보다 더 높이는 것은 안 된다고 생각하였다. 이것이 세르베투스의 문제를 다룰 때에 칼빈이 가장 염두에 둔 문제점이었다. 세르베투스는 "하나님의 본질 안에 세 위격이 존재한다고 말할 때마다 삼중적인 신을 도입하는 것이며, 이것이 하나님의 단일성에 일치되지 않는 한 이 삼위는 공상적인 것"이라고 주장하였다.[35]

더구나 세르베투스는 예수 그리스도의 신성을 부정하는 아리우스주의자였다. 하나님의 영원한 작정에 의해 성자로 임명되었다는 사실이 함축하는 바 이외에는 그 어떠한 신성도 그리스도에게 존재하지 않았다고 가르쳤던 것이다. 따라서 칼빈은 강도 높게 말씀이 육신이 되셨다는 점을 역설하면서, 1559년 『기독교 강요』 최종판에서 신성과 인성을 포기하는 세르베투스의 기독론을 비판하고, '신성과 인성의 완벽한 통일'을 주장했다.

---

[34] 김재성, 『나의 심장을 드리나이다: 칼빈의 생애와 신학』, 394-406.
[35] *Institutes*, I.xiii.2.

> 그는 말씀의 영원한 위격을 아무 것도 아니라고 간주해버리고, 다윗의 아들을 (즉 인간이요, 역사적인 사람이요, 예언을 전달하는 유대인) 우리로부터 낚아채 버린다. 그러나 그분은 우리의 구세주로서 약속된 분이다…만일 육체가 신성만을 가진 것이라면, 그곳은 신성의 성소가 되지 못할 것이다. 그는 아브라함과 다윗의 후손으로 낳으신 분으로, 우리의 유일한 구속주가 되신 분만이 육체를 따라서 참된 인간의 몸으로 지음을 받았다.[36]

그렇다고 해서, 칼빈이 항상 정통 삼위일체론을 거스른 모든 이단을 정죄하는 일에만 몰두한 것이 아니었다. 당대에 여러 도시에서 심각한 물의를 일으키고, 비엔나에서 투옥되어 있던 중 도망을 다니던 세르베투스를 처형하도록 한 것이다. 그러나 칼빈이 모든 유니테리언들을 다 처벌한 것이 아니다.

세르베투스가 극도로 위험하게 주장한 내용은 "신의 본질 안에 세 위격이 존재한다고 말할 때마다 삼중적인 신을 도입하는 것이며, 이것이 하나님의 단일성에 일치되지 않는 한, 이 삼위는 공상적인 것"이라고 주장한 대목이다.[37] 더구나 성부로부터 태어난 자이기 때문에 성자의 신성을 거부하는 세르베투스의 가르침은 성경의 모든 설명보다도 아리우스주의자들의 이성적인 설명을 더 신봉한 자들의 극치라고 할 것이다. 칼빈은 『기독교 강요』 제13장 23항–29항에서 세르베

---

36 *Institutes*, I.xiv.8.
37 *Institutes*, I.xiii.2.

투스와 사벨리우스주의자들에 대한 반격을 자상하게 첨가하였다. 그리고 칼빈에 의하면 그리스도는 신성과 인성을 지닌 중보자로서 양성의 상호교류를 통해서 우리를 위한 구원을 성취하였다.[38]

4) 유니테리언들과의 논쟁

칼빈은 당대에 가장 큰 문제거리로 등장한 이탈리아의 반삼위일체론자들 문제로 곤욕을 치렀다. 이들 중 일부는 제네바에 있던 회중교회와 연계를 맺고 있어서 칼빈의 입장에서는 그냥 지나갈 수 없었다. 칼빈이 오직 세르베투스와 같은 단일신론자들만을 정죄한 것일까? 세르베투스 사건이 끝난 후, 1558년 5월 18일부터 유니테리안파의 불순한 영향을 차단하기 위해서 삼위일체 교리를 고백하는 사람만이 교회의 회원이 될 수 있도록 조건화하였다.

지속적으로 제네바에 유입해 들어오는 많은 난민들 중에는 하나님에 대한 신앙이 불순한 사람들이 많았다. 그들 중에는 성자의 본질이 성부와 다르다는 점을 강조하면서, 오랫동안 성자의 위격을 격하시켜 온 로마 가톨릭교회에 습관적으로 젖어서 성부 수위설에 이성적으로 동조하는 자들이 많았기 때문이다. 유니테리언들은 아직 확고하게 신앙이 정립되지 못했던 개혁파 그리스도인들 사이에서도 쉽게 동조자를 얻고 있었다.

1557년 이탈리아 지방에 널리 퍼져있던 유니테리안들의 사상에 입각하여, 이단자들은 칼빈이 세 마귀들을 예배하고 있다고 비난하

---

38 *Institutes*, II.xii.3.

였다. 이들 중에서 네 사람의 '비전문가들'은 주목할만한 인물들이다.[39] 삐드몽의 의사로 산부인과와 여성병 전문가였던 죠지오 비안드라타(Giorgio Biandrata 혹은 Blandrata)는 삼위일체를 거부한 유니테리안으로서 제네바에서 쫓겨난 후 폴란드 지역에서 세력을 형성하였다. 적어도 성육신하신 예수 그리스도는 신성을 갖지 않았다고 생각하는 점에 있어서는 세르베투스의 입장에 충실한 제자였다.

죠반니 파올로 알치아티(Giovanni Paolo Alciati) 역시 칼빈을 삼신론자라고 공박하다가 제네바에서 추방되었다. 그리발디(Matthias Gribaldi)는 당대에 매우 잘 알려진 법학자로 세르베투스의 저술에 신뢰를 더 두는 인물이었다. 학교 교사였던 죠반니 발랑띤 장띨(Giovanni Valentine Gentile) 역시 칼빈과 충돌하였다. 이들은 일반적으로는 지식이 있고 뛰어난 인물들이었지만, 신학적인 훈련을 전혀 받지 않아서, '이성적'이요, '논리적'인 이해를 추구하고 있었다.[40]

특히, 쟝띨의 삼신론은 오히려 칼빈으로 하여금 양쪽의 극단적인 이단들(삼신론과 양태론적 단일신론)의 문제점을 공정하게 비판할 수 있는 계기를 마련해 주었다. 칼빈은 삼위일체를 부정하고 삼신론을

---

39 Jack B. Rogers, "Calvin and the Italian Anti-Trinitarians(A.D. 1558)," in *Case Studies in Christ and Salvation*, eds., Jack Rogers, Ross Mackenzie and Louis Weeks(Philadelphia: Westminster Press, 1977): 73-82.

40 종교개혁 시대에 일어난 반삼위일체론자들의 신학은 일부에서 주목을 받고 있다. *Antitrinitarianism in the Second Half of the Sixteenth Century*, ed. R. Dán and A. Pirnát(Hungary: 1979). Hans Hillerbrand, *Christendom Divided: The Protestant Reformation*(Philadelphia: Westminster, 1971), 93. George H. Williams, *The Radical Reformation*(Philadelphia: Westminster, 1962), 634-669. 현대 유니테리언들의 입장에서 칼빈과 논쟁했던 이들을 옹호하는 주장도 있다. E. M. Wilbur, *A History of Unitarianism: Socinianism and its Antecedents*(Cambridge: Harvard, 1947), 222-226.

주장하던 장띨에 대해서 설득과 권고를 겸한 논문을 펴서 그 시정을 권고하였다. 여기서도 칼빈은 성자가 '아우토테오스'(스스로 하나님)임을 강조하고 본질을 셋으로, 즉 세 위격과 세 본질로 증식시키는 일을 금하도록 타일렀다. 1561년 칼빈은 『발랑띤 장띨의 불경건에 대한 해설』(*Impietas Valentini Gentilis detecta*)을 저술하였다.

비안드라타와의 논쟁은 칼빈의 『기독교 강요』 제1권 13장 20항, "모든 이단들의 기초, 그들 모두에게 주는 경고"에서 분명하게 반영되어있고, 29항까지 지속적으로 전개된 논쟁에서도 반삼위일체론자들에 대한 격렬한 논쟁을 펼치고 있다. 그리고 『기독교 강요』 제2권 12-17장까지 기독론을 정리하면서 그리스도를 말미암지 않고는 아무도 아버지를 볼 수 없다고 삼위일체론적 진술을 다시 한번 제시한다.

칼빈이 하나님을 어떤 분으로 보았는가에 대해서 우리는 주목하게 되는 것이다.

5. 칼빈의 삼위일체론의 독특성

칼빈은 중세말기 스콜라주의 신학을 따라가지 않고, 오직 성경에만 의존해서 삼위일체 하나님을 확고히 증거하려고 노력했다. 철학이나 엄밀한 논의를 위해서가 아니라, 성경에 나오는 단어와 문법에 기초하여 핵심적인 강조를 반영하고자 했기에, 삼위일체론의 핵심은 각 위격의 동등함과 상호 구별성에 있었다.

1) 종교개혁과 새로운 패러다임[41]

　16세기 유럽은 하나님의 섭리 가운데 신앙이 원인이 되어서 세계사의 대변혁이 일어난 특별한 시대였다. 이 시대를 통해서 하나님은 서양역사 속에서 오랫동안 세속 권력을 장악할 정도로 타락한 로마 가톨릭 교황주의자들의 권세를 무너뜨리도록 기독교 휴머니즘의 후예들을 사용하였다.

　대학과정을 통해서 성경 원어를 능숙하게 다룰 수 있을 만큼 터득하게 한 후에, 이들 걸출한 학자들로 하여금 성경에서 벗어난 것들을 비판하도록 안목과 비전을 주셨다. 이들 종교개혁자들은 '성경이 가라는 데까지만 간다'는 성경중심의 신학을 발전시켰다. 스콜라주의 신학과는 완전히 다른 구조를 갖추었다. 하나님에 대한 연구도 마찬가지로 중세 전통을 무조건 답습하지 않았다. 성경이 우리에게 하나님의 본질에 대해서 언급하고 있지 않는 한, 그 한계 내에서 신학을 세우려 했고, 사변적인 탐구는 피하고 비판했다. 칼빈의 신학적 방법론은 종교개혁자들이 주장하는 크나큰 변화를 종합적으로 반영하고 주도하였던 것이다.

　마치 코페르니쿠스가 천동설에서 지동설로 우주관을 바꾸듯이 신학의 새로운 패러다임을 만들어낸 종교 개혁신학은 하나님과 피조물의 관계성을 발견하였다. 새로운 관계성을 인식한 건전하고 견고한 종교개혁자들의 신학은 역시 삼위일체론에서도 드러났다.

　16세기 유럽 종교개혁자들이 남겨준 위대한 신앙의 유산들은 주로

41　Philip Walker Butin, *Revelation, Redemption, and Response: Calvin's Trinitrian Understanding of the Divine-Human Relationship*(Oxford: Oxford Press, 1995), 3.

칭의론, 예정과 선택론, 구원의 확신 등으로 압축되고 있는데, 이런 주제들은 모두 다 하나님에 대한 삼위일체의 배경에서만 풀이되어 나올 수 있었다.[42]

하나님의 대한 이해를 바르게 회복시키는 일이 없었다면, 종교개혁은 형태만을 바꾼 또 다른 기독교 유사 종파로 전락했을지도 모른다. 중세 교회의 악습에 대해서 바르게 성경적인 교회론과 구원론을 회복하려했던 종교개혁자들은 먼저 하나님의 존재에 대한 이해를 새롭게 함으로써 타락한 로마 가톨릭교회와는 더 이상 영적인 교제의 필요성이 없다고 판단하게 된 것이다.

하나님의 본질은 인간의 이해를 뛰어넘는 신비이다. 아무리 인격적인 용어를 동원한다 하더라도 정확히 묘사할 수 없다. 그래서 칼빈은 하나님의 본질에 대해서 말하기를 아주 싫어했다. 우리는 하나님을 오직 위격들을 통해서 안다고 강조하였다. 이점에서 칼빈은 중세 스콜라주의에서 벗어나서 성경으로 향하고 있었다고 보인다.

하나님은 본질상 알려질 수 없고, 오직 그의 위격들을 통해서 알려질 수 있다고 말하였다. 우리가 하나님을 이해할 수 있도록 하기 위해서 인격적 존재로 표현하였다.

> 하나님의 형상은 타락하기 전 아담이 지녔던 인간 본성의 완전한 탁월함이었다. 그러나 그가 타락의 상태로 떨어졌을 때에, 그는 하나님으로부터 소외되는 손상을 입었다. 따라서 비록 우리에게 하나님의 형상이 완전히 사라진 것은 아니라는

---

[42] 김재성, 『개혁신학의 광맥』(서울: 도서출판 이레서원, 2001), "제2장 개혁신학의 교리체계와 특징".

> 점을 인정한다 하더라도, 파괴되었고, 심각하게 오염되어서 잔해만 불순하게 남아있다…그것이 오늘날 선택된 자들에게 성령으로 거듭나게 하는 한 부분적으로 나타나지만 하늘에서 온전한 영광에 도달할 것이다.[43]

다시 말하면, 하나님에 대해서 알 수 있는 것과 알 수 없는 것을 칼빈은 구분한 것이다. 여기서 알 수 있다는 것도 오직 인격적인 관계라는 상황에서만 가능하게 된다는 점에 주의해야 한다. 과학자가 실험으로 입증하듯이 하나님에 대해서 객관적인 지식을 세울 수는 없기 때문이다.

물론 하나님의 알 수 없는 측면인 존재에 대해서도 관심을 갖고 있었다. 위격적인 표현에만 치중하다 보면, 인간이 알 수 없는 하나님의 존재 전체적인 측면을 소홀히 할 수 있다. 하나님의 영광스러운 신성과 권능을 평가절하 하거나 등한시하는 우를 범하지 않도록 하기 위해서 세심하게 노력하였다.

칼빈은 새로운 삼위일체론의 패러다임을 형성하였다. 그는 하나님의 본질을 신학의 핵심으로 생각하지도 않았고 이를 중요시하지도 않았다. 중세 서방신학자 보에티우스와 토마스 아퀴나스가 추구했던 신적인 각각의 본질(the conception of *individual* in the Trinity)에 대한 연구보다는 하나님 안에 영원한 본질의 관계(*eternal subsistent relations in God*)에 강조점이 있음도 드러났다.[44] 왜냐하면 하나님 자신이 본질에 대

---

43 *Institutes*, I.xv.4.
44 *Institutes*, I.xiii.25.

해서 자세히 언급하지 않고 있기 때문이다. 자칫하면, 사실에 근거해서 하나님을 이해하는 것이 아니라 상상이나 환상에 근거하여 하나님의 본질에 대한 논의를 하게 되므로 성경의 근거를 훨씬 뛰어넘게 된다.[45] 하나님은 우리의 관심의 눈길과 우리의 예배를 그분의 본질에 대한 피상적인 이해에 맞추기를 원하지 않으셨음을 발견하였다.[46]

2) 구원론적 관점

칼빈이 설명하는 삼위일체 교리는 세 인격으로 역사하시는 한 분 하나님, 혹은 한 분 안에 존재하는 세 인격들인데, 먼저 하나님이 인격적으로 구분되어 표현됨에 주목하고 있다.[47] 하나님을 정확하게 아는 것은 먼저 세 인격들을 아는 것인데, 이는 하나님 아버지와 구별되는 성자가 예수 그리스도의 인격으로 계시되었고, 성령도 그의 신성을 드러내셨기 때문이다(마 28:19). 그리스도의 인성과 신성은 삼위일체의 이해에서 핵심을 차지하고 있다.

그러면 인격이란 무엇인가? 칼빈이 인격에 대해서 매우 날카롭게 풀이한 설명을 들어보면, 삼위일체를 부인하는 사벨리우스와 같은 양태론의 여지는 전혀 성립의 근거를 찾지 못할 것이다.

> 나는 인격(Person)이라는 말을 하나님의 존재(God's Being) 안에 있는 실체(혹은 본질, subsistence or essence)라고 부르는데,

---

45 *Institutes*, I.xiv.4.
46 *Institutes*, I.xiii.1.
47 *Institutes*, I.xiii.2.

다른 인격에 연관을 갖고 계시면서, 서로 공유할 수 없는 성질에(incommunicable property) 의해서 구별된다. 우리는 '본질'(essence, 혹은 실재) 라는 용어를 가지고서, '존재'(being)와 구별되는 어떤 것으로 이해되기를 바란다. 왜냐하면, 말씀이 단순히 하나님이지만, 그분이 갖고 있는 것이 아무것도 없다고 한다면, 요한이 그가 하나님과 항상 함께 있었다(요 1:1)라고 말하는 것은 합당하지 못할 것이다. 그리고 그 뒤에 그는 그 말씀이 하나님이라고 추가했는데, 그는 그 말씀을 한 분 하나님이라고 우리에게 말하고 있는 것이다. 그러나 아버지 안에 머물러있지 아니하고서는 말씀이 하나님과 함께 있을 수 없기 때문에 또한 그로 인해서 본질이 있는 것이기에, 분리할 수 없는 연합된 존재로 함께 묶여있다. 또한 그 본질로부터 따로 떼어낼 수 없음에도 불구하고, 특별한 표식으로 그를 구별하는 것이다. 지금 나는 다른 인격들과 관련을 맺고 있는, 세 실체의 각각에 대해서 말하고자 한다. 이는 그 고유의 독특한 성격으로 구별된다. 이 관계는 특별하게 표현되는 바, 하나님에 대해서 매우 단순하고도 불명확한 언급이 주어졌으니, 아버지와는 다른 이름인 아들과 성령이라는 이름이 사용되었다. 하지만, 동시에, 아버지는 아들과 함께 있는 것으로 생각되면서, 서로 다른 각각의 독특한 성격이 있는 것이다. 세 번째로, 각각에 속하여 있는 것은 비공유적이라고 주장하는 바, 아버지에게 속한 것은 아들에게 적용할 수도 없

고, 전이될 수도 없을 만큼 구별되는 것이다.⁴⁸

칼빈은 서로 연관을 가진 각각의 독특한 인격을 설명하기 위해서 터툴리안이 주장했던 한 분 하나님의 어떤 구별이나 경륜이 다르다는 표현에 대해서도 용납하였다. 또한 아타나시우스가 주장한 성자가 성부와 항상 본질적으로 함께 있다는 주장을 따르면서도, 성육신한 성자의 존재와 성부의 존재가 하나라는 것과 함께 하나님 안에서의 세 구별된 인격을 풀이하는데 역점을 두고 있다.⁴⁹

하나님의 말씀이 예수 그리스도로 성육신하였는데, 이 존재는 그냥 하나님의 입에서 나오는 공허한 소리가 아니라, 영원하고도 본질적인 아버지의 말씀이며, 태초부터 계시되 정작 시작은 없었던 분이요, 아버지와 함께 계시면서 창조부터 함께 하신 분이다. 그분은 실체를 가진 말씀으로 하나님의 계시에 의해서 구별되었다. 그분은 항상 한분 하나님으로 동일하게 머물러 계시면서, 아버지로부터 낳으신 분이시다. 칼빈은 심지어 구약의 '여호와'라는 이름에서도 이미 그리스도에게 영광을 돌리던 이스라엘 백성들의 예배가 표현되어 있다고 보았다.⁵⁰

하지만, 하나님은 한 분이라는 말을 어떻게 해석해야 하는가? 성부와 성자의 구별이 있음에도 불구하고, 칼빈은 성부와 성자 사이의 권

48　*Institutes*, I.xiii.6.
49　Athanasius, *De Decretis* 15ff. "the consubstantiality of the Word or Son of God with the Father" in Origen and Athanasius, *The Trinitarian Faith: The Evangelical Theology of the Ancient Catholic Church*(Edinburgh: T. & T. Clark, 1988), 320ff.
50　*Institutes*, I.x.ii. 칼빈이 그리스도에의 예배를 설명한 부분은 *Institutes*, I.xiii.7-9, 19에 있다.

능과 역할에서 항상 한 분임을 강조한다. 좀더 범위를 확대하여 말하자면, 삼위일체 되시는 하나님은 궁극적으로 한 분이시므로, 먼저 철저하게 각 위격을 알고 난 후에 하나 되심을 제대로 이해하여야만 그 하나님이 한 분이심을 온전히 알게 된다는 것이다.

각 위격을 풀이하는 칼빈의 핵심은 성자의 참된 존재, 영원하심, 신성을 증명하는 데 집중되고 있음은 확연하지만, 그러나 필자는 칼 바르트의 주장처럼 칼빈의 신학이 '기독론 중심'이라고 말하려는 것은 결코 아니다. 오히려 삼위일체에서 그리스도의 신성과 인성을 다루는 칼빈의 관점은 구원론적이면서 존재론적 접근방법(soteriological and ontological approach)이라고 할 수 있다.

예수 그리스도의 구원 사역과 치유 사역은 창조의 시작부터 성부가 지속적으로 해온 인류 구원의 사역이었다. 그리스도가 하신 것과 성부가 하신 것은 연속적이며 상호 관련을 맺고 있다. 죄를 용서하시면서 그리스도는 오직 하나님께만 속해있던 권세를 갖고 있음을 주장하였다.

그리스도는 다른 어떤 분으로부터 구원의 은혜를 받아서 전달하거나 그냥 소개해주는 분이 아니라, 자신이 하나님으로서 지녀야 할 모든 의로움과 생명과 거룩함을 소유하시고서 구원을 시행하신 분이다. 그리스도는 예배의 대상이요, 구원의 창시자요, 모든 축복의 수여자로서, 하나님의 충만하심이 육체로 거하신 분이다.[51]

51　*Institutes*, I.xiii.13: "It is due to the communion in power between himself and the heavenly Father that the Son is himself the Author of saving benefits, so that actual knowledge of him is unquestionably more certain and solid than any idle speculations. For in him the godly mind discerns God as very present, and almost handles him when it feels itself quickened, enlightened, saved, justified and

칼빈은 성령의 신성을 입증하는 것으로 삼위일체를 보다 더 잘 설명할 수 있다는 확신을 표명하면서, 성령이 자신의 권세로써 역사하심을 특히 강조하면서 생명을 주시는 권능과 우리가 체험하게 되는 본질에 대해서 설명한다. 성령은 여러 성경구절에서 중생과 영생의 창조자로 언급되어있다. 이 권능은 그 누구로부터 빌려온 것이 아니라, 그분 자신의 고유한 권능이다.

칼빈은 성자에게 속한 것으로 설명한 방식으로 모든 신성의 활동들을 성령에게 적용한다. 우리를 향하신 하나님의 살려주시는 권능을 체험하고 참여하는 것은 오직 성령을 통해서이다. 성령만이 우리의 칭의와 성화의 근거이자 저자가 되시며, 모든 진리와 은혜와 선한 것들의 출처이시다.

그리고 성령은 하나님의 위격으로 존재하지 않으면 결코 존재할 수 없는 분이시다. 왜냐하면 바울 사도가 로마서 8장과 고린도전서 2장에서 성령을 하나님의 권능으로 구별하면서, 하나님 안에서 위격적으로 존재하며, 하나님의 깊은 것이라도 통달한다고 말했기 때문이다. 성령의 존재는 하나님을 떠나서, 혹은 하나님 밖에서는 상상할 수 없으며, 오직 하나님 안에서만 가능하다.[52]

성령의 존재와 활동은 하나님의 존재와 활동의 즉각적인 실재이다. 모든 구원사역과 재창조의 사역은 성령의 사역과 하나님과의 사이에 긴밀한 관련 속에서만 가능하다. 칼빈의 삼위일체론은 구원론적이며, 동시에 존재론적이라고 평가해 볼 수 있다. 칼빈은 성부와

---

sanctified."

52 *Institutes*, I.xiii.14-15.

성령 사이에 하나 됨은 성경적으로 구원을 베푸시는 존재이자 대행자로서 하나 됨을 강조하기 때문이다.

3) 위격과 본질의 명확한 구별

칼빈의 삼위일체론은 위격들의 신학이라고 말할 수 있다. 칼빈은 '위격'(휘포스타시스) 혹은 '인격'이라는 용어를 충분히 수용하면서도, 전통적인 방식에 무조건 따르기보다는 신중하게 성경을 연구하여 답변하고자 했다. '실체'라고 번역하는 '휘포스타시스'는 성부의 존재나 본질을 가리키지 않고, 그의 위격 혹은 인격(person)을 가리킨다.

칼빈은 교부들이 채택했던 '휘포스타시스'라는 단어를 바르게 파악하여, 하나님에게는 삼중의 '휘포스타시스'가 있고, 단일의 '우시아'(본질)가 있다고 가르쳤다.[53] 이것은 앞에서 지적한 바와 같이 헬라 정교회에서는 세 '휘포스타시스'가 있다고 가르친 반면에, 서방 교회에서는 '휘포스타시스'를 '수브스탄티아'로 번역하여, 하나님의 존재와 본질을 강조하는 의미에서 하나의 '휘포스타시스'로 직역함으로써 크나큰 혼란이 빚어졌던 것이다.

다시 반복해서 요약하여 보자. 칼빈의 삼위일체론에서 주목해야 할 것은 하나님의 본질('우시아' essence, 라틴어로는 *essentia*)과 각 위격('휘포스타시스' hypostasis) 간에 명확한 구분을 제시하고 있는 점이다.

칼빈은 본질과 위격을 확연히 구분하여 사용하라고 강력히 주문하였다. 칼빈에 의하면, 삼위의 각각의 인격이란 한 하나님의 본

---

53 *Calvin's Commentary on Hebrew* 1:3.

질 안에서(*in Dei essentia*) 내재적인 위격(hypostasis), 혹은 실재이며(subsistence, 라틴어로는 *subsistentia*), 서로 간의 관계에 있어서 다른 인격과는 전적으로 구별되며, 서로 바꿀 수 없는 독특한 요소를 갖고 있다는 말이다. 이때에 '실재' 혹은 '실체'(subsistence)라는 의미는 '존재'(being)라는 용어와는 좀 다른 말로 쓰였는데, '존재'와는 분리할 수 없는 용어이지만, 존재와 연관을 갖고 있는 한 위격이라는 말로 이해된다.

'수브시스텐티아'라는 말은 존재 내에 있는 관계성을 드러내는 단어이며, '에센티아'라는 말은 존재 그 자체(*esse in se ipso, a se ipso*)를 의미하는 단어이다. 지금까지 설명한 칼빈의 강조점을 다시 한번 인용하여 보면 다음과 같다.

> 절대적으로 단순한 하나님의 통일성 속에서, 이들 세 위격들 혹은 실재들이 서로 간에 그 어떤 혼동도 없이 하나의 존재 속에 함께 거하고 계신다. 그리하여 성부는 말씀과 성령과 함께 한 분 하나님이시지만, 성부는 말씀이 아니며, 성령도 아니다.[54]

우리가 성부께서 성자와 함께 거하신다고 할 때에, 서로 구별되는 인격으로서 두 실체들 사이의 관계(*relatio*)를 생각하는 것이며, 하나님

---

[54] *Institutes*, I.xiii.4: "In the absolutely simple unity of God these three hypostases or subsistence coexist in one Being without being confused with one another. Hence although the Father is one God with his Word and Spirit, the Father is not the Word, nor the Word and Spirit."

은 한 분이시다고 말할 때에는 성부나 성자나 성령의 구별된 위격들과는 확연히 다른 용법으로 사용하는 것이다.[55] 삼위의 구성원들 사이에 존재(Being)는 전혀 구별이나, 구분이란 없다.[56] 칼빈은 하나님이 한 분이라는 것에서는 다른 어떤 관련성을 포함하는 단어로서 생각하지 말고 단순하게 절대적으로 한 분만을 생각하라고 주장하였다.[57]

중세 스콜라신학자들의 영향으로 인해서 많은 기독교 신학자들은 하나님의 본질을 일종의 확고한 상태의 어떤 존재 혹은 정태적인 어떤 것으로 이해하려고 시도하였다. 그래서 하나님의 각 위격이 담당하는 행위를 순수한 존재로 동일시하였다.

칼빈은 위격이 본질에 앞서서 거론되고 있음에 대해서 매우 우려하였다. 행위와 사역은 하나님의 권능이 나타나는 구체적인 사건들이요, 이것들은 위격들의 기능에 해당한다. 이것들은 결코 각 위격의 공통적인 본질을 설명하여 주는 것이 아니다. 따라서 위격과 본질은 구별하여 생각해야 하는 것이다.

칼빈에 있어서 세 위격들은 하나의 본질 안에 자리 잡고 있기 때문에, 본질로부터 분리될 수 있는 것은 아니다.[58] 더구나 하나님의 본질은 일반적으로는 인지가 가능하지 않으며, 오로지 세 위격의 속성들을 통해서만 인식될 수 있다고 보았다. 성부와 마찬가지로, 성자와 성령도 역시 본질을 충만하게 보여주시는데, 역시 '아우토테오스'이

55　*Institutes*, I.xiii.vi.

56　*Institutes*, I.xiii.25.

57　*Institutes*, I.xiii.20: "*Simplex Dei nomen relationem non admittit, non potest Deus ad se ipsum dici hoc vel illud esse.*"

58　*Institutes*, I.xiii.25.

며, 완전한 하나님으로 인정되어야 한다고 주장하였다. 각 위격은 개별적으로 하나님의 충만하심을 보여주신다. 이것은 하나님은 한 분이기 때문이다.

따라서 칼빈의 삼위일체론은 위격들에 대한 신학적 설명이라고 보아야 한다. 위격들의 속성에는 그들 각 위격의 독특성과 그들이 본질적으로 공유하고 있는 단일한 하나님의 본질적 속성을 모두 다 소유하고 표현하고 있다.

위격을 통해서 설명되는 그리스도는 마땅히 '하나님에게서 나온 하나님'(*theos ek theos*)이다. 아들로서는 성자는 성부로부터 존재하게 된 것이다. 위격적으로 볼 때에 성자의 '낳으심'과 성령의 '나오심'은 틀린 말이 아니다. 그러한 관계 속에서 이해되기를 원하셨기 때문에 성경이 이런 용어들을 채택하고 있는 것이다. 하지만 본질에 대해서 말할 때에는 성자와 성령은 성부의 본질과 동일하기 때문에, 그들의 속성과 자존성과 영광은 모두 동일하다. 그렇지 않다면, 이런 위격적인 술어들 때문에, 성부가 계시고, 그와 다른 성자 하나님과 성령 하나님이 계신다는 이해를 하게 되므로 삼신론에 빠지게 되고 만다.

4) 각 위격의 동등성과 독특성

니케아 신경을 작성했던 시대의 성도들과 초대 교부들은 주로 본질의 통일성이 아니라, 개별성을 지닌 각 삼위 사이의 근원적 관계에 대해서 연구하는데 집중하였었다. 그러나 칼빈은 삼위일체 내에서 하나의 공통 본질을 지니고 계신 것을 삼위 사이의 관계보다도 더 중요시했다.

어거스틴은 위격 개념을 주로 신적인 관계로 국한시키려고 했었으나, 칼빈은 위격(서열)은 본질(비서열, 완전한 동등)과 명확히 구분하려고 했다. 본질 면에서 볼 때에 삼위일체는 한 분이며, 서열이 없다. 반면에 위격에서 볼 때에는, 성자의 위격을 구분하는 특성으로 태어나셨다는 것이다. 그러나 성자가 본질로서는 완전히 하나님과 한 분이시다. 또한 성령의 위격을 구분하는 특성은 영원한 발출의 산물이라는 것이다. 물론 성령의 본질은 영원하신 하나님과 동일하다. 각 위격은 자존성을 가지고 있다.

다시 말해서, 성부께로부터 성자가 나오셨지만, 똑같은 신성을 가지셨으면서도 성부와 성자 사이를 구분하는 독특한 개성이 있다는 것이다. 이점은 칼빈의 삼위일체론에서 가장 강조되는 조항으로써 그가 신론의 발전에 끼친 중대한 공헌이 아닐 수 없다. 칼빈은 성자와 성령의 자존성과 동등성을 먼저 강조하고 난 후에, 세 위격이 본질상 지니고 계신 통일성을 동시에 강조하였다.

> 본질은 아버지와 아들에게 전적으로 완전하게 공동으로 남아 있다. 만약 이것이 사실이라면, 그 때는 진실로 본질상 아버지와 아들 사이에 전혀 구별이 없게 된다.[59]

칼빈은 위격에 있어서 성자가 성부로부터 낳으셨다는 말에 대해서 의심 없이 받아들이면서, "만약 성부와 말씀 사이의 구별에 주목해서 살펴본다면, 하나가 다른 하나로부터 존재한다고 말할 수 있을 것이

---

59 *Institutes*, I.xiii.25.

다"라고 하였다. 하지만, 성자의 본질은 성부로부터 온 것은 아니라고 강조한다. 성자의 본질은 무발생적이며, 낳아진 것이 아니라, 성부의 본질과 동일하며, 성령의 본질도 이와 동일하다. 그리스도가 신이었다는 말은 신적인 속성과 본질을 소유한다는 말이며, 자존하시는 하나님이라는 것이다. 칼빈은 그리스도의 신성에 대해서 강조한다.

> 그는 혼자서도 스스로 항상 자존하신다…만약 말씀의 근본적인 본질이 성부와 함께 한 하나님이라고 하는 것을 고려한다면, 성부 하나님에 대해서 거론될 수 있는 것은 무엇이든지 영광의 삼위일체의 제2위격이신 그리스도에게도 적용될 수 있다.[60]

칼빈의 핵심적인 강조점은 삼위일체 세 위격 가운데 각 위격의 자존성, 다른 말로 하면 성자와 성령의 충분한 신성에 대한 강조점이 남다르다고 할 수 있다. 칼빈은 교회가 오랫동안 채택해온 삼위일체라는 말을 이해하려면, 이러한 동등성과 독특성의 의미를 분명하게 이해해야만 한다고 강조한다.

> 아버지와 아들과 성령은 한 분 하나님이시되, 그럼에도 불구하고 아들은 아버지가 아니시고, 성령은 아들이 아니시다. 세

---

60 Calvin's Letter to Simon Grynee, 1537년 5월. *Letters of John Calvin*, ed. Jules Bonnet, tr. David Constable(Philadelphia: Presbyterian Board of Publication, 1858), vol. 1:55.

분은 독특한 특성(property)에 의해 구분된다.[61]

칼빈은 그리스도는 "하나님의 영광의 광채시요 그 본체의 형상이시라"(히 1:3)는 구절에 나오는 헬라어 '카락테르 휘포스타세오스 아우투'(라틴어로는 *character substantiae eius*)라는 말씀의 해석에서부터 시작하여 용어를 정의한다. 칼빈은 바른 단어의 사용이 얼마나 중요한가를 충분히 인식하고 있었다. 고전적인 기독론에서 항상 문제가 되었던 것은 하나님의 '실체' 혹은 '본체'라는 단어였다. 성부의 본질과 성자의 본질이 과연 어떤 관계인가를 풀어보고자 노력하였던 것이다.

> 성경에 난해한 내용이 있을 때 좀 더 분명한 단어들로 그 내용을 설명하는 일을 막을 이유가 어디 있겠는가? 다만 그런 단어들을 사용하더라도 성경의 진리를 충실하게 견지하고, 그 단어들을 시의적절하게 절제하여 사용한다는 전제가 있어야 할 것이다.[62]

칼빈이 헬라 정교회에 속한 교부들의 글과 서방 어거스틴파의 저술들을 연구하여 각각의 공헌을 종합하고 체계화하여 제시한 삼위일체 이해의 핵심은 삼위일체 안에서 각 위격들은 '스스로 하나님이심'(아우토테오스, *autotheos*)이라는 것이다. 워필드 박사는 삼위일체 교리를 일별하는 두 편의 논문들에서 칼빈이 성자의 '아우토테오스'를 주

---

61 *Institutes*, I.xiii.2.
62 *Institutes*, I.xiii.3.

장함으로써 삼위일체 교리를 정확하게 그리고 생동감 있게 정립하는 데 탁월한 기여를 했다고 강조한다.[63]

존 머레이 교수 역시 칼빈이 사용한 '아우토테오스'에 대해서 남다른 기여라고 높이 평가한다. 그는 칼빈이 초대 교부들의 삼위일체론에서 성자의 성부로부터의 영원발생설을 거부하고, '하나님으로부터 나온 다른 하나님'이라는 니케야 신경의 표현을 그냥 답습하기 보다 성자가 처음부터 하나님이심(아우토테오스)을 강하게 주장하였다는 사실을 매우 높이 평가하였다.[64] 이 용어를 차용하면, 각 위격들은 공동 주권에 대한 행사의 일부로서 자유롭게 자신의 의지를 형성하거나 처리할 수 있다는 뜻이다. 그 위격들이 그저 공동의지의 집행자에 불과한 것으로 간주하지 않는다. 위격들보다 신적인 본질이 우선한다는 생각에 머물려고 한 사벨리우스주의자들의 생각을 배격한다. 성령의 위격 안에서 하나님이 인간에게 찾아오시고, 성부의 심판

---

[63] B. B. Warfield, "Calvin's Doctrine of the Trinity," *Calvin and Calvinism* (New York: Oxford University Press, 1931), 189-284. idem, "The Biblical Doctrine of the Trinity," in *Biblical and Theological Studies* (Philadelphia: Presbyterian and Reformed, 1952), 59: "In particular, it fell to Calvin, in the interests of the true Deity of Christ—the constant motive of the whole body of Trinitarian thought—to reassert and make good the attribute of self-existence(*autotheos*) for the Son. Thus Calvin takes his place, alongside of Tertullian, Athanasius, and Augustine, as one of the chief contributors to the exact and vital statement of the Christian doctrine of the Triune God."

[64] John Murray, "Systematic Theology," *Westminster Theological Journal* 25(1963):141; "This evidence shows that the meaning intended is that the Son derived his deity from the Father and that the Son was not therefore αὐτό It was precisely this position that Calvin controverted with vigour. He maintained that as respects personal distinction the Son was of the Father but as respects deity he was self-existent(*ex se ipso*). This position ran counter to the Nicene tradition." Robert L. Reymond, *A New Systematic Theology of Christian Faith* (Nashville: Thomas Nelson Publishers, 1998), 327.

대 앞에서 중보자이신 성자와의 인격적 사귐이 영원한 형벌을 면케 만든다. 이점은 니케야 종교회의 삼위일체론에서 다루었던 모호성에 대해서 정면으로 새로운 해석을 제시한 것이다. 각 위격들 자체가 하나님이지 임명에 의해서 신성이 된 것이 아니라는 지적이다. 처음 이 용어를 사용한 사람은 오리겐이었다. 그는 오직 성부에 대해서만 이 용어를 적용하였다. 칼빈과 같은 이해가 없고, 오리겐처럼 생각하는 경향 때문에 헬라 정교회에서는 성부만이 '아우토테오스'라고 받아들이는 경향이 강하였고, 결국에는 성령이 성부와 성자로부터 나온다는 '이중발출'을 용납할 수 없었던 것이다.

칼빈은 삼위일체 위격들 각각이 '아우토테오스'라고 말함으로써 모든 형태의 오리겐주의적인 요소들을 공격했다. 성자와 성령은 성부에 비해서 열등하거나 종속되어 있지 않고, 성자와 성령도 충만한 하나님이라고 주장했다. 어느 한 위격이 다른 위격에 대해서 자신의 의지를 강요할 권위를 주장하지 않는다. 특히 칼빈은 성자의 위격이 하나님 안에서 시작되었다는 표현에서 아주 세심하게 어떤 인과적인 암시라도 들어가지 않도록 주의한다. 성자의 존재가 성부의 존재에 의존적이라고 간주되어서는 안 되고, 단지 그런 관계 속에서만 성자가 되기를 바라셨음에 유의하도록 호소한다.

칼빈은 요한복음 1:1에 나오는 '말씀'(로고스)은 자신만의 특성을 지닌 실재로서 성부와 함께 계셨음을 역설한다. 각 실재는 저마다 고유의 속성이 있으며, 아버지만의 독특한 표지로 인정되는 것은 아들에게 속할 수도 없고, 아들에게 돌릴 수도 없다. 아버지는 처음부터 아들의 출생을 아시고 함께 하셨다. 하지만 성자는 처음부터 '아도토테오스'이다.

그리고 이러한 위격의 구분에서 삼위일체의 위격들 안에 있는 논리적인 순서를 무시하지는 않는다. 삼위의 각 위격을 논할 때에는 물론 일정한 순서를 함축하게 된다. 하지만 이것은 세상이 말하는 앞과 뒤의 순서를 논하려는 것이 아니다. 일등과 이등과 삼등을 주장하려는 순서도 아니다. 삼위께서는 함께 영원하기 때문이다. 이 순서에서는,

> 비록 순서의 준수가 의미 없는 일도 아니요, 불필요한 것도 아니지만, 성부가 첫째이고, 그 다음이 성자이며, 성령을 그 후에 거론하게 되더라도 영원하신 중에도 먼저와 이후로 나누어서 생각해서는 안 된다.[65]

특히 서구 신학에 잠재해 있는 사벨리우스주의, 즉 양태론에 대해서도 공격했다. 사벨리우스주의가 삼위의 각 위격들이 서로 동등함을 인정하고 있으면서도, 그 위격들이 신적 본질 자체와는 완전히 동등한 것은 아니라고 생각하기 때문이다. 칼빈은 세 위격이 그들의 신성에서 상호 동등하며, 비인격적인 본질의 공유에서가 아니라, 세 위격의 상호 교류와 상호 교통함에 의해서 하나가 되었다는 교리를 주장했다.

칼빈은 하나님의 본질에 대해 언급하면서 '거짓-디오니시우스'에 대해 통렬히 거부하고 있다. 계시에 근거하여 볼 때에, 비록 충분히 하나님의 본질을 이해할 수 없다고 하더라도, 그처럼 환상에 근거한 신학으로 지나치게 나가는 것은 성경의 범위를 훨씬 넘어버린다고

---

65 *Institutes*, I.xiii.18.

비판하였다.[66] 반대로, 칼빈은 하나님의 본질에 대해서 계시된 것이 적다고 하더라도 사변적인 지식을 발전시켜서 함부로 말하는 것은 피해야 한다고 주장했다.

칼빈 한 사람 뿐만 아니라, 종교개혁자들은 삼위일체의 모든 위격들이 동등하다는 믿음을 굳게 가졌다. 이점은 중세신학이 아타나시우스 신경에 나오는 조항들에 대해서 변질된 해석을 가한 부분들을 배척하는 것이기도 하다. "삼위일체에서 어느 위격이 앞서거나 뒤지지 않으며, 어느 위격도 다른 위격보다 더 위대하거나 모자라지 않다"라는 것이 아타나시우스 신경의 삼위일체론이었다. 그런데 중세 신학자들은 성부를 성자와 성령의 원천으로 해석해서 이 두 위격보다 더 높이려는 경향을 갖고 있었다. 또한 성령에 대해서는 성부와 성자 사이의 연결만을 하고 있다고 함으로써 인격성이 의문시되는 오류를 범하고 말았다.

여기서 삼위 사이의 동등성과 자존성을 강조하는 칼빈은 성부께로부터 나오는 것은 성자와 성령의 본질이 아니라고 주장한다. 성자와 성령은 모두 완전하신 하나님으로서 스스로 본질을 지니신다. 성부께로부터 나오는 것은 독생하신 성자의 고유성과 성령의 고유성이라는 것이다.

칼빈은 하나님의 삼위일체 위격들이 모든 점에서 서로 동등함을 강조하였다. 이것은 중세 전통에서 무시되었던 성령의 인격성을 회복하는 계기가 되었다. 하나님의 은혜는 모두 성례전에 묶여 있었고, 성령의 적용사역은 전혀 언급되지 않았다. 그러나 칼빈은 구원의 적

---

66 *Institutes*, I.xiv.4.

용은 전적으로 성령의 사역임을 분명히 밝혀냄으로써 '성령의 신학자'라고 불리는 것이다.

구약성경에는 다양한 하나님의 현현이 나타나 있는데, 이들에 대해서 칼빈은 주저없이 기독론적으로 해석이 가능하다고 받아들인다. 구약의 성도들은 아직 충분한 계시를 이해하지 못하던 성도들이었으므로 세 위격으로 구분되지 않는 하나님에 대해서 예배하였던 것이다. 그래서 창조와 구속과 성화라는 경륜적 삼위일체에 대해서 이해할 수 없었다. 물론 칼빈은 이런 식으로 이해하는 것에 대해서 반대한다. 위격들 각각이 분리되지 않고, 하나의 전체로서 삼위일체가 동시에 창조주이시며, 동시에 구속주이자, 동시에 성화자이다.

하나님이 자신의 내부를 보다 명백하게 드러내신 것은 오순절 때 성령님을 보내면서부터이다. 이때 이후로는 성부의 위격과 사역, 성자의 위격과 사역, 성령의 위격과 사역을 구분해서 볼 수 있게 되었다. 이 때에 위격들은 상호 다른 두 위격들의 지식을 동시에 포괄적으로 이해한다.

> 성경은 활동의 기원과 만물의 원천과 샘이 성부에게 귀속되며, 지혜와 경륜과 만사의 주관하심은 성자에게 귀속되고, 행동의 능력과 효과는 성령께 귀속된다고 말씀한다.[67]

여기서, 칼빈은 특히 처음 시작과 근원이 성부에게 귀속되기에 혹시라도 성자와 성령의 신성이 손상되지 않도록 세심하게 설명을 첨

---

[67] *Institutes*, I.xiii.18.

가하고 있다. 특히, 요한복음 14:28에서 '아버지는 나보다 크다'라는 예수님의 말씀이 오해되고 있음에 주목하였다. 성자는 우리로 하여금 자신과 하나 되게 하시고자 육체를 입고 오셨고, 그로 인해서 우리들은 예수 그리스도를 통하여 하나님과 하나를 이룩하게 시도하였다. 그렇다고해서 성자는 이등 하나님이거나, 성부에 비해서 다소 열등하며 종속적인 지위에 있는 것은 아니다.[68] 칼빈은 이 구절을 존재론적으로 해석하지 말고, 구원론적으로 혹은 경륜적으로 풀이할 것을 주문한다. 성자가 육체를 입고 있다고 하더라도 영원한 삼위 사이에는 아무런 변화가 없다.

성자와 성령의 신성과 인격성을 도입함으로써 칼빈은 새로운 시도를 하고 있는 것이다. 초대 교회 시대부터 내려온 성부수위설은 그가 '신성의 원천'이기에 일반적으로 받아들여졌었다. 하지만 성령이 우리의 성도들의 생활 속에 파고 들어와서 다른 두 위격들의 사역을 유효하게 만들며, 효과적으로 적용하시는 분이시기에 결코 성령의 활동을 소홀히 취급할 수 없다. 어떠한 면에서도 성령의 인격성을 격하시켜서는 안 된다는 것이다. 이것은 중세시대의 교회가 전혀 강조하지 않았던 요소들이다.

어떤 영역과 사역에서 성부가 주도하듯이, 혹은 성자가 주도하듯이, 성령도 똑같이 인격적인 자발성과 주도성을 발휘하신다. 그렇게 하더라도 방종하거나 자유가 지나치지 않는 것은 성령이 가지신 지혜가 다른 두 위격들의 지혜를 공유하고 관통하고 있으며, 특히 삼위를 하나로 묶고 있는 영적인 사랑에 의해서 추진되기 때문이다.

---

68 *Institutes*, I.xiii.26.

5) 한 위격의 지식은 다른 두 위격의 지식을 동시에 포함함

우리는 이제 칼빈의 삼위일체론에서 인격들 간의 관계 혹은 하나의 분리할 수 없는 하나님 안에 있는 실재들에 대한 해설에 대해서 주목하고자 한다. 이것은 칼빈이 삼위일체론을 발전시킨 기여 가운데서도 가장 중요한 공헌으로 손꼽히는 부분이며 삼신론자라는 오해를 해소하는 답변도 되는 것이다.

칼빈은 위격들이 성부로부터 어떻게 나오느냐에 관심을 가졌던 종전의 삼위일체론과는 달리, 성자와 성령의 신성을 충분히 입증한 후에 서로 관련을 맺고 있는 공존적 연계성을 더욱 부각시키고자 했다. 상호 교통은 세 위격 모두에게 적용되며, 세 위격이 공유하는 본질적 속성은 동일한 하나의 실체이다. 하나님은 한 분이기 때문이다. 각 위격은 독특한 속성을 가질 뿐만 아니라, 하나님의 본질에 속하는 모든 속성들을 다 소유하고 있다. 신적 본질은 충만하게 완전하게 단일한 본질을 이루고 있다. 그 본질은 하나이신 하나님의 단일성이다.

성부와 성자와 성령의 관계성을 규정하면서, 각 위는 다른 위격들의 모든 지식과 지혜를 함께 구비하고 있음에 주목한다. 이런 면에서 성부는 성자와 성령과 함께 모든 신성과 지혜를 겸비한다. 각 위격에게만 속해있는 독특한 특성들을 서로 공유한다.[69]

성부는 충만하게 성자 안에 있고, 성령 안에 있다. 칼빈은 요한복음 14:10에서, "내가 아버지 안에 있고, 아버지가 내 안에 계신다"라는 구절을 근거로 내세우고 있다.

---

69 *Institutes*, I.xiii.19: "The relationship of Father, Son, and Spirit".

성자가 성부로부터 확연히 구별된다는 것과 성령이 성자로부터 확연히 구별된다는 것은 성경에 의해서 분명하게 지적되고 있다. 그러나 아주 놀라울 정도로 거대한 신비로움이 이 탐구에 있어서 우리가 추구해야 할 거대한 존경심과 경각심을 일깨워주고 있다. 나는 그레고리 나지안젠의 언급을 극도로 좋아한다. "나는 한 분을 생각 할 때에 즉각적으로 세 인격의 광채에 의해서 휩싸여있는 존재를 생각하지 않을 수 없다. 역시 나는 세 인격을 구별할 때에 즉각적으로 한 분으로 돌아가는 존재를 생각하지 않을 수 없다." 따라서 우리가 세 인격들로 구분하면서 통일성으로 즉각 귀결하지 않는 생각을 허용하지 않도록 해야만 하는 것이다. '아버지', '아들', '성령' 등의 용어는 확실히 실제적 구분을 허용하고 있지만- 하나님은 자신의 사역들을 통해서 다양하게 나타낸다는 식으로 이런 용어들을 단순히 하나님의 별명쯤으로 생각해서는 절대로 안 된다- 그러나 이 용어들은 구별을(distinction) 하려는 것이지, 분리를(division) 시키려는 것은 아니다.[70]

신학자들은 일반적으로 삼위일체 사역을 내적인 사역(*opera Trinitatis ad intra*)과 외적인 사역(*opera Dei ad extra*)으로 나누고 있다. 하나님의

---

[70] *Institutes*, I.xiii.17. Cf. Gregory of Nazianzen, *Oratio*, 40:31, "I cannot think of the One without immediately being surrounded by the radiance of the Three; nor can I discern the Three without at once being carried back to the One. When I think of any One of the Three, I think of him as a whole…I cannot grasp the greatness of that One so as to attribute a greater greatness to the rest. When I contemplate the Three together, I see but one luminary, and cannot divide or measure out the undivided light."

외적인 사역은 경륜적으로 나누어지고, 구별해서 설명하고 있지만, 내적인 사역을 결코 분리하거나 나눌 수 없다고 말하였다.

칼빈은 과연 성부, 성자, 성령 사이의 내적 관계에서 어떤 점들을 중요하게 설명하는가? 영원한 관계로서 말하되, 그는 삼위 사이에는 '경륜'(economy), '세대'(dispensation), '성질'(disposition)이라는 용어를 자주 채택하였는데, 창조와 구원의 사역에서 각각의 위격들은 독특한 역할을 감당하였다. 이런 용어들은 모두 다 위격들의 영원한 신비적 교류와 공유를 표현하려는 단어였다.

각각의 인격들 혹은 위격들을 가지고 있어서 구별되면서도 한 분 하나님으로서 서로 전적으로 함께 머물러 계신다. 세 인격들의 하나됨은 본질적인 특성 면에서, 그리고 실재적인 하나됨에서 전혀 차이가 없다는 말이다. 한 분 하나님이 존재 안에서 세 인격들 혹은 위격들이 서로 관련을 맺고 있다.

세 위격이 사역적으로 서로 다른 역할을 감당한다고 하더라도 한 하나님으로 존재와 한 분 하나님의 통일성을 해치지 않는다. 경륜적 질서에서 볼 때에, 성부, 성자, 성령은 서로 모든 지식과 지혜를 공유하시고 모든 면에서 상호 교통하시는 관계임을 보여주고 있다.

칼빈은 '단일체 안에서'(*in solidum*)라는 용어를 채용하여 삼위 사이에는 서로 아무런 가등이나 차별이나 분리가 일어나지 않는다고 강조한다.[71] '*in solidum*'이라는 용어는 칼빈으로 하여금 삼신론자의 위험을 견제하게 하는 가장 적합한 술어였다. 한 하나님 안에서 삼위는 본래적으로, 태생적으로 상호인격적인 결합(cohesion)이 되어있음을

---

[71] *Institutes*, I.xiii.2: "*quorum quisque in solidum sit Deus.*" I.xiii.23: "*in solidum patris et filii sit communis.*"

표현하고자 한 것이다.

성부는 성자 없이는 성부만으로서는 아무 것도 생각할 수 없다. 전체 하나님의 존재는 각각의 위격과 모든 것을 공유하고 교통한다. 하나님의 모든 충만하심이 각각의 인격에도 그대로 충만하게 머물러 있다. 반대로 각각의 충만함은 한 분 하나님 안에 그대로 충만하게 거하고 있다.

한 분 하나님은 본질적으로 인격적이시며, 완벽한 의미에서 위격적이시고, 성부, 성자, 성령 모두 다 '스스로 하나님'이시다. 그러나 한 분 하나님은 하나의 인격(una persona)만을 취하신 것은 아니다. 성령은 성부와 성자 없이는 아무것도 생각할 수 없다. 성자는 구원경륜을 성취하기 위해서 성육신하여 오셨지만, 그 순간에 성자가 생겨난 것도 아니요, 독자적으로 별도의 하나님으로 존재를 시작한 것도 아니다. 삼위의 인격적인 내적 관계는 지위나 높낮이에 관한 선언이 아니요, 권세나 권위에 대한 차이를 설명하려는 것도 아니다. 존재, 권능, 위엄에 있어서는 전혀 삼위 사이에 차이가 없다.

삼위는 한 하나님의 충만한 존재(tota essentia)와 온전한 본질(tota natura)을 동등하게 갖고 있다. 성경이 증거하는 삼위일체의 통일성과 삼위성은 성자의 오심으로부터 성령이 밝히 계시되기 시작하였음에 유념해야 한다. 앞에서 지적한 바대로, 성부, 성자, 성령의 세 인격을 떠나서 하나님을 이해하는 것은 하나님에 대한 참된 지식이 아니며, 성경에 위배되는 망령되고 헛된 사상이다.[72]

에베소서 5:5과 마태복음 28:19에 근거하여 칼빈은 하나님의 하나

---

[72] *Institutes*, I.xiii.16.

됨과 삼위성을 모두 강조한다. 주도 하나요, 믿음도 하나요, 세례도 하나이다. 성부, 성자, 성령은 모두 하나로 묶여져서 하나님으로 불리며, 그 이름을 우리가 믿고 고백하는 것이다. 하나님의 존재 안에 세 인격이 머물러 있지만, 한 분 하나님으로 알려진다.

> 따라서 하나님은 여러분이 아니라, 한 분이시다. 우리는 말씀과 성령이 하나님의 바로 그 본질적인 존재 그 이상이 아니라는 점을 결론적으로 말하고자 한다.[73]

6. 끝맺는 말: 구속 역사적 관계의 신학

하나님을 바르게 이해하게 되면 어떤 유익이 주어지는가? 삼위일체 신학은 무엇 때문에 성경에서 주어졌는가? 칼빈이 전개한 삼위일체론은 루터와 마틴 부써가 가지고 있던 초기 종교개혁자들의 시각을 갱신하는 것이요, 특히 초대교부들과의 접목을 통해서 새롭게 세우고자 한 것들이다. 중세신학은 칼빈에 이르러서 완전히 새로운 삼위일체론으로 탈바꿈하게 되었다. 따라서 칼빈의 신학이 지닌 중요성과 의의에 대해서 몇 가지로 결론을 맺고자 한다.

첫째는 서방 신학의 양태론과 동방신학의 종속설을 극복하는 절묘한 해답을 제시하였다. 즉 어거스틴의 전통에 확고히 서 있으면서도,

---

[73] *Institutes*, I.xiii.16: "Therefore since it is settled that God is one, not several, we conclude that the Word and the Spirit are nothing other than the very Being of God."

삼위일체 각 위격 부분은 헬라교부들, 특히 갑바도기아의 신학자들을 추적하여 그들의 문제점도 파악하고 이를 보완하는 훌륭한 결론을 도출했다는 사실이다. 겉으로는 전혀 유사성이 없어 보이는 두 전통 사이에서 문제점을 파악하고, 일치점을 찾아내고, 절묘한 종합을 이루게 되었다는 점이다.[74]

둘째는 그리스도인들의 신앙적 체험과 경험에 대해서 보다 온전한 이해를 가능하게 하였다. 중세시대에는 사람이 은혜를 입게 되면 현재의 인간 됨됨이가 달라지게 되며, 그렇게 만들어주는 은혜라는 것은 사람을 변화시키는 영적인 실체라고 생각하였다. 그러나 칼빈의 삼위일체론에서 나오는 하나님의 은혜라는 것은 하나님의 인격이나 위격적 사역의 열매이므로, 죄인들이 은혜를 받고 새 사람으로 변화되어서 어떤 다른 인간으로 만들어진다라기보다는 오직 하나님의 값없는 은총이 주어질 뿐이다.

은총을 받은 거듭난 사람은 인격적인 하나님과의 교제가 가능하게 된다. 이것은 은혜의 주입이 아니라, 전가에 의해서 신적인 본성에 참여하는 자가 되었다는 구원론적인 설명을 가능하게 만드는 요소이다. 구원의 은혜는 각 위격들과의 인격적인 만남을 통해서 택함받은 자들에게 값없이 흘러내리는 것이다.

셋째는 칼빈이 하나님과 인간 사이의 전체 구속적인 관계를 설명하는 근간이 되는 구조, 패턴, 그리고 역동성을 모두 다 삼위일체의

74　T. F. Torrance, "Calvin's Doctrine of Trinity," *Calvin Theological Journal* 25(1990): 165-93. idem, "The Doctrine of Trinity, Gregory Nazianzen and John Calvin" *Calvin Studies* V, ed., John Leith(Davidson: Davidson College, 1990): 7-19. idem, *The Hermeneutics of John Calvin*(Edinburgh: Scottish Academic Press, 1988).

존재방식을 통해서 분석하고 설명한다는 점이다. 이것이 삼위일체론을 옹호하고 적극적으로 주장하는 주요 관심사항으로 보인다. 칼빈이 사변적이요, 철학적인 삼위일체론을 거부하고, 전통적인 개념을 주장하는 것도 피하였던 진정한 이유는 예수 그리스도의 신성을 주장함으로써, 그를 통해서 주어진 구원의 확실성을 전파하려는 데 있었다.[75]

요약하자면, 칼빈의 삼위일체론은 구원론적으로 풀이되고 전개되었다. 이것은 아타나시우스에게서도 볼 수 있으며, 서방신학과 동방신학의 삼위일체론에서 간과되어온 문제점을 바르게 교정한 것이라고 보인다. 다시 한번 지적하지만, 종교개혁자 가운데 가장 성경적이며, 기독론적인 삼위일체론을 제시한 신학자는 단연 칼빈이었다. 종교개혁자 가운데서 존 칼빈만큼 삼위일체론을 깊이 있고, 광범위하게 다룬 신학자는 없다. 칼빈 신학의 근본원리는 하나님을 아는 지식이지만, 그 내용은 결국 삼위일체 되신 하나님을 아는 지식이다.[76]

칼빈의 신학저술 전반에는 극도로 혼란한 하나님에 대한 이단적 해설들, 서방신학의 삼신론과 양태론의 모순과 문제점을 지적하는 동시에 동방신학의 종속설과 성부 우위설에 빠지지 않는 성경적, 구원론적 삼위일체론이 확고하게 자리 잡고 있었다.

> 주 예수 그리스도의 은혜와 하나님의 사랑과 성령의 교통하심이 너희 무리와 함께 있을 지어다(고후 13:13).

---

75 Timothy Geroge, *Theologies of Reformers*(Nashville: Broadman, 1988), 200-201.
76 김재성, 『칼빈과 개혁신학의 기초』, 129.

제네바 시의회에 마지막 연설을 하러 가는 칼빈

7장
율법과 복음

성령 안에 사는 자의 표징은 율법의 의로운 요구를 무시하지 않고 행하고자 하며 신약성경에 나오는 율법에 대한 설명 가운데서, 로마서 7장을 보면 사도 바울이 율법에 대한 성령의 사역을 관련지어 설명하였음을 발견하게 된다. 그리고 로마서 8장에서 율법의 요구를 이루면서 영을 좇아서 살아가는 삶을 강조한다(롬 8:3-4). 예수님은 율법을 폐하러 오신 것이 아니라 완성하러 오셨다(마 5:17-20).

율법과 복음에 대한 칼빈의 해석은 성경적 교리를 새롭게 정리하고 용어들을 정립하는 데 매우 중요한 공헌을 했다. 혼란스러운 상황에서 종교개혁의 율법 이해를 체계화함으로써 율법의 활용을 구체적으로 알게 해 주었다. 16세기 유럽 종교개혁을 통해서 정립된 기독교 신자의 믿음과 생활에 관한 교리들의 핵심에는 율법과 복음에 대한 해석이 있었다. 율법과 복음을 해석하는 안목을 제시한 칼빈의 입장을 정확하게 이해하고, 오늘날 소위 복음주의자들의 문제점을 간파하게 되기를 소망한다. 칼빈의 해석학적 교훈들이 훗날 개혁주의 정통신학자들에게 핵심적인 방법론으로 계승되었음을 잘 이해하고, 참된 복음의 감격을 회복하기를 소망하는 것이다.

칼빈의 중요성은 역사적인 상황에서 파악하여야 한다. 16세기 당대 신학자들이 율법과 복음을 해석하는 데 있어서 루터파의 견해에만 치우쳐 있었는데, 이러한 경향은 칼빈과 신앙고백적 칼빈주의자들의 주장이 제기되면서 상당히 교정되었다. 언약 대표설을 개발한 개혁주의 신학자들의 통찰력에서 나온 행위언약이라는 개념이 루터파 조직신학에서는 율법의 목적을 설명하는 기능을 하고 있을 뿐이었다. 개혁파 신학자들은 은혜언약을 복음의 영역에서 설명함으로써 율법과 복음은 행위언약과 은혜언약을 상호 연결한다고 보았다.

율법과 복음의 관계성을 성경적으로 밝혀낸 칼빈의 해석학은 현대 신학자들의 잘못된 성경 해석학의 영향으로 인해서 제대로 평가받지 못하고 있다. 특히 현대 신학자들의 성경 해석학은 매우 진보적인 논리로 율법과 복음의 상관성을 개진하여서, 칼빈의 교리적 정립의 가치와 중요성을 제대로 평가하지 못했다.

현대 개혁주의 신학자들 상당수가 칼빈의 율법과 복음의 해석학을 따르기보다는 역시 급진적으로 발전한 성경 해석학에 문호를 개방하고 말았기 때문이다. 성경적 진리체계를 파악하는 데 있어서 현대 해석학의 영향을 입은 성경비평학자들의 학문적인 논리가 크게 위세를 떨치고 있다. 그로 인하여, 오늘날 교회에서 종교개혁자들이 세워놓은 율법과 복음의 해석학이 제 역할을 못하고 있다. 어떤 교회는 율법을 완전히 매도하는 분위기에 빠져 있기도 하고, 어떤 교회는 율법적인 조항들을 강력하게 주장하기도 한다.

칼빈이나 그의 후계자들의 신학논문과 설교에서는 율법과 복음 사이의 해석이 모호하게 뒤섞여있지 않다. 필자는 개혁주의 전통을 물려받은 한국 교회가 율법과 복음의 해석학을 모호하도록 만들어 놓고 있는 잘못된 교리를 분별하는 능력을 갖게 되기를 소원한다.

1. 성령이 주시는 경건과 믿음과 구원

오늘날 대단히 안타까운 것은 성도들이나 목회자들 가운데서 율법과 복음의 관계를 잘못 이해하고 혼돈에 빠져 있는 이들이 있다는 점이다. 찰스 스펄전이 19세기 영국의 현상을 지적한 바와 같이, 율법과 복음의 관계를 왜곡하는 사람들이 많아져서, 기독교가 신종 '도덕주의'로 기울고 있다. 다시 말하면, 어떤 기독교 신자들은 율법은 빼놓고 복음만 지나치게 주장하고 있고, 어떤 사람은 복음을 빼놓고 율법만 외치고 있는 것이다. 이런 잘못된 해석은 성경을 근거로 한 진정한 기독교와는 엄청나게 먼 종교적 심리학에 빠지게 하는 것이다.[1]

1) 값싼 복음주의는 없다!

성경은 복음을 강조한다. 아주 순수하게 예수 그리스도를 복음의 시작이라고 말한다. 그러나 값싼 복음주의는 경계해야 한다. 복음주

---

[1] Charles Spurgeon, *New Park Street Pulpit*, vol.1(Pilgrim Publications, 1975), 285: "There is no point on which men make greater mistakes than on the relation which exists between the law and the gospel. Some men put the law instead of the gospel; others put gospel instead of the law. A certain class maintains that the law and the gospel are mixed…These men understand not the truth and are false teachers."

의 운동을 선도한 빌리 그래함이나 존 스토트 같은 분들에게서도 복음이란 과연 무엇인가를 명쾌하게 배울 수 없다! 현대 복음주의 운동은 현대 세속주의와 상업주의를 무분별하게 혼합시켜서 목회성공과 대형 교회들의 성장전략을 격려하였다. 20세기 후반부에 나온 복음주의 운동은 포스트모더니즘과 종교다원주의에 직면해서 혼돈에 빠져버렸다.[2]

복음주의 운동은 복음! 복음! 항상 복음을 입에 담고 다니는 그리스도인처럼 보이지만, 복음과는 전혀 상관없는 인간중심적인 종교행위에 빠져 있는 경우도 있다. 특히 최근에 유행하는 일부 설교자들 가운데는 소위 '값싼 복음주의자'들의 잘못된 주장들이 있음을 본다. 그들은 율법의 엄격성을 적당히 깎아 버리고, 소위 복음이라는 명분으로 기독교의 본질적인 기준을 자기 마음대로 다시 정하여 놓았다. 진정한 복음을 믿는 그리스도의 사람들은 예수 그리스도의 장성한 분량에 이르기까지 자라도록 경건과 거룩함에 힘쓰고자 노력한다. 진정한 복음은 모든 믿는 자들에게도 그리스도의 남은 고난이 있으며, 이런 연단과 훈련의 삶을 위해서 율법은 지침이 된다고 가르친다.

그런데 값싼 복음주의자들은 입술로는 '아멘!', '할렐루야!'를 연발하면서도 복음을 위한 철저한 순종의 가치를 외면해 버린다. '그저 입으로 시인하여 구원에 이르는 것'이라고 역설하면서, 그리스도처럼 십자가를 지는 헌신이나, 피를 토하는 겟세마네 동산의 씨름과 기도와 복종을 강조하지 않는다. 현대 기독교인들 상당수가 이처럼 값싼 복음주의에 영향을 입어서, 마치 입술로만 '아멘!'하면 복음을 받아들

---

[2] David F. Wells, *Above All Earthly Powers: Christ in a Postmodern World*(Grand Rapids: Eerdmans, 2005), 263-274.

이는 것으로 착각한다.

　예수님이 강조하신 바와 같이 영혼이 거듭나는 회개는 인격적인 변혁으로 단순히 입술이나 말로만 그치는 것이 아니라, 본질을 바꾸는 것이요 행실을 고치는 것도 포함한다(약 2:14-26). 하나님은 말씀에 순종하고, 복종하는 생활을 전혀 바라거나 기대하지 않으시는가? 입으로 '아멘!' 하는 것은 필수적이지만, 순종하는 것은 선택사항이라고 성경이 말씀하셨던가? 결코 그렇게 말씀하지 않았다. 순종은 복음과 혼동하지 말아야 할 진리인 것이다. 우리가 아무리 순종하고자 해도 그것은 결국 오염될 것이다.

　복음은 그리스도가 우리 죄를 위해서 죽으시고, 우리의 의로움을 위해서 살아나셨다는 것이다. 복음은 새 생명을 창조하고, 새 경험과 새 순종을 만들어낸다. 그러나 복음 그 자체와 그 복음이 필수적으로 수반하는 열매, 효과, 결과를 서로 혼동하는 것이 문제다. 우리 안에서 나타나는 것들은 복음 그 자체가 아니라, 복음의 효과들이다.

　　　오직 너희는 그리스도의 복음에 합당하게 생활하라(빌 1:27).

　복음에는 우리를 위협하는 것도 없으며, 아무런 명령도 포함되어 있지 않다. 율법은 규칙을 준수하라고 엄격히 명령한다. 그런데 이 두 가지 모두 다 하나님의 입에서 나온 말씀에 담겨있다. 따라서 우리는 이 두 가지를 분리하거나 혼란스럽게 해서는 안 되는 것이다.

　값싼 복음주의 사상은 그리스도인들은 구약의 율법을 순종하지 않아도 된다는 사상이다. 여기서 더욱 발전된 것이 매우 다양하게 발전한 반율법적인 사상들이다. 어떤 이들은 한번 예수 그리스도를 믿고 의롭다함을 얻으면 더는 율법을 지킬 필요가 없다고 주장한다. 왜냐하면 예수님이 그를 자유롭게 하였기 때문이라는 것이다.

초기적인 반율법주의 형태는 영지주의자들에게서 나타났다. 그리고 중세시대에도 여러 곳에서 계속되어 나타났다. 특히 중세 로마 가톨릭교회에서는 바울 사도의 가르침을 잘못 해석하였다. 바울은 칭의와 은혜를 강조하면서도 잘못된 결론을 내려서는 안 된다고 경고했었다(롬 3:8, 31). 하나님의 규칙을 순종하는 행위를 해야 한다는 것이다. 그런데 중세에는 이런 율법들이 칭의와 은혜의 교리와 서로 대립적이라고 고집하였다. 중세 로마 가톨릭 내부에서는 너무나 극단으로 치우친 것들이 많이 혼란을 일으켰었다.

기독교 신학사에서 두 가지 매우 주목할 만한 반율법주의 운동이 있었다.

첫째는 17세기 중반 영국에서 일부 침례교회를 중심으로 일어난 표준복음 운동(the Gospel Standard Movement)이다.[3] 반율법주의적 칼빈주의자 토비아스 크리스프(1600-1643)를 시발점으로 해서 상당수 동조자들이 나타났던 것이다.

둘째는 뉴잉글랜드에서 안느 허친슨(Anne Marbury Hutchinson)을 중심으로 한 청교도들 사이의 논쟁이다. 그녀는 칭의와 믿음이 성화에 앞선다는 근거에서 당시 뉴잉글랜드 청교도들이 열심을 다해서 성화와 회심을 준비하는 일에 힘쓰는 데 이의를 제기하였던 것이다.[4]

---

[3] 김재성, 『개혁신학의 정수』, "칼빈주의적 반율법주의와 신율법주의," 389-402.

[4] Emery John Battis, *Saints and Sectaries: Anne Hutchinson and the Antinomian Controversy I the Massachusetts Bay Colony*(Chapel Hill, Published for the Institute of Early American History and Culture at Williamsburg, Va., the University of North Carolina Press,1962). David D. Hall, ed., *The Antinomian Controversy, 1636-1638: A*

그녀는 그들의 열심은 율법적인 규칙에 치우쳤다고 비판하면서, 그런 것들은 모두 '행위언약'에 해당하므로 '은혜언약'을 강조해야 한다고 했다. 1637년 뉴잉글랜드 총회는 허친슨이 반율법주의자이자 열광주의자요, 이단적이라고 결정하였다.

위와 같이 이미 역사적으로 일어났던 혼란이 심지어 매우 성경적이라고 인정을 받는 교회에서도 자주 일어나고 있음을 목격한다. 율법과 복음 대신 세상의 복을 강조하고, 상업적인 성공을 전하고 있으며, 인본주의적인 심리학으로 인간의 귀를 만족시키는 메시지를 많이 선포하는 것은 매우 안타까운 일이다. 하나님이 율법적으로 완벽한 삶을 기대하시지 않으니, 선량한 마음이 중요하고, 몇 가지 매우 중대한 범죄를 피하려는 태도만 있으면 안심해도 된다고 선언하는 것이다. 하나님의 심판과 진노에 대해서는 더는 언급조차 하지 않으려 하는 것이다. 복음으로 교회를 세우고자 한다고 말하면서도, 부드러운 도덕주의가 뿌리에 스며있는 강단 메시지가 적지 않은 것이 현실이다.

예수님은 율법의 정신이자 하나님의 긍휼하심을 실천하였다. 우리가 하나님으로부터 불쌍히 여김을 받고 있는 자들이기에 친히 복음을 전파하셨다. 구원얻는 생명이 복음을 통해서 얻어지기 때문이다. "예수께서 온 갈릴리에 두루 다니사 저희 회당에서 가르치시며 천국 복음을 전파하시며 백성 중에 모든 병과 모든 약한 것을 고치시니"(마 4:23; 막 16:15; 눅 16:16) 사람들이 그 가르침을 기이히 여겼다. 예수님은 친히 구약성경을 해석하여 많은 것들을 밝히 설명해 주셨는데,

---

Documentary History(Durham: Duke University Press, 1990).

특히 율법에 관하여 분명하게 가르쳐 주셨다.

> 내가 율법이나 선지자를 폐하러 온 줄로 생각하지 말라 폐하러 온 것이 아니요 완전하게 하려 함이라 진실로 너희에게 이르노니 천지가 없어지기 전에는 율법의 일점 일획도 결코 없어지지 아니하고 다 이루리라 그러므로 누구든지 이 계명 중의 지극히 작은 것 하나라도 버리고 또 그같이 사람을 가르치는 자는 천국에서 지극히 작다 일컬음을 받을 것이요 누구든지 이를 행하며 가르치는 자는 천국에서 크다 일컬음을 받으리라 내가 너희에게 이르노니 너희 의가 서기관과 바리새인보다 더 낫지 못하면 결코 천국에 들어가지 못하리라(마 5:17-19).

칼빈은 예수님이 이 말씀을 통해서 율법과 복음의 견고한 결합을 드러냈다고 해석한다. 예수 그리스도께서 오셨다고 해서 율법의 권위로부터 자유롭게 되었다고 생각하는 것을 잘못이라고 말한다. "율법은 경건하고 거룩한 삶의 영원한 규범으로서, 율법이 담고 있는 하나님의 공의가 변함없고 한결같듯이, 율법도 변할 수 없기 때문이다." 다만 외적인 의식들에 관하여는 변화가 일어났는데, 예수 그리스도께서 "그림자들이 지니고 있던 진리를 드러내시고, 본래 지니고 있던 온전한 의미"를 실제로 나타내셨기 때문이다.

그러나 율법과 복음 사이의 신성한 연속성을 깨트리지 않으셨다. 복음이란 율법을 완전하게 하는 것이며, 이 두 가지의 원천은 "하나

님이 한 목소리로 선포하신 것"임을 기억해야만 한다.[5]

그리고 사도들은 율법의 완성자이신 그리스도가 주신 복음을 열심히 선포하였다. 바울은 로마서 처음부터 복음의 시작을 밝히고 있고 자신이 복음을 위하여 택함 받은 일꾼임을 설명한다.

> 예수 그리스도의 종 바울은 사도로 부르심을 받아 하나님의 복음을 위하여 택정함을 입었으니 이 복음은 하나님이 선지자들로 말미암아 그의 아들에 관하여 성경에 미리 약속하신 것이라(롬 1:1-2).

칼빈은 이 구절에서 복음과 약속을 다음과 같이 명확하게 비교하여 제시한다.

> 바울은 복음이 단지 약속되기만 하였을 뿐이고 선지자들에 의해서 선포된 것은 아니라고 가르치고 있기 때문에, 이 구절로부터 우리는 복음이 무엇인지를 추론하는 것이 가능하다. 선지자들은 단지 복음을 약속하기만 한 것이라면, 마침내 우리 주님이 육체로 나타나셨을 때에야 비로소 복음이 계시되었다는 결론이 나온다. 복음은 그리스도께서 육체로 나타나셔서 선포한 것이고, 약속들은 이 복음 속에서 현실화된 것이기 때문에, 약속들과 복음을 혼동하는 것은 잘못된 것이다.[6]

---

5 칼빈, 마태복음 5:17 주석.
6 칼빈, 로마서 1:2 주석. 김재성, 『구원의 길: 기독교 구원론의 구조와 핵심진리』 (킹덤북스, 2014), 129-146.

이렇게 성경에서는 율법과 복음을 구별해서 사용하므로 성경의 충족성이라는 정신에 따라서 성경이 과연 어떻게 가르치는지를 이해하여야 하는 것이다.

사도 바울은 "복음을 부끄러워 하지 않는다"(롬 1:16)라고 하였는데, 세상 사람들의 눈에는 멸시를 당할만한 요소들이 들어있다. 복음은 그리스도의 십자가와 고난을 따라서 능욕을 기꺼이 받아들이도록 요구한다. 복음은 세상 사람들의 비웃음과 조롱을 받는다.

> 복음에는 하나님의 의가 나타나서 믿음으로 믿음에 이르게 하나니(롬 1:17).

이 복음이 모든 사람에게 다 효력을 발휘하는 것이 아니고, 아무에게나 주어지지 않는다. 성령의 사역이 강조되는 이유이다.

> 복음은 모든 사람에게 다 역사하여 효력을 나타내는 것이 아니라, 오직 내면의 교사인 성령에 의해서 심령에 조명을 받은 자들에게서만 효력이 나타나는 것이기 때문에 바울은 '모든 믿는 자에게'라는 말을 덧붙인다. 실제로 복음은 모든 사람에게 구원을 위하여 제시되지만, 복음의 능력은 어디서나 나타나는 것이 아니다…그런데 성경에서 '구원'이란 단어는 '멸망'이라는 단어와 반대되는 의미로 사용되는 우가 많기 때문에, 우리는 이 단어가 언급될 때마다 거기에서 논의되고 있는 주제가 무엇인지를 잘 살펴보아야 한다. 따라서 복음은 죽음을 뜻하는 멸망과 저주로부터 사람을 건지는 것이기 때문에, 복

음으로 인한 구원은 영원한 생명이다.[7]

하나님은 복음을 통해서 믿음을 일으키시고, 그 결과로 구원이라는 가장 귀한 보화를 주신다.

물론, 율법 안에서도 실제적인 생활에 크게 도움을 주는 여러 가지 좋은 조언들이 제시되어 있다. 그러나 모든 율법 조항들이 그저 하나의 좋은 처세술들은 아니었다. 율법들은 기독교 신자들이 힘써야 할 경건과 복음의 특징들이었다. 그리고 복음을 희망과 소망의 약속으로 율법과 함께 선포해야만 하는 것이다.

그리스도의 사람들은 예수 그리스도가 성취하신 구원의 소식, 즉 복음을 믿고 살아가면서 율법에 순종하는 것이다. 복음을 믿음으로 우리는 하나님의 호의를 받아들이게 되는 것이요, 율법을 지킴으로 하나님의 인도하심을 받는 것이다. 하나님의 의를 사모하는 사람들은 하나님의 도움 가운데서 더욱 더 거룩한 생활에 힘쓰게 된다.

2) 신율법주의

율법과 복음의 유연한 관계성을 정립하지 못한 또 다른 극단적인 가르침이 신율법주의자들이다. 그들의 열심이 특심한 것은 인정할 만하지만, 그러다 보면 복음의 감격을 잃어버리게 되고 오직 인간적인 종교행위에만 집착하게 되고 만다. 복음, 즉 복된 소식은 구세주 예수 그리스도를 메시아로, 왕으로, 주님으로 믿는 것이다. 그런데

---

7 칼빈, 로마서 1:16 주석.

신율법주의자들은 우리에게 결단력 있는 행동, 믿음 있는 자의 행동이 있어야만 구원을 받는다고 강조한다.

기독교 신학의 역사에서 가장 혁신적인 신율법주의자들은 영국 청교도 지도자 리처드 백스터의 후계자들로서, 특히 다니엘 윌리엄스가 주도했는데, 이들은 17세기 말과 18세기 초엽에 많은 영향을 미쳤다. 복음을 새로운 율법이라고 주장할 정도였다.[8] 또 신율법주의의 강조점은 구자유주의 신학에도 들어있는데, 그들은 믿음을 앞세운 아주 고상한 '율법주의'를 만들어냈다.

1960년대 미국에서 '신율주의'(theonomist) 운동이 일부 보수적인 장로교회에서 일어난 이후로, 일부 침례교회, 은사파 오순절교회, 독립적인 장로교회 등의 호응을 얻어가고 있다. 구약의 율법대로 모든 나라가 통치되어야 하고, 모든 국민들이 따라야만 한다는 것이다.[9] '재구성주의'라고 일컬어지기도 하는 신율주의 주장자들(Rousas John Rushdoony, Greg Bahnsen, Gary North, Charles Jordan 등)은 특히 세 가지 면을 강조한다.

첫째로, 궁극적 진리는 역사적 과학적 탐구의 대상이 될 수 없다고 믿는 반틸의 전제주의적 변증학을 기초로 하고 있다.

둘째로, 구약의 모든 율법을 오늘날 사회와 법정에서 철저히 적용해야 한다는 것이다. 그래서 기독교 신자에 의해서 오직 성경만 진리로 인정을 받는 국가가 세워질 날을 위해서 헌신해야 된다고 주장한다.

---

8 김재성, "칼빈주의적 반율법주의와 신율법주의," 403-405.

9 H. W. House and T. D. Ice, *Dominion Theology: Blessing or Curse?*(Portland: Multnomach Press, 1988); R. J. Rushdoony, *The Institutes of Biblical Law*(Nutly: Craig Press, 1973-1999); G. L. Bahnsen, *Theonomy in Christian Ethics*(Nutly: Craig Press, 1979).

셋째로, 전천년기설을 종말론으로 강조하는 것이다.

이들의 주장은 역시 세 가지로 비판되고 있다.

첫째는 성경 해석에서 구약 본문의 맥락을 무시하고 너무나 안일하게 현실에 직접적으로 적용하려 한다는 것이다.

둘째는 기독교가 세상을 통치해야 한다는 승리주의와 정복주의적인 이미지에 젖어있다는 것이다.

셋째는 오직 율법만 강조함으로써 계시의 다른 측면들을 모두 약화시키고 있으며, 성경적인 믿음의 여러 다양한 관계들을 희생시켜 버린다는 점이다.[10]

바울 사도는 우리의 선행이나 노력이 아무 의미가 없음을 설명하면서, "사람이 의롭다 하심을 얻는 것은 율법의 행위에 있지 않고 믿음으로 되는 줄 우리가 인정하노라"(롬 3:28)라고 선언했다. 하나님이 모든 의를 완성하라고 우리에게 복음을 주시는 것은 더욱 아니다. 메이첸 박사는 유럽에서 신앙이 변질되게 한 19세기 구자유주의 신학자들이 바로 이러한 자들이라고 지적하였다. "근대 자유주의자들에 따르면, 믿음은 본질적으로 한 사람의 생애에서 그리스도를 주로 결정하도록 만드는 것이다"라고 생각한 것이다.[11]

율법을 부드럽게 만드는 것도 잘못이요, 복음을 오히려 강화시켜서 어떤 조건을 붙이거나 권고조항을 첨부하는 것도 잘못이다. 이렇게 율법과 복음의 참된 본질을 변질시켜 버리면 성도들은 탄식하게 되고, 혼란한 가운데서 고통을 당하게 된다. 율법을 강조하는 설교를

---

10 William S. Barker and R. Godfrey eds., *Theonomy: A Reformed Critique*(Grand Rapids: Acdemic Books, 1990).

11 J. Gresham Machen, *Christianity & Liberalism*(Grand Rapids: Erdmans, 1923), 143.

하면 하나님이 인간의 마음을 들여다보신다고 하면서 좋은 소식이 아니라 나쁜 소식을 전하게 된다.

> 만물보다 거짓되고 심히 부패한 것은 마음이라 (렘 17:9).

복음은 값없이 주는 것이요, 진리 안에서 자유함을 얻는 것이며, 무조건적인 선물이라고 했는데, 어떤 조항들을 강요하게 되면 율법과 복음의 차이점을 혼동하게 된다.

하나님의 조건 없는 용서는 매우 중요한 복음이다. 신자가 된 이후에도 복음을 듣는 단계를 조금도 벗어날 수 없다. 복음은 매번 우리 신자들의 마음에 회심을 일으켜서 하나님의 뜻을 알게 하여 준다. 그래서 칼빈은 믿는 자들에게도 부분적으로는 불신자와 같은 믿음이 있다고 토로하였다. 우리는 본성의 영향으로 의심하고 두려워하는 마음을 피할 수 없으므로 하나님의 약속을 항상 들어야 하는 것이다.

현대는 포스트모더니즘의 철학이 크게 영향을 미치고 있다. 이미 이전부터 '나르시시즘적인 세대'의 무지함과 무식함이 육체적인 즐거움에 만족하도록 사람들의 시선을 자극하여 왔다. 현대인들은 무화과나무 잎으로 옷을 만들어 입고서 자만심에 사로잡혀 있다. 그러나 누구든 하나님의 어린 양의 의로움으로 옷을 입어야 생명을 얻을 수 있으며, 그러기 위해서는 자신의 의도와 성향을 포기해야 한다. 신령한 생활을 완전하게 꾸려나가지는 못할지라도, 죄가 생활의 모든 영역을 침범하지 못하도록 육체적인 것을 극복하는 데 진력해야 한다. 그리스도인의 삶은 좁은 문, 좁은 길을 선택해서 가는 것이다.

하나님의 명령을 어떻게 이해해야 하는가? 율법을 과소평가하게 되면 그 역작용으로 '율법주의' 운동이 일어난다. 반대로, 지나치게 율법을 강조하는 교회가 되면, 그 역작용으로 은혜만 추구하는 사람들이 늘어난다.[12] 따라서 그리스도를 중심으로 성경을 해석하여 우리의 행위가 선행으로 취급되지 않게 해야 한다. 하나님의 심판과 칭의 두 가지를 모두 분명하게 구분하고 명쾌하게 풀어주지 않는 한, 하나님의 말씀을 선포하는 것이라고 말할 수 없다. 성경의 가르침을 면밀히 분석하여 율법과 복음을 구분하고 발견하는 것이 우리의 급선무이다.

2. 율법과 복음의 재구성과 종교개혁자들

로마 가톨릭에서는 율법과 복음 사이의 구분에 대해서 심각한 혼란을 초래했다. '복된 소식'이란 예수 그리스도를 부드럽고 친절한 모세라고 생각하여, 그리스도인들은 사랑을 베푸시는 하나님과 이웃을 가슴으로 사랑하는 자들이라고 소개하였다. 로마 교회는 구약성경의 율법보다는 좀 더 쉬운 법으로써 복음을 가르치고 있었던 것이다. 이것은 성경에다가 자꾸만 인간의 행위를 첨가하는 로마 가톨릭의 중대한 오류로서, 성경무오성을 강조하는 종교개혁자들은 이것을 받아들일 수 없었다.

율법과 복음의 대조적인 관계를 중심으로 하는 성경 해석은 중세 로마 가톨릭과 종교개혁자들의 차이를 규정하는 매우 중요한 해석학

---

[12] J. Gresham Machen, *What is Faith?*(New York: Macmillan, 1925), 137, 139, 152.

적 도구였다. 종교개혁자들에게 율법은 기독교 신자의 생활을 위한 거룩한 지침이자 교훈으로서 반드시 선포되어야 하는 것이지만, 그렇다고 해서 그리스도가 믿는 자들의 '의로움과 거룩함과 구속함'(고전 1:30)이 된다는 확신을 흔들어 놓을 수는 없다.

믿는 사람들은 율법을 준행해야 하며, 율법이란 하나님의 지혜에서 나온 것이므로 사랑하고 존중해야 한다. 그러나 성도는 그 율법에 순종할 능력도 없고, 힘도 없다. 율법에서는 용서, 자비하심, 승리를 발견하지 못한다. 율법으로는 회개하는 것 이상으로는 나아갈 수조차 없다. 율법은 여전히 명령하는 것이요, 예수 그리스도 안에서 받는 복음만 기쁨과 평안을 가져온다. 종교개혁자들은 이러한 분명한 구분을 깨닫고서 이를 성경 해석에 반영한 것이다.

종교개혁자들은 성경에서 구원과 관련한 핵심적인 가르침 중에 하나가 '율법'과 '복음'의 구별에 담겨있다고 생각하였다. 구약은 율법으로, 신약은 복음으로 설명되는데 이 둘은 모두 동일한 것이 아니라고 생각하였다. 다시 말하면, 한 하나님의 말씀이 서로 다른 원리로, 서로 다른 종류로 제시된 것이라고 생각하였다. 율법이 본성적으로 모든 사람의 마음에 쓰인 것이라면, 복음은 오직 하늘로부터 계시된 것이다.

마틴 루터는 처음부터 우리가 생각하는 것과 같이 완전한 종교개혁자였다고는 볼 수 없는 무명의 수도사였다. 원래 그는 에르푸르트 법과 대학을 다니던 중에 갑작스럽게 친구의 죽음을 목격하고 너무나 두려운 나머지 종신서약을 하였다. 그리고 어거스틴파 수도원에서 스승 요한 스타우핏츠의 지도하에서 중세말기의 규칙들을 충실하게 따르면서 완전한 그리스도의 제자가 되고자 노력했던 사람이었다. 우리가 막연히 상상하는 것과 같이, 처음부터 로마 가톨릭교회를 완전히 뒤집어 놓으려 했던 혁신파의 두목이 아니었다.

그는 급진적인 청사진을 가지고 나타난 그 시대의 선지자가 아니었다. 루터는 근본적으로 교회를 개혁하겠다는 '계획'을 가진 것이 아니라, 중세시대에 가르쳐온 원칙에 충실하여야 할 것을 주장했으며, 원리로 돌아가야 한다는 것을 주장한 인물이었다.[13] 그래서, 루터의 신학은 로마 가톨릭과 개혁신학 사이에 놓인 중간의 것으로 보면 타당할 것이다.

루터는 전에 자신의 제자였던 요한 아그리꼴라(John Agricola)와 논쟁하면서 실제적인 반율법주의자의 모습을 일부 드러냈다.[14] 성도들 스스로 죄를 깨닫게 하여, 은혜를 향한 갈망을 불어넣어주는 기능만 한다고 본 것이다. 아그리꼴라는 이런 율법의 부정적 기능마저도 거부하면서, 회개라는 것은 오직 그리스도 안에서 믿음을 통하여 은혜로 주시는 복음의 선포로만 일어나게 된다고 했다.

1537년부터 1540년까지 지속된 논쟁에서 루터는 율법이 기독교인의 생활에 필요하며, 성도들의 훈련에 도움이 된다고 주장하였다. 논쟁의 마지막에 이르러서 루터는 『반율법주의를 배격하며』(Against the Antinomianism, 1539)라는 책자를 펴냈고,[15] 전체적인 루터파의 입

---

13 이것은 루터의 생애를 저술하여 학술상을 받은 오버만 박사의 주장이다. Heiko A. Oberman, *Luther, Man between God and the Devil*, tr. Eileen Walliser-Schwartzbert(New Haven: Yale University Press, 1989).

14 R. Bertram, "The Radical Dialectic Between Faith and Works in Luther's Lectures on Galatians(1535)," in *Luther for an Ecumenical Age; Essays in Commemoration of the 450th Anniversary of the Reformation*, ed. Carl S. Meyer(Saint Louis: Concordia Pub. House, 1967).

15 Mark U. Edwards, Jr., *Luther and the False Brethren*(Stanford, Calif.: Stanford

장은 1577년 '일치신조'(the Formula of Concord)에서 최종적으로 발표되었다.

루터는 『그리스도인의 자유』라는 책에서 간단한 형태로 그리스도인의 삶에 관한 진리를 전체적으로 다루고 있다.[16] 그는 율법과 복음에 대한 설명을 가장 먼저 제시한 개혁자로서 이 양자의 관련성을 매우 역설적으로 설명하였다. 루터는 율법을 칭의와 관련시켜서 풀이했다. 그리스도인들은 하나님 앞에서 살아가고 있으므로(coram Deo), 그 어떤 율법의 요구에도 매이지 않은 존재이다. 우리는 율법에서 벗어나 있다. 율법의 위협과도 상관이 없다. 율법의 저주와도 상관이 없다. 우리는 율법에서 벗어나기 위해서 다른 율법이 필요하지도 않다. 우리는 그리스도에게로 인도하는 율법만 필요하다. 우리가 율법의 요구 앞에서 얼마나 약하고 절망적인지를 분명하게 보여주는 율법이 필요할 뿐이다.

루터는 율법의 두 가지 용도를 지적했는데, 첫째는 시민들에게 의를 가르쳐 주는 기능이며, 둘째는 사람을 정죄함으로써 예수 그리스도에게 인도하는 기능이다. 특히 루터는 둘째 기능이 율법의 본질적인 기능이라고 주장했고, 다음과 같이 부연 설명한다.

> 모세의 율법에서 가장 우선적인 목적은 우리의 양심 속에서 죄가 크게 인식되고 죄에 대한 생각들이 확장되게 하는 것이다. 바울은 로마서 7장에서 이런 것을 아주 훌륭하게 설명한

University Press, 1975).

[16] Martin Luther, *The Freedom of a Christian*, in *Martin Luther: Selections from His Writings*, ed. John Dillenberger(New York: Anchor, 1961), 53.

> 다. 따라서 율법의 참된 기능이자 우선적으로 합당한 사용은 사람에게 자신의 죄, 무지함, 불행함, 사악함, 무식함, 증오, 죽음, 지옥, 심판, 그리고 하나님의 진노에 해당함을 계시해 주는 것이다. 율법이 가르치는 것들은 바로 이런 것이다. 따라서 율법의 이런 사용은 극히 유익하고 매우 필요한 것이다…따라서 율법을 합당하고, 절대적으로 사용하는 것은 의롭다고 여겨지던 것들을 번개로(시내산에서), 천둥으로, 나팔 소리로, 타는 불꽃으로, 파멸시킴으로 두려움을 느끼게 해주는 것이다.[17]

루터는 율법과 복음이 시간적으로 차이가 나는 계시라고 생각하지 않았다. 그는 율법의 저주와 복음은 항상 같이 선포해야 한다고 생각했다. 그래야 인간들이 자신의 공로나 업적에 대해서 자부심을 갖지 않고 죄악을 깨닫게 되며, 오직 그리스도만 찾아온다는 것이다. 이것이 바로 루터가 율법의 사용이 항상 필요하다고 생각한 이유이다. 율법으로 죄악을 깨닫고, 절망에 빠지며, 양심이 두려움을 느껴야 한다는 것이다. 율법은 거룩하고, 선하고, 의롭고, 영적인 것이며 가장 칭송할 것으로 여기고 있다. 하지만 율법에는 소망이 없고, 해결책이 없으며, 치유가 없다. 오직 하나님의 요구만 있을 뿐이다. 우리는 영원히 그 기준에 도달하지 못하며, 그 율법을 성취할 수 없다. 인간은 율법 앞에서 무능력하다.

루터가 이해한 복음은 요구사항이 없다. 복음은 순수하게 기쁜 소

---

17 Luther, *Lectures on Galatians 1-4*, in Luther's Work(St. Louis: Concordia, 1995), 26:309.

식일 뿐이다. 오직 약속만 있을 뿐이다. 복음은 격려하고, 북돋우어 주며, 즐거움을 약속하는 것이다. 그리스도 때문에 하나님이 우리 편이 되어 주시는 것이다.

> 복음은 양심을 밝히고 성도들을 소생하게 하는 빛이다. 복음은 하나님의 은혜와 자비하심을 보여주는데, 죄의 용서, 축복, 의로움, 생명, 그리고 영원한 구원 등이며, 우리가 이런 것들을 어떻게 얻는지를 가르쳐 준다.[18]

루터는 복음을 하나님의 은혜롭고 선하신 약속으로 이해해야 함을 역설하였다. 루터는 신학자의 결정적인 역할이란 바로 복음과 율법을 구별하는 것이라고 주장했다. 이 둘의 차이점을 이해하지 못하면, 신학의 기본을 이해하지 못하는 것이라고 말한다.

루터에게서 율법과 복음은 상호 역설적인(the Law paradoxes with the Gospel) 관계다. 그는 이 둘을 철저히 서로 대립적인 개념으로 다루었다. 루터는 율법과 복음이 모두 필요하다고 말하지만, 이 둘 사이의 상호관계를 조화시키지 못했다.

로버트 갓프리는 루터의 복음 이해에는 '반율법주의'적인 측면이 있다고 지적한다. 그리고 먼저 율법을 선포한 후에야 복음을 선포해야 하는 시간적인 구조 속에 얽매여 있음도 지적한다.[19]

반면에, 개혁신학자들은 루터보다는 복음의 역할을 확대한다. 그

---

[18] *Ibid.*, 313.
[19] Robert Godfrey, *Reformation Sketches*(Phillipsburg: Presbyterian and Reformed, 2003), 18.

래서 복음 안에서 율법의 역할(the Law in the Gospel)을 강조한다. 율법은 여전히 우리의 행동과 삶을 인도하는 역할을 하지만, 그 역할은 복음의 은혜 안에서 제한적일 뿐이라고 생각한다. 루터파에서는 우리 개혁주의자들의 생각을 '도덕주의자들'의 요소라고 비판한다.

베자도 율법과 복음을 잘 대조하여 설명하였다.

> 율법은 우리를 저주함으로써, 그리고 우리 자신의 의로움이라는 절망을 자극함으로써 복음 안에서 우리를 그리스도에게로 인도한다. 율법과 복음의 이러한 구분을 무시하는 것은 부패해버린 기독교의 근본적인 원리 가운데 하나이다.[20]

'하이델베르그 요리문답'(1563)을 작성하는 데 주도적으로 활약한 우르시누스(1534-1583)는 율법과 복음의 구별은 "거룩한 성경의 본질이요, 개요를 이해하는 것"이라면서 "성경의 가장 중요하고도 전체적인 구별이며, 그 안에 있는 교리를 총체적으로 이해하는 것"이라고 하였다. 율법과 복음의 구별을 이해하지 못하면, 믿음은 핵심부터 잘못되고 만다고 지적하였다.[21]

---

20 Theodore Beza, *The Christian Faith*, trans. by James Clark(Focus Christian Ministries Trust, 1992), 40-1. 이 문서는 원래 제네바에서 1558년에 "the Confession de foi du chretien"이라는 제목으로 출판된 것이다.

21 Zacharias Ursinus, *Commentary on the Heidelberg Catechism*(Grand Rapids: Eerdmans, 1954), 2.

3. 복음은 구원의 메시지 선포이다!

칼빈을 연구하는 학자들이 칼빈의 저작으로 보고 있는 '니콜라스 콥의 연설문'을 보면, 칼빈의 초기 신학 사상에 담긴 율법과 복음의 대조를 곧바로 발견할 수 있다. 이 연설문은 필자가 한국어로 번역한 분량이 15쪽에 불과할 정도로 간단한 문서다. 하지만 이 연설문은 복음과 율법의 대조를 주제로 하면서, 복음의 핵심인 예수 그리스도에 관한 믿음을 강조하고, 행위주의를 통박하였다.

칼빈은 율법과 복음은 현저히 구분하여 파악하고 있는데, 복음은 '그리스도의 철학'이라는 제목으로 자주 언급했다. 이 문서를 발표한 1533년 11월 1일은 로마 가톨릭이 지키는 '만성절'(The Feast of All Saints)로서 유명한 성자들의 유품이 신통력을 발휘한다는 날이기도 했다. 당시 로마 교회에서는 만성절 성구집에 있는 마태복음 5:1-12을 읽었다. 따라서 이날 취임연설문도 역시 예수님의 산상수훈이었다.

칼빈은 복음서의 이 구절은 "율법의 설명과 복음의 설명, 그리고 이 둘의 비교를 통해서 이해할 수 있다"라고 분명히 밝히면서 전체 산상수훈을 설명한다. 이것이야말로 청년 칼빈의 성경 해석의 안목을 보여주는 중요한 대목이다.

> 복음은 그리스도와 관계를 맺음으로써 구원을 가져오는 선포의 메시지이다. 그분은 성부 하나님의 보냄을 받아서 영생을 주시며, 모든 사람들을 도와주시려고 오셨다. 율법이 그 속에 간직하고 있는 것들이란 협박하며, 짐을 지워주고, 아무런 선한 의지도 약속한 것이 없다. 복음은 협박하지 않고 행한다.

개념들을 가지고 사람들을 끌고 가는 것이 아니다. 오히려 우리를 향하신 하나님의 선하신 뜻에 관하여 우리들을 가르치신다. 그러므로 복음에 대해 순수하고도 진실한 이해를 갖고자 염원하는 사람들은 누구든지 앞에 기술한 바에 따라서 모든 것을 시험해 보도록 하면 된다.[22]

율법이 믿는 자들의 생활 속에서 지도하는 일을 계속하고 있다고 보는 칼빈은 다만 율법을 복음과 혼동하지 말 것을 강조하였다. 회심 이후에도 믿는 자는 지속적으로 복음의 필요성을 느끼게 된다. 율법의 명령들, 권고들, 경고들, 위협들을 읽어야 하기 때문이요, 더구나 믿는 자로서 이런 율법의 요구들을 완수하여도 자신의 내부에서 의로움이 있다는 분명한 확신이 흔들리기 때문이다. 기독교 신자로 살면서 우리는 항상 다음과 같은 질문을 하게 된다. "나는 정말로 예수 그리스도에게 정복당한 것일까? 나는 진정으로 나의 모든 삶의 영역을 주님에게 드린 것인가? 다른 성도들에게 일어나는 매우 정상적인 체험이 나에게는 왜 없는 것일까? 나는 정말로 성령을 받았는가? 내가 죄에 빠져버리는 이유는 무엇인가? 그렇다면 하나님은 모든 인간들에게 있는 이런 회의와 질문을 극복할 방법을 어떻게 제시하시는가? 과연 우리가 어디에서 어떻게 희망과 평안을 찾기를 원하시는 것일까?"

칼빈을 비롯한 종교개혁자들은, 일찍이 선지자들과 사도들이 했듯

---

22 김재성, 『칼빈과 개혁신학의 기초』, 제1장 "니콜라스 콥의 학장 취임 연설문," 17-18. *Calvin's Institutes of the Christian Religion* of 1536 edition, tr. by F. L. Battles(Grand Rapids: Eerdmans, 1986), 365.

이, 오직 복음이 투쟁하며 고통하고 있는 기독교인에게 위로를 준다고 확신했다.

결과적으로 지속적으로 복음을 강조하는 설교를 들어야만, 성도들은 자유함을 느끼고 하나님께 참된 예배와 봉사를 할 수 있다. 그리스도에 대한 강조와 복음에 대한 설명이 없이 살아가는 사람은 기독교인이라고 하더라도, 항상 죄악을 극복하지 못하는 절망감에 깊이 빠져버리든지, 아니면 자기 의로움에 도취해서 자신을 과대평가하는 데서 헤어 나오지 못하기 때문이다. 따라서 확신과 교훈을 주는 율법과 복음은 항상 같이 강조해야 한다.

칼빈은 복음과 율법이 함께 선포될 때에 양심이 평안을 얻는다고 주장한다. "결론적으로 이 복음은 어떤 명령도 강요하는 것이 아니라, 도리어 하나님의 선하심, 그의 자비하심, 그리고 축복하심을 계시한다."[23] 이런 구별은 기독교와 이교도들 사이의 구별과 같다고 칼빈은 판단하였다.

> 복음은 정말로 칠흑 같은 어두움을 몰아낸다. 그리고 우리로 하여금 보지 못하던 것에서 벗어나게 하여 전에는 육신으로만 보았던 자들이 이제는 영혼의 눈을 뜨게 되는 것이다.[24]
>
> 율법은 하나님의 은혜를 말하나 분명히 조건적이다…. 우리들이 율법의 요구들을 완전히 준행하였기 때문에 하나님이

---

[23] 김재성, 『칼빈과 개혁신학의 기초』, 19. *Calvin's Institutes of the Christian Religion of 1536 edition*, tr. by F. L. Battles, 366.

[24] *Ibid.*, 19.

> 우리를 영접하신 것이 아니라, 그리스도의 약속 때문에 영접
> 하신 것이다…이것들을 부인하는 자들은 모두 복음을 전부
> 거꾸로 뒤집는 자들이다.[25]

칼빈의 초기 사상에 이미 복음과 율법의 대조가 선명하게 드러난다. 그는 율법마저도 잘못 해석하여 구원을 상급으로 이해하고, 선행에 대한 보상을 가르치는 자들에게 매우 신랄한 비판을 가하고 있다.

인간의 선행을 가치 있는 것으로 착각하여 그리스도의 복음을 약화시키는 것을 경계한 칼빈은 『기독교 강요』에서도, 율법과 복음을 지나치게 대립시키면 기독신자의 윤리적 생활을 약화시킬 위험이 크다고 생각했다.

칼빈은 많은 규칙들을 따르는 대신에, 하나님께 오직 사랑과 진심에서 우러난 순종을 해야 한다고 강조했다.

> 우리는 율법을 마음을 다하고 힘을 다해서 하나님을 사랑하
> 는 것보다 더 어려운 것이라고 생각하였다. 그러나 이 율법과
> 비교하여 보면 모든 것은 이보다는 쉬울 것으로 생각하였다.
> 왜냐하면 율법은 사람을 오직 비난하고 정죄하는 것이요, 따
> 라서 그들에게 사태의 심각함을 알려주는 것이다. 하나님이
> 진노 가운데서 그들이 정죄 당할 것임을 알려주는 것이다. 하
> 나님 앞에서 침묵하여야 하는 모든 육체에 대해서 오직 하나

---

25 *Ibid.*, 24.

님만 정의롭다는 판단을 내릴 것이다.[26]

반면에, 로마 가톨릭이 소위 복음이라고 가르친 것은, 믿는 자들을 하나님 앞에서 순종하게 함으로써 의롭게 만드는 것이다. 복음이란 "그들의 부족을 보충시켜 주는 것일 뿐이며," 로마 가톨릭은 율법이 완전함을 요구하고 있다는 것을 충분히 인식하지 못했다고 칼빈은 비판했다. 그 어떤 사람도 율법 앞에서 온전하게 살았다고 자신할 수 없다. 그런데 많은 사람들은 완전히 하나님께 순종하지 않았으면서도, 그들이 부분적이나마 율법을 지켰다고 해서 의롭다고 착각하는 것이다.[27]

4. 율법과 복음의 해석학적 대조

칼빈이 성경주석에서 밝힌 부분을 찾아보면 대체적으로 구약은 율법으로, 신약은 복음으로 보았다. 그리고 율법은 성경전체가 그리스도의 오심을 기대하고 있는 것을 전제로 한다. 칼빈은 '율법'을 두 가지 의미로 사용한다 하나는 종말론적 의미로 사용하는데, 이때는 계시의 통일성을 강조하며, '구약'과 동의어이다. 다른 하나는 신학적인 의미로 사용하는데, 이때는 심판의 말씀과 약속의 말씀으로서 모세가 가르친 모든 교리로써, '교훈, 보상, 정죄'를 포함한다(롬 10:5).

---

26 *Institutes*, II.xi.10.
27 *Institutes*, III.xiv.13.

> 율법으로부터 인간이 받는 것은 아무것도 없다. 하나님이 인간에게 요구하시는 것은 정죄뿐이며, 율법은 그것을 수행할 아무런 힘도 주지 않는다. 그러나 복음으로 인하여 사람들은 중생하고 자신들의 죄 사함을 받고 하나님과 화해하며, 이로 인해서 의로움을 시행하고, 생명을 얻는다.[28]

칼빈은 구약성경의 중요한 특징을 율법이라고 생각하고, 그 율법은 주로 세 가지 부분으로 구성된다고 설명한다: "첫째는 생활의 교리요, 둘째는 경고와 약속들이며, 셋째는 은혜의 언약이다."[29] 따라서 문맥과 상황에 따라 율법과 복음은 구약적 약속과 신약적 성취라는 대비 개념으로 사용하기도 하고, 심판과 칭의라는 신학적 개념으로 대조하여 사용하기도 하였다. 이처럼 두 가지 용법으로 사용되었다는 점을 무시하거나 간과하면, 이미 굳어진 개념의 율법-복음으로 너무 쉽게 대비시키게 되어 칼빈이 전혀 의도하지 않은 용법으로 해석하여 혼란에 빠지고 만다.

신구약 사이의 대조인지, 아니면 신학적인 용어로서 대조인지 명쾌하게 구분하는 것은 성경의 이해와 신학적 체계의 정립이라는 두 가지 노력에서 나온 것이다. 다시 말하면, 어느 때는 율법과 복음을 종말론적인 견지로 보기도 하고, 어느 때는 신학적인 개념의 대조를 위해서 사용한다. 이 둘의 구별은 칼빈의 성경 해석 방식을 이해하는 데 아주 중요하다.

---

28 *Calvin's New Testament Commentaries on Corinthians I*: 452.

29 Calvin, "The Preface to the Prophet Isaiah," in the *Pringle translation of the Old Testament Commentaries*(Grand Rapids: Baker, 1984), volume 1 of Isaiah, xxvi.

요아킴주의자들, 말시온파들의 전통(the Joachimist-Marcionite tradition)을 따르고 있다고 보이는 재세례파의 성경 해석은 율법과 복음을 대립적으로 갈라놓는다. 이들에 반대하여 칼빈은 1559년 『기독교 강요』 최종판에서 복음과 율법의 통일성을 강조했다. 따라서 성경에서 그리스도를 모든 계시의 핵심으로 인식하는 구속역사적 접근과 종말론적 접근을 발견하게 된다.[30] 계시를 다루면서 옛 언약과 새 언약의 통일성을 핵심으로 다루는 구속역사적 접근이 있고, 그와는 다소 다른 의미로 양립시키는 접근이 있다는 것이다.

다시 말하면, 통일성을 강조하는 때도 있고, 그 보는 관점은 구약과 신약의 기본구조는 약속(promise)과 성취(fulfillment)라고 생각하는 것이며, 구약과 신약 두 성경 속에서 일체성을 드러내고 있는 것은 은혜의 언약이다.[31] 반면에, 중세시대 성경 해석학의 핵심은 그리스도가 아니라 교회였다. 로마 가톨릭은 율법주의적인 내용을 견지하면서 신약보다는 구약에 치우쳐서 성례적인 예식의 차원을 강조하였다.[32]

그리스도는 단지 모세와 같은 선지자 정도로만 설명하였다. 종교

---

[30] I. John Hesselink, *Calvin's Concept of the Law* (Allison Park, PA: Pickwick, 1992), 101.

[31] *Calvin's New Testament Commentaries on Hebrews* 12:19.

[32] Otto Weber, *Foundations of Dogmatics*, trans. by Darrell L. Guder (Grand Rapids: Eerdmans, 1981) vol. 1:287. "The Reformers were well aware of the tensions within the making the Church of Jesus Christ into a sacral realm with the legalisms pertaining to it, had basically opted for an Old Testament which was separated from the New." *ibid*., 232: "For Luther it is based upon the concept of law and Gospel, for Calvin upon the aspects of threats and promises." 멜랑톤의 경우는 다음과 같다: "All Scripture should be divided into these two chief doctrines, the law and the promises," Art. IV.

개혁자들은 신약을 구약에다 함몰시켜 버리거나, 구약을 신약의 부수적인 것으로 집어넣는 것을 거부하였다. 물론 재세례파들처럼 구약과 신약을 완전히 분리시키려는 접근도 배제했다. 루터는 율법은 구약이요, 복음은 신약이라는 매우 이분법적 대립으로 일관했다.

그러나 칼빈은 율법과 복음, 이 두 가지를 루터처럼 무조건 대립시키지 않았다. 종말론적으로 보아야 할 때와, 신학적으로 구분해야 할 때가 있다고 보았다. 이를 현대적인 신학적 용어로 표현하자면 칼빈은 성경신학적으로 접근하기도 하고, 조직신학적으로 접근하기도 했다는 말이다. 전자의 경우는 연속성과 통일성을 강조하여 약속과 성취의 개념으로 보았고, 후자의 경우는 즉각적으로 대립되는 개념으로 양분화하였다.

율법과 복음에 대한 칼빈의 이해는 하나님에 대한 개념에서도 볼 수 있다. 믿는 자들에게는 하나님이 더는 심판자가 아니요, 매우 자상하고 다정한 아버지가 되신다. 다시 말하면, 율법은 하나님의 주권과 통치와 심판을 강조하는 한편, 복음은 하나님이 모든 성도들에게 아버지가 되신다는 점을 강조한다.

우리를 만드신 하나님은 모든 좋은 것을 자식에게 주기를 원하는 아버지가 되기도 하신다. 물론 성도들은 하나님께 영광과 존귀, 사랑과 신뢰를 모두 드려야 한다. 율법의 제정자인 하나님은 주권적 통치를 강조하여 거룩한 두려움을 느끼게 하시는 분이지만, 아버지시라는 면에서는 은혜와 긍휼을 주시는 분이다.

하지만, 루터파의 신론에서는 여전히 첫째 요소를 강조한다. 칼빈의 경우에는 "하나님의 주권과 함께, 하나님의 사랑을 강조하고 있다." 따라서, 형벌에 대한 두려움이 아니라, 아버지의 명예를 보호하

려는 자녀된 마음으로 열심을 내는 것이다.[33]

바울은 로마서 8:15에서 '양자의 영'을 받은 우리들과 '종의 영'을 받은 불행한 사람들을 대조하는데, 역시 율법과 복음의 대립에 대한 인식이 들어있음을 보여준다. 종의 영을 받은 자들은 율법에서 나온 자들이다. 양자의 영을 받은 자들은 복음으로부터 나온 자들이다. 종의 영을 받은 자들은 두려움을 갖게 되지만, 양자의 영을 받은 자들은 구원의 확신을 갖게 된다. 우리는 이 두 대조를 통해서 구원의 확신을 더욱 선명하게 깨닫는다. 여기서 바울이 율법과 복음을 비교하고 있음을 다시금 배우게 된다. 비록 율법 속에 하나님의 은총이 들어있기는 하지만, 그러나 복음은 율법과 대조적인 역할을 수행한다. 율법은 명령과 금지이자, 죽음의 위협으로 범법자들을 붙잡아 매고 있다. 그래서 율법과 복음은 그 질적인 면에서 서로 다른 것이다.

5. 율법-복음-율법의 구조: 신율법주의를 경계함

갈라디아서 3장에 대한 칼빈의 주석은 복음과 율법의 대립적인 관계가 선명하게 설정되어 있다. 율법은 모든 범죄자들에게 죽음을 선언하고, 율법이 요구하는 조건을 지킨 자들만 약속을 받는다. 율법은 전혀 복을 가져다주지 않는다. 오직 조건만 약속하고 만일 거역하는 자가 있다면 오직 죽음뿐이라는 공포의 멍에를 메도록 강요할 뿐이다. 율법은 복종이라는 올가미로 사람들을 묶어놓는다.

---

[33] B. B. Warfield, *Calvin and Augustine* (Philadelphia: Presbyterian and Reformed, 1980), 175-176.

율법 아래 사는 자들은 종의 멍에를 메고서 두려움과 양심의 압박을 느끼며 살아간다. 복음 아래에서는 양자의 영을 받아서 구원의 즐거움을 누리고 살아간다. 하나님이 우리의 죄를 용서하여 주시며, 자녀와 함께 살아가는 아버지가 항상 친밀함을 보여주듯이 부드럽고 따뜻하게 대해 주신다.[34]

갈라디아서 3:10-13에 나오는 율법과 복음의 대조는 바울 사도의 일관된 입장이다. 다만 이러한 정신이 로마서 3:31에 나오는 결론적인 선언, "그런즉 우리가 믿음으로 말미암아 율법을 파기하느냐 그럴 수 없느니라 도리어 율법을 굳게 세우느니라"라고 하는 것과 모순되게 해석하는 것은 곤란하다는 점을 칼빈은 충분히 인식하고 있다. 이 점에 있어서 두 성경의 가르침을 충분히 조화롭게 소화하고 있는 칼빈의 입장을 알 수 있다. 오직 갈라디아서에만 집착하여 율법과 복음의 관계를 해석하여, 바울과 유대 율법자들 사이를 지나치게 대립적으로 이해한 종교개혁자들의 인식은 잘못이라고 비판하는 최근의 소위 '새로운 관점'(the New Perspectives)의 신약학자들의 견해에 필자는 동의할 수 없다.[35]

칼빈은 갈라디아서 주석에서 율법으로 의를 얻으려는 것을 거부하면서 율법의 목적이 바르게 적용되기를 소망한다. 그리고 율법의 바른 사용을 무시하는 오류를 정확하게 지적한다.

또한 로마서 주석에서는 성도들에게 의롭다 하심을 얻은 이후에도

---

34 *Calvin's Commentary on Gal.* 3:10.

35 E. P. Snders, *Paul, the Law, and the Jewish People*(Philadelphia: Fortress Press, 1983); James D. Dunn, *The Theology of Paul's Letter to the Galatians*(Cambridge: Cambridge University Press, 1993).

율법과 복음을 잘 구별하라고 권면한다. 그렇지 않으면 성도들이 자신들의 의로움은 오직 중생하게 하는 은혜의 선물에서 비롯된 것이지 결코 자신들의 내부 행동에서 기인한 것이 아니라는 점을 오해할 소지가 있기 때문이다. "어떤 경우에도 예외 없이 사도가 설정한 모든 행위들은, 주님이 자신의 백성들 가운데서 만들어낸 것들도 포함하여, 이런 은총에서 나온 것이 명백하다." 이어서, 칼빈은 성도들이 이뤄내는 성화를 은총의 탓으로만 돌리는 것에 대해서는 충분히 설명해야 한다고 지적한다.

인간이 만들어 낸 모든 의로움이라는 것은 믿음으로 받는 의로움과 대립된다고 생각한다.

> 이와 동일한 방식으로, 갈라디아인들에게 보낸 서신에서 바울 사도는 칭의의 효력과 관련하여 율법을 믿음과는 대립되는 개념으로 정립하였다. 왜냐하면 율법은 그것을 명령을 받아서 행하는 자들에게 생명을 약속하기 때문이요(갈 2:16), 행위로 드러나는 것만 아니라 하나님을 사랑하는 신실함도 요구하기 때문이다.[36]

율법에서 다시 복음으로, 그리고 다시 율법으로 돌아가는 구조가 칼빈의 마음에 있었다고 생각하면 안 된다. 이런 구조는 신율법주의자들의 신학이다. 칼빈은 교회 안에서 성도들은 날마다 복음을 반복해야지, 율법으로 돌아가서는 안 된다고 확신한다.

---

[36] *Calvin's Commentary on Rom.* 3:21.

성도들은 하루 잘 행동을 했다는 근거에 따라서 구원을 받은 것이 아니다. 일생동안 지속적으로 복음 안에서 살아가야 양심의 평안을 얻는다고 칼빈은 강조한다. 동시에 율법으로 점수가 매겨지는 두려움으로 항상 괴롬을 입는 것이 그리스도인들이다. 그리스도인은 하루하루 행동을 계산하는 율법이라는 비밀스러운 감독자를 가슴에 품고 살아가기 때문에 복음의 약속으로 위로를 받아야 하는 것이다.

6. 율법의 긍정적 기능과 '제3 용법'

율법과 복음에 대한 칼빈의 사상은 마침내 기독교 신학사에 크게 공헌한 부분 중에 하나로 발전되었다. 칼빈의 신학이 체계화되어서 그 정점에 달한 무렵에 마침내 율법이 은혜 안에서 어떻게 사용되는지를 명쾌하게 밝히는 단계에까지 나아갔다. 여기서 칼빈은 루터와는 견해가 현저히 달라진다. 루터는 율법을 항상 죄와 연결 지어서 생각한다. 그러나 칼빈은 율법은 하나님이 자기 백성에게 베푸시는 은혜 안에, 그리고 신실하심 안에 있음을 발견한다. 칼빈은 율법 자체가 신자들에게 불필요하기에 완전히 제거할 대상으로 보지 않고, 다만 율법의 저주만 제거할 대상으로 본다.

물론, 율법은 결코 우리 그리스도인들의 위로가 될 수 없다. 그러나 율법이 무조건 나쁜 것만은 아니다. 그리스도의 의를 전가 받은 것을 확신할 때에 율법과 그리스도인의 관계도 새롭게 정립된다. 칼빈은 그리스도가 율법을 성취하시고, 약속들을 성취하셨음에 주목한다. 그리스도는 모든 율법에 순종하셨고, 하나님의 형벌을 받아서 율법의 저주를 모두 흡수하셨고, 정리해버렸다. 성도들은 율법의 혹독함과 위협에서 풀려나게 되었다. 이 율법은 더는 성도들을 위협하거나 정죄하지 못한다. 따라서 그리스도 안에 있는 사람은 감사의 표시가 있어야 한다.

칼빈은 율법의 기능에 주목하여, 먼저 은혜 안에 있는 자들에게는 교사로서 긍정적인 기능을 하지만, 불순종하는 자들에게는 가혹한 처벌과 정죄라는 부정적 기능을 한다고 말한다. 그래서 율법의 주된 용도를 세 가지로 지적한다.[37]

첫째로, 죄를 비추어주는 용도(usus paedagogicus, elentichus)이다. 율법은 거울이며, 감독의 용도가 있다. 로마서 3:20에 바울 사도는 "그러므로 율법의 행위로 그의 앞에 의롭다 하심을 얻을 육체가 없나니 율법으로는 죄를 깨달음이니라"라고 했다.

둘째로, 사회·정치적 용도(usus civilis, politicus)이다. 율법은 세상에서 악을 억제하는 데 사용된다. 심지어 율법이 없는 이방인에게도 본성에 양심이 자리 잡고 있어서 "혹은 송사하며 혹은 변명하여 그 마음에 새긴 율법의 행위를 나타낸다"(롬 2:14-15). 첫째와 둘째 용도는 신자들과 불신자들에게 모두 적용된다.

셋째로, 표준적 규범으로서의 용도(usus normativus)이다. 율법은 그리스도인들에게 여전히 표준으로 남아있다. 성도들은 그리스도 안에서 살아났기 때문에 중생한 자들은 그리스도가 전해 주는 법을 따라서 계속해서 살아가게 된다. 그리고 하나님은 사람이 감당하지 못할 규칙을 요구하시지 않는다. 칼빈은 항상 율법을 그리스도와 관련지

---

37 *Institutes*, II.vii.6.

어서 설명한다. 율법이 가르치고 규정하고 약속하는 것들은 모두 다 율법의 한복판에 계신 그리스도를 가리킨다. 그리스도가 없다면 율법은 무용지물이요, 아무런 희망이 되지 못한다.

하나님이 그리스도 안에서 우리를 자녀 삼아 주셨기 때문에, 율법 아래서 살아가면서 성도들에게는 의무만 아니라 자유도 있다. 이 점이 루터와 차이점이다. 루터는 율법을 항상 육체를 구속하는 것으로만 생각하였다. 그러나 칼빈은 활기차게 율법을 대하는 기독교인의 자유를 언급한다. 칼빈은 이 셋째 용도를 매우 강조하면서 이것은 오직 신자들에게만 해당한다고 주장한다.[38]

> 셋째 용도는 가장 중요한 것이며, 율법의 본래의 목적에 더욱 가까운 것이다. 이 용도는 하나님의 영이 이미 그 영혼 속에 사시며 주관하시는 신자들 사이에서 발견된다…. 그들이 앙모하는 주의 뜻을 매일 더욱 철저히 배우며, 확고하게 이해하는 데 율법은 가장 훌륭한 도구이다. 마치 주인의 마음에 들겠다는 성의와 준비가 있는 하인이 주인의 습관을 따르며, 거기 순응하기 위해서 그 습관을 자세히 연구하며 관찰해야 하는 것과 같다. 또 이 필요성은 피할 수 없다. 어떤 무지한 사람들은 이 구별을 이해하지 못하고 경솔하게 모세의 율법을 전적으로 집어 던지며, 율법의 두 판을 버린다…. 율법이 요구하는 엄격한 도덕적 순결을 우리가 이 육체의 감옥에 갇혀 있는 동안에 이룰 수 없다는 이유만으로 율법을 무서워하거

---

38 *Institutes*, II.vii.12.

> 나 도망하거나 그 교훈을 피해서는 안 된다.

율법은 구원받은 성도들에게 감사의 규범이요, 복음에 대한 반응의 규칙이 된다는 것이다. 이 셋째 용도를 통해 율법은 지금도 긍정적 기능을 한다는 것이다. 칼빈은 율법을 준수하는 순종을 강조하면서, 이것은 하나님의 사랑에서 나온다고 본다. 오직 하나님이 은혜를 주셔야 가능한 것이다.

칼빈은 율법의 제3용도를 지적하면서 우리 그리스도인들의 생활 속에서 나타나야 할 윤리를 지적한다. 다시 말하면, 그리스도인들은 율법에 순종하면서 살아가는 생동감 넘치는 순종의 관계를 맺었으므로, 하나님의 영광을 향한 종말론적이요, 궁극적이며, 적극적인 삶이 가능해진다.

윤리적 생활은 의무나 강압적인 책무가 아니라 어떻게 하면 하나님의 은혜에 보답할 수 있는지를 생각하고 행동하는 데서 나온다. 따라서 은혜의 방편들을 따라서 성화를 강조하고 그리스도 안에서 성장을 염원한다. 신자들은 여전히 객관적인 하나님의 계명들을 통해서 선을 행하도록 자극을 받아야 하고, 진리의 교훈을 받아야 하는 것이다. 따라서 율법은 폐지되지 않는다.

> 그런즉 우리가 믿음으로 말미암아 율법을 파기하느냐 그럴 수 없느니라 도리어 율법을 굳게 세우느니라(롬 3:31).

7. 현대 연구자들의 문제점들

여기서 필자는 현대 칼빈연구가들이 그리스도인들과 율법의 관련에 대해서 오해하고 있는 점과 그 오류를 지적하고자 한다.

첫째로, 현대 칼빈 연구가들은 율법-복음의 해석학에 대해서 상당히 무관심 해왔다. 지난 오십 년 사이 칼빈 연구는 새로운 르네상스를 맞이하였지만, 율법과 복음이라는 핵심 연구 주제에 대해서는 매우 제한적인 연구를 했을 뿐이다. 칼 홀(Karl Holl) 교수가 루터 연구의 의욕을 고취시키고, 칼 바르트와 에밀 부르너, 라인홀드 니버, 리처드 니버 등이 제2차 세계대전 이후에 이룩한 칼빈 연구는 확실히 그 이전과는 양적으로 질적으로 차이가 많았다.[39] 세계 루터 연구학회가 조직되고, 세계 칼빈학회가 만들어진 것도 이들의 영향에 기인한 것이다. 하지만, 마르크스주의자들이 사회사적 역사연구에 집중하던 시대에 나온 다양한 역사학자들과 신학자들의 칼빈 연구가 칼빈의 사상과 모습을 정확히 그려낸 것인지에 대해서는 의문을 제기하지 않을 수 없다.[40]

지금 우리가 관심을 기울여 파악하고자 하는 율법과 복음에 관한 해석학적 관심은 거의 무관심의 영역에 있었다. 루터의 신학에서 율

---

[39] John T. McNeill, "Thirty Years of Calvin Study," *Church History* 17(1948): 207-40. idem, "Fifty Years of Calvin Study," in Williston Walker, *John Calvin: The Organizer of Reformed Protestant, 1509-1564*(New York: Schocken Books, 1969), xvii-lxxvii. William H. Neuser, "Calvin Studies: A Review, The Work of the Calvin Congresses and Their Future Tasks and Goals," in *Calvin Studies V*, ed. by John H. Leith(Davidson: Davidson College, 1990), 21-27.

[40] Richard C. Gamble, ed., *Articles on Calvin and Calvinism*, 14 Vols.(New York: Garland Publishing, 1992).

법과 복음이 서로 이율배반적으로 충돌하고 역설적이기 때문에 칼빈에게서도 새롭게 찾아보려 하지 않았던 것이다. 특히 자신들의 신학적 입장을 옹호하는 데 필요한 것만 칼빈의 사상에서 선별적으로 찾으려 하기 때문이다.

둘째로, 칼빈과 후기 개혁파 스콜라주의 사이에 신학적 불연속성이 있다는 바르트주의자들의 이론이 강하게 제기되면서, 개혁주의 교의학자들은 율법과 복음의 해석을 매우 모호하게 묻어놓아 버렸기 때문이다.[41] 스코틀랜드 에버딘대학교 교수였던 제임스 토렌스가 칼빈의 견해를 매우 잘못 해석하여 세계 칼빈 신학계에서 논쟁을 일으킨 논문을 발표하였는데, 그가 인용한 칼빈의 저술은 칼빈이 생각한 것과는 다르다.

칼빈은 율법을 복음 속에 함몰시키거나, 구약의 율법 전체를 복음으로 대치하지 않았다. 율법이 복음을 포함하고 있고, 율법이 복음을 약속하고 있으나, '전체 구약이 복음이다'라는 말은 칼빈이 실제로 의도한 바와는 완전히 반대되는 것이다. 오히려 제임스 토렌스가 영향을 깊이 받은 칼 바르트는 율법을 복음 안에다가 집어넣어 버렸다. 즉 토렌스는 율법과 복음에 대한 바르트의 해석을 칼빈에게서 끌어내어서 정당화 하려는 것이다. 그러나 칼빈은 율법을 복음 속에 함몰시키거나, 전체적으로 구약의 율법을 복음이라는 특정한 고정관념

---

41 Cf. J. B. Torrance, "The Concept of Federal Theology," in *Calvinus Sacrae Scripturae Professor*, ed. by Wilhelm H. Neuser(Grand Rapids: Eerdmans, 1994), 15-40. "칼빈은 기독교 강요 초판(1536)에서, 루터의 '소요리문답'에서 나오는 순서를 따르지 않았다. 우르시누스의 핵심 요리문답(1562)에서는 루터의 순서를 따르고 있다. 칼빈은 갈라디아서 3장에 근거하여, 율법에 대한 은혜의 우월성을 주장한다- 말씀의 전체적인 의미에서 구약은 복음이다, 『기독교 강요』 II.ix.2."(31).

으로 대치하지 않았다. 율법이 복음을 포함하고 있고, 율법이 복음을 약속하고 있으나, '전체 구약이 복음이다'라는 말은 칼빈의 실제 의도와는 완전히 반대되는 것이다.

이런 점에서 칼빈과 후기 개혁파 칼빈주의자들의 차이는 내용의 차이가 아니라 논리와 형식의 차이일 뿐이다. 칼빈은 은혜를 하나님이 절대적으로 권한을 가지시고 무조건적으로 주시는 것이라고 강조하면서, 다른 종교개혁자들이 사용하지 않았던 아리스토텔레스의 논리학을 사용하는 스콜라적인 진술을 자주 채택했었다.[42] 하지만, 칼빈과 후기 칼빈주의자들은 율법적 구원론을 체계화한 것이 아니라, 대표적 언약신학을 더욱 개발하여 아담의 원죄가 전가된 것과, 그리스도의 의는 대속적 희생을 기초로 전가된 것을 강조하였다.[43] 구원은 인간의 공로에 의존하지 않으며 절대적으로 그리스도에 의한 것이라고 일관되게 주장하였다.

셋째로, 신정통주의자들이 소위 "복음이 먼저요 율법은 나중이다"라는 구조적 강조점을 칼빈에게서 찾으려는 잘못된 시도를 했기 때문이다. 신정통주의자들은 구속 역사적으로 드러나는 '율법이 먼저요 복음이 나중에 왔다'의 구조를 뒤집고 '복음-율법'으로 이해한 사

---

[42] Richard Muller, "Scholasticism in Calvin: A Question of Relation and Disjunction," in *Calvinus Sincerioris Religionis Vindex: Calvin as Protector of Purer Religion*, ed. W. Neuser(Kirksville, MO: Sixteenth Century Journal Publication, 1997): 247-265. idem, *The Unaccommodated Calvin*(N.Y.: Oxford University Press, 2001), 50-51. 김재성, 『개혁신학의 정수』, 제 4장, "칼빈과 칼빈주의자들, 그 신학적 연속성에 관한 논의들," 125-156.

[43] Paul Helm, *Calvin and the Calvinists*(Edinburgh: Banner of Truth Trust, 1982); Joel Beeke, *The Assurance of Faith*(New York: Peter Lang, 1991); Richard Muller, *Christ and the Decree; Post-Reformation Reformed Dogmatics*(Grand Rapids: Baker, 1986).

람이 칼빈이며, 따라서 자신들이 주장하는 '복음' 중심의 구조가 정당하다고 주장하는 것이다. 다시 말하면 칼빈도 복음 위주로만 했다고 주장하면서 소위 만인구원론, 보편속죄론의 은총론을 유지하려 하는 것이다. 바르트, 토렌스, 그밖에 신정통주의자들은 율법과 그리스도인의 생활을 연결한 칼빈의 견해를 인식하는 데 실패한 것이다.

그러나 칼빈이 인식한 구속 역사적 성경이해와 구조에 따르면, 구원의 은혜[복음]와 율법은 상치되는 것이 아니다. 하나님이 의롭다고 선포한 자들에게 율법을 강조하는 것은 '율법주의'가 아니다. 출애굽 사건이 먼저 일어났고, 나중에 시내산에서 율법을 받았다. 구원이 먼저 있었고, 율법은 나중에 주신 것이다. 하나님이 그의 백성들을 구해내어 광야에서 인도하시고 보호하셨으며, 율법을 주셔서 따르도록 하신 것은 그 후에 된 일이다. 이것은 분리할 수 없는 것이다. 베드로전서 1:13-19을 보면, 먼저 하나님의 구원을 사실적으로 설명하고 있는데(indicative) "금이나 은같이 썩어질 것으로 너희를 구속하신 것이 아니요, 영원하신 그리스도의 보혈로 구속하셨다"라고 강조한다. 그러므로 그리스도인들은 자신의 것이 아니요, 피를 흘리신 그리스도의 것이므로, 이제는 불러주신 분의 뜻에 따라서 거룩하게 살라는 명령(imperative)을 선포하고 있다.

칼빈은 율법을 지켰다고 자부하거나 의로운 행동을 추구하려는 것은 저주받아야 할 태도라고 지적한다.

> 그들 자신의 의로움을 얻으려는 것은 절망 가운데 빠져있는 것으로서, 그들은 하나님의 아름다운 천국, 그리스도 자신에

게서 떠난 자들이다…. 이것이 모세의 사역의 목표였다.[44]

그리스도가 우리의 거룩함이 되고, 성화이며, 구원이라는 승리의 선언(the triumphant indicative)은 성도들에게 아버지 하나님처럼 거룩하게 살아가라는 명령(the imperative)을 받아들일 길을 열어놓은 것이다. 그리스도인들이 율법의 제3용법을 강조할 때에 복음이 율법보다도 더 큰 개념이며, 더 큰 관점이요, 우선적인 특성을 지니고 있음을 인식하게 하는 것이 성경적인 가르침이다. 하지만, 율법과 복음이 서로 대립적인 것이 아니요, 의를 얻는 방법으로서 차이가 나는 것이 아니며, 이 둘이 그 효과면에서 일치한다는 것이 제3용법의 주장에 담겨있다.

칼빈이 강조한 예배 순서를 보면, 신앙고백과 사죄문의 선언 후에 시편을 읽고 십계명을 찬양하였다. 이것은 마틴 부써가 스트라스부르그에서 시행한 것을 칼빈이 제네바로 돌아와서 그대로 채택한 것으로 알려져 있다. 예배 순서에 나타난 바를 분석해 보면, 신앙고백이 먼저 있고, 사죄선언이 있는데 이런 순서들은 복음의 확신에 대하여 감사하는 마음을 표현하는 것이었다. 따라서 칼빈은 자신의 회중들이 매우 자유롭게 율법의 교육적 기능과 도덕적 기능을 발휘하도록 채택하였던 것이다. 그러나 칼빈이 율법과 복음 사이에 혼란을 허용한 적은 없었다.

---

44 *Calvin's Commentary on Rom.* 10:5.

8. 끝맺는 말

칼빈이 제시한 율법의 제3용법에서 우리는 복음과 율법의 바른 관계 정립을 배우게 되었다. 칼빈에 따르면 율법은 세 가지 기능을 한다. 첫째는 죄를 계시하는 것이요, 둘째는 전체적으로 사회 예절의 파괴를 막아주는 것이며, 셋째는 그리스도 안에서 믿음을 통해서 중생을 하게 된 그리스도인들에게 생활의 규칙을 제시하여 주는 것이다.

이런 안목은 오늘날에도 매우 유익하다. 즉 반율법주의적인 사조에서 발전한 자유주의 신학자들의 사상들을 본질적으로 극복하는 안목을 준다. 인간이 하나님 앞에서 의로움을 얻기 위해서 율법적인 조항들을 잘 지키며 노력하는 것이 아니라, 객관적인 복음의 선포를 근거로 하여 율법을 실천한다는 것이다.

20세기에 나온 각종 인본주의적인 사상들, 실존주의 윤리, 상황윤리, 도덕적 상대주의는 모두 다 반율법주의적인 사고에서 나온 것들이다. 이런 윤리사상들은 규범적인 강조를 전혀 하지 않으며, 어떤 도덕적 원칙들도 전혀 세우려 하지 않고 오히려 해체해 버리고자 한다. 율법과 복음에 대한 대립적 이해, 곧 칭의와 성화를 너무나 첨예하게 구별해서 이해하려는 경향으로 인해서 반율법주의 사상이 다양하게 기독교 신학사에 등장하고 있었던 것이다.

하지만, 칼빈의 성경적 해석과 주장을 근거로 하여, 정통 교회는 성경의 통일성을 근거로 하여 율법과 복음 사이에는 아무런 대립이나 역설이 들어있지 않다는 점을 확신할 수 있었다. 성경의 일부 구절만 가지고 이런 무작정 확산되는 영구적인 대립 구조를 만들어서는 안 된다는 것이다.

율법의 도덕적 원리들은 아직도 살아있으며, 가치가 있다. 믿는 자들의 생활 속에서 구체적으로 역사하도록 하는 성령의 간섭이 있으며, 성령의 열매를 맺게 되는 것이다. 율법은 어떤 인간이 객관적인 행위를 바르게 함으로써 최고로 의롭다 하는 어떤 조항들을 만족시키고, 높은 경지에 도달하려는 종교적 노력을 만들어내는 것이 아니다. 은혜 아래 살아가는 기독교인들에게 율법은 여전히 지켜야 할 기준을 제시한다.

노년기의 칼빈

8장
성령과 교회

오늘날 개신교 기독교인들은 가장 독특한 핵심 교리의 하나로서 '개혁주의 교회론'을 성경적으로 회복하여 신조에 반영하였으며, 교회 중심의 신앙생활을 구체적으로 실현해 오고 있다. 모든 기독교인들은 칼빈의 교회론에서 큰 도움을 얻고 있으며, 이미 청교도들과 개혁주의자들이 세운 교회를 통해서 인류문화의 발전과 민주사회의 형성에 크게 기여하여 왔다. 21세기를 맞이하여 개혁주의 장로교회에 출석하고 있는 한국 성도들 중에는 교회관이 확고히 정립되어서 열심히 신앙생활을 하고 있는 분들도 많이 있지만, 일부에서는 아직도 교회론의 정립을 잘하지 못하는 분들도 적지 아니하다.

로마 가톨릭교회의 모순과 오류를 면밀하게 분석하고 참된 교회의 표지를 정립한 칼빈은 구원받은 성도들의 어머니로서 교회에 대한 정확한 이해를 정립하였다. 칼빈의 교회론을 이해하기 위해서 먼저 그가 오직 그리스도께서 교회의 머리가 되신다는 것을 명쾌하게 밝히고, 요한복음 21:15-19에서 세 번이나 베드로에게 "내 양을 먹이라"고 하신 말씀의 뜻을 해석하였다.

> 말씀을 왜곡해서 교황의 폭정을 정당화하기 위한 수단으로 삼고 있는 로마 가톨릭의 추종자들의 후안무치한 사악함을 분명하게 반박할 수 있다…우리는 이 말씀 속에서 그리스도께서 베드로에게 복음의 다른 사역자들에게 주어지지 않은 어떤 특별한 것을 주셨다는 것을 보여주는 그 어떤 암시도 찾아볼 수 없다. 내 양을 먹이라는 그리스도의 말씀을 유일하게 받은 사도 베드로가 모든 사도 가운데에 으뜸이 되어야 한다는 교황주의자들의 주장은 공허한 것에 지나지 않는다…그런데도 무슨 근거로 교황은 자기가 베드로의 후계자라고 주장하는 것인가? 정신이 멀쩡한 사람이라면 누가 여기에서 그리스도께서 베드로에게 세습권을 수여하셨다고 생각하겠는가?[1]

교회의 정체성에 대한 신학적인 이해가 부족한 가운데 교회의 혼란에 직면한 성도들이 많은 시대이다. 한국사회가 급변하고 있는 가운데 교회도 역시 안으로는 추한 이념 대립과 갈등을 청산하고 정체된 무기력을 뚫고 나아가야만 한다. 나라 밖으로도 복음을 전하고 전 세계 교회들을 역동적으로 이끌어야 할 지도적인 위치에 처한 한국교회는 앞장서서 하나님의 능력을 전파할 매우 중대한 기로에 놓여 있다.

최근 세계 교회는 현격한 변화를 맞이하고 있다. 개혁주의 신앙을

---

[1] 칼빈 요한복음 21:15 주석.

변질시키고, 새로운 실험적 신학을 받아들여서 성경적 교회론을 폐기하고 인본주의적인 직분론과 제도를 채택하고 있는 서구 유럽교회는 현저히 위축되고 있지만, 아시아와 아프리카, 중남미 여러 지역의 교회들은 수적으로 크게 부흥하고 있는 것이다.[2]

한국 기독교인들이 확고하게 세워야 할 성경적 교회관은 예수님이 말씀하신 신앙고백을 분명하게 하는 교회(마 16:18; 18:17)라야 한다. 교회에 대한 첫 반성과 새로운 대안을 바로 세우고자 고뇌했던 16세기 유럽 종교개혁의 종합적인 완성자 칼빈의 신학을 통해서, 21세기 한국 교회가 참신한 갱신의 과제들을 성실히 헤쳐 나가야 할 때이다. 이 논문에서 칼빈의 교회론에 담긴 핵심 내용들을 재정립하여 오늘의 한국 교회가 물려받아야 할 교리들을 정리하여 본 후에, 21세기 갱신과제로 마치고자 한다.

1. 새로운 교회 개념들

먼저, 칼빈이 교회를 설명하기 위해서 사용한 다섯 가지 개념들을 살펴보고자 한다. 교회의 정확한 정체성을 이해하기 위하여 사용한 개념들이므로 매우 중요한 의미를 가진다. 물론 이러한 교회의 필요성을 말하면서 칼빈은 성령께서 사용하시는 외적인 방법에 대해서

---

2 Philip Jenkins, *The Next Christendom: The Coming of Global Christianity*(Oxford: Oxford University Press, 2003); Andrew F. Walls, *The Cross Cultural Process in Christian History*(Edinburgh: T & T Clark, 2002); Lamin O. Sanneh, *Whose Religion is Christianity?: The Gospel Beyond the West*(Grand Rapids: Eerdmans, 2003).

강조한다. 따라서 흔히 교회를 말하는 것 같으면서도, 기독교 신학의 전반에 대해서 관심을 갖지 않고 오직 기독론적인 관심만을 보이는 일부 신학의 흐름에 대해서 조심해야 한다. 교회가 필요한 것은 단지 믿음의 대상이 되는 그리스도에 대한 교리, 혹은 신학적인 지식 전달에 머물게 하려는 것이 아니다.

> 무지와 태만에 빠져있는 우리에게는 믿음을 일으키고 증가시키며 목표를 향해 전진케 할 외부의 도움이 필요하기 때문에, 하나님은 연약한 우리를 도우실 이런 보조물을 더해 주셨다. 그리고 복음 전파가 융성해질 수 있도록 하나님은 이 보물을 교회 안에 간직해 두셨다.[3]

교회를 말할 때에 오직 보이는 조직체, 공동체, 마치 하나의 국가처럼 독립된 공화국으로만 이해하려는 로마 가톨릭의 견해에 대해서 조심해야 한다. 칼빈의 『기독교 강요』에는 '보이는 교회'와 '보이지 않는 교회'로 나뉘어져 있다.

칼빈의 초기 교회론(1536년판)에서 중요한 강조가 있다면, 루터와 같이 보이지 않는 교회, 감추어진 교회에 대한 설명이 첨가되었다는 점이다. "부써와 똑같이 칼빈도 특히 1543년 이후로, 최상의 교회는 산 자든지 죽은 자든지 간에 모든 선택받은 자들로 구성된 불가시적(무형) 교회이지만, 그 외에도 교회는 우리들의 지상에서의 삶을 사는 동안 우리와 직접 관계를 맺고 있다. 그것은 동일한 하나의 지역 안

---

3 *Institutes*, IV.i.1.

에서 그리스도인들이 함께 모여 형성하는 가시적(유형) 교회이다."[4]

1) 첫째, 보이는 교회와 보이지 않는 교회

칼빈이 교회의 개념을 두 가지로 나누었다고 생각해서는 안 된다. 칼빈이 사용한 이 두 가지 용어는 어거스틴의 견해를 사용한 것이다. 하지만, 이렇게 두 가지 개념을 채택할 때에, 우리는 하나라는 교회에 대한 관점의 차이, 즉 하나님의 관점에서는 보이는 교회이자, 인간의 관점에서는 보이지 않는 교회라는 사실을 잊어서는 안 된다.

우리가 보이지 않는 교회라는 명칭을 인정할 수밖에 없는 것은, 인간들은 교회를 총체적으로 볼 수 없기 때문이다. 우리보다도 앞서 태어난 그리스도인들과 우리보다 뒤에 태어날 그리스도인들을 우리는 볼 수 없다.[5] 또한 우리가 살고 있는 현재에서도 교회의 지체들 속에는 가라지가 섞여 있어서 하나님의 은밀하신 선택을 알 수 없다. 따라서 진정한 교회는 하나님의 선택과 관련되어서 보이지 않는 것이다. 우리로서는 그 문제를 판단할 수 없는 일이며, 부질없는 위험한 생각에 빠져서도 안 될 것이다.

하지만, 칼빈은 '모든 경건한 자들의 어머니'인 보이는 교회 밖에서는 구원을 찾을 수 없다고 단정적으로 말한다.[6] 특히 경건의 신학자인 칼빈은 보이는 교회에 몸담고 경험하며 체험하며 살아가는 유익

---

[4] 프랑수와 방델, 『칼빈: 그의 신학사상의 근원과 발전』, 김재성 역(서울: 크리스챤 다이제스트, 1999), 359.

[5] *Institutes*, IV.ii.7.

[6] *Institutes*, IV.i.1; IV.i.4.

을 지속적으로 강조한다. 비록 보이는 교회가 문제가 많고 그리스도의 몸과 동일시 할 수 없다 하더라도, 그 교회로부터 벗어나서 살아가는 것은 하나님과 진정한 관계를 맺었다고 할 수 없다.

2) 둘째, 신자들의 어머니로서의 교회

무지하고 게으르고 육체적으로 살아가는 사람들을 위해서, 우리는 모성적 보호의 품에서 탄생하여 자양분을 공급받아야만 성장한다고 말한다.

> 하나님은 교회의 품 안에 자기 자녀들이 모이기를 기뻐하신다. 그 이유는 자녀들이 유아와 어린이인 동안 교회의 도움과 사역으로 양육될 수 있도록 하기 위해서일 뿐만 아니라, 자녀들이 성장하여 마침내 믿음의 목표에 도달할 때까지 교회의 모성적 보호로 인도를 받기 위해서이기도 하다…하나님을 아버지로 모시고 있는 자들에게 교회는 어머니가 될 수 있다.[7]

하나님은 보물을 교회에 맡기시고, 비록 그들이 잘 간수하지 못하고 있다 하더라도 그의 긍휼로 위임해 놓으셨다. 오늘날 서구 유럽의 교회가 붕괴하고 있는 것은 다른 말로 표현하면 어머니의 품을 떠난 자식들처럼 방종하고 무지하기 때문이다. 어머니를 내버린 사람들처럼 교회론이 약화되었기 때문이다. 현대 신학자들의 신학에는 어머

---

7 *Institutes*, IV.i.1.

니로서의 교회론이 없는 것이다.

> 이 어머니가 우리를 잉태하고, 낳고, 품에 안아 먹이고, 마지막으로 우리가 죽을 육체를 버리고 천사처럼 될 때까지 보호와 인도하에 우리를 돌보아 주지 않는다면, 우리는 생명에 들어갈 수 없다. 우리는 연약하기 때문에 평생 학생으로 몸담고 있는 이 어머니라는 학교를 떠날 수 없다. 더욱이 이 어머니의 품을 떠나면 아무도 죄의 용서와 구원을 소망할 수 없다… 교회를 떠나는 것은 언제나 재앙이다.[8]

교회는 승천하신 그리스도께서 자신의 사람들을 사용하셔서 지속적으로 사역을 하고 계신 곳이다. 부름을 받은 사역자들은 '목사와 교사'로서 명령을 수행하여 나간다. 이때에 하나님은 설교와 성례라는 통로를 사용하신다. 그리스도께서 임재해 계신 교회는 믿음 안에서 인생을 새롭게 출발하는 곳으로만 생각해서는 안 된다. 인생의 마지막 순간까지 이 교회 안에서 연합을 유지해야만 한다.

성도들은 이 교회에 순종함으로써 선한 시험에서 승리하여야 한다. 공적인 집회를 업신여기고, 설교를 하찮은 것으로 여기는 자들은 광신자들이다. 교회는 오직 말씀으로 세워진다는 사실을 잊어서는 안 된다. 성도들은 공적인 예배를 귀중히 여겨야 한다.[9] 공예배는 하나님이 사용하시는 수단이기 때문이다. 하나님은 자기 백성들을 한

---

8 *Institutes*, IV.i.4.

9 *Institutes*, IV.i.5.

순간에 천사처럼 만드시지 않으시고, 훈련과 연단을 통해서 성장하고 성숙하기를 기대하신다. 오직 교회의 교육을 받아가면서 장성하기를 바라고 계신다. 따라서 성도들은 겸손하게 말씀을 경청하면서 신앙의 양육을 받아야만 한다.

3) 셋째, 그리스도의 몸된 교회

교회는 우리 그리스도인들을 관리하는 기관이라기보다는 그리스도께서 우리의 삶과 생의 현장으로 들어오시는 통치의 영역이다. 그리스도와 연합된 성도들은 교회 안에서 그리스도와 사귐을 누리며, 의존한다. 교회는 엄격하고 무서운 경찰서나 검찰청, 혹은 딱딱한 관공서와 같은 곳이 아니다.

에드먼드 클라우니의 말을 빌리자면 "그리스도와 우리의 연합은 대표 원리에 따른 것이고 그리스도의 몸으로서의 교회라는 바울의 이미지는 십자가에 달리신 그리스도의 몸에서 시작"되는 것이다.[10]

교회의 주인은 오직 그리스도 한 분이다. 그분을 정점으로 하여서 서로 팔과 다리, 몸과 장기가 연결되어 있는 것이다. 어떤 개인도 어떤 집단도 교회를 통치할 수 없다. 우리는 오직 주님으로부터 은사를 받아서 교회를 세우는데 협력할 뿐이다. 영적인 은사도 받으며, 물질적인 은사를 받은 사람들도 있다. 각자 자기가 받은 유익을 서로 나누는 것이다. 사도행전 2장에서 4장까지에서 가르치고 있는 바와 같이, 형제 사랑의 원칙으로 서로 교통하는 것이다.

---

[10] 에드먼드 클라우니, 『교회』, 황영철 역(서울: IVP, 1998), 71.

종교개혁자들의 신학을 가장 반박했던 로마 가톨릭 신학자 벨라민(Robert Bellarmine)에 의하면 교회란 인간 공동체(*coetus hominum*)로 규정되어있고, "하나의 참된 교회란 동일한 기독교 신앙을 고백하여 연합하고, 같은 성례전에 참여함으로서 하나가 된 사람들의 공동체로서, 합법적인 성직자들, 특히 지상에서 유일하게 그리스도의 대리자가 되는 로마 교황의 통치하에 있는 공동체"라고 말하고 있다.

이것은 눈에 보이는 측면만을 강조한 것으로, 다른 사회단체와 별로 차이가 없다. 교회는 보이지 않는 하나님의 임재, 신비로운 그분과의 교제와 연합(communion, union with Christ)을 가장 중요한 구성요소로 한다. 인간의 삶에서 미처 헤아릴 수 없는 풍요로움(엡 3:8)이 있는 곳이다.

4) 넷째, 선택된 백성

교회의 기초는 하나님의 은밀하신 선택이다. 하지만, 하나님의 선택으로 세워지는 교회를 말할 때에 몇 가지 조심해야만 한다. 우선 칼빈은 『기독교 강요』 제3권, 21장에서 선택에 관한 교리를 다루었는데, 이 부분은 교회론도 아니요, 신론도 아니요, 구원론의 결론부분이었다. 따라서 예정과 선택에 관한 교리들이 그의 신학사상을 규정하는 만능열쇠의 구실을 하는 교리는 아니다.[11] 더구나 우리들이 어떤 사람의 선택여부를 결정짓는 것은 매우 위험한 생각이다.

왜 칼빈이 교회론의 기초로서 하나님의 은밀한 선택을 강조하는

---

11 김재성, 『칼빈과 개혁신학의 기초』, 125.

가? 그것은 교회에서 자신의 권위와 지위를 자랑하는 사람들 때문이었다. 우리는 교회 안에서 아무런 자화자찬을 할 수 없다. 우리가 교회의 일원으로 쓰임을 받는 것은 오직 하나님의 크신 은혜에 의해서 된 것이기 때문이다. 여기서도 칼빈은 경건을 강조한다. 하나님의 교회에서 선택된 자가 자신을 선택하신 하나님보다도 더 높아지려는 경향이 있다. 선택을 받은 자가 자신을 선택해 주신 하나님보다도 더 편하게 지내고자 하는 경향도 있다.

교회는 자신의 옷을 근사하게 차려입고 다른 사람들의 시선을 집중시키는 사람들이 인정을 받는 곳이 아니다. 자신의 죄와 책임을 통감하고 우리를 구원하신 분으로 눈을 향하는 곳이다. 선택을 강조하는 것은 마음의 평안과 강력한 확신을 주시기 때문이다.

> 이 교리에서 어떤 유익을 얻는지 아는 게 매우 중요하다. 우리가 교회를 믿는 기초는 우리들이 교회의 지체들이라고 충분히 확신하는 것이다. 우리의 구원은 이런 식으로 확실하고 확고한 기초 위에 서 있으며, 그로서 온 세상이 무너져도 교회는 흔들리거나 무너질 수 없다.
>
> 첫째, 교회는 하나님의 선택에 의해서 세워지며, 하나님의 영원한 섭리가 흔들리거나 무너질 수 없듯이, 교회도 흔들리거나 무너질 수 없다.
>
> 둘째, 교회는 이런 방식으로 그리스도의 견고하심에 결합되어 있다. 그분은 신자들이 자신에게서 떨어져 나가는 것을 허락지 않으시듯이, 자기 지체들이 서로 분열되고 찢어지는

것을 허용치 않으신다.[12]

칼빈은 『기독교 강요』 구원론 부분에서도 선택교리가 구원의 확신을 주는 교리임을 강조한 바 있다. 역시 교회론에서도 동일한 강조를 하고 있다. 선택은 유익을 주며, 좋은 열매를 맺게 하는 원천이 되는 것이다.

칼빈은 교회의 본질을 다루는 마지막 부분 항목에서, 비록 교회 안에서 일어나는 추문들이 있다 하더라도 그로 인해서 교회를 떠나서는 안 된다고 강조한다. 비록 인간의 실수와 허물이 실망을 안겨 주고 있다고 하더라도 하나님의 용서와 은혜가 있기 때문이다.

5) 다섯째, 참된 교회와 거짓 교회

칼빈에 의하면, 참 교회는 말씀의 선포와 합법적으로 성례를 실시하는 곳이기에, 사소한 과실이 있더라도 합법성은 무너지지 않는다는 것이다. 로마 가톨릭교회는 주교들의 계승을 정통의 핵심으로 강조하고 있지만, 사실은 유대인들과 같이 성전과 사제계급과 외부 장식을 가지고 사람들의 눈을 현혹시키고 있을 뿐이다.

참된 교회는 하나님의 말씀이 있는 곳이다. 사탄이 있는 곳에서는 일치와 연합이란 있을 수 없다. 주의 말씀을 떠나서는 신자간의 일치란 있을 수 없으며, 오직 악한 자들과는 결별할 수밖에 없다는 것이다. 따라서 칼빈은 종교개혁자들을 향해서 로마 가톨릭 측이 '분파주

---

[12] *Institutes*, IV.i.3.

의자'라고 비판하는 말은 잘못되었다고 반박한다. 분열은 오직 하나님께 대한 정당한 예배와 말씀 선포가 있음에도 불구하고 이를 버리고 떠나는 자들에게 해당된다. 이단을 떠나는 것과 분리주의자와는 구별되어야 한다는 것이다. 칼빈은 분리주의에 대해서 경고하고 있다. 그리 중요하지 않은 교리 때문에 떠나서는 안 된다는 것이다.

오히려, 로마 가톨릭 측에서 교회의 연합을 강조하려면 반드시 믿음의 조건이 있음을 잊어서는 안 된다. 우리의 지성이 그리스도 안에서 일치할 때 우리의 의지도 그리스도 안에서의 상호간의 호의로 결합되어야 한다는 것이다.

그러나 칼빈에게 있어서, 로마 가톨릭교회는 비록 그 가운데 참된 교회들이 있을지라도 타락한 교회이기 때문에 마땅히 결별하였다. 이단을 버리고 구별하는 것은 분리주의가 아니기 때문이다.

> 저 사악하고 가증스러운 왕국의 수령과 기수는 로마 교황이다…그러나 그는 그 교회들을 그의 모독적인 불경건으로 더럽히며 잔인한 지배로 괴롭히고 독약과 같은 악하고 치명적인 교리로 부패시키며 거의 죽음에 이르게 하였다. 그 교회들에서 그리스도께서는 거의 파묻혀 숨겨졌으며 복음은 타도되었고, 경건은 추방되었으며 하나님께 대한 예배는 거의 말살되었다…나는 그 교회들에게는 개별적으로나 전체적으로 합법적인 교회형태가 없다고 말한다.[13]

---

13 *Institutes*, IV.ii.12. Gordon, *Calvin*, 31-32.

단지 설교에 조금 잘못이 있다고 해서 떠날 이유로 삼는 자들은 분리주의자들이다. 어느 정도 무지에 의해서 손상되지 않는 교회란 없기 때문이다. 하지만, 참된 말씀의 선포가 없는 이단을 떠나는 것은 통일을 깨트리는 행위가 아니라, 참 교회와 거짓 교회를 구분하는 행위이다.

2. 로마 가톨릭에 대한 칼빈의 재인식

칼빈의 시대에 이르기까지 중세시대에는 하나의 교회상이 강하게 각인되어 내려오고 있었다. 로마 가톨릭은 교회란 성례를 집행하는 막강한 영적 권세를 가지고 있는 기관이라고 가르쳐 왔으며, 교회에서 가르치는 모든 교리를 받아야만 구원을 얻는다고 설득해 왔었다. 그러나 16세기 종교개혁자들의 각성을 통해서 당시 로마 가톨릭교회는 매우 변질된 교회상을 정립하여 왔음이 드러났고, 정치적인 집단으로 전락한 것으로 비판받게 되었다.

종교개혁자들은 교회란 하나의 거대한 조직체(institution) 혹은 권한을 행사하는 권력 기관(organization)으로 생각하지 않았다. 교회는 세상을 향한 하나님의 표상으로서 하나님의 말씀을 선포하고, 하나님이 살아계신 것을 드러내는 증표(demonstration)라고 다시금 가르치게 되었던 것이다.

칼빈이 어떻게 해서 참된 교회의 표시를 정리하고, 새로운 교회론을 제시하게 되었는가에 대해서 살펴볼 필요가 있다. 그가 성경이 제시하는 교회관을 재구성하기까지는 개인적으로 당해야 했던 박해와 가정적인 비극이 자리하고 있었다.

　기존 로마 가톨릭교회론의 반성에 이르기까지 칼빈과 그의 동시대인들이 겪어야 했던 일들은 오늘날 우리들이 상상조차 하기 어려운 부분들이 많다. 적어도 16세기 초반까지 서구 유럽 사회에서 로마 가톨릭교회가 차지하는 위치는 실로 막강하였다.

　로마 교회는 거대한 건물과 방대한 조직체를 거느리고 있었고, 일반 사람들은 도무지 접근하기 어려운 고급 성직자들의 행정체계로 움직이고 있던 기관이었다. 요즈음 서구 유럽 어느 나라, 어느 도시, 어느 지방을 가더라도 가장 중심부에, 혹은 눈에 띄는 높은 곳에 우뚝 세워진 거대한 교회건물과 십자가 탑을 볼 수 있는 것은 바로 이러한 로마 교회의 위상을 반증하는 것들이다.

　로마 교회는 세상 권세보다 더 높은 위세를 자랑했고, 엄청난 재산을 모을 수 있었으며, 그처럼 거대한 건물들을 세울 수 있었던 것이다. 하나님을 사랑하고 예배를 사모하는 종교적인 열성의 산물이기도 하지만, 로마 가톨릭교회 건물들은 외적인 웅장함과 고딕식 첨탑을 높이 쌓아 올려놓고서, 백성들의 신앙심에다가 교회에의 복종과 순종이라는 '이미지'를 심어놓았다.

　어린 시절부터 칼빈은 이러한 교회에 충성하면서 섬기려는 마음을 가졌다. 칼빈의 첫 저술, 『세네카의 관용론 주석』(1532)에 담긴 교회라는 단어에는 별다른 저항감이나 부정적인 생각이 들어있지 않다. 청년 칼빈이 처음부터 기존의 교회 개념을 전면적으로 뒤집으려는 생각을 했다고 보기 어렵다. 그의 이러한 소박한 교회 개념 혹은 복종해야 한다는 '느낌'은 아주 어린 시절부터 형성되어 있었던 것이다. 그는 로마 가톨릭교회의 권세와 영화를 깊이 체득하면서 성장하였는데, 그가 항상 출석하였던 프랑스 북부 '삐까르디 지방'의 노용에 위치한 교회는 16세기 프랑스 로마 가톨릭교회의 대표적인 교회 중에 하나로서 지방 도시에서는 막강한 힘을 행사하고 있었다.

칼빈의 가정에 직접적으로 행복을 주기도 하고, 엄청난 재난을 가져올 만큼 위세를 발휘했던 기관이 바로 로마 가톨릭교회였다. 칼빈의 아버지는 주교 밑에서 교회 재정사무관으로 재직하면서 아들들에게 귀족 자녀들처럼 교육을 시킬 수 있는 행운을 얻을 수 있었다. 그것은 그가 교회 내부에서 일할 수 있었기에 그 자녀들은 장차 교회를 위한 재목으로 인정을 받았고, 따라서 파리에 유학할 수 있는 '장학금' 혜택을 받았던 것이다.

하지만, 로마 가톨릭교회와의 갈등은 곧바로 칼빈 가족의 파멸과 고통을 몰고 왔다. 아버지는 파면을 당하였고, 그로 인해서 마침내 종부성사를 받지 못하는 장례를 치러야 했다. 신부이던 칼빈의 친형 '샤를르'는 이러한 상황에서 부친을 위해서 노력하던 중 좌절을 맛보았으니, 부친의 일을 번복시키려고 항의하다가 어떤 신부를 쳐서 상해를 입힌 죄목으로 파문을 당하였다.[14]

파리에서 문법학교를 마치고 법학을 공부하는 과정에서 점차 기독교 휴머니즘을 접한 학자로 성장하던 청년 칼빈에게 있어서 당시 로마 교회의 권세는 이처럼 행복과 불행을 직접적으로 가져다주는 원천이 되었다.

1533년 11월 1일, 니콜라스 꼽의 연설문 사건으로 수배된 칼빈은 로마 가톨릭교회와 프랑스를 떠나서 난민으로 살게 되었고, 그 후 개

---

14 김재성, 『나의 심장을 드리나이다』, 140.

인적인 성경연구를 통해서 새로운 교회관을 갖게 되었다. 칼빈의 성경적 교회론은 그가 시편주석 서문에서 독자들에게 이해를 구한 것처럼 '하나님의 섭리' 가운데 터득하게 된 것들이다.

지금까지 칼빈의 교회론을 연구한 기존의 연구서들을 돌아보면, 교리적인 강조점에만 치우쳐서, 설교와 권징과 성례를 강조하는 참된 교회의 표지, 교회와 국가와의 관계, 교회의 제도 등에 대한 것들이 많음을 알 수 있다.

이런 연구들은 물론 중요한 측면을 파헤친 것이긴 하지만, 칼빈이 살던 그 시대의 전체적인 상황과 그가 이해한 교회론의 시대적 배경에 대한 전망을 놓치게 된다. 그리고 로마 가톨릭과 비교되는 특징들, '가견적 교회'와 '불가견적 교회'의 대조, '어머니로서의 교회'와 '교회와 성례들' 등 교리학자로서 칼빈이 남긴 교회론을 설명하는 경향이 많았다. 그리고 교회의 표지에 대한 설명을 주로 하는 대부분의 칼빈의 교회론 연구서들은 『기독교 강요』에만 의존하는 경우가 허다했다.[15] 다른 말로 풀이하면, 칼빈에 대한 종래의 연구서들은 생동감과 열정이 넘치는 칼빈의 다양한 가르침을 놓치고 있다는 지적이 최근 연구에서 자주 제시되고 있다.[16] 그중에서도 매우 중요한 설명들이

---

15 Cf. Charles Aden Wiley, "Responding to God: The Church as Visible and Invisible in Calvin, Schleiermacher, and Barth,"(Ph.D. diss., Princeton Theological Seminary, 2002); Glen S. Sunshine, *Reforming French Protestantism: The Development of Huguenot Ecclesiastical Institutions, 1557-1572*(Kirksville: Truman State University Press, 2003); Christopher B. Kaiser, "Climbing Jacob's Ladder: John Calvin and the Early Church on Our Eucharistic Ascent to Heaven," *Scottish Journal of Theology* 56(2003): 247-67.

16 Barbara Pitkins, *What Pure Eyes Could See: Calvin's Doctrine of Faith in Its Exegetical Context*(Oxford: Oxford University Press, 1999); Blair Reynolds, *The Relationship of Calvin to Process Theology as Seen Thought His Sermon*(Lewiston: Edwin Mellen

칼빈 주석에 담겨있음에도 이를 간과했다는 지적을 하지 않을 수 없다. 교회에 대한 이러한 설명들은 이미 16세기에 살던 칼빈이 성경적으로 확실하게 깨달았던 것인데, 오늘날 장로교회의 목회자들마저도 모르고 있거나 잊어버리고 있다는 사실이 안타깝기 그지없다.

필자는 여러 주석에서 칼빈의 교회론을 파악하고자 하며, 그 현대적 교훈을 얻고자 한다. 『기독교 강요』에서는 교리적인 논쟁을 밝혀 주는 해설이 많이 있지만, 주석에서는 주로 목회적인 해설을 많이 하였다. 특히 칼빈이 『기독교 강요』 최종판을 수정할 무렵에 쓴 시편주석에는, 교리적 체계화가 필요한 주제들에 대해서 목회자로서의 설명을 많이 남겨놓았다.[17]

시편주석 서문에서 칼빈은 예외적이라고 할 만큼, 그 주석을 저술하는 본인의 개인적 고백과 시대적 상황을 독자들에게 자세히 알리고 있다. 그 이유는 당시 '교회의 유익'(edification of the church)에 대해서만 칼빈의 관심이 집중되어 있었기 때문이다.

그의 주석은 다른 성경학자를 위한 것이 아니라, 성도들을 위한 것이었음을 강조하였다. 1553년부터 시작해서 1557년에 완성한 된 시편주석은 『기독교 강요』에 담긴 체계적 교리의 성경적 근거와 설명을 담고 있는 것으로서 사울에게 박해 당하던 다윗의 형편이 바로 당시 칼빈 자신이 섬기던 제네바 교회와 동일한 상태라고 생각하였다.

Press, 1993).

[17] T. H. L. Parker, *Calvin's Old Testament Commentaries*(Edinburgh: T. & T. Clark, 1986), 29-36. Barbara Pitkins, "Imitation of David: David as a Paradigm for Faith in Calvin's Exegesis of the Psalms," *The Sixteenth Century Journal* 24(1993): 843-863. Herman J. Selderhuis, "Church on Stage: Calvin's Dynamic Ecclesiology," *Calvin and Church: Papers Presented at the 13th Colloquium of the Calvin Studies Society*, ed. David Foxgrover(Grand Rapids: 2002): 46-64.

따라서 그는 참된 교회가 지금 '매우 열악하고 멸시 당하는 처지'라고 설명하였다.[18]

3. 교회에 대한 성경적 이해

암울한 시대 상황과 개인적인 비극을 체험하면서 새롭게 형성된 칼빈의 교회 개념에는 다음의 세 가지 중요한 개념들이 있음을 주목하게 된다.

첫째는 세상에서 고난당하는 교회의 모습이다.

둘째는 그럼에도 불구하고 살아남아서 하나님의 도구로서 계시를 드러내고 선포하는 교회의 전진이다.

셋째는 교회가 하나님이 친히 선택한 언약공동체라는 인식이다. 하지만 교회 안에는 혼합된 청중이 들어 있음을 부인할 수 없다.

1) '옛 교회', 다윗과 포로기의 고난받는 교회상

칼빈은 구약성경에서 교회의 모습을 많이 발견하였는데, 고난 속에서 피신하던 다윗의 처지, 그리고 바빌로니아에 포로된 이스라엘 백성들의 모습에서 옛 교회를 발견하였다.

시편의 저자는 도망자의 신분으로 주옥같은 신앙을 토로하였던 바, 바로 그 다윗의 시편들 속에서 칼빈은 자신과 동시대에 고난받는

---

18 John Calvin, *Commentary on the Book of Psalms*, tr. James Anderson(Edinburgh: 1845-1849; Grand Rapids: Eerdmans, 1963, repr.), III:395.

개신교 진영의 모습을 발견하고 위로를 얻을 수 있었다.[19] 칼빈은 자기가 처한 형편을 다윗의 처지와 유사한 것으로 주석과 설교에서 자주 언급하였다. 그는 프랑스 가톨릭교회에서 핍박을 받고 제네바로 피신하여 왔지만, 위협 속에서 살았다. 칼빈의 시편주석과 설교에는 프랑스 개신교 교회의 고통과 투쟁과 위기의식을 반영하고 있어서, 그의 교회론의 본질을 파악하는 데 결정적인 도움을 주고 있다.

시편주석에서 칼빈이 교회론을 많이 언급한 것은 다윗의 왕국이 바로 그리스도의 나라를 미리 예표하는 것이라는 생각 때문이다.[20] 다윗의 통치와 그 밖에 다른 이스라엘 역대 왕들의 다스림은 곧 그리스도의 통치를 미리 보여 준 것들이다.[21] 따라서 이들에 대한 설명에서 칼빈이 생각하는 교회란 이스라엘의 통일국가와 동일시되는 개념으로 다루어지고 있다.

이스라엘의 역사는 곧바로 교회의 '옛 모습의 교회'(the old church)라고 생각되는 바, 그들이 남겨 준 매우 의미심장한 교훈이란 오늘날의 성도들에게 인내하라는 격려와 힘을 불어넣어주는 것이다.[22] 아브라함의 후손으로 구성된 민족국가인 이스라엘은 앞날을 알지 못한 채, 영적인 혼란과 혼돈의 늪에서 헤매고 있었다.

---

19 John R. Walchenbach, "An Analysis of the Function of David the Psalms in the Institutes of John Calvin,"(Pittsburg Theological Seminary, 1967); Richard A. Hasler, "The Influence of David and the Psalms upon John Calvin's Life and Thought," *Hartford Quarterly* 5(1964-5): 7-18.
20 Ibid., "Introduction," Ps. 2.
21 *Calvin's Commentary on Ps.* 2:1.
22 *Calvin's Commentary on Ps.* 83:6.

2) 바빌로니아에 포로된 교회

칼빈에 의하면, 오늘날 이 지상의 교회도 바로 이러한 이스라엘의 국가적인 형편과 거의 동일한 모습이라고 보았는데, 특히 바빌로니아에 포로된 직후와 같다는 인식을 표명하였다. 칼빈이 살던 시대의 교회관은 대체로 하나의 공통된 개념으로 정립되었는데, 그것은 루터의 '바빌로니아에 포로된 교회'라는 유명한 논문에서 널리 소개된 것이기도 하다. 여기서 칼빈이 주목하는 것은 단순히 고난만 당하는 교회의 모습이 아니다.

바빌로니아에 끌려간 이스라엘 백성들 대부분은 그들이 새롭게 맞이한 이교도적인 환경과 정치에 타협해 버렸지만, 극히 소수에 불과한 성도들은 어려움 속에서도 믿음을 유지했다는 점에 칼빈의 예리한 교회론이 접목되고 있다. 포로기 70여 년 동안 예루살렘 성전은 과거의 영광을 유지하지 못하였고, 성도들에게는 이제 더 이상 지난날 성전예배가 번성했었다는 아무런 증거들도, 희망도 남아있지 않았다. 바빌로니아에 포로된 시대나 칼빈의 시대나 모두 다 진리가 땅 위에 떨어져서 짓밟히는 시대였다.

칼빈에게서 참된 교회라고 하는 것은 고난 속에서 소수가 뿌리로 남아서, 남은 자로서 모이는 것이었다. 그리고 그들은 사람들의 눈에는 보이지 않을 수도 있으나(invisible church), 하나님이 지켜주시고 보호하신다.[23] 이러한 교회관의 형성은 그의 목회적 현장의 정황과도 깊이 연결되어 있다.

---

23 *Institutes*, IV.i.1.

16세기 중엽 제네바 교회는 프랑스에서 피신해온 종교적인 난민들, 영국에서 박해를 피해온 성도들, 이탈리아를 비롯한 주변 가톨릭 국가들에서 아무것도 없이 오직 신앙에만 의존하여 건너온 사람들이 함께 모여 힘들고 어려운 나날을 견디어내고 있었던 것이다.[24]

그러나 다시는 지난 날 다윗 시대의 영광이 재현되지 못하리라고 하던 예상을 뒤엎고 예수 그리스도의 공생애를 통한 복음의 폭발적인 능력이 사람들을 사로잡았다. 그리스도의 초림은 엄청난 축복과 새 역사를 가져온 것이었다. 그리고 주님의 말씀에 근거하여 태어난 초대 교회는 많은 사람들이 모여들었고, 박해와 순교 속에서도 특별한 열정과 정성을 바쳐서 복음을 증거하는 헌신자들이 이를 계승하였다.

칼빈이 교회의 '황금시대'(a golden age)라고 이해한 초대 교회는 물질적으로는 매우 가난하고 세상에서는 너무나 처절하게 박해를 받았다. 칼빈은 이들 신약 초기 교회야말로 십자가 밑에 자신의 세속적 영광을 묻어야만 했으나, 영적으로는 매우 깊은 축복을 소유한 성도들이었다고 보았다. 간단히 줄여서 요약하면, 주후 313년 콘스탄틴 황제가 기독교를 공인하기 이전 지하에 숨어있던 교회야말로 '황금시대'라고 칼빈은 생각하였다.[25]

기독교 교회가 다시 지상 위로 올라와서 아무런 거리낌 없이 신앙

24　William G. Naphy, *Calvin and the Consolidation of the Genevan Reformation*(Manchester: Manchester University Press, 1994). idem, "Calvin's Church in Geneva: Constructed or Gathered? Local or Foreign? French or Swiss?" in *Calvin & His Influence, 1509-2009*, 102-118. 영국 에버딘대학교 내피 교수는 칼빈의 주석과 성경 해석의 배경에 자리하고 있는 제네바의 정치적 상황을 1538년부터 면밀히 고찰한 바 있다.

25　*Calvin's Commentary on Ps.* 87, "Introduction."

생활을 하게 되고, 로마 제국의 번성과 함께 거대한 예배당과 재산을 소유하게 되면서, 전체적으로 영적인 퇴조가 도래하고 말았다. 다윗과 솔로몬의 시대 이후로 성전 중심의 예배와 신앙이 퇴보하듯이, 콘스탄틴 대제의 기독교 공인 이후로 유럽 교회들은 점차 부패하게 되고 말았는데, 기독교의 중요한 신앙원리를 정립하는 중요한 회의에서 패권다툼이 있었고, 가장 명예로운 교회의 대주교 자리를 놓고 파렴치한 범죄를 저지르기도 했다.

16세기 중엽 역시 칼빈은 자신의 시대에도 사탄의 교묘한 공격, 세상 권세자들이 권세를 동원하여 '프로테스탄트' 교회를 말살하고 잔인하게 박해하며, 심지어 살인을 일삼는 것을 보고서 탄식하지 않을 수 없었다. 칼빈은 세상의 교회가 경험해온 지난날의 부침과 영욕을 직시하면서, 당대의 교회가 소망을 잃어서는 안 된다고 확신하였다. 지금 당하는 박해와 어려움은 다시 올 하나님의 영광스러운 시대를 예견하게 한다는 것이다.

칼빈은 자신이 살고 있는 동시대와 종교개혁의 시기란 마치 바빌로니아에 포로로 잡혀가 있던 시기와 같다고 생각하였다. 그러므로 아직 교회의 영광스러운 시대가 도래 하지 않았다(the flourishing period had not come yet)고 보았다. 참된 복음이 이제 막 전파되기 시작하는 시대로 생각하였다.

> 참된 방법으로 예배드려지는 곳이라면 여기에서나 저기에서나 하나님이 자신의 성전을 가지고 계시는 것이라고 할 수 있다. 따라서 우리가 눈을 열어서 전체 세계를 바라보면, 우리는 그의 거룩한 성전이 어느 곳에서나 파괴되어 있고 파괴된

> 상태로 버려져 있음을 알게 된다. 그것은 그의 말씀이 짓밟히고 있고, 그분께 대한 예배가 끊임없는 혐오 속에서 더럽혀져 있기 때문이다. 심지어 아주 조그마한 교회들에서도 하나님은 고통을 당하시고 찢겨져 있다.[26]

그러나 그는 앞으로 그런 번창하는 교회의 시대가 다가올 것이라고 확신하였다. 칼빈은 시편 80편 주석에서, 하나님은 심판의 불길을 자초한 인간에 대하여 파멸하는 불로 멸망시키기도 하시지만, 그의 이름을 부르는 자들을 잿더미에서 다시 일으키시는 분이시라고 언급한 것에 주목하였다. 시편주석에서 칼빈은 교회에 대한 하나님의 돌보심과 신실하심에 대하여 매우 민감한 논의를 많이 남겼다. 수많은 시련 속에서도 옛 성도들을 지켜주신 하나님은 여전히 오늘날에도 고난 당하는 교회에 힘을 주신다.

3) 살아서 움직이는 교회

칼빈이 거듭 주장한 교회론의 중요한 내용으로 살아서 행동하는 교회라는 개념이 있다. 그는 본격적으로 성경을 연구하는 기회를 얻게 되자, 과연 사도신경에서 고백하는 '거룩한 교회'라는 용어에서 가장 중요한 성경적 개념이 무엇인가를 쏟아 놓은 것이다. 간단히 말하면, 칼빈이 성경에서 재발견한 교회관은 이처럼 힘 있는 로마 가톨릭 교회의 오류를 극복하고자 초대 교회에서 찾아낸 '역동성'에 있었다.

---

[26] *Calvin's Commentary on Ps.* 102:15.

그리하여 칼빈은 교회란 '역동적'(dynamic)인 것이 특징이며, 점진적으로 나아가는 도상의 공동체로서 세상 앞에 하나님을 보여주는 기관이요(a show in progress), 하나님께로 나아가는 구원의 여정을 보여주는 곳(a traveling salvation show)이라고 보았다.

어려운 정치적 박해 상황에서 목회하면서 교회의 회복을 꿈꾸고 노력하던 칼빈은 하나님의 약속을 굳게 신뢰하고 있었다. 프랑스에서는 개신교 교회가 공적으로 모임을 허락받기가 불가능하던 상황이었음을 칼빈은 잘 인식하고 있었다.

하지만 참된 교회가 본질을 회복하고 다시 돌이킬 수 있다는 확신을 비로소 종교개혁에서 발견하였다. 하나님은 자신의 교회를 다시 모으시는데, 이것은 마치 바빌로니아에서 돌아온 이후에 성전에서 참된 교회가 회복하는 것과 같다. 고난을 당하고 박해 속에서 매일 같이 피를 흘리고 있지만, 그리스도의 하나된 몸은 다시 세워질 것이요, 순전한 교회가 서게 될 것이다.[27]

칼빈의 모든 노력들은 바로 이러한 하나님께 대한 소망에 근거하고 있었다. 다윗과 같이, 그리고 포로된 백성들과 같이 오직 하나님께만 의지하면서, 칼빈은 당대 종교개혁의 모든 난관을 헤치고 교회의 전진을 거듭해 나가고자 도모했던 것이다. 교회는 항상 전진하면서 나아가는 것이라는 칼빈의 영적인 확신이야말로 오늘날 우리 한국 교회가 높이 평가하고 본받아야 할 안목이다.

칼빈은 교회라고 하는 특별한 기관은 정체된 교리적 조항으로 정형화시킬 것이 아니라, 역사라는 구체적 현장 속에서 전진해나가는

---

27 *Calvin's Commentary on Ps.* 126:2.

역동성(the Church in Progress)을 보아야 한다고 말한다. 이러한 칼빈의 교회론은 그의 목회적 안목이 반영된 시편주석에서 더욱 잘 드러난다. 그는 로마 가톨릭의 상하구조로 된 조직체로서 교회론을 개혁하고자 했을 뿐만 아니라, 일부 급진적 과격파들이 주장하는 자신들만을 분파적으로 강조하는 폐쇄된 교회론을 벗어나고자 했다. 제네바 교회와 프랑스 휴그노들의 개신교회는 매우 어려운 상황 속에서 정체성을 찾아야만 했다. 그들은 그들의 존재 자체를 완전히 멸절시키고자 창검으로 무장한 군인들이 쳐들어오는 상황에 처해 있었다.[28]

특히, 칼빈은 교회를 세상을 향한 하나님의 '계시의 원천으로서의 교회', 즉 매일 일어나는 이 세상 역사의 분요한 소동 속에서 하나님의 뜻을 드러내고 있는 곳이라는 생각이다. 그래서 참된 교회의 첫 번째 표지는 교리(*doctrina*)와 선포(*praedicatio*)라고 주장하였다. "우리는 하나님의 말씀이 순수하게 선포되고 들려지는 곳이라면 어느 곳이든지 참된 교회를 발견한다."[29]

칼빈이 제시한 성경적인 신앙 교훈 중에서 아주 탁월한 신학적인 개념 중에 하나로 손꼽히는 것이 창조주 하나님과 이 우주 만물들에 대한 포괄적인 세계관이다.

칼빈은 우주 공간에 널리 펼쳐져 있는 현실 세상이란 하나님의 영광을 드러내는 '극장'(theater as the show of God's glory)이라고 생각하였다.[30] 그 당시에 극장의 개념과 오늘날 초대형 '영화관'이나 뮤지컬을

---

28 Robert Kingdon, *Geneva and the Coming of the Wars of Religion in France, 1555-1563*(Geneve: Librairie E. Droz, 1956).

29 *Institutes*, IV.i.9.

30 Susan Schreiner, *The Theater of His Glory: Nature and the National Order in the*

상영하는 '공연장'과는 상당한 개념의 차이가 있다. 따라서 이를 요즈음 우리가 갖고 있는 다소 부정적인 선입견으로 이해하려 해서는 안 된다. 칼빈은 극장이란 단어를 18세기 부흥운동가들이 생각한 것처럼 그리 나쁜 개념으로 사용한 것만은 아니다. 온 우주 만물이 하나님의 영광을 드러내는 하나의 거대한 극장이듯이, 역시 교회도 하나님의 영광을 드러내는 중요한 무대라고 생각하였다.

교회는 하나님의 은총과 의로우심을 이 땅에 구체적으로 눈으로 보게 하여주는 '거울'이다(*ecclesia speculum est gratiae et iustitae Dei*).[31] 칼빈은 그리스도의 영원하신 신성과 풍성하심이 교회의 영적인 다양성과 풍성함으로 인해서 드러난다고 강조하였다.

4) 선택받은 언약공동체(the Community of the Covenant)

칼빈의 교회론의 기초는 선택론이다.[32] 이것은 『기독교 강요』에도 들어있고, 성경 주석에서도 자주 강조된 것으로, 칼빈이 이해하는 교회란 언약공동체이다.[33] 하나님은 모든 인간이 자신을 섬기고 따르기를 원하셨다(롬 11:36). 하지만 사람들이 하나님을 섬기려 하지 않으므로(롬 1:18-23), 하나님께 영광을 돌리는 소수의 사람들을 택하셔서

    Thought of John Calvin(Durham: Labyrinth, 1991).

31 *Calvin's Commentary on Ps*. 11:5.

32 David N. Wiley, "The Church as the Elect in the Theology of Calvin," in *John Calvin and the Church: A Prism of Reform*, ed. Timothy George(Louisville: Westminster John Knox,1990), 96.

33 Francois Wendel, *Calvin: Origins and Development of His Religious Thought*, tr. Philip Mairet(Durham: Labyrinth, 1987), 295-7.

이를 수행하게 하셨다. 칼빈은 바로 하나님이 택하신 자들, 즉 교회와 거룩한 언약관계를 맺으셨다고 확신한다.

> 하나님은 자신을 위하여 교회를 선택하시고 지상에서 천국의 생활을 인도해 나가도록 영적인 언약을 맺으셨다.[34]

근본적으로 교회가 태동하게 된 원천은 하나님의 과분한 사랑(the undeserved love of God)에 있다고 보았다. 하나님은 이스라엘과 그리스도를 믿는 자들을 택하셔서 하나님의 이름을 찬양하는 데 사용하고자 하셨고, 때로는 초자연적 기적과 현상을 보여주셨다(시 68:8). 교회를 세우신 목적은 하나님을 찬송하고 경배하게 하는 데 있다(시 33:1).

교회는 이러한 하나님의 사랑을 증거하고 입증하는 임무를 지니고 있는 것이다. 교회가 발전하여 많은 수가 늘어나는 것은 하나님께 대한 찬양이 많아지는 것이기에 칼빈은 중요하게 생각하였다. 성도들이 더 많아지면, '민족들과 나라들이' 더욱 더 많은 찬양을 올리게 된다.[35] 이것이 바로 자신의 영광을 위해서 교회를 선택하신 하나님의 이유이다.

그런데 칼빈은 하나님이 개개인 한 사람을 성도로서 부르셨다고 강조하기 보다는, 교회 전체를 선택하셨다고 강조한다.[36] 칼빈이 성도 개개인에 대한 하나님의 선택을 언급할 때마다, 그는 교회의 공동체적인 특성과 상황을 첨부하였음을 주목하게 된다.

---

34 *Calvin's Commentary on Ps.* 105:1.
35 *Calvin's Commentary on Ps.* 102:22.
36 *Calvin's Commentary on Ps.* 95:7.

교회는 언약의 공동체로서 두 가지 방식으로 드러난다고 칼빈은 정리하였다. 첫째는 하나님과 사람 사이에 상호 교통을 통해서 언약의 시행이 지속적으로 가능하게 되는 장소로써 기능을 하는 것이다. 그리고 두 번째로, 교회는 믿는 자들을 상호 결속하게 함으로써 전진하고 발전하게 한다. 이 언약적 기초가 확고하게 세워져 있기 때문에, 지상의 교회는 흔들리지 않고 발전하는 것이다.[37]

교회의 영광은 이러한 영생의 언약을 교회에 부여하여 주신 데서 찾아야 한다.[38] 칼빈이 다시 발견한 교회의 영광이란 하늘나라의 빛과 광채가 교회를 통해서 어둠을 밝히 비춰주는 데 있었고, 이것은 복음의 선포라는 사명을 통해서 이루어진다. 교회는 하나님의 지혜와 권세와 친절하심과 의로우심을 드러내 보여주는 극장과 같은 곳이다. 마치 오케스트라가 연주하여 아름다운 화음을 선사해 주듯이, 이 세상에서 교회라는 곳은 하나님이 자신을 찬양하도록 지정하고 세워놓은 거룩한 공동체라는 것이다.

칼빈의 교회론에서 주목되는 또 다른 교회 개념은 '섞여있는 공동체'(*corpus mixtum*)라는 것이다. 하지만 아브라함의 후손으로 선택된 자들로 자처하는 이스라엘 사람들 중에 이스마엘 후손들이나 에돔 족속들이 속할 수 없듯이, 교회 내부에 위선자들이 있음을 무시할 수 없다. 언약 공동체는 교회의 구성원들로서, 언약의 통치는 따르지 않

---

[37] Andrew A. Woolsey, *Unity and Continuity in Covenantal Thought: A Study in the Reformed Tradition to the Westminster Assembly*(Grand Rapids: Reformation Heritage Book, 2012), 318-335. 김재성, 『개혁신학의 정수』, 제6장, "언약신학의 파노라마: 칼빈에서 윗시우스까지". J. Van Genderen, *Verbond en Verkiezing*(Kampen: Kok,); tr., C. Pronk(Neerlandia, Alberta: Inheritance Publications, 1995), 88-94.

[38] D. McKay, *The Bond of Love: God's Covenantal Relationship with his Church*(Fearn: Mentor, 2001).

으면서 이름만 가지고 있는 사람들이 많이 있다. 인간의 눈에서 판단할 일은 아니지만, 그 안에 알곡과 가라지가 함께 섞여 있음을 주목하라고 칼빈은 말한다. 칼빈은 참된 교회의 표지로서 '교회의 권징'(church discipline)을 말하지 않고, 오히려 교회의 본질에 속한다고 말하였다.[39]

모두 다 참되고 순결한 교회를 원하지만, 사실 그러한 노력은 완전히 유지되기란 불가능하다는 점을 칼빈은 잘 이해하고 있었다. 순결 무흠한 교회는 불가능하다. 교회는 그리스도의 대적자들도 함께 들어와 있는 복합적 집합체로서(corpus mixtum), 분열과 다툼을 면하기 어렵다.[40]

칼빈은 교회 안에 불의한 자들이 함께 있음을 분명하게 인식해야 한다고 말하면서도 그들에 대한 복수는 금지하였다.[41] 특히 마태복음 13장에서 칼빈은 이러한 교회 내의 '가라지'를 제거하고 순결한 교회를 세우겠다는 열심을 내세우면서 교회의 분열을 정당화 하는 '재세례파'들의 분열적 교회론을 언급하였다. 역시 같은 원리에서 도나티스트들, 카타리파, 노바티언들의 급진성을 비판하였다. 이 지상의 교회는 절대적으로 순결을 추구하여야만 하나, 참된 안식과 평화를 얻을 수 없다.[42] 주님이 오셔서 마지막에 심판하실 것이므로 교회는 사실상 그때까지 견디고 기다려야만 한다.

---

39 *Institutes*, IV.xiii.1.
40 *Calvin's Commentary on Ps*. 65:5.
41 *Calvin's Sermon on Acts* 1. Wilhelmus T. H. Moehn, *God Calls Us to His Service: The Relationship between God and His Audience in Calvin's Sermons on Acts*(Geneve: Librairie Droz, 2001), 39-80.
42 *Calvin's Commentary on Ps*. 22:26.

칼빈이 시편주석을 작성하던 몇 년 전에 해당하는 1549년부터 1551년까지, 그는 제네바 교회에서 사도행전을 집중적으로 강해하였다. 이들 설교들은 최근에 『칼빈 전집 부록』(Supplementa Calviniana)이라는 이름으로 편집되어서 널리 보급되었다. 설교 시간에 칼빈은 자신이 생각하는 성경적 교회관과 실제 제네바 교회의 성도들의 행동으로 드러내는 교회관과의 차이를 날카롭게 지적하고, 심지어 날카로운 꾸지람을 서슴지 않았다.

마태복음 13:39에 나오는 '알곡과 가라지'의 대조처럼, 실제 제네바 교회 안에서 '양과 염소'를 발견하였음을 반영하는 언급들이 계속해서 반복되고 있음을 발견하게 되는데, 설교자로서 칼빈은 행동으로 하나님을 찬양하지 않는 자들에 대해서 하나님의 심판을 면치 못할 것이라고 경고하였다.[43]

1553년까지 칼빈은 제네바에서 자주 출현하는 대적자들과 엄청난 영적 싸움을 지속했다. 카스텔리오, 제롬 볼섹, 세르베투스 등과 치열한 신학논쟁을 벌인 끝에 대적자들을 추방하고 처벌했던 칼빈이었지만, 교회가 신중하게 고려하지 않고 빨리 권징이라는 무기만을 사용하는 것에 대해서 반대하였다. 그렇다고 해서 교회가 모든 죄악에 대해서 무감각하고 무신경적으로 수수방관하라는 것은 결코 아니다.

예를 들면, 칼빈은 로마 가톨릭과 개혁교회 사이에서 오락가락하는 사람들을 '니고데모파'라고 불렀다. 고위 관원이던 니고데모는 낮에는 사람들의 이목이 두려워서 밤중에 예수님에게 찾아와서 은밀한 중에 가르침을 받았는데, 이것은 여기에서 유래한 단어이다(요 3:1-

---

43 *Supplementa Calviniana*, VIII: 27-30. Moehn, 55.

9). 칼빈의 요한복음 주석을 살펴보면, 칼빈은 니고데모에 대해서는 매우 호의적으로 평가하였다. 하지만 당시 프랑스에는 이처럼 어떤 기회에 진실된 신앙을 배우기를 원하는 사람들이 넘치고 있었다. 따라서 칼빈은 로마 가톨릭의 위세에 눌려서 속으로만 개혁신앙을 받아들이던 사람들이 많았으므로 그들을 '니고데모파'라고 지적하면서 회개하라고 촉구하였다. 하지만 칼빈은 보다 근본적으로 교회가 해야 할 일은 모든 대적자들을 위해서 기도하는 일이라고 가르쳤다. 시편 18:47에서 다윗의 시대에도 복수하는 일은 하나님께 맡겼음을 교회가 본받아야 한다고 칼빈은 지적하였다.

4. 교회의 통일성과 일체성

칼빈이 집중적으로 노력한 것은 교회의 개혁이었지만, 그것이 교회의 분열로 이어지는 것이라고 생각하기 보다는 교회가 본질적으로 회복되는 것이라고 보았다. 따라서 외적인 제도상의 하나 됨을 강조하기 보다는, 영적으로 거듭난 사람만이 교회의 회원이어야 한다는 것을 강조했다. 영적으로 하나님의 자녀가 된 사람은 동시에 교회의 회원이라는 것이다. 우리는 교회의 진정한 회원이 되는 것은 "자연적인 출생으로 되는 것이 아니라, 영적인 중생에 의해서 된다."[44]

교회의 회원이 아니면서 믿는 자로서 살아갈 수 있느냐에 대해서 칼빈은 단호히 배격한다. 무교회주의자들이나, 재세례파 등의 자유

---

[44] *Calvin's Commentary on Ps.* 87:5.

방임적인 태도에 대해서 거부한 것이다. 칼빈이 가졌던 교회의 통일성과 일체성이란 초대 교회 콘스탄티노플 신조와 다를 바 없다.

1) 교회의 머리되신 그리스도

칼빈의 교회론을 어느 분야에서 접근하든지, 그 핵심은 그리스도에 집중되고 있다. 칼빈에게 있어서 교회의 머리는 오직 그리스도이다. 교회는 오직 그리스도의 권위에 의해서 다스려지고, 그리스도의 이름으로 모이는 것이다.[45] 교회라는 모임에 나오는 사람이라면 그 누구를 막론하고 그리스도를 섬기는 본질적인 일에서 제외되거나, 예외일 수 없다.

칼빈은 로마 가톨릭의 교황이 성도들의 정면에 앉아서 마치 그리스도와 같은 대행자로서, 성도들의 머리로서 행세하는 것에 대해서 대단히 심각하게 반발하였다. 회중과 같이 앉아서 주님을 향해서 예배해야 한다는 것이다. "모든 교회의 회원들은 반드시 스스로를 머리되신 주님을 섬기는 자로서 인식해야 한다."[46]

교회 안에서 소위 탁월한 인간적 지도력이라는 것을 강조하는 경우가 많은데 그것이 아무리 좋은 은사라 하더라도 그리스도의 권위를 능가하거나 침해해서는 결코 안 되는 것이다.

다양한 성도들이 수행하는 역동적인 교회의 모든 역할들은 오직 그리스도로부터 나오는 것이다. 그리스도가 "교회에 힘을 주시고, 호

---

[45] *Institutes*, IV.vi.9.
[46] *Calvin's Commentary on Eph.* 4:15.

흡하게 하며, 자신의 생명을 부어주셨기 때문이다."⁴⁷ 그리스도께서 친히 자신의 몸된 교회에 필요한 영양을 공급하시며, 이런 연결이 끊어지지 않을 때에만 몸이 살아있게 되고, 건강하게 되는 것이다. 그리스도의 몸된 교회가 되어서 상호 교류할 때에 성도들의 믿음이 신실해지고, 삶의 열매가 맺히는 것이다.

그리스도가 교회 안에서 자신의 권위를 행사하는 것은 말씀과 성령을 통해서이다.⁴⁸ 주님은 자신의 말씀을 통해서 듣는 자들에게 구원의 은혜를 불어넣으시고, 마음을 열어서 하나님의 말씀이 주는 교훈들을 깨닫게 만드신다.

하나님 나라의 핵심 기관인 교회가 각종 회의, 총회, 집회 등에서 결정하는 것에는 얼마든지 오류가 있을 수 있지만, 오직 하나님의 말씀에는 오류가 없다. 교회는 하나님의 말씀을 벗어나는 그 어떤 명령이라도 해서는 안되며, 언제나 교회의 가르침이나 해석은 하나님의 말씀의 권위 아래에 있어야 한다. 왜냐하면 교회는 '진리의 기둥과 터위에' 세워졌기 때문이다(딤전 3:15).

2) 그리스도와의 연합

칼빈은 그리스도가 교회의 머리이시며, 성도들은 그 몸으로서 일체를 이루고 있다는 것을 성령의 사역을 근거로 강조하였다. 성령의 비밀스러운 역사로 인하여 이루어지는 구원받은 자들의 비밀스러운

---

47 *Calvin's Commentary on Eph.* 5:32.
48 *Calvin's Commentary on Matt.* 18:18; *I Cor.* 3:22.

결속이 시행되는 것은 그리스도가 지금도 믿는 자들을 위해서 한 시간도 쉬지 않고서 기도하고 계시기 때문이며, 영원한 중보자가 드린 기도들이 교회의 기도에서 실행되기 때문이다.

그리스도가 기도하고, 성도들이 교회에서 기도한다. 머리가 기도하므로 교회가 하나님께 기도를 드린다. 그리스도가 성도들의 마음 속에 살아계시며 역사하시는 성령의 '비밀스러운 연합'으로 인하여서 교회는 하나의 머리에 연결된 통일성을 이루게 된다.[49] 믿음을 개인의 심령에 주시는 성령의 사역과 교회는 떼려야 뗄 수 없는 관련성을 맺고 있다.

칼빈의 신학 전반에서 '그리스도와의 연합'(*unio mystica*)이라는 개념은 매우 중요하고, 그의 구원론 전반에서 매우 핵심을 차지하고 있다.[50] 교회 개념에서도 역시 성령의 비밀스러운 역사로 인하여서, '그리스도와의 교통'(*communio cum Christo*)이라는 개념이 강조되어 있다. 그런데 성도들이 그리스도와 함께 누리는 이런 모든 연합과 교통이 무조건 '비밀'이며 '신비로움'에 휩싸여 있는 것이 아니다. 그리스도의 몸이 이 땅 위에 보인 것과 같이, 이 땅 위에 세워진 개교회 안에서 구체적으로, 가시적으로 드러난다는 것이다.

---

49 Charles Partee, "Calvin's Central Doctrine Again," *The Sixteenth Century Journal* 18(1987): 186. David Willis-Watkins, "The *Unio Mystica* and the Assurance of Faith according to Calvin," in *Calvin: Erbe und Auftrag. Festschrift für Wilhelm Heinrich Neuser zum 65. Geburtstag*. ed. Willem van't Spijker(Kampen: Kok, 1991), 78. Dennis E. Tamburello, *Union with Christ: John Calvin and the Mysticism of St. Bernard*(Louisville: Westminster John Knox, 1994).

50 *Institutes*, III.i.1; III.ii.34; Jae Sung Kim, "Prayer in Calvin's Soteriology," *Calvinus Praeceptor Ecclesiae*, ed. Herman J. Selderhuis(Geneve: Droz, 2004), 265-274.

따라서 구원을 얻는 백성들은 두 가지 관계를 맺어야 한다고 칼빈은 주장하였다. 첫째로는 영적으로 성령의 역사를 통하여서 그리스도와 관계를 맺어야 하고, 둘째로는 성령의 간섭하심에 따라서 눈에 보이는 지상 교회와 관련을 맺어야 한다. "우리는 모두 다 하나의 공통된 머리 아래 연결된 하나의 몸에 묶여져 있다." 따라서 "우리는 서로 서로 돌아보아야만 하고, 따로 따로 자기 자신만을 챙겨서는 안 된다."[51]

모든 그리스도의 백성들은 교회에 소속해야 하고 몸담고 있어야만 한다. "교회의 일에 관심을 두지 않는 자는 교회의 회원으로 간주될 가치가 없는 사람이다"라고 까지 칼빈은 단호히 힘주어서 말한다.

성도들은 모든 교회들에 대해서 관심을 가져야 한다고 말한다. 그것은 교회가 각각 서 있는 장소에 따라 성도들의 영적인 복지를 위해서 하는 일들이 다양함에도 불구하고, 개교회주의에 빠져서는 안 된다는 것이다. 전체 몸된 교회를 돌아보지 않고, 기도하지 않는다는 것은 아주 어리석은 행동이다.

3) 영적인 통일성

칼빈이 생각한 교회의 일체성은 외적인 제도의 통일성이라기보다는 영적인 것이다. 보이는 교회의 통일성이란 이처럼 보이지 않는 통일성이 없이는 아무런 의미가 없다고 생각하였다. 따라서 믿음과 사랑과 소망으로 인도를 받는 거룩한 일체성을 강조하였다. "하나라는

---

51 *Calvin's Commentary on Ps.* 20:10.

것은 그 가치를 셀 수 없이 아름다운 것이다."

칼빈은 교회의 하나 됨(unitas ecclesiae)을 강조하면서 "모든 하나님의 자녀들을 서로 형제애로 묶어서 사랑과 헌신이라는 동일한 방법으로 그들의 아버지를 영화롭게 하는데 힘써야만 한다"라고 하였다.

이처럼 하나의 몸된 그리스도의 교회를 나누는 행동을 칼빈은 매우 염려하고 걱정하였다. 지상의 교회는 오직 하나라고 하는 생각을 가지고, 하나님께 참되게 예배하는 일에 힘써서 노력하면서 한 분만을 따르도록 추구하고 노력해 나가는 것이다.

> 우리가 할 수 있는 한 최선을 다해서, 우리 모두 다 형제로서 화합을 이루기 위해 노력합시다. 그리하여 하나님의 축복이 우리 가운데 머물러 있게 합시다. 우리와 다른 의견을 가지고 있는 사람들에게도 손을 펴서 포용하는 열망을 가집시다. 그들이 믿음의 일치 가운데로 되돌아오기를 거절하지만 않는다면 말입니다. 만일 그들이 거절해 버린다면, 물론 우리도 그들에게 작별을 선언할 것입니다.[52]

칼빈의 교회관에 대해서 종종 '에큐메니즘'이라는 현대 신학의 개념을 대입하려는 경우가 있는데, 이런 즉각적인 대입은 상당한 위험성이 따른다.

20세기 교회단체들이 제2차 세계대전 이후에 추구하던 외형에 치우치는 행정적, 교단적 '에큐메니즘'이라는 개념과 칼빈이 지향했던

---

52 *Calvin's Commentary on Ps*. 122:3.

'교회의 통일성'은 내용적으로 현격하게 차이가 있다.[53]

아무리 현대 교회가 각 기독교 교파간, 지역간 대표자 연합단체를 만들어 놓았다고 하더라도, 세계 교회들이 추구하는 '에큐메니즘'은 분명히 20세기적 신학의 산물이다. 칼빈의 교회관에서 사용된 그리스도가 한 분이요, 그의 몸된 교회도 하나라는 것은 '제도'나 '기관'이라는 의미가 아니라, 한 분 그리스도에게 연결되어 오직 하나님만을 따라가는 것을 말하기 때문이다.[54]

칼빈이 그리스도를 추구하는 하나의 단체로서 교회가 '보이는' 통일성을 무시한 것은 결코 아니다. 교회의 하나 됨은 합의라는 방식으로, 형제를 향한 사랑이라는 방식으로 드러나기를 원했던 것이다.

개별 지역 교회들과 성도들이 각자의 이해관계와 지역적 한계에 빠져서 소속된 교단의 담을 넘지 못하고 있는 것은 매우 안타까운 일이다. "교회의 통일성은 모든 성도들이 전체적으로 하나님의 말씀을 따른다는 성격으로 구성되며, 그로 인해서 하나의 무리요, 한 분의 목회자가 있다는 것이다."[55]

칼빈은 교회 안에 서로 다른 의견이 있음으로 해서 긴장과 상호

---

53 John H. Kromminga, "Calvin and Ecumenicity," in Jacob T. Hoogstra, ed., *John Calvin: Contemporary Prophet*(Grand Rapids: Baker, 1959): 149-65. W. Stanford Reid, "The Ecumenism of John Calvin," *Westminster Theological Journal* 11(1948): 30-43.

54 Selderhuis, "Church on Stage," 59, "Unity for Calvin is the the first place not being one, but following the One." 김재성, "21세기 교회 연합과 한국 교회의 실천방안 연구: 끊임없는 갱신과 목양적인 섬김으로 나가야 한다." 『하나님의 영광을 신학과 복음활동: 송인규 교수 은퇴기념 논총』(합동신학대학원출판부, 2014),

55 *Calvin's Commentary on Ps.* 47:10, "The unity of the Church consists in the fact that people are wholly prepared to follow the Word of God, so that there is one flock and one pastor."

간에 미워하는 것이 있을 수 있다고 보았다. 그러나 성도들은 하나님과 묶여져 있으므로, 어떤 때는 하나의 몸에 고통이 따르고 해체되어 버린 듯이 보일지라도 그것이 나뉘어 진 것은 아니다. 교회의 통일성이 지향하는 목표는 하나님을 영화롭게 하려는 동기에서 나오는 것이며, 하나님의 종으로서 하나되는 것이기 때문이다.

4) 그리스도를 본받아 상호 복종할 것

일사불란한 하나의 제도 하에서 조직의 통일성을 달성해야만 하는 것이 아니라면, 소위 '칼빈주의자들의 분리주의적 경향'(Calvinistic isolationism)을 어떻게 극복할 수 있을 것인가? 분명히 목표하는 바는 그리스도의 몸된 교회는 머리 되신 그리스도와 교통하는 내적인 통일성이지만, 그것을 지상에서 표현하고 표출하는 방법이란 무엇이어야 하는가?

교회의 통일성과 일체성의 유지와 증진은 오직 그리스도를 본받아서 새 생명의 원리를 따라서 살아가는 그리스도인들 사이에서 상호 복종하는 것(mutual subjection)이라고 칼빈은 강조하였다. 이를 위해서 마태복음 22:37-39에서 예수님이 강조하신 두 가지 사랑, 하나님을 사랑하고 이웃을 몸과 같이 사랑하라는 부분을 칼빈은 유난히 자주 언급하였다. 모든 제자들은 그리스도의 사랑을 본받아서 이 두 가지 명령을 수행해야만 한다. 십계명의 두 돌판을 요약한 주님의 가르침에는 하나님에 대한 존경심과 이웃에 대한 배려와 호의로 요약된다. 이 두 가지는 반드시 함께 실천되어야 할 성경이다. 하나는 존중되고, 다른 하나는 무시되어서는 안 된다.

칼빈은 그리스도를 본받아서 우리 모든 그리스도인들은 서로를 향하여 사랑하고 존중함으로써 진정으로 하나님을 사랑하는 사람들의 모습을 드러내야 한다고 확신하였다.[56] 교회가 서로를 비판하거나, 사역자들이 비난하는 것은 바른 모습이 아니다. 실제적으로 칼빈은 자신과 견해가 다른 마틴 루터에 대해서 성만찬 이해의 문제점을 비롯하여 몇 가지 지적하면서도 끝까지 존중하는 태도로 일관하였다.

> 나는 비록 그가 나를 마귀라고 부른다 하더라도, 나는 여전히 그를 하나님의 탁월한 종으로서 존중하며 경애할 것이요, 그는 여전히 심각한 오류를 범하였다 하더라도…풍부한 덕을 가진 분으로 칭찬할 것입니다…그분 안에 비록 어떤 나쁜 것이 있다고 하더라도 우리가 그토록 탁월한 은사를 발휘한 분에게서 약간을 허용하도록 하는 것만이 우리의 임무라고 생각합니다.[57]

5. 영적 전쟁과 교회의 목회사역

칼빈은 교회 안에 죄악과 불결함이 있음으로 해서 믿는 자들이 교회를 떠나도록 만든다는 사실을 잘 인식하고 있었다. 성도들은 교회

---

56 *Calvin's Commentary on I Pet*. 1:22. "Love for the neighbour is a testimony by which we prove that we love God."

57 Calvin's Letter to Bullinger on November 25, 1544. Brian A. Gerrish, "The Pathfinder: Calvin's Image of Martin Luther," in *The Old Protestantism and the New: Essays on the Reformation Heritage*(Chicago: University of Chicago Press, 1982), 27-48.

의 순결을 향한 열심을 포기하지 않으면서 인내하라고 주문하였다. 사악한 자들이 교회 안에 남아있다고 하더라도, 교회의 고통을 포기해서는 안된다.

또한, 종교개혁자들이 새롭게 세운 네 가지 직분을 중심으로 한 성경적 제도를 주목해야 한다. 루터, 쯔빙글리, 칼빈 등은 로마 교회의 상하 구조로 이루어진 성직주의(sacerdotalism)에는 반대하였다. 하지만 우리는 교회란 무질서하게 구성된 인간들의 종교적 모임이 아니라는 점을 기억해야 한다.

1) 하나님과 사탄과의 싸움

교회는 이 세상에서 부당한 대우를 받고, 항상 고통을 받는다. 세속의 압박 아래서 고난 당하는 교회가 아직도 건재한 것은 하나님이 그 교회를 붙들고 계신 까닭이다. 때로는 한국이나 세계 어느 국가, 어느 사회나 교회라는 이름으로 모인 곳에서 싸움이 그치질 않는다. 간혹, 기독교 교회 내부에서도 다툼이 그치지 않는다. 그럴 때마다 우리는 교회마저도 싸움이 너무 많다고 무조건 고개를 가로 저어서는 안된다. 과거 역사 속에 존재하는 교회 내의 분규들을 돌아보면서, 혹은 교회라는 이름의 모임이나 기관 사이에 싸움이 왜 이렇게 많은지에 대해서 우선 본질적인 이해를 해야만 한다.

교회는 어느 시대에나 진리에 대적하는 자들이 있기에 거룩한 싸움에 나서야만 하였다. 핍박하고 반대하는 무리들을 상대해야만 하고, 거짓된 가르침과도 맞서야 한다. 울부짖는 사자와 같이 삼킬 자를 찾아서 두루 다니면서 방해하고 있는 사탄이 존재하는 한 피할 수 없다. 이런 싸움에서 교회는 하나님의 권능에 의해서 지켜져 왔다.

그렇다고 해서 이 지상에 존재하는 보이는 교회가 평온하고 문제 없이 존재하리라고 생각해서는 안 된다. 이것이 칼빈이 말하는 하나님과 사탄 사이에서 '전투하는 교회'(ecclesia militans)라는 용어로 집약된다.[58] 지상에 거하는 사람들 중에서 그리스도 안에서 주어지는 형제 우애를 거부하는 사람들은 영적으로 고집 센 무리들이다. 그들과의 대립은 고통과 탄식을 자아내고 만다.

바빌로니아에서 포로된 교회가 다시 이스라엘에 돌아온 이후에도 여전히 고난과 역경을 견뎌야만 했던 것을 기억하여야 한다. 그리스도의 십자가와 부활의 영광이 있은 후에, 초대 교회도 역시 핍박과 여러 환난을 이겨야 했다. 이것이 바로 교회역사가 보여주는 것이며, 이 복음의 역사가 바로 진정한 역사의 의미라고 칼빈은 확신하였다.

2) 엄격하게 선출된 직분자들

칼빈은 교회가 구원의 '중보자'로서 특히 성도들의 영적인 전쟁을 돕는 목회적으로 매우 중요한 임무를 수행하고 있음을 강조하였다. 영적 전쟁은 교회의 목회에서 수행되는 것이고, 개인적인 차원에서도 수행되는 것이다. 이때에 교회는 직분자들을 세워서 성도들의 영적인 어머니로서 양떼들을 돕고 보살피게 된다.

교회의 목회 사역은 말씀 선포와 예배를 통해서 시행된다. 그런데 교회는 그리스도가 세운 합당한 직분자들을 통해서 질서 있게 세워

---

58 Calvin's Commentary on Ps. 21:9.

져야 한다. 물론 하나님은 이들 직분자들을 세우셨지만, 그들이 없어도 얼마든지 하실 수 있다고 칼빈은 생각하였다. 하지만, 교회의 순수한 신앙을 유지하고자 설립된 지상 교회에는 네 가지 직분자들을 세우게 되었다고 주장했다.

1542년 칼빈이 작성한 '교회법'(Ecclesiastical Ordinances)과 그에 기초하여 제정된 당회 운영에서 이러한 교회의 네 가지 직분자들을 중심으로 영적 투쟁이 구체적으로 반영되게 하였다. 이 문서는 칼빈이 다시 한번 수정하였고, 마침내 1561년 제네바 시에서 채택하였으며, 제네바 교회를 위한 '법령'으로 제정되었다. 그 후 여러 나라에서 약간의 수정을 하였지만, 주로 이 법령에 기초하여 개혁주의 교회를 운영하는 구체적인 교회법으로 채택하게 되었다.

칼빈은 설교하는 목사와 교리를 가르치는 박사, 치리하는 장로, 자선활동을 집행하는 집사 등, 네 가지 교회 직분을 성경적으로 회복하여 교회 내의 영적인 문제들을 치리하도록 하였다.[59] 그중에서도 말씀의 선포를 맡은 목사의 직분은 그리스도의 증거자로서 가장 중요하게 취급하였다.[60] 목사들은 각 교구에서 성도들의 영혼을 돌아보고, 성례를 집행하는 일에도 주도적인 책임을 맡고 있었다.

박사들은 성경 원어인 히브리어와 헬라어에 익숙하여 그리스도인들을 위하여 하나님의 참된 가르침을 발견하는 일을 책임지도록 하였다. 이들은 당대 문서들과 철학 등 모든 자료를 최대한 활용하도록 허용되었다.

---

59 *Institutes*, IV.iii.4.
60 *Calvin's Commentary on Ps.* 105:31.

특히 평신도 대표로서 치리하는 장로의 참여를 제도화하여 초기 단계이지만 민주적인 체계로, 그리고 상급 회의(당회, 노회, 총회) 체제를 복원시켰다.[61] 제네바 교회는 선거로 뽑은 12명의 지도자들을 장로로 임명하고 당회원으로 선정하였다. 시 최고 집정관(Syndics) 4인 중에서 1명, 상원(Petit Counseil)에서 2명, 60인 의회(Soixante)에서 3명, 200인 의회인 하원(Deux Cents)에서 6명 등이다. 중간 의회와 하원이 선출한 장로가 어떤 해에는 다소 늘었다 줄었다 했지만, 아무튼 장로들은 반드시 이들 세 의회의 일원 중에서만 선발되도록 하였는데, 이들의 자격을 심사하여 평가하는 일에서 목회자들의 지도력이 발휘되었다.

잘 훈련받고, 성실하며, 탁월한 설교를 하던 목회자들은 세속적인 시행정을 맡고 있는 시정부와의 사이에서 교회의 독립권을 확보하고 바른 교회관을 시행하는데 매우 중요한 역할을 감당하였다. 장로들은 모두 다 기본적으로는 제네바 교회의 성도였지만, 다소 지체가 높은 귀족이요, 정치적으로 각종 시 행정의 분야에서 일익을 담당하는 영향력을 가진 사람들이었다. 이들 장로들은 목사들의 목회활동에 대해서 '체크'하는 권한을 행사하였다. 특히 당회의 권징은 감옥에 집어넣거나, 벌금을 물리거나, 육체적인 형벌을 가하는 것이 전혀 아니었다.

제네바의 도덕적 통치를 책임진 교회의 결정에 따라서, 결혼과 약

---

61 William Monter, *Calvin's Geneva*(N.Y.: John Wiley, 1967); William G. Naphy, "The Renovation of the Ministry in Calvin's Geneva," in A. Pettegree, ed., *The Reformation of the Parishes: The Ministry and the Reformation in Town and Country*(Manchester: 1993), 113–132.

혼의 문제, 교회 앞에서 사과, 반성하는 태도로 서 있는 것, 수찬정지, '출교' 등등 영적인 통치력을 행사한 것이다. 동시에, 이들 당회원 장로들의 시정부 책임자로서의 활동은 칼빈과 다른 목회자들의 활동에 중요한 힘을 실어주는 역할을 하였다. 교회의 목회적인 활동과 모든 목회자들의 활동은 시정부에 의해서 뒷받침되고, 시정에 반영되었다.[62] 따라서, 엄밀하게 말하면, 교회와 세속정부가 완전히 따로 따로 존재했다고 말할 수 없다.

이와 유사한 체제가 존 낙스의 꿈으로 스코틀랜드 장로교회에 정착되었지만, 제네바처럼 교회와 시정부가 혼연일체가 되지는 못하였다. 스코틀랜드 장로교회에도 왕족, 귀족들이 참여했지만, 서로 기꺼이 존중하는 관계가 돈독한 제네바와는 형편이 같지 못하였다.

1559년에 가서야 비로소 제네바 아카데미를 세워서 훌륭한 인재 양성을 하기 시작했지만, 박사들은 교회의 교사들로서 성도들 가운데서 신앙의 순수함을 지켜나가는 책임을 지고 있다고 설명하였다. 다음 세대의 지도자들을 양성하면서, 고도로 발전된 교육체계를 유지하는 직분으로서 박사직은 매우 선별된 사람들에게만 한정적으로 주어졌다. 따라서 박사의 임명과정에 시정부가 개입해서 엄격한 심사를 거치도록 하였다.

집사 직분은 이미 사도행전 6장에서 명시된 교회의 재정 출납에 관한 제반 실무를 맡도록 임명되었을 뿐만 아니라, 제네바에 존재하던 병든 자들, 노인들, 자신의 힘으로 생존할 방법이 없는 가난한 자들을 위한 '봉사기구'의 책임자들이 되었다.

---

62 H. Höpfl, *The Christian Polity of John Calvin*(Cambridge: 1982), 133.

목사와 장로처럼, 박사나 집사나 모두 선발과정 역시 매우 엄격하였다. 상원에서 집사 후보들을 공포하였는데, 목사들의 자문과 추천을 거치도록 했으며, 최종 선발은 2백인 의회에서 동의하도록 하였다. 오늘날 교회의 직분자들이란 단순히 한 교회에서, 혹은 노회에서만 심사를 거치는 것으로 최종 선출되고 있는데, 제네바 교회의 직분자들은 시행정부가 선발 과정에 철저히 간여하고, 당회에서는 이들을 추인하는 정도에 그쳤다. 그만큼 교회의 일꾼들은 세상에서도 인정을 받는 사람들이었다.

이들 직분자들이, 말씀의 사역에 수종드는 자들로서 모든 존귀를 주님께 돌리면서 설교와 성례를 합당하게 시행하면 이들 사역자들은 열매를 맺을 것이요, 교회는 참된 교회로서 인정을 받게 될 것이다.

3) 화해와 위로의 성례

칼빈은 하나님의 말씀을 가르치고 선포하는 교회가 성례를 통해서 비로소 성도들의 믿음을 확증하게 만든다고 주장했다.[63] 성례의 핵심은 그리스도의 임재이다. 성례는 성도들을 자극하고, 거룩하고 순결한 삶을 살아가도록 영감을 불어넣어주며, 사랑과 평안과 일치에 도달하게 하는 예식이다. 성례는 그리스도인들이 성장하고 자라나는 데 있어서 필수적인 은혜의 수단이다.

세례는 그리스도와의 연합된 상징이다. 세례를 통해서 성도들은 그리스도와 함께 죽었고, 이제는 그 안에서 새로운 생명을 얻었음을

---

63 *Institutes*, IV.xiv.7.

확증한다.[64] 이제는 주님이 예비해 놓으신 축복들을 성도들도 함께 참여하고 누리는 특권을 얻는다. 세례는 하나님의 자녀로서 교회의 일원이 되는 표시이기도 하다.

칼빈의 성만찬은 '그리스도의 영적 임재'(the Spiritual presence of Christ)가 강조되어있다. 하나님의 말씀으로 확정된 성례는 그리스도가 임재하신 가운데 믿음을 강화시키고 은혜의 맛을 보게 하는 것이다. 그리스도께서 가지셨던 몸의 요소들을 나누어 먹고 마시면서 그리스도의 생명이 성도들에게 전달되고, 성도들의 것으로 만들어진다.[65]

교회가 세상에서 거룩한 예배에 힘쓰면서 가장 중요시하는 절기 가운데, 하늘의 만나를 먹고 마시는 성만찬은 종교개혁자들 사이에 특별하게 중요시되었다.

칼빈이 1542년에 작성한 『교회예배 모범』(*La forme des prieres et chantz ecclesitiques*)에 따라서 부활절, 성령강림절, 9월 첫 주, 크리스마스가 들어있는 주일 등 일년에 적어도 네 차례 성만찬을 시행하였다. 가급적이면 더 많이 성만찬을 시행하기를 원했지만, 매달 시행하는 것마저도 정착되지 못하고 말았다.

구체적인 성만찬의 집회에서 장로들과 집사들이 함께 참여하여 준비하고, 진행하고, 배분하는 것까지 맡도록 한 것은 매우 획기적인 부분이다. 적어도 2주 전까지, 혹은 그 몇 주 전부터 목사, 장로, 집사는 철저한 요리문답 교육을 실시하였다. 특히 시무장로들은 성도들 각각에 대해서 요리문답 교육이 어느 정도인가를 검토한 후에야 비

---

64 *Calvin's Commentary on I Cor.* 12:13.
65 *Calvin's Commentary on I Cor.* 10:15-16.

로소 성만찬에 참여하도록 허용하였다.

대부분의 프랑스 개혁교회에서는 요리문답을 마치면 그 수료자들에게 종이로 된 성만찬 참여 허락서를 나눠 주었고, 나중에는 정교하게 철로 만든 토큰을 주었다. 이 토큰은 성만찬을 받으러 들어오는 교회 입구에서 제시하여야만 성만찬이 허용되었다.[66]

적어도 일 년에 네 번은 당회원들과의 대담을 통해서 각 가정의 신앙이 점검되었다. 교회의 치리를 거부하거나 회개를 거절하는 완고한 사람들, 윤리적으로 바르지 못한 소행을 하는 사람들은 성찬에서 배제되었다. 반면에, 출교 등의 처벌을 받았던 사람들은 당회에 나와서 화해의 시간을 가지고 다른 사람들과 싸우거나 문제가 되었던 일에 대해서 처리하는 절차를 밟았다.

어떤 경우에는 매우 은밀하게 당회 앞에서만 해결하였고, 어떤 경우에는 전체 회중 앞에서 반성하는 입장을 발표하게 하였다. 따라서 성만찬은 대립과 갈등을 해소하고, 상호 회개하며, 화목의 제사를 드리는 날이었다. 회중 가운데 금지된 사람들이 다시 들어와서 함께 주님의 만찬에 참여하는 날이었다. 칼빈 시대에는 오늘날 한국 장로교회에서 시행하고 있는 것보다 훨씬 더 많은 부분에서 시무장로들이 참여하고 있었다. 시무장로들은 그저 성만찬을 배분하는 일에만 책임이 있는 것이 아니었던 것이다.

---

[66] Raymond A. Mentzer, "The Printed Catechism and Religious Instruction in the French Reformed Churches," in Robin B. Barnes, Robert A. Kolb and Paula L. Presley, eds., *Habent sua fata libeli. Books Have Their Own Destiny: Essays in Honor of Robert V. Schnucker*(Kirksville: Thomas Jefferson University Press, 1998), 93-101.

6. 교회와 국가

어떤 성도들은 자기 혼자만의 경건생활에 심취하면서 전혀 국가와 사회의 일에 관여하지 않으려 한다. 이것은 '신근본주의'적인 사고방식이다. 그런가 하면, 어떤 기독교 신자들은 정치와 국가적인 일에 의견을 피력하고 영향을 미치고자 전혀 복음의 전파에는 개의치 않는다. 이런 양 극단 사이에서 가장 합당하고 균형 잡힌 안목을 찾아야만 하는 것들이 한국 교회가 직면해온 문제이다. 과연 교회에 속한 성도는 국가에서 무엇을 해야 하고, 사회에는 얼마만큼 가담해야 하는가의 질문이 우리의 현대적 숙제가 아닐 수 없다.

이 문제에 있어서 칼빈의 시대를 참고로 삼고 무엇을 배우는 것은 다소 무리가 있을지도 모른다. 너무나 사회 구조가 달라졌기 때문이다. 하지만, 점차 개혁주의 교회가 국가와의 관계를 어떻게 설정해야 하느냐의 문제에 대해서는 명쾌히 지혜를 얻을 수 있다고 본다. 로마 가톨릭에서는 교회와 국가의 관계가 매우 모호하였고, 루터교회는 국가체제의 일부로 존재하고 있다.

칼빈의 제네바는 정치적으로 다소 독립을 누리고 있었기에 매우 독특한 교회 정치체제와 국가체제를 유지할 수 있었다. 그러나 스위스 내부에서도 이들 국가와의 관계는 매우 다양하였다. 스위스의 서부와 남부도시들, 뉴사텔, 로잔, 그리고 제네바 등은 교회와 국가가 상호 견제하고 상호 존중하는 제도가 널리 시행되었다. 때로는 국가와 교회가 별개의 것으로 존재했다. 쥐리히를 중심으로 바젤, 베른 등 북부 독일어권에서는 교회를 국가의 통제 아래 두는 쯔빙글리의 사상이 지배했었다.

빈의 기독교 강요는 교회와 국가와의 관계에 대한 진술로 끝을 맺는다. 다시 말하지만, 기독신자가 믿어야 할 교리와 일상생활에서 기준으로 삼아야 할 부분이 따로 분리된 것이 아니다. 따라서 교회란 국가와 생활로부터 격리된 단체가 될 수 없다. 그리스도와 문화, 교회와 정치는 서로 긴밀한 관계 속에 있다. 절대로 상호간에 별개의 것이 될 수 없다. 마치 영혼이 육체와 다르듯이, 교회와 국가는 다르다. 교회는 말씀의 신실한 선포를 통해 영적인 검을 휘두르고, 파문권을 행사한다. 목사회와 교회법원이 중심기관이다.

칼빈이 제네바 시정부를 지배했다는 말은 전혀 잘못된 것이다. 1548년 9월 시의회는 목사들의 회는 오직 시민들을 권면할 수 있을 뿐이요, 파문할 수 없다고 규정하였다. 그 해 12월에는 교회가 수찬 금지한 결정을 시의회가 번복하였다. 1548년 9월 24일 칼빈은 제네바 관리들을 비판하는 글을 시의회에 보냈다가 경고를 받았다. 1555년 1월 24일에 가서야, 교회법령을 인정하였다. 교회 예배시간과 횟수, 연 2회에 걸친 회합, 기타 파문과 같은 법규들이다. 차츰, 칼빈 사후에는 제네바 시정부가 교회권한을 침범하였다.

이런 칼빈의 견해는 매우 새로운 것이었다. 독어권 지역에서는 이미 쯔빙글리의 영향으로 파문권은 교회 소유가 아니었다. 세속적 판결로서 이를 집행하는 것은 행정관의 고유권한이라고 보았다. 교회의 권한은 오직 성직자들의 윤리문제와 교리에 관한 것이라고 보았고, 이 결정에도 시의회 의원들이 참여하였다. 1528년 쯔빙글리가 주창한 이런 규정은 불링거의 주도하에 1532년 10월에서야 통과되었다. 따라서 세속정부와 교회정부를 분리시키는 칼빈의 견해에 동조할 수 없었다.

이론적으로 칼빈이 주장한 근거는 무엇인가? 불행스럽게도 칼빈의 신학만큼, 그의 시대에 정부와 교회사이의 분리는 잘 이루어지지 않았다. 국가란 하나님이 교회를 통하지 않고, 간접적으로, 외적으로, 현세의 삶에서 우리 육체를 대상으로 일하시는 방법 중 하나가 된다. 로마서 13:1-2은 중요한 성경적 근거다. 교회란, "영적인 통치로서 양심에게 경건과 하나님 경외를 명령하는 것이요," 국가란 "정치적 통치로서, 사람들 사이에서 반드시 유지되어야 할 인간으로서, 시민으로서의 의무들을 수행하도록 교육하는 곳이다."[67]

칼빈은 소위 말하는 기독교 국가 또는 신정국가를 희망하지 않는다. 다만 그리스도의 통치와 세속권력이 그리스도와 연합된 우리의 삶에 영향을 미친다는 사실에 관심을 갖는다.

> 세속정부는 우리가 사람들 사이에서 살아가는 한, 하나님께 대한 외적 예배를 촉진하고 보호하며, 경건에 건실한 교리와 교회의 지위를 변호하고, 우리의 삶을 사람들의 사회에 맞추고, 우리가 사회에서 의롭게 행동하도록 선도하고, 서로를 화목하게 하며, 일반적인 평화와 평안을 증진하는 지정된 목적을 갖고 있다.[68]

세속정부의 의무는 공적인 종교행사가 그리스도인들 가운데 있게 하고 사람들 사이에 인간성이 유지될 수 있도록 뒷받침하는 것이다.

---

67 *Institutes*, IV.xix.15.
68 *Institutes*, IV.xx.2.

세속정부의 최종적인 목적은 시민들의 육체적 안녕을 보살피는 것만이 아니라, 교회의 번성을 지켜주는 일이다. 하나님은 진정한 보살핌으로 그의 교회들을 위해서 세상과 인류를 유지시키고 계신다.

통치자들은 하나님께로부터 명령을 받고, 신적 권위를 부여받은 사람들이며, 하나님의 대리자들이다. 그들은 신들이라고 불리었다(시 82:6). 그러나 국가는 하나님이 세우셨으나 독재자의 처소도 될 수 있다. 그럼에도 불구하고 하나님의 종들이요, 신하들이기에 하나님의 거룩한 섭리와 규례로 말미암은 결정으로 보고 그리스도와 그분의 영적인 통치에 극복하는 마음으로 복종해야 한다. 정부는 신적인 제도인데, 제 역할을 다하지 못할 수도 있다. 그렇더라도 우리는 양심을 위해서 정부에 복종해야 한다. 이는 권세는 모두 하나님으로부터 오기 때문이다. 물론 칼빈은 말씀의 사역을 가리켜 어떤 기능보다 뛰어난 기능으로 인정하고 가장 존경해야 한다고 말하였다.[69]

심지어 제대로 군주의 권한을 행사하지 않고 있는 무능한 정권에도 복종해야 한다고 말한다. 이는 하나님의 신성한 권위를 부여받고 합법적 권세를 부여받았다고 생각하라는 것이다. 국가란 우리의 성화에 도움이 된다.

> 만약 우리가 폭군에게 처참한 고문을 당한다면, 만약 탐욕스럽고 방탕한 군주에게 노략을 당한다면, 만약 게으른 군주에게 백성으로서 응당 받아야 할 몫을 받지 못한다면, 만약 경건 때문에 불경건하고 하나님을 대적하는 군주에게 고통을

---

69 *Institutes*, IV.iii.3.

당한다면, 먼저 우리 자신의 악행을 생각하자. 주께서는 우리의 악행에 대해서 그런 자들을 회초리로 삼아서 반드시 징계하신다.[70]

칼빈 시대의 교회는 독립된 권세를 확보하고자 노력하였기에 거역할 권리를 찾는데 중심하였다. 칼빈은 『기독교 강요』 마지막 장에서 시민들이 갖는 불복종의 권한을 설명한다. 이 책을 저술할 때의 정치 상황이나, 그 시대의 정치제도를 떠나서 생각할 수 없다. 기본적으로 칼빈의 정치나 정부에 대한 사고방식은 구체적 현실인식과 고대 고전들에서 나온 사상과의 조화 속에 그려져 있다. 그는 옛것과 새것을 아주 조화롭게 적용시켰다. 민주정치를 가미한 귀족정치이다. 그가 개인적인 인간과 공적인 인간을 구분하여 생각한 것은 고대 그리스에서 나온 정부에 대한 이해에 기초를 둔 것이다. 그는 플라톤을 열심히 공부했고, 국가의 권세와 권위에 대해서 견제와 균형의 필요성을 동시에 강조했다.

정부는 세 가지 합법적 형태와 불법적 형태로 정리된다.[71]
1. 군주정치가 부패하면, 전제정치가 된다.
2. 귀족정치가 부패하면, 과두정치가 된다.
3. 민주정치가 부패하면, 무정부주의가 된다.

---

70 *Institutes*, IV.xx.29.
71 *Institutes*, IV.xx.8.

왕들이 하층시민들을 폭정으로 착취하고 폭행할 때에 눈감아버리거나 부정하게 민중의 자유를 배신하고 있을 때에, 중간 통치자들은 왕들의 전제를 억제할 책임이 있음을 엄숙히 경고한다.

『기독교 강요』의 한 문장으로 된 개인의 의무에 관한 규정은 민중의 자유를 보호하기 위한 합헌적 중간 통치자(왕이 아님에 유의하라)의 행동을 매우 적극적으로 권장한다.[72] 자기들이 하나님의 명령으로 민중의 보호자로 임명된 줄을 알면서도 부정직하게 민중의 자유를 배반해서는 안 된다.

물론 칼빈은 개인적으로 복수하는 것은 반대하였으나, 오직 합헌적 통치자들을 통해서 시행할 것을 권한다. 여기서 칼빈은 그 시대에 귀족주의 정치에 깊은 영향을 받았음을 부인할 수 없다. 칼빈은 모든 통치자들이 하나님의 뜻에 따라 제 기능을 다해야하며, 국가와 교회를 위해 제 의무를 수행한다는 사실을 알고서 개인을 대표해서 일해야 한다고 말한다. 칼빈의 다소 모호함을 놓고서 후대에 반혁명적 칼빈주의자들과 혁명적 칼빈주의자들이 등장했음을 유의하라.

> 우리는 우리에게 권위를 지닌 자들에게 복종하되, 오직 주 안에서 복종한다. 만약 그들이 주를 거슬러서 무엇을 명령한다면, 그 명령은 귀담아 듣지 말아야 한다. 그리고 이 때는 통치자들이 소유한 모든 위엄에 개의치 말라.[73]

---

72 *Institutes*, IV.xx.31.
73 *Institutes*, IV.xx.32.

칼빈은 말년에 다소 생각이 바뀌었던 것으로 보인다. 저항권을 더욱 인정하는 쪽으로 기울어져 갔다. 베자와 낙스는 보다 더 강한 저항권을 주장하게 된다. 칼빈의 사고에서 민주주의적 요소가 있었다면 바로 건전한 저항권에의 동기부여라고 볼 수 있다. 오늘도 여전히 칼빈 자신에게 묻는 질문들이 터져 나오고 있다. 그의 사상 속에는 주권이 국민으로부터 나온다는 민주사상의 뿌리가 있는가? 그렇다면, 철저히 주권이 하나님으로부터 나온다는 사상은 언제 어디서 나온 사상인가? 영국의 의회제도와 미국의 민주제도의 발전은 그 뿌리를 어디에 두고 있는가? 이것은 모두 다 칼빈의 사상을 활용한 칼빈주의자들의 건전한 역할에 의해서 인류 역사에 큰 공헌을 남긴 자취로 보아야 한다.[74]

7. 한국 교회의 갱신과 부흥

오늘의 한국 기독교 교회는 보다 심각한 현실적인 문제점에 대해서 반성하고 갱신을 도모해야 할 난제들을 안고 있다. 한국 교회가 안고 있는 제일 큰 어려움은 교회가 점차 쇠퇴하지 않을까 하는 두려움이다. 장차 자라나는 세대가 교회를 회피하지 않을까 하는 우려를 벗어나는 일이야 말로 시급한 과제가 아닐 수 없다. 이처럼 한국 교회가 위기에 직면하게 된 내외적인 원인들을 살펴보면서 가장 시급한 과제들만을 열거하고자 한다.

---

[74] 김재성, 『개혁신학의 전망』, "제3장 개혁신앙과 인간의 존엄성 확립, 그리고 사회변혁", 122-165.

오랫동안 누적되어 온 일이기에, 일시에 해소시키기에는 너무나 어려운 일이겠지만, 우리는 16세기 종교개혁자들의 정신을 모델로 삼고 지속적인 갱신을 도모해야 한다.

칼빈의 교회론에 토대를 두고 오늘의 한국 교회에 드러나는 약점들을 모두 여섯 가지로 묶었다. 이들 과제들을 갱신할 자가 바로 이 세대의 교회지도자들임을 잊지 말아야 하겠다.

1) 개인주의적인 경건주의자들의 함정

한국 기독교인들 가운데 상당수는 개인주의적인 구원론에 치우쳐서 성경적인 교회론을 무시하고 있으며, 교회의 중요성을 과소평가하는 경향이 있다. 사실 교회에 출석하고 있는 상당수의 기독교인들마저도 아직 자신의 분명한 교회관을 확고히 정립하지 못하고 있는 실정이다. 로마 가톨릭교회에 대해서 철저한 반성을 했던 칼빈은 삼위일체 하나님의 구원사역이 역사 속에서 성취되고 적용될 때에 그 중요한 사역의 대행기관으로 교회를 사용하신다는 사실을 결코 소홀히 취급하지 않았다.

한국 기독교인들 가운데 상당수는 구원을 하나님과 자기 자신과의 극히 개인적인 관계로만 축소시키려는 경향을 보이고 있다. 이러한 공적인 교회를 무시하는 태도는 16세기 재세례파들(Anabaptists)과 경건주의자들(Pietism)에게서 이미 나타났던 현상이었다. 이 역사 속에 오셔서 구원을 성취하시고 완성하신 예수 그리스도를 배제시키지 않고, 또한 복음을 개개인에게 적용하시는 성령의 사역을 결코 축소시키지 않으면서, 하나님이 교회를 통하여 객관적인 방편(objective means)들을 사용하셔서 역사하신다는 것을 무시해서는 안 된다.

교회를 통한 객관적 차원을 무시하면, 결국 신비주의와 영성주의에 빠지고 만다. 사도신경과 각종 신조에서 거룩한 공적 교회의 사역을 강조하는 것은 바로 우리가 기독교 신앙을 빙자하여 종교적 주관주의 내지는 체험적인 자료에만 의지할 위험성을 하나님이 잘 아시기 때문이다.

그리스도의 모든 구원사역에 관한 복음서의 보고들은 역사성을 포함하고 있다. 하나님의 계시와 신적인 모든 구원행위들은 실제적이요, 구체적이며, 거기에는 역사적인 노력들이 포함되어 있다. 그리스도의 삼중직은 이미 구약성경에서 실현된 구체적인 중보자(the Mediator)의 최종완성이었다. 구원받은 백성들이 그리스도가 성취하신 것들을 인식하고 감사하게 하는데 있어서 신비적인 방법을 동원하지 아니하고, 이 땅에서 이미 사용하신 사람들의 역사적 기초 위에서 중보자로 사역하도록 그리스도가 보냄을 받은 것이다.

성령의 조명하심과 갱신하는 변화의 사역도 역시 이러한 그리스도의 사역과 무관하지 않으며, '객관적인 방편들'로부터 별개의 역사를 하는 것이 아니다. 우리가 종교개혁자들로부터 배워왔고, 또다시 재발견해야 할 사실은 기독교인들이 교회를 무시하고 개인의 종교적 체험들을 중시하는 주관주의(subjectivism)에 빠져서는 결코 안 된다는 점이다. 기독교 신앙은 신비적인 마술이나, 무교회주의적인 방식으로 주어진 것이 아니다. 교회론이 정상적으로 세워진 오늘의 시대에 다시 한번 말하자면 성경적인 교회 밖에는 구원이 없다(No salvation outside the church).[75] 교회는 그리스도와의 교통을 이루는 유일한 하나님의 방편이자, 도구요, 수단(medium)이다.

그러나 로마 가톨릭교회가 주장하는 성직자 중심(sacerdotalism)은 잘못된 것이요, 하나님과 인간 사이의 중재자(mediation)가 교황이라고 볼 수 없다. 로마 가톨릭에서는 성경과 교황을 권위의 두 가지 기준으로 말하고 있다. '보이지 않는 전통' 즉 기록되지 않은 전통을 교황이 가지고 있다고 강조하고 있지만, 우리 개혁주의 교회에서는 오직 하나님의 말씀만이 교회의 최종 권위라고 믿고 있다.

오직 그리스도만이 우리 성도들에게 교회에서 선포되는 말씀으로 교통하고 계시며, 교회에서 합당한 질서를 따라서 베풀어지는 성례를 통하여 연합하고 계신다. 따라서 이러한 방편이 무시되거나, 간과되거나, 구원에 부차적인 다른 내용들로 인하여서 왜곡되어서는 안 된다. 교회를 약화하려는 주장들은 독을 뿌리는 것과 같다. 죽은 정통을 정죄하는 것은 옳지만, 바른 전통을 무시하는 것은 개인적인 독단에 지나지 않는다.[76] 따라서, 오늘 이 시대에 한국 기독교에 퍼져나가고 있는 매우 불건전한 신학적인 주장들을 경계해야 한다.

---

75 J. Mark Beach, "A Plea for the Rediscovery of the Sacraments," *Mid-America Journal of Theology*, vol. 11(2000), 11.

76 Jaroslav Pelikan, *The Christian Tradition: A History of the Development of Doctrine*, vol. 1: *The Emergence of the Catholic Tradition(100-600)*(Chicago: University of Chicago Press, 1971), 9: "Tradition is the living faith of the dead; traditionalism is the dead of the living."

2) '은혜의 방편들'을 무시하는 체험주의자들의 함정

교회의 공적인 은혜의 방편들(media gratia)을 무시하고 약화해서는 안 된다. 하나님의 말씀 선포를 가장 소중히 여겨야 하고, 교회가 공적으로 시행하는 두 가지 성례를 통하여서 성도들의 공적인 신앙의 성숙을 도모하는 일에 대해서 과소평가하거나 약화하려는 경향을 벗어나야만 한다. 앞에서 지적한 바와 같이, 교회의 권위와 권한에 대한 합당한 신학적 태도가 결여되어 있기 때문에, 역시 하나님의 말씀과 성례를 존중하는 태도가 약화되고 있다.

말씀과 성례는 매우 긴밀한 연속성을 가지고 있으므로, 그리스도가 성취한 역사 속에서의 구원사역과 성령께서 그리스도의 은택들을 개개인에게 적용시키고 있는 사역 사이의 연계성과 같은 구조로 교회 안에서 시행되어야 한다. 초자연적인 것과 자연적인 것의 객관적인 방편인 말씀과 성례를 통해서 성도들에게 교통하고 있으므로, 이런 공적인 도구들이 적절하게 강조되어야 한다.

성령께서 구원의 적용사역을 행하실 때에, 말씀과 성례를 제외시키고 다른 프로그램을 채택하신 것이 아니기 때문이다. 성령은 보이지 아니하시는 하나님의 은총들을 보이는 은혜의 방편들과 성례라는 구체적 상징물들을 통해서 전달하신다. 참된 믿음에는 구원받은 확신과 감격이 동반된다.

그리스도로부터 흘러나오는 은총과 은혜는 아무런 방법과 수단이 없이 무분별하고 질서 없이 개개인에게 뿌려지는 것이 아니다. 그리스도는 자신이 기뻐하시는 방법들을 구체적으로 선정하시고, 구원의 은혜를 전달하는 통로들로 삼으셨다. 그리스도는 성령에 의하여 은총을 부어주시되, 그의 몸된 교회에 부어주신다. 개인의 체험만을 가지고 구원 여부를 결정지으려 한다면, 기독교는 인간 스스로 개발한 영적인 종교에 지나지 않을 것이다. 인간이 가슴으로 체험하는 것은 좋지만, "내 마음 속에 살아있는 분에 대해서 내가 어떻게 확신을 갖느냐?"에 치우치게 되면 신앙이란 성공과 실패, 승리와 죄악에 대한 자신의 종교적 느낌에 좌우되고 마는 것이다.

'하나님이 내 마음에 이렇게 말씀하셨다'는 고백을 하고자 기도하고 매달리는 신앙은 '자신감'과 '의구심' 이 두 가지 모두 다 자신이 스스로 만들어 내려는 것에 불과한 것이다. 그러나 인간의 감정이란 얼마나 형편없는 자아상을 가지고 있는가?

3) 교회 경시에 앞장선 기독교 단체들

'형제들의 교제'를 강조하면서, 교회를 경시하는 위협들과 풍조를 경계해야 한다. 사도신경(Apostles' Creed)에 나오는 복음의 역사적 강조점은 삼위일체 하나님의 '경륜적 사역'을 강조하되, 그 중심은 예수 그리스도가 지상에서 행한 구원행위에 초점을 맞추고 있다. 그리고 이어서 인간의 역사 속에서는 거룩한 교회를 통한 객관적 사역을 강조하고 있다. 기독교 신앙의 객관적 측면과 역사적 성격을 결코 무시해서는 안 되기 때문이다.

사도신경은 우리로 하여금 항상 삼위일체 하나님을 상기시키되, 그리스도의 구원사역을 그 중심에 두고 있으며, 성령을 통한 적용을 풀이하면서, 거룩한 보편적 우주적 교회에 관하여 고백하도록 하고 있다. 역사 속에서 하나님의 구원사역의 일익을 감당하는 교회를 우리는 믿는다고 고백한다. 사도신경의 강조점은 그리스도가 간여를 하지 않는다는 것이 아니요, 성령으로 하여금 교회를 통해서 지속적으로 그리스도의 사역을 세상 속에서 펼쳐나간다는 것이다.[77]

그런데, 모든 객관적이며 제도적인 교회 보다는 형제들의 친교 중심으로 모이는 공동체 운동이 늘어나면서, 교회론이 현저하게 약화되고 있다. 처음에는 '재세례파', '퀘이커파', 영국에서 국교회를 거부한 극단적인 '분리주의자들' 등과 각종 이단들이 교회중심의 신앙생활을 위협하였다. 최근에는 '교회 밖 전도운동'(para-church movement)과 각종 선교단체들, 특히 대학교 캠퍼스에서 성경공부를 통한 공동체 방식을 강조하면서 교회 중심의 신앙생활을 약화시키고 있다. 이들 단체들은 예수님은 좋지만 교회는 문제라는 식으로 접근하고 있다. 지상의 교회가 지닌 약점을 지적하는 것은 탓할 일이 아니지만, 또래 그룹으로 뭉쳐진 젊은이들만의 친교에 그치고 있는 선교단체들의 문제점에 대해서는 받아들이지 않으려 하기 때문이다.

'셀 교회 운동'은 단순하게 목회방법론상의 변형이라기보다는, 교회론의 중대한 변형을 모색하고 있어서 매우 걱정스러운 부분이 많다. 랄프 네이버에 따르면, 당회와 제직회 중심의 교회를 전통교회로 규정하고, 이를 해체하려는 포스트모더니즘적인 수평적 교회운동으로 나가고 있기 때문이다.[78] 교회의 본질이 진정으로 하나님을 예배

---

77 Cornelis P. Venema, *What We Believe: An Exposition of the Apostles' Creed*(Grandville: Reformed Fellowship Inc., 1996), 111.

78 Ralph W. Neighbour, Jr., *Where Do We Go from Here?: A Guidebook for Cell Group Churches*(Houston, Tx.: Touch Publications, Inc., 1990), 20-22. 랄프 네이버는 소그룹 교회를 비전통적 교회로서 교회 안에 있는 소그룹들이 특정한 방식으로 가정에서 모여 불신자들을 향한 전도, 신자들간의 사랑의 교제, 양육, 그리고 서로간의 돌봄과 사역을 시행하는 교회라고 말하고 있다. '셀 그룹 교

하고 그분을 영화롭게하는 데 있다면, 사람들의 편의를 위주로 하는 실용주의적 재편은 경계해야만 한다.

4) 교회 정치의 악순환들

최근 한국 교회에서 나타나는 갖가지 교회 정치의 부패를 끊어야 한다. 이를 위하여서는 인간중심적인 교회운영에 대한 심각한 반성과 갱신의 노력이 있어야 한다. 현재 한국 교회의 큰 문제는 지역 교회들의 연합체인 노회, 총회에 대한 기대가 무너지고 있는 것이요, 세속적인 정치와 별로 다를 바 없는 각종 지역주의와 금권정치가 아직도 근절되지 않고 있다는 것이다. 최근 제비뽑기를 통해서 상당부분 진정된 부분도 있지만, 여전히 교단정치와 관련된 불명예스러운 추문들이 떠돌아다니고 있다.

교회의 속성에 대한 빈곤한 이해에서 벗어나서 조속히 정돈해야 할 지상에 세워진 교회의 '스캔들'로부터 우리 한국 교회만이라도 어서 속히 벗어나야만 하겠다. 한국 교회는 결코 권력이나, 돈이 좌우하지 못하도록 철두철미한 반성이 절대적으로 필요하다. 지역주의, 같은 학교와 동창관계를 고리로 하는 연고주의에 의해서 목회직이 운영되어서는 결코 안 된다. 교회의 권위는 그리스도께서 공적인 직

회'(cell group church)와 '소그룹 셀을 가지고 있는 교회'(church with cell groups)는 본질상 그 성격이 다르다. '셀 그룹 교회'의 경우 교회의 모든 활동, 조직, 자원, 프로그램 등이 셀 그룹들을 세우기 위해 존재하며 사실상 셀 그룹 자체가 '교회 속의 교회들'(ecclesiolae in ecclesia)이며 셀 그룹 지도자인 목자는 자기 셀 그룹에서 목자(목회자)의 기능을 수행한다.

분자들의 총체에게 주신 것이다.[79]

한국 개혁주의 교회들은 당회의 공적인 기능이 현저히 약화되었고, 노회 및 총회 기구들의 운영에서는 정치적 부패상들이 꼬리를 물고 드러나고 있다. 이러한 일들로 인해서 주님이 존중을 받아야 할 자리에서 사람이 영광을 차지하고 말았으며, 주님이 행사하실 영적인 권한을 잘못 오용하여 순수한 신앙의 권위가 땅에 떨어지고 말았다. 뿐만 아니라, 일부 교회 지도자들의 명예욕으로 인해서 수없이 난파선처럼 분리된 교파들의 난립이 초래되고 말았다.

한국 사회가 교육을 통해서 점차 성장해 나오는 동안에, 놀라운 성장을 이룩하던 1960년대에서 1990년대 초반까지 신학계는 극심한 대립을 경험하게 되었다. 일부 한국 교회는 적극적 정치참여를 추구하는 진보적인 교회로 돌아섰고, 그에 반하여 복음전파에 치중하는 보수적인 교회로 나뉘고 말았다.

20세기 초반 사회 복음주의(social gospel) 영향으로 진보적인 교회들은 현실 정치참여에만 집착하는가 하면, 많은 교인들이 세속 철학과 학문의 영향을 깊이 받은 갖가지 자유주의 신학의 영향권에서 벗어나지 못하여 교회 본연의 임무보다는 정치적 활동에서 만족을 찾으려 하였던 것이다.

---

[79] James Bannerman, *The Church of Christ*, vol. 1(1869; St. Admonton: Still Waters Revival Books, 1991), 269: "the right of Church power not to the one or the other exclusively, but to both; and to both in accordance with their respective characters and places in the Christian society."

5) 이단들과 불건전한 교리들의 위험

교회란 사람들이 많이 모여서 이룬 '공동체'이지만, 사회봉사 단체라든가, 시민 단체라든가, 어떤 특수한 전문인들의 모임과는 전혀 성격이 다른 모임이다. 교회는 관심사가 같은 사람들이 모인 동호회가 아니요, 사회적인 클럽도 아니며, 인기투표에 의해서 구성된 모임도 아니다. 신구약 성경에 나오는 교회라는 단어는 '세상으로부터 불러내어서 하나님과 교제를 나누게 된 거룩한 성도들의 모임이다(엡 1:4; 벧전 2:9).

불행하게도 한국 교회는 일시적으로는 건전한 교회의 일원이었지만, 이단적인 교파들을 창시한 자들(박태선, 나운몽, 문선명, 김기동, 박윤식, 박옥수, 이초석 등등)로 인해서 거룩한 교회의 모습은 일그러지고 교회에 대한 불신풍조를 만들어낼 만큼 크나큰 혼돈을 겪고 있다.

6) 교회를 위한 신학인가?

쇠잔해져가는 유럽의 개신교 교회들을 보면, 처음에는 18세기 이성주의에 문호를 열어서 깊은 영향을 받았고, 마침내 인본주의적인 회의론에 치우쳐서 신앙이 파괴되고 교회를 떠나게 되었다. 현대 신학의 아버지 쉴라이에르막허에서부터 포스트모더니즘에 이르기까지 초월적인 하나님의 역사하심과 그의 영광을 높이는 예배를 무시하는 풍조가 만연되면서 결국 교회가 무너지고 말았다. 각종 현대 자유주의 신학의 실험이 계속되면서 그 결과로 인해 많은 사람들의 신앙심이 회의에 빠지게 되었고, 신학의 혼란으로 첨예한 논쟁이 가중되었다.

젊은 지성인들에게 잘못된 지성적 우월성을 부채질하고 인간학적 종교학으로 신학을 대체시켜버린 현대 신학자들은 자신들의 신학활동에 대한 책임을 통감해야만 한다.

자유주의 신학은 자신들이 선호하는 몇 가지 주제에만 집중했으니, 예컨대 기독론 중심의 신학(칼 바르트), 이를 넘어서기 위해서 신론에 중점을 두는 현대 다원주의(존 힉), 그런가 하면 각종 토착화 방법론에 치우친다거나, 환원론적 사유에서 나오는 인간중심적인 주제들에 사로잡힌 신학들, 심리학에 기댄 인류학적 신학, 철학사조에 깊이 의존하는 신해석학과 사신신학, 정치적 관념에서 세워진 해방신학 등, 건전한 성경적 교회론과는 거의 상관이 없는 방향으로 청중을 이끌고 말았다.

따라서 다음 세대가 가져야 할 교회관의 정립을 무시해 버렸으며, 결국 교회를 세우는 데 아무런 도움을 주지 못했다. 이러한 신학들은 교회를 위하는 신학이 아니다. 이들은 일시적으로 유행하였지만, 인간지식의 발달에 따라서 이론적 건설에만 치우치다가 다른 신학과의 논쟁만을 남기고 말았다. 한국 교계에서도 교회 중심의 신학이 건전하게 서 있는 개혁주의가 주류를 이루고 있다고 볼 수 있지만, 현대적인 각종 신학의 실험을 도모하려는 잘못된 영향으로 인해 교회가 혼란을 겪고 있다. 최근에는 교회론마저도 균형 잡힌 안목에서 제시되기 보다는 교회성장학, 예전적 절기론, 특정한 주제와 프로그램 등에만 집착하는 경향을 가지고 있다.

8. 끝맺는 말

로마 가톨릭교회도 아니요, 동방 정교회도 아닌 16세기 종교 개혁자 칼빈은 자신의 개혁교회가 바라 보아야 할 선행적 모델로 다윗의 생애, 바빌로니아의 고난받는 이스라엘, 십자가와 부활의 그리스도를 손꼽았다. 칼빈의 관점에는 경건하게 성장하고 성숙해야 할 성도들의 거룩한 신앙 생활의 모델이 멀리 구약성경에서부터 그리스도에 이르기까지 긴밀하게 연결되어 있다.

> 거꾸로 거슬러 올라가서 다윗 왕의 시대에서도 심지어, 자신들의 자만심에 빠져서 옛 성도들이 아주 높이 평가하던 것들을 완전히 무시해 버리는 것은 정말로 두려운 일인진저![80]

교회의 반성을 이미 성경에 나와 있는 이스라엘 성도들의 모습에서 찾았던 것이다.

이러한 칼빈의 교회관은 매우 적극적이며, 일련의 연속된 매우 긍정적인 이미지를 가지고 있다. 칼빈은 교회의 궁극적 승리를 확신하였다.[81] 그 근거는 개혁주의 교회의 권위가 탁월하다거나 개혁주의 교

---

80 *Calvin's Commentary on Ps.* 26:8, "Woe be the pride of them that recklessly pass over the things which…were so highly esteem" by the saints of old, even back in the days of king David.

81 *Institutes*(1536), chapter 2. *Opera Selecta* 1:87: "Moreover we must assert this principle, that there has been no time since creation when God did not have His Church upon earth, nor will there, up to the ending of the world, be a time when He does not have it, as He Himself declares." G. S. M. Walker, "Calvin and the Church," *Scottish Journal of Theology* 16(1963): 371–89.

회의 회의가 오류를 범하지 않기 때문이 아니라, 하나님의 말씀이 전통보다 우위에 있기 때문에 갖는 확신이다. 살아있는 하나님의 말씀으로 인하여 순종하는 청중들이 소생되어 나타날 것이요, 창조될 것이다. 물론 교회는 세상에서 고난을 당한다.

다윗의 대적자들이 마침내 도망가야 하듯이, 그리스도의 대적자인 시저 황제가 무너지고 말았듯이 이와 마찬가지로 일시적으로 그리스도의 교회가 지상에서 사라질 수도 있다. 그러나 하나님은 교회를 다시 일으켜 세우신다. 하나님의 대적자들은 마침내 사라질 것이요, 진리를 거스르는 자들은 물리쳐질 것이다.

거대한 로마 가톨릭 성당 건물들이 곳곳에 서 있던 시대에 칼빈은 오히려 무너진 참된 교회의 거룩성을 찾고자 노력하였다. 고난과 겸비함이 함께 들어있으면서도 희망을 잃지 않는 시편기자의 신앙처럼, 칼빈의 인생여정에서 교회를 향한 그의 소신이 확고하고 분명함을 알 수 있다. 반면에 세상 염려와 걱정에 빠져서 헤어 나오지 못하는 것은 아주 위험한 것이라고 경고하였다.

칼빈은 올바른 성경 주석과 해설로 인하여서 바른 교회가 세워질 것으로 확신하였다. 물론 당대의 교회에 대한 비관이 많이 있음에도, '해석학적 낙관론'(exegetical optimism)을 버리지 않았다는 말이다. 모든 철학과 회의론에 대항하여 하나님의 말씀을 참되게 해석하는 교회의 가르침으로 인하여서 인류는 내일의 소망을 가진다. 물론 그러한 희망이 칼빈 자신의 활약으로 인해서 불과 십년 안에 이루어질 것이라고 하는 등의 조급한 생각을 하지 않았다.

개신교가 태동하는 초기였는데도 불구하고 그들 종교개혁자들 내부에서 상당부분 성경 해석이 다르고, 갖가지 신학의 충돌이 있었다.

그럼에도 불구하고, 전체적으로 볼 때에, 개신교회가 서로 모여서 대회, 노회, 총회 등에서 상의하고 협의하여 갈등을 해소하는 실제적인 합의점에 도달할 것이라고 생각하였다.

오늘의 세계 교회는 서구 교회의 몰락으로 인하여서 낙관론 보다는 비관론과 위기론이 팽배하다. 교회의 황금시대가 과연 언제였는가를 생각하여 볼 때에, 한국 교회를 초라하게 만드는 여러 가지 평가를 면할 수 없을 것이다. 하지만, 한국 교회가 서야 할 개혁주의 신앙의 핵심인 칼빈의 신학과 교회론은 이미 많은 열매를 맺었다.

21세기에 접어들어 독일 루터파 교회와 영국 성공회 등, 서구 교회의 현저한 퇴조에도 불구하고 세계적으로 복음적인 교회들은 오히려 황금시대를 맞고 있다.[82] 교회가 우선시 되던 나라를 건설하기 위해서 신대륙으로 건너간 청교도들의 전통으로 인해서 미국 교회는 빛을 발하였다. 1776년 건국 이후로 지금까지 미국은 여전히 예수 그리스도의 복음이 왕성한 나라임을 인정받아왔다. 다수의 미국인들은 스스로 크리스챤이라고 밝히고 있지만, 다민족 사회가 가속화 되면서 종교가 다양해지고 있다. 미국에서는 기독교적 가치관을 인정하고 받아들이는 사람들의 뜻에 따라서 주도되는 것이 당연하다고 받아들인다. 노동윤리와 사회적인 기초는 개신교 신앙인들의 도덕적 민감성 위에 세워져 있다.[83]

---

82 Peter Brierley, "Evangelicals in the World of the 21st Century," 11-20(Pattaya: 2004 Lausanne Forum Article).

83 미국 하버드 대학교 Samuel P. Huntington 교수가 The Wall Street Journal,(2004년 6월 16일자)에 기고한 "Under God: Michael Newdow is right. Atheists are outsiders in America"라는 글에서 지적한 내용이다. New York University, Niall Ferguson 교수는 The Wall Street Journal(2004년 6월 28일자, section 4, 3)에 기고한 "Why America Outpaces Europe(Clue- The God factor),"에서 미국 개신교의

칼빈주의자들이 발전시킨 잉글랜드와 스코틀랜드 청교도 운동은 오늘날까지 전 세계에서 열매를 맺고 있다. 기독교 신앙에 근거하여 미국은 고도의 민주주의를 발전시켜왔으며, 그 배면에는 건국의 선조 17세기 청교도들의 신앙이 자리하고 있음을 부인하는 사람은 없다.

한국 교회가 사도행전의 초대 교회와 같이, 또한 조선시대의 개화기에 활약한 초기 선진들과 같이, 신앙적 지도력을 발휘하고 역동성을 회복하려면 하나님의 말씀 속에 담긴 확고한 사랑과 보살핌에서 확신을 얻어야 한다. 그리스도의 몸된 교회라는 성경적 기초 위에서 운영되어나가는 한국 교회가 될 때에 하나님께 영광을 돌리고 그분이 기뻐하시는 공동체로 발돋움하게 될 것이다.

직업윤리가 살아있어서 유럽인들보다 더 많은 시간을 일하고 노력하게 만들고 있다는 분석을 내놓았다.

9장
성례와 그리스도의 영적 임재

오늘의 한국 교회는 말씀과 성례를 통해서 주어지는 하나님의 은혜보다는 감정적인 분위기에 젖는 경우가 많음을 반성하지 않을 수 없다. 가히 복음성가 바람이 불어 닥쳐왔다고 해도 과언이 아닐 정도이고, 젊은 세대의 경우에는 더욱 심각한 형편이다. 성경적인 교리 공부를 등한히 하면서, 하나님의 은혜를 받는 수단이 복음성가 시간처럼 되어 버렸고, 더 이상 성례의 중요성과 깊은 의미를 알지 못하는 것 같다. 성례는 어서 빨리 끝나기만을 바라는 일종의 연례 행사처럼 가볍게 생각한다면 이것은 아주 잘못된 무지의 극치가 아닐 수 없다.

교회는 주님의 명령을 따라 세워진 기관이요, 하나님 나라의 대행기관으로서 가장 중요한 그리스도의 몸의 일부요, 지체다. 지상에 존재한 교회는 성례를 통해서 그리스도의 사람들을 세우고, 격려하고, 교화해 나간다. 하나님의 은혜를 전달하는 수단으로서 말씀의 선포와 함께 중요한 기능을 담당하는 성례사역은 교회의 핵심 사역이며,

모든 예배와 교회 행사의 가장 중요한 결정체이다. 오늘날의 교회들은 많은 행사에 열을 올리면서도 그리스도의 죄씻음과 새 언약에 참여하는 성례는 마치 연중행사에 한두 번 등장하는 형식이나 의식으로 전락시키고 있음을 보게 된다.

오늘의 한국 교회가 시행하고 있는 성례의 개선은 먼저 성경적인 이해를 새롭게 함으로써만 가능해진다. 종교개혁시대는 성례의 신학이 가장 뜨거운 논쟁의 핵심이었다. 로마 가톨릭에서 그토록 중요시했던 7가지 성례를 폐기하고, 다시금 성경적인 성례론을 회복하고자 노력했기 때문에 많은 논쟁이 불가피 하였다. 한국 교회 성도들이 '성례에의 무지'를 벗도록 성경적 교훈에 대한 착실한 연구와 성찰이 있어야 하겠다. 과거에 신앙의 선조들이 정리하여 놓은 풍성한 내용들을 반복하는 데만 그치고 있어서는 안 되겠다.

]칼빈의 성례론을 통해서 초대 교회의 전통을 되살리고 성경적으로 영원히 지속되어야 할 이유를 찾아보고자 한다. 그는 성례의 의미와 내용을 탁월하게 잘 정리하여 제시하였다. 이제 우리 한국 교회도 16세기 종교 개혁자들이 로마 가톨릭의 성례론을 개혁했듯이, 21세기를 바라보는 이 시점에서 어떤 방법을 사용하여 큰 은혜를 받는지 새롭게 인식하도록 해야 하겠다.

1. 성례란 무엇인가?

종교개혁의 신학의 내용을 갱신하고 회복한 것이라고 볼 때에, 성례론의 바른 회복은 곧 교회의 회복을 의미하였다. 칼빈은 성례에 대해서 『기독교 강요』 제4권 교회론의 후반부에서 집중적으로 거론하고 있다. 이미 거룩하고 보편적인 교회란 어떤가를 설명하고, 교회의 표지와 권징을 자세히 서술하였다. 특히 교회의 권세는 성직자들이나, 개체 교회의 치리회에 있지 않고, 오직 말씀에만 있다고 선포하였다.

성경에서 선지자들이나, 사도들이 받은 권위와 위엄은 개인적으로 그들 개개인에게 주신 것이 아니요, 그들에게 맡기신 사역에 주신 것이다. 따라서 그들은 말씀의 사역을 책임 맡을 뿐이라고 강조하였다. 칼빈은 교회가 맡은 가장 중요한 성례, 즉 우리를 그리스도에게 인도하는 두 가지 예식, 성찬과 세례에 관한 교리를 다음과 같이 정의한다.

> 주께서 우리의 약한 믿음을 붙드시기 위해서 우리 양심에 우리를 향하신 자신의 선한 약속들을 인 치시는 외적 표징. 이에 대해 우리는 주님과 주의 천사들과 사람들 앞에서 주를 향한 경건을 입증한다.[1]

그가 경건의 신학자임을 다시금 기억하게 한다.

칼빈의 논의는 전체적으로 하나님이 성례에 의미를 부여하신다는 사실을 강조하는 데 있다. 『기독교 강요』 제4권 14장에서부터 19장까지 성례들을 논하는데, 14장이 가장 일반적인 내용이다. 먼저 성례

---

1 *Institutes*, IV.xiv.2. Ronald S. Wallace, *Calvin's Doctrine of the Word and Sacrament*(Grand Rapids: Eerdmans, 1957). Cornelis P. Venema, "The Doctrine of the Sacraments and Baptism according to the Reformed Confessions," *Mid-America Journal of Theology* vol. 11(2000): 21-86.

에 관한 일반적인 교리적 설명이 있고(1-6항), 성례의 권세를 무시한 자들에 대한 논박이 나온다(7-13항). 그리고 그 권세를 지나치게 중시한 자들에 대한 논박으로 이어진다(14-17항).

성례는 말씀의 외적 상징을 수반하며, 이 둘은 서로 밀접하게 연결되어 있다. 보이는 성례가 무엇을 상징하는지에 대해서 성경이 증거하고 설명해 주고 있기 때문이다. "성례 안에 말씀의 효과가 나타나는 것은 그것이 선포되기 때문이 아니라, 믿어지기 때문이다."[2] 따라서 성례는 약속이 없으면 아무런 의미가 없다. "성례는 전제되는 약속이 없으면 성립되지 않으며, 약속을 좀더 분명하게 설명하고, 재가함으로써 확증하고 인치는 목적을 가지고 일종의 부록처럼 약속에 결합된다."[3]

말씀에 비하면, 성례는 부차적이고 보충적인 성격을 갖고 있다. 하나님은 성례로써 우리가 육체에 안고 있는 연약함과 부패에 수용되셨다(accommodation). 우리의 부패한 심정의 수준으로 낮아지셔서 성례를 통해서 영적인 것들을 이해하게 하신다. 우리의 연약한 믿음과 육체적 상태를 감안하여 이런 상징과 인치심을 주신 것이다. 먼저 우리의 영적인 무지와 우둔함을 배려하시고, 다음으로 우리의 연약함을 배려하셔서 이 성례라는 방법을 사용하신 것이다. 따라서 올바로 성례를 이해하려면, 하나님의 신성한 말씀을 확증하는 데 필요한 것이 아니라, 우리로 하여금 믿음 안에서 세우기 위해서 필요하다.

---

2 *Institutes*, IV.xiv.2.
3 *Institutes*, IV.xiv.3.

> 여기서 우리 자비하신 주님께서는 무한하신 인자하심에 따라 우리의 수준에 자신을 낮추셨다. 우리는 늘 밑바닥을 헤매고, 육체에만 고정되어 있어서 영적인 것을 생각하지도 못하고, 이해하지도 못하는 피조물이기 때문에, 주님께서는 이런 세상의 요소들을 사용해서라도 자신을 낮추어서 우리를 인도하시며, 육체 안에 있는 영적인 복을 비춰 주시는 거울을 두시는 것이다.[4]

하나님은 말씀을 하실 때에는 우리의 듣는 기능과 귀를 사용하시지만, 성례의 상징들을 전하실 때에는 우리의 다른 감각들을 사용하신다. 그러므로 하나님이 말씀과 성례를 주실 때 역점을 두는 것은 마음 곧, 전인이며, 그로써 풍성한 은혜들을 피할 수 없게 되는 것이다. 특히 성례에서 하나님은 우리의 마음을 굳게 붙잡으시므로, 우리의 전심을 하나님께 드려야만 한다.

웬델은 다음과 같이 평가한 바 있다.

> 칼빈은 성례에 있어서 믿음을 강조하지만, 우리가 가진 믿음 그 자체가 가치가 있어서가 아니라고 강조한다. 칼빈이 중요하게 생각한 것은 분명히 그 수단이 아니라, 그리스도와 그의 사역이다. 칼빈은 끈질기게 성례의 유용성을 강조하면서, 성례란 성령이 우리에게 오셔서 우리를 그리스도에게 인도하기

---

4 *Institutes*, Ⅳ.xiv.3.

위하여 사용하시는 수단이라고 보았다.[5]

칼빈은 계속해서 구약과 신약의 언약 사상에 기초하여 성례의 의미를 결론짓고 있다.

> 옛 성례들은 오늘날 우리가 참여하는 성례들이 지향하는 것과 동일한 목적을 지향했다. 그것은 사람들로 하여금 그리스도를 바라보게 하고, 거의 그들의 손을 잡고 그분께 인도하는 것이나, 아니면 그보다는 표상들로서 그리스도를 상징하고 설명함으로 사람들로 하여금 그분을 알게 하는 것이다…성례들은 하나님이 이미 약속하신 것들을 다시금 인치는 것이다…결론적으로 성례들은 하나님의 어떠한 약속이든 우리에게 가르치려면 반드시 그리스도를 설명해야 한다. 신약과 구약의 성례들의 차이는 단 하나밖에 없다. 구약에서는 백성들이 아직 그리스도를 대망하는 동안 약속된 그리스도를 미리 보여주는 그림자를 보여주는 것인데 반해, 신약에서는 그분을 이미 주신 바 되고 계시된 분으로 증언하는 것이다.[6]

---

5 Wendel, *Calvin*, 316.
6 *Institues*, IV.xiv.20.

2. 성례의 영적인 성격

성례의 영적 성격에 대해서 니젤은 다음과 같이 칼빈의 성례론을 요약한다.

> 그리스도께서 그 예식을 제정하실 때 말씀하신 언약의 말씀에 의해서 결정된다. 우리의 물리적 환경을 이루는 허다한 세상의 것들 중에서 오직 그 말씀만이 성례의 증표들을 높이 세우신다.[7]

성례는 전제되는 약속들이 없이는 성립되지 않으며, 일종의 부록처럼 약속에 결부되어 있어서, 그 목적은 약속들을 좀 더 분명하게 설명하고, 재가함으로써 확증하고 인치는 것이다. 믿음은 언제나 말씀 또는 설교를 들음으로써 나오는 것이며, 성례도 역시 그 자체만으로는 아무런 의미도 없다. 하얀 종이 위에 아무런 내용도 없이 도장만 찍혀 있다면 어디에 그 종이를 사용하겠는가? 그것은 아무 데도 쓸데없기 때문이다. 마치 주민등록증이나 호적초본처럼 공문서의 말미에 기록된 어떤 내용을 입증하는 기관장 도장이 찍혀 있다면 그 인장으로 인해서 기록된 내용의 사실이 보증받는 것과 같다.[8]

여기서 잠시 칼빈의 견해와 다른 동시대의 신학자들과 비교해 보자. 놀랍게도 우리는 성례전의 해석이 서로 다른 것은 기독론의 차이

---

[7] Niesel, *The Theology of Calvin*, 212.

[8] *Institutes*, IV.xiv.5.

와 거의 동일하다는 사실을 발견하게 된다. 어거스틴은 성례를 가리켜 언제나 말씀을 돕는 보이는 말씀이라고 했다. 칼빈에게 있어서 성례는 본질적인 또는 본구적인 능력으로 그 목적을 성취하지 않고, 오직 도구적인 원인(instrumental causes)이다.

칼빈의 견해는 쯔빙글리와 매우 다르다. 쯔빙글리에 의하면, 믿음은 성례로부터 아무것도 받지 않으며, 주의 만찬은 단지 회중으로 하여금 하나님의 구원 사역을 생생히 기억하게 하고, 믿음을 고백하게 하고, 언약적 서약을 새롭게 하게 하는 기념 의식일 뿐이라고 말했다. 쯔빙글리의 기독론은 신성과 인성이 확실히 분리되는 경향을 띠고 있다. 칼케돈 공의회에서 네스토리우스(Nestorius)를 정죄한 이유는 바로 양성이론에 있어서 분리와 분열을 지나치게 주장했기 때문이었다. 네스토리우스파는 그리스도의 인격의 통일성을 약화시키고, 마치 예수님 안에 인성과 신성이 따로 분열되어 있는 것으로 생각하여, 단일하다는 사실을 훼손한 것이다.

다시 말하지만, 칼빈은 위에 언급한 쯔빙글리와는 매우 다르다.

> 마치 사람의 말이 오직 성경 말씀만을 증거한다면 유한한 인간의 말이 하나님의 도구가 되듯이, 성례는 약속의 말씀을 표시하며, 그것을 우리에게 인치시는 한 은혜의 방도이며, 말씀과 성례라는 두 통로는 성령께서 그것을 우리 안에서 효과적으로 만드실 때에야 비로소 우리에게 효과를 전달할 수 있다.[9]

---

9 Niesel, 216.

칼빈은 쯔빙글리와는 다르게 그리스도의 신성과 인성 사이에 구분은 있으나, 분리도 없고, 분열도 없음을 강조했다. 칼케돈 공의회(451년)의 결정에서 이를 강조한 첫 기독론의 내용이었다. 쯔빙글리에 의하면, 그리스도가 떡과 포도주에 실재로 임하시거나 신자들이 그리스도와 실제적으로 연합하는 일은 없다고 생각하였다. 성만찬의 제 요소들은 오직 상징일 뿐이다, 주의 만찬은 기념 의식이라고 말하였다. 다시금 과거를 돌아보는 일이다.

그러나 칼빈은 그리스도와 우리 사이의 간격을 성령께서 메꾸어주시고 있음을 강조한다. 따라서 칼빈은 기독론에서 승천을 매우 강조하였다. 그리스도는 이곳에 존재하지 않는다. 오직 몸과 육체로는 계시지 않고, 저쪽에 계신다. 그럼에도 불구하고 우리는 성령을 통해서 사귐을 가진다. 칼빈은 쯔빙글리 성례관이 성례의 힘을 약화시키고 그 용도를 철저히 폐지해 버리는 우를 범하고 있다고 비판한다. 한국교회에 이런 기념설 또는 상징설이 널리 퍼져 있음은 칼빈과 개혁교회의 신앙 유산에 대한 무지에서 비롯되었다고 본다. 개혁교회는 우리와 그리스도와의 실제적 연합 또는 사귐이 있음을 강조한다.

동시에 칼빈의 견해는 루터와도 매우 다르다. 마치 그리스도의 인격이 우리의 인격에 혼합되거나 융합되거나 혼동되지도 않는다. 루터의 기독론에 있어서 양성의 관계는 소위 양성의 교통(*communicatio idiomatum*)이라는 교리로 압축된다. 한 인격의 통일성 속에서 그리스도의 인성과 신성이 상호 교류(communication of proper qualities)가 가능하고 상호전환(interchange)이 가능하다. 알렉산드리아와 갑바도기아 신학자들은 신적 성품들이 인성 안에 들어오기도 하고 인성이 신성과 서로 교류가 가능하다고 보았다. 결국은 양성이 존재하되 내적인 통합이 보전된다는 사실을 부인하는 유티키안들(Eutyches)이 이단으로 정죄를 받았다.

루터는 그리스도 안에서 양성의 통일성이나 통합은 오직 속성들의 교류로만 가능하다고 주장하였다. 그리스도에게 있어서는 신적인 속성들이 인간적인 성품들 안에 상호 교류가 가능하다는 것이다. 마찬가지로, 성찬에 있어서도 그리스도의 육체가 떡과 포도주 안에 함께 혼합된다는 것이 기초이다. 루터의 공재설(consubstantiation)은 그리스도의 육체가 떡과 포도주 안에, 그것들과 함께, 그 주위에 존재한다고 주장한다.

안디옥 학파와 칼빈을 따르는 개혁주의 신학자들은 인격의 차원에서는 성품들(attributes)이 상호 교류가 가능하지만, 본성들(natures)은 각각 따로 구분해야만 된다고 주장하였다. 칼빈은 루터의 양성 교리에 강조점인 혼합 내지는 합일 사상을 반대하였다. 유한은 무한을 품을 수 없다(finitum non capax infiniti). 물론 칼빈도 성육신을 매우 강조하였다. 즉 그리스도께서 육체로 우리와 함께 하심을 드러내는 사건이기 때문이다.

니젤이 요약한 바와 같이 칼빈은 두 가지 면에서 루터의 성례 신학이 지닌 문제점을 지적하고 있다.

첫째로, 칼빈은 성례의 상징과 은사의 혼동을 원치 않았다. 루터는 성례가 전달하는 실재 곧 그리스도의 성례 자체에 내재한다고 말한다. 칼빈에 의하면, 이렇게 공재설을 통해서 혼동시켜 버리면, 그리스도가 하늘의 영광의 보좌에 앉아 계신다는 사실을 완전히 약화시키게 된다는 것이다. 다시 말하면, 루터의 주장처럼 편재설(ubiquity)을 근거로 하여 그리스도의 몸과 피가 떡과 포도주에 육체로 거하신

다고 추정하면 그리스도의 인성이 위협을 받게 된다는 것이다. 그래서 칼빈은 편재설을 거부하였다.[10]

인간의 성품을 가지신 그리스도가 어느 곳이나 몸으로서 편재해 있다는 것은 결코 어울리지 않는 해석이라는 것이다. 따라서 상징과 실재 사이의 혼동을 피해야 한다는 것이다. 칼빈은 그리스도가 어떻게 성찬에 임재하는가에 대해서 설명한다.

> 우리는 성찬에서 그리스도의 임재 방식을 생각할 때 그분을 떡이라는 요소에 고착시키거나 떡 안에 가두거나 어떤 방식으로든 그분을 제한해서는 안 된다(이런 모든 것은 명백히 그리스도의 하늘 영광을 감소시키는 행위이다). 그런 식으로 해서, 그리스도의 모습을 취하거나, 그분을 한 번에 여러 조각으로 나누어서 여러 곳에 분배하거나, 하늘과 땅에 퍼뜨릴 만큼 무한한 부피로 확대시켜서는 안 된다. 이런 것들은 명백히 참된 인간의 성격과는 상충되기 때문이다. 다음 두 가지를 반드시 지켜서 제한을 벗어나지 않도록 하자.
>
> (1) 그리스도의 하늘 영광을 조금도 감하지 말자. 그분을 다시 세상의 썩어질 요소들 아래에 두거나 피조물에 묶어 두게 되면, 그런 일이 생긴다.
>
> (2) 그의 몸에 부과된 인간의 본성에 대해서 적절치 못한 생각을 하지 말자. 그리스도의 몸을 무한하다고 말하거나, 동시

---

10 *Institutes*, IV.xvii.30.

에 여러 곳에 놓여질 수 있다고 생각하는 것은 이런 경우이다.[11]

  칼빈이 강조하려는 점은 부패한 인간사회의 어떤 것도 부활하시고 승천하신 영광의 그리스도를 묶어 둘 수 없다는 것이다. 더구나, 빵과 포도주에 묶여 있는 그리스도를 통해서 하나님의 은사와 은혜가 인간에게 주입되는 발상을 철저히 거부하고 있는 것이다. 다음에 상술하겠지만, 칼빈의 강조는 우리가 그리스도와 연합하며, 사귀는데 있고, 이는 전적으로 성령의 띠를 통해서 교통한다는 점이다.

> 주님께서는 나의 영혼이 그분의 몸을 음식으로 먹고, 그분의 피를 마신다고 선언하셨다(요 6:53이하). 나는 나의 영혼을 주님께 내어놓고 그런 음식으로 채워지기를 소원한다. 이 거룩한 만찬에서 그분은 우리를 빵과 포도주라는 상징을 통해서 그분의 몸과 피를 먹고 마시도록 명령하셨다…비록 그리스도의 육체가 우리에게 들어오는 것은 아닐지라도, 실제로 그리스도께서 생명 자체를 우리에게 불어 넣어 주신다.[12]

  둘째로, 루터의 유티케스적인 혼합은 떡과 포도주 안에만 머물지 않고, 한 걸음 더 나아가서, 그리스도의 생명이 성도들의 몸 안에서 육체적으로 융합함을 강조하였으나, 칼빈은 이에 대해서 반대한다. 칼빈은 단호히 "나는 그들이 가르치는 그리스도의 몸과 우리의 영혼

---

[11] *Institutes*, IV.xvii.19.
[12] *Institutes*, IV.xvii.32.

의 혼합, 주입의 가르침을 거부한다. 그리스도의 육체 자체가 우리 안으로 들어오는 것이 아니다"라고 말한다.[13] 여기서 칼빈은 로마서 12:3에서 바울이 강조하는 믿음의 유추(analogy of faith)가 자신의 견해를 뒷받침한다고 확신한다.

다시 말하지만, 우리는 그리스도의 몸을 입으로 직접 받는 것은 아니다. 우리는 오직 성령의 헤아릴 수 없는 능력을 통해서만 그리스도의 몸과 피에 참여하는 것이다. 칼빈은 우리가 그리스도와 연합하되 성령이 끈이 되어서 참여하는 영적인 것이지, 혼합이나 융합되는 것이 아님을 강조한다.

> 그 방식은 영적이다. 왜냐하면 성령의 비밀스러운 권능이 우리의 그리스도와의 연합의 끈이기 때문이다.[14]

로마 가톨릭은 화채설(Transsubstantiation)을 주장하는 바, 그리스도의 육체가 떡과 포도주로 변형된다고 주장하였다. 칼빈은 루터교와 가톨릭을 비판할 때에 우리가 비록 떡과 포도주를 먹고 마실지라도 그리스도와 융합되는 것이 아님을 강조하였다. 칼빈은 로마 가톨릭은 말할 필요도 없고, 루터의 성례론에서 마저도 우리가 입으로 직접 그리스도를 받는다는 개념을 보았기에 성례에서 주님이 주어지는 방법은 오직 성령의 역사임을 강조하는 것이다. 따라서 믿음이 없이는

---

13 *Institues*, IV.xvii.32; "I reject their teaching of the mixture, or transfusion, of Christ's flesh with our soul. For it is enough for us that, from the substance of his flesh Christ breathes life into our souls—indeed, pours from his very life into us—even though Christ's flesh itself does not enter into us."

14 *Institues*, IV.xvii.33.

누구라도 성찬에 참여할지라도 그리스도의 은혜를 받을 수 없다. 칼빈은 성례에서 상징과 상징의 실체와의 혼동을 허용할 수 없었다. 물론, 구별은 하되, 분리하지는 않았다. 내면의 영적 관계없이 그리스도를 받는다고 할 수 없다.

믿음 그 자체로가 아무 공로도 아니다. 그러나 성령께서 살아 계셔서 믿음을 일으키시고, 말씀과 성례를 통해서 힘을 주시며, 믿음 참된 내용 곧 그리스도를 부여하여 주신다.

루터교나 로마 교회처럼 이해하면 하나님이 성례에 능력을 부여하셨다고 말씀하신 적이 없음에도 불구하고, 성례에 그런 능력을 부여하는 꼴이 되는 것이다. 칼빈은 어거스틴이나, 소피스트들마저도, 성례가 은혜를 정당화하고, 은혜를 부여한다고 생각하지 말아야 한다고 비판한다. 성례는 은혜에 믿음으로 참여하는 자에게는 축복이요, 불신자들에게는 진노로 위협한다. 복음도 역시 구원과 정죄 두 가지 역할을 하듯이, 성례에 참여함도 마찬가지다. 성례는 믿음이 없이는 무의미하다.

3. 성례의 효과: 성령의 역사

성례는 정말로 우리에게 효과를 가져오는가? 우리에게 어떤 영향력을 부여하는가? 칼빈에 의하면, 성례는 효과가 있고, 은사도 전달하지만, 그 자체로는 그럴 수 없고, 오직 그리스도 안에서 믿음과 관련될 때에만 가능하다. 여기서 어거스틴의 신학과 매우 깊은 연관을 보여준다. 칼빈은 성례를 육체적으로 받아들이면 영적으로는 무익하다는 어거스틴의 말을 인용해서, 만일 말씀을 떠나서, 진리를 떠난 성례라고 한다면 무익하다고 강조한다.

> 모든 성례에 있어서 본질 또는 핵심은 그리스도다. 왜냐하면 그분 안에서 성례들이 확고함을 견지할 수 있으며, 성례가 그분을 떠나서는 아무것도 약속할 수 없기 때문이다…성례가 우리 안에 효과를 미치고 있으니, 우리가 성례를 통해서 그리스도에 대한 참 지식을 촉진하고 확증하고, 더해 가도록 돕는다. 또 때로는 그분은 보다 풍성하게 소유하고, 그분의 부유함을 즐거워하도록 만들어 준다. 그러나 그 경우들은 우리가 참된 믿음 안에서 우리에게 주어진 것들을 받을 때인 것이다.[15]

따라서 칼빈은 다음의 두 가지 경우를 사악하다고 지적한다.

첫째는 이 성례는 표징이므로 마치 공허한 것처럼 생각하면서 받아들이는 사람들이다. 이렇게 성례의 신비로운 의미를 저항심을 통해서 약화시키거나 파괴해 버리는 사람들에게 아무런 효과가 없다.

둘째는 성례를 오직 보이는 물질적인 요소들에 국한된 그리스도에게 한정시킴으로써, 그리스도 한 분에 의해서만 우리에게 주어지는 그 혜택들의 영적인 성격에 대해서 감사하지 않는 경우이다. 다시 말하면, 이 성례들이 진정으로 전달해 주고자 하는 것은 상징들을 초월하여 저 높은 곳으로 마음을 끌어올리는 일이다.

떡과 포도주라는 상징물로써 그리스도의 실재 임재가 참으로 우리

---

[15] *Institutes*, IV.xiv.16.

에게 전달된다. 하지만, 상징물을 상징하는 대상과 혼돈해서는 안 된다. 떡과 포도주라는 상징물로써, 그리스도의 실재 임재가 다가오는 것은 성령의 역사를 통해서이다. 그렇지 않으면, 성례는 다른 방향으로 이해되어서 완전히 그 의미를 왜곡해 버리게 된다. 칼빈은 성례의 영적인 효과야말로, 오직 믿음으로 받아들이지 않으면 아무런 효과나 의미가 없다고 강조한다.

모든 영적인 효과는 오직 한 분 중보되신 그리스도에게만 근거하는 것이며, 우리가 그리스도와 생명의 관계를 맺고 있을 때야만 비로소 우리에게 효과가 나타날 수 있다. 여기서 칼빈이 강조하는 바는 주의 만찬에서 성령의 외적 사역을 우리의 육체적 연약에 맞춰서 생각해야 한다는 점이다. 그리스도는 육체로 십자가에 못 박히신 분인 동시에 부활하신 분이며, 성찬 때 우리는 그 육체에 참여한다. 그리스도의 육체가 반복해서 강조되는 것은 하나님이 우리로 하여금 눈으로 보고 손으로 만질 수 있도록 자신을 낮추어 주신 것이고, 내어 주신 것이기 때문이다.

육체의 방법을 통해서 그리스도는 우리 곁에 계시기 위해서 오셨다. 즉 최후의 부활 때에 우리는 육체의 온전한 성화가 있을 것을 바라보고 있다. 그러나 지금은 연약하고, 무능력하여 오직 하나님이 우리 가운데 육체로 보내신 그리스도 안에서 구원을 얻는다.

> 만일 하나님의 말씀에는 그 자체 속에 생명의 풍성함이 들어 있다는 말을 들었는데도, 정작 여러분 안에서나 주위에서 만나는 것이나 앞에서 움직이는 것이 오직 죽음뿐이라고 한다면 여러분들이 지닐 확신은 얼마나 보잘것없는 것이겠는

> 가?…'나는 하늘에서 내려온 생명의 떡이다'라는 말은 세상을 위해서 주시는 그리스도의 육체이다(요 6:48, 51). 이런 말씀들로 인해서 그분은 하늘로부터 우리에게로 내려오신 하나님의 영원한 말씀이신 까닭에, 그분이 생명이라는 것을 의미할 뿐만 아니라, 내려오심으로 해서 그분이 자신도 취하셨고, 그로부터 [성육신] 우리들에게까지 생명에 참여하기 위해서 그 권능을 육체 위에 부어 주셨다는 사실을 의미한다…그분의 육체는 진정한 양식이요, 그분의 보혈은 참된 음료이며(요 6:55-56), 이런 음식들로 인해서 믿는 자들이 영원한 생명으로 공급을 받는 것이다. 따라서, 이것은 경건한 자들에게 주시는 특별한 위로이니, 그들은 이제 그들의 육체 속에서 생명을 발견하는 것이다.[16]

그리스도께서 우리 가운데 머물러 계신 것을 말할 때에 '전인격'으로 설명하는 니젤의 설명은 적절하다.

> 우리는 그리스도의 영이나 신성 안에서만 구원을 받는 것도 아니오, 또한 그분의 인성에만 의존하는 것도 아니다. 다만 우리를 위해 죽음에 넘겨지신 그분의 인격 자체이다.[17]

우리의 육체적 생명이 양식과 음료수로 인해서 배불리 먹어야만

---

16 *Institutes*, IV.xvii.8.
17 Niesel, *Theology of Calvin*, 219.

유지될 수 있듯이, 그리스도의 살과 피로 우리는 양육되고 영양을 공급받는다.

마지막으로 칼빈은 이런 양식의 작용들이 어떻게 일어나는가에 대해서는 이성으로 다 이해할 수 없음을 시인한다. 칼빈이 신론에서도 자주 사용하는 단어가 불가이해성이다. 개혁신학자들은 불가이해성의 교리, 인간의 말로 충분히 표현하거나, 이해될 수 없는 신비로 남아 있는 하나님이심을 인정하며 이를 억지로 풀려고 하지 않는다. 불가이해성 교리(incomprehensibility of God)에 관한 교리는 여기 성찬론에서도 여전히 적용되고 있다.[18] 이 점은 불가지론(agnosticism)으로 오해해서는 안 된다.

> 만일 누가 나에게 어떻게 이런 일이 일어나느냐고 묻는다면, 나는 이것은 너무나 높은 것이어서 나의 마음이 이해하거나, 나의 말로 표현해 낼 수 없는 비밀이라는 사실을 고백하는 데 부끄럼을 느끼지 않을 것이다. 보다 분명히 말하자면, 나는 그것을 이해한다기보다는 오히려 체험한다.[19]

그럼에도 불구하고 칼빈은 성경이 명백하고도 구체적으로 설명하는 내용을 무시할 수 없었다. 우리가 육체 안에서 그리스도와 신비로운 교제를 하며, 사귐을 가지고 있지 않다면 구원은 불가능하다.

18　*Institutes*, IV.xvii.7,9,11.

19　*Institutes*, IV.xvii.32. W. Robert Godfrey, "This is My Body," *Tenth; An Evangelical Quarterly*, ed. James M. Boice(Philadelphia: Philadelphia Conference on Reformed Theology, July 1981), 33-43. Robert L. Leymond, *A New Systematic Theology of the Christian Faith*(Nashville: Thomas Nelson Publishers, 1998), 961-964.

이 때의 신비스럽다는 말은 우리의 이해를 초월한다는 의미요, 영원히 감추어진 어떤 것이나 막연한 무엇이라는 말이 아니다. 우리의 이해와 오감으로 완전히 소화될 수는 없으나, 언제나 계시되는 것임을 잊어서는 안 된다. 언제나 위로부터 내려와서 우리에게 주어지는 것이다. 성례는 신비라기보다는 우리를 위해서, 위로와 격려와 감격을 주시기 위해서 찾아오신 필수적인 은혜이다. 따라서 주술적인 능력을 포함하는 듯한 신비의 강조는 적절한 이해가 되지 못한다. 성경 교리에서와 마찬가지로 하나님은 자신을 낮추자 우리의 연약에 적응하신다.

> 우리와 그렇게 멀리 떨어져 있는 그리스도의 육체가 우리 안에 들어와 우리의 양식이 된다는 게 참으로 믿기 어렵게 보이긴 하지만, 성령의 은밀한 능력이 우리의 모든 자각을 얼마나 초월해 있으며, 측량할 수 없는 그분의 도량을 우리의 도량으로 측량하려는 게 얼마나 어리석은 일인가 하는 것을 기억하자. 그러므로 우리 이성으로 이해할 수 없는 사실을 믿음으로 마음에 품도록 하자. 성령께서는 참으로 공간상 떨어져 있는 것들을 연합시키신다.[20]

이 부분은 매우 중요하다. 칼빈의 영적 임재설이 무엇인가를 보여주는 설명이 들어 있다. 제목도 "주님의 만찬에서 그리스도의 몸의 임재"라고 되어 있다. 곧, 성령의 작용으로 인해서 상징물인 빵과 포도주가 그 실체인 그리스도의 몸과 피에 우리로 하여금 참여케 한다.

---

[20] *Institutes*, IV.xvii.10.

빵을 떼는 행동은 상징이다. 분명히 실체, 즉 그리스도의 몸을 직접 떼는 것은 아니다. 이것은 상징물을 통해서 상징하는 바가 무엇임을 알게 하는 물체적인 표현이다. 그러나 이것을 받아들일 때에, 이런 상징을 보여주심으로 인해서 실체를 보여주신다는 것을 충분히 추론할 수 있다. 그리스도께서 단지 공허한 상징을 우리 앞에 제시한 것으로 치부할 수 없다.

칼빈은 빵과 포도주를 상징으로 사용하시는 하나님이 속이는 분이 아니시라면, 이 빵을 떼는 일을 통해서 그리스도의 몸 안에 참여함을 진실로 나타내고자 하시기에 그분이 참으로 자신의 몸을 제시하시고, 보여주시고 있음을 의심해서는 안 된다는 것이다.

> 언제나 그들은 [경건한 사람들] 주님에 의해서 지정된 상징들을 바라볼 때에, 그 물체가 상징하는바 실체가 참으로 그곳에 임재해 있다는 점을 생각해야 하고 그런 생각으로 압도되어야만 한다. 왜냐하면, 그 안에 참으로 여러분들이 참여한다는 확신을 주시지 아니하신다면 무엇 때문에 주님께서 여러분들의 손에 자신의 몸의 상징을 놓으시겠는가? 그러나 만일 보이지 않는 선물을 보장해 주시기 위해서 보이는 상징이 주어진 것이라고 한다면, 우리가 그 몸의 상징을 받을 때에 그 몸 자체가 우리에게 주어진 것이라는 확신을 조금도 잃어버리지 않도록 하자.[21]

---

21 *Institutes*, IV.xvii.10.

이런 영적 임재를 체험하고 확신하게 하기 위해서 성령의 역사는 매우 결정적이다. 우리와 그리스도와의 간격이 너무나 멀고 넓지만 성령이 끈이 되어서 우리를 그리스도의 승천하신 높은 경지로 이끌어 올리신다.

> 그러므로 이 관계는 끈은 그리스도의 영으로서, 우리를 그리스도께 연결시키며, 일종의 통로가 되어 그리스도와 그분의 소유에 관계된 모든 것을 우리에게 전달한다…성경은 우리가 그리스도께 참여한 일을 말할 때 그것을 가능하게 하는 모든 능력을 성령과 관련짓는다…그리스도는 오직 성령을 통해서 우리 안에 거하신다.[22]

여기서 칼빈은 로마서 8:9, "너희 속에 하나님의 영이 거하시면, 너희가 육신에 있지 아니하고 영에 있나니"라는 한 절의 말씀이 이를 충분히 입증한다고 확신한다. 이 방법에 의하여, 우리는 그리스도의 살아 계신 실재에 참여하는 자가 된다.

4. 세례

성례는 하나님이 구약 시대부터 그의 백성들에게 좀더 약속의 진실성을 확실히 이해하고 깨달을 수 있도록 제정하신 것이다. 때로는

---

[22] *Institutes*, IV.xvii.12.

기적적인 방식으로 또 때로는 자연적인 일들 가운데서 하나님의 약속들을 제시하시고, 이해하게 하였다. 그 첫 번째가 아담과 하와에게 에덴동산에서 주신 생명나무이다. 이는 그들이 죽지 아니하고 영생한다는 상징이었다(창 2:9; 3:22). 노아와 그의 후손들에게는 무지개로 나타나서 다시는 홍수로 멸하시지 않으심을 보여주셨다(창 9:13-16). 이들에게 한 나무는 여전히 나무에 불과했고, 무지개는 해를 등지고 일어나는 물방울의 자연현상에 지나지 않았으나, 하나님이 말씀으로 약속하시고 난 후부터는 이것들은 자연현상의 의미를 벗어나서 하나님의 신실하신 약속이 수반된 새로운 의미를 지니게 되었다. 지금도 무지개는 여전히 하나님의 약속을 증거해 주고 있다.

하나님의 약속들은 다른 형태로 나타나기도 했다. 아브라함에게는 연기 나는 풀무와 타는 횃불이 고기 사이로 지나가는 모습을 보여주셨다(창 15:17). 기드온에게 승리의 약속을 주실 때에는 베 조각에 이슬이 내리는 모습으로, 또는 땅에만 이슬이 내리는 모습으로 보여주셨다(삿 6:37-38). 히스기야가 눈물로 회개하고 기도하자 병에서 낫고 안전하리라는 보장을 해 주시면서, 해 그림자가 십도를 물러가게 하여 주셨다(왕하 20:9-11). 이런 일들은 모두 그들의 연약한 믿음을 북돋워 주고, 확증해 주는 일들이었는데, 그것들은 모두 성례들이었다. 칼빈은 이제 시대에 따라서 다양하게 주어졌던 약속들, 구약에서는 할례, 정결 예식들, 희생 제사들과 상징들이 모두 그리스도를 지향하고 있었음을 상기시킨다. 그리고 교회 안에서 믿음을 북돋워 주고, 예배하는 자들을 영적으로 성장시켜 주는 역할을 하는 성례들에 대해서 설명하면서, 주님 예수 그리스도께서 시행하시고 몸소 명령하신 세례와 성찬으로 압축해 나간다.

세례의 의미를 다음과 같이 정의한다.

> 세례는 교회라는 사회에 받아들여졌고, 하나님의 자녀들 가운데 인정을 받기 위하여 그리스도 안에서 접붙임을 받았다는 시작의 상징이다.[23]

그 목적은 두 가지이다.

> 첫째, 그리스도 앞에서 우리의 믿음을 돕기 위함이요, 둘째, 사람들 앞에서 우리의 신앙고백을 돕기 위함이다.[24]

1) 사죄의 표시

세례는 우리의 믿음에 세 가지 유익 또는 목적을 가져다준다.

첫째는 우리의 죄 씻음의 증거요, 표시이다. 세례는 "믿고 세례를 받는 사람은 구원을 얻을 것이요"(막 16:16)라는 약속에 근거하여 받는 것이다. 이 사죄는 전 생애에 대한 죄씻음의 상징이다. 단지 지난 날의 죄만을 용서받아서 다 써 버린 어떤 것을 다시 세례라는 예식을 통해서 또 보충해야 할 성격의 것이 아니다.

> 우리는 언제 세례를 받든 평생에 대해서 단 한 번으로 깨끗이

---

23 *Institutes*, IV.xv.1.
24 *Institutes*, IV.xv.1.

> 씻음을 받는다는 사실을 기억해야만 한다. 그러므로 우리는 넘어질 때마다 세례 받을 때를 기억하고서, 용기 백배하여 언제나 사죄를 확신하며 살아야 한다.[25]

그리스도의 정결하심이 우리에게 세례를 통해서 충분히 제공된다는 확신을 의미하는 것이다(롬 3:25).

물론, 세례 받은 뒤에 조심하지 않고 마음대로 죄를 지어야 한다는 말은 결코 아니다.

> 오히려 이 교리는 자기 죄 때문에 탄식하고 시달리고 압제를 받는 죄인들에게 그것들을 벗어버리고 용기와 위로를 얻도록 주신 교리이지, 혼동과 좌절에 빠지도록 주신 교리는 아니다.[26]

2) 그리스도 안에서 죽음과 새 생명의 상징

둘째는 그리스도 안에서 우리의 죽음과 새로운 삶을 나타내는 표징이다.

> 세례를 통해서 그리스도는 그의 죽음 안에 우리를 참여케 하시고, 그 안에 접붙임을 받게 하신다(롬 6:5). 접붙임을 받은

---

25 *Institutes*, IV.xv.3.
26 *Institutes*, IV.xv.3.

> 가지가 뿌리에서 양분을 공급받듯이, 바른 믿음으로 세례를 받는 사람들은 그들의 육체를 죽이는 일에 그리스도의 죽음이 역사하게 하시고, 성령의 소생케 하심에 의해서 그리스도의 부활의 작용이 함께 하는 것을 실제로 느끼게 된다.[27]

3) 그리스도와의 연합의 상징

셋째는 세례를 통해서 그리스도와의 연합이 이루어짐을 나타낸다. 이를 강조하는 칼빈의 설명을 보자.

> 세례를 통해서 우리들의 믿음이 받는 유익은 우리가 그리스도와 함께 죽고 살아나심에 접붙여졌음을 증거할 뿐만 아니라, 그의 모든 축복들 가운데 우리가 함께 나누어 가지도록 그리스도 그분 자신에게 연합되었다는 것을 우리들에게 증거하여 준다.[28]

주께서 자기 몸으로 세례를 받으심으로써 우리를 위해 낮아지셨고, 거룩하게 되셨는데, 우리와 함께 나누시고자 연합과 교제의 확고한 띠로서 이 세례에 참여하신 것이다(갈 3:26-27).

그리스도의 죽으심과 부활로 우리가 중생함을 얻는데, 이는 오직 성령에 의해서 거룩하게 됨으로써만 우리에게 전가되고, 새로운 영

---

27 *Institutes*, IV.xv.5.
28 *Institutes*, IV.xv.6.

적 본성이 주어진다. 다시 말하면, 역시 칼빈은 삼위일체론적 신학자임을 보여주고 있다. 성부 하나님은 원인이시고(cause), 성자 예수님은 그것을 이룬 실체이시고(matter), 성령님은 그것을 효과적으로 만드시는 분(the effect)이시다.

4) 유아 세례

칼빈은 유아 세례가 신적인 제도임을 설명하는데 주력한다. 왜냐하면, 재세례파들이 강력하게 루터의 견해에 반대하였기 때문이다. 루터에게 있어서는 유아 세례는 유아의 믿음과 상관없이 객관적인 유효성을 지닌다. 그 이유는 부모와 대부들이 유아들의 믿음에 도움을 준다는 로마 교회의 교리에 대해서 대체로 수긍하고 있기 때문이다. 따라서 칼빈은 유아 세례를 거부하는 자들에게 유효성을 입증하기 위해서, 그 구약적 전형(prototype)인 할례의 의미를 밝히고, 그 의미가 새 언약에 존속하는 것이라고 설명한다. 할례와 세례의 연속성과 유사성을 지적한다. 그 약속, 상징된 대상, 근거, 그 내적 비밀에 있어서 언약적 연속성이 있다. 다른 점은 외적인 의식 또는 집례방법이다.

> 세례는 우리들 사이에서 동일한 기능을 수행하기 위해서 할례의 자리를 대신 차지한다.[29]

---

29 *Institutes*, IV.xvi.4. 유아세례를 반대하는 자들에게 주는 가장 탁월하고도 결정적인 논문은 다음을 볼 것. B. B. Warfield, "The Polemics of Infant Baptism," in *Studies in Theology*(New York: Oxford University Press, 1932). John R. DeWitt,

세례란 표상이요, 징표 가운데 하나로써, 외적인 형식이나 의식에 의존하지 않고, 오직 약속과 영적인 신비로움에 의존한다는 점을 주지해야 한다. 세례란 그리스도의 보혈로부터 우리들의 죄악의 씻음을 상징하는 것이 첫 번째 주안점이다. 우리의 육체가 죄로 인하여 죽고, 세례에 의해서 그리스도의 생명의 의해서 다시 살아나 그리스도와 함께 교제하고 연합하는 것이다.

따라서 구약 시대의 할례는 신약 시대의 세례에 참여함을 미리 보여준 것이다.

> 우리 주께서 아브라함에게 할례를 행하라고 명하시기 전에 그와 그의 후손들의 하나님이 될 것이라고 말씀하시고, 그를 심히 번성케 하시겠다고 추가로 말씀하셨다(창 17:7,10)…그리스도께서 이 말씀을 근거로 신자의 불멸과 부활을 언급하시며, 해석하시는 바에 따르면, 이 말씀에는 영생에 대한 약속이 담겨 있다.[30]

칼빈은 유아 세례와 할례 사이의 영적인 관계를 강조한다. 할례가 사죄, 씻음, 죽음과 거듭남의 상징이었듯이 유아 세례의 경우도 마찬가지다.

그리스도는 할례와 세례의 기초가 되신다. 두 경우 약속에 근거하여 사죄와 영생이 주어지며, 상징하는 바는 거듭남이다. 만약 언약이 견

"Children and the Covenant of Grace," *Westminster Theological Journal* 37(1975): 329-355.

[30] *Institutes*, IV.xvi.13.

고하게 오늘도 남아 있다면 자녀들에게도 똑같이 적용된다는 것이다.

칼빈은 예수님의 일례도 들었다. 자기에게 유아들이나 어린아이를 데려오는 일을 금하지 말라고 말씀하였던 점을 상기하면서, 하나님의 자비의 대상을 어떤 부류로 한정하신 분이 아니셨다는 점이다. 동시에 제자들을 꾸짖으셨는데, 이는 그들이 하늘나라에 속한 자들을 자기에게 오지 못하도록 막고 있기 때문이다.

유아들을 그리스도에게 데려오는 것이 정당하다면, 그리스도와의 연합의 상징이 유아 세례를 베풀지 못하는 것은 온당한 태도가 아니다. 하나님이 세례를 통해서 주시는 기쁨, 확신, 자녀된 신분에 대한 신념을 가지라는 것이다.

유아들은 물세례를 받기 전에 세상을 떠나더라도 하늘나라에 들어가지 못하게 하는 것은 아니다. 세례는 그 자체로서 약속된 은혜들을 어린아이에게 부어 주는 것은 아니다. 할례도 마찬가지다.

> 성례를 마치 그 자체에 효과가 있는 것처럼 하나님의 약속에 효과를 부여하는 것으로 보아서는 안 되고 다만 그 약속을 우리에게 확증해 주는 것으로만 보아야 하기 때문이다.[31]

칼빈은 유아 세례를 지극히 정당하다고 역설하였고, 그리스도의 제도와 상징의 본질에 가장 잘 부합된다고 보았다.

> 유아들이 물세례를 받기 이전에 세상을 떠났으면 하늘나라에

---

31 *Institutes*, IV.xv.22.

> 들어가지 못하는 것이 아니다…마치 그 자체에 효과가 있는 것처럼 하나님의 약속에 효과를 부여하는 것으로 보아서는 안 되고 다만 그 약속을 우리에게 확증해 주는 것으로만 보아야 한다.[32]

그 약속의 축복에 힘입어서 그 자녀들은 이미 그리스도의 몸에 속하였다. 세례란 약속되는 은혜들을 부여하지는 못한다. 다만 하나님이 그리스도와의 연합이라는 고도의 특권을 우리에게 주셨음을 증거한다.

5. 주의 만찬

칼빈의 성례에 관한 설명에서 그리스도의 승천은 매우 중요한 위치를 차지한다. 승천의 중요성을 잘 이해하지 못하면 성만찬에 대한 칼빈의 강조를 이해할 수 없음을 간파해야 한다. 승천은 그리스도의 초월성과 위대하심에 대한 성경의 중요한 진술이기 때문이다. 칼빈은 존재론적 근거에서 승천을 강조한다. 앞에서 지적한 바와 같이, 칼빈에게는 승천하신 그리스도의 영광과 참된 인성을 훼손하지 않으려는 입장에서 루터와 로마 가톨릭의 견해를 거부한다.

승천은 주님의 말씀대로 나는 너희와 항상 육신적으로는 있을 수 없다는 주님의 가르침과 일치한다. 그분의 통치의 장엄함을 의미한다. 제자들이 보는 앞에서 높이 올라 가시고, 구름에 가려 보이지 않

---

[32] *Institutes*, IV.xv.22.

으심으로 해서 다시는 땅에서 찾을 수 없는 분이 되었다(행 1:3; 고전 15:5). 그분은 지금 하늘에 계신다(행 1:9; 눅 24:51; 막 16:19). 스데반이 이 영광스럽게 승천하신 그리스도를 보았고(행 7:55), 사도 바울도 그 영광을 목격하였다(행 9:3).

이제 성찬에서 그리스도의 실제적 임재(real presence of Christ)에 대해서 생각해 보자. 지상에 계실 때에 그리스도의 몸은 죄가 없으시다는 점만 빼놓고는 우리와 같았다. 육체에 주어진 공간과 시간적 제한을 우리의 구원을 위해서 참고 받으셨다. 따라서 칼빈은 성찬의 세 가지, 의미, 내용, 효과를 구분한다.

1. 의미로서 약속 또는 말씀이 있다. 요소들 자체로는 아무런 가치가 없다.
2. 내용 또는 실체로서 그리스도 자신이 죽었다가 살아나셨다. 그리스도는 지상에서 우리와 같이 되었다.
3. 효과로서 그리스도께서 주시는 유익들(구속, 의, 성화, 영생 등)은 능력으로서 주신다. 성령의 띠가 우리를 이런 유익에 참여케 한다.

그리스도는 그 유익들과 따로 떨어져서 존재하시지는 않는다. 또한 그 약속들과 무관하시지도 않다. 성찬에서도 그리스도의 유익들을 받는다는 말은 그리스도께서 베푸시는 유익들이 존재하는 때와 장소에 그리스도께서 임재하신다는 것이다. 즉 우리는 그리스도를 받는 것이다.

그러나 그리스도는 지역에 국한을 받는 육체라는 점에서 지상에 계실 때에 우리와 같은 분이셨다. 죄가 없으시다는 점만 빼놓으면 우리와 같으시다. 지금 우리가 땅에 있는 반면에, 그 육체는 부활하셔서 하늘에 계신다. 그러므로 그리스도와 육체와 사귐을 가지려면 '띠'가 필요하다.

따라서 칼빈은 그리스도의 실제적인 피와 살에 참여하려면, 성령의 띠가 필요하다고 말한다. 성령을 통해서 우리가 그리스도와 연합하기 때문이다.[33] 칼빈은 『기독교 강요』 제3권에서 그리스도와 우리를 묶는 띠를 때로는 믿음이라고 하고 때로는 성령이라고 했다. 우리가 약하기 때문에 성령은 우리에게 힘과 확신을 준다.

그리스도를 약속과 혼동해서도 안 되듯이, '내용'과 '의미'를 혼동해서도 안 된다. 칼빈은 혼동을 피하고, 분리도 피하면서도, 구분하고자 했다. 그러나 실제로 그리스도의 몸과 피에 참여하는 것이라고 주장한다. 이것은 오직 성령의 역사로 가능하다는 것이다. 분명히 오늘의 개혁신학은 이점을 매우 등한히 하고 있다.

그분이 하나님의 우편에 앉아 계시면서도 어떻게 땅에 있는 우리에게 참여하시며, 우리의 것이 되어 주시는가? 칼빈은 우리의 믿음을 통해서, 다시 말하면 성령께서 사용하시는 통로가 되는 믿음에 근거하여 먹고 마심으로써 그리스도께서 주시는 유익들을 받을 때에, 그리스도의 임재에서 오는 유익들이 발생한다고 본다.

웬델도 다음과 같이 임재에 대한 설명을 추가해 준다.

그리스도의 살과 피가 진짜로 그리고 효과적으로 우리에게

---

[33] *Institutes*, IV.xvii.12.

> 임재한다고 말하지만, 자연적인 방법으로 임재한다고 말하지는 않는다. 그 말의 의미는 우리가 받는 게 몸의 실체 자체도 아니고, 그곳에서 우리에게 주시는 것이 그리스도의 진짜 자연적인 몸도 아니며, 다만 그리스도께서 우리에게 자신의 몸 안에서 우리에게 주시는 모든 유익들이라는 것이다.[34]

여기서 우리가 얻는 확신은 그리스도의 유익들을 그리스도의 인격과 구별할 수 없다는 논리다.

> 그러므로 칼빈은 언제나 그리스도의 몸의 자연적인 실체가 주입된다는 개념을 배척했지만, 다른 한편으로 그리스도와 그분의 유익들을 성찬에 임재하는 그리스도의 몸의 영적 실체로 간주하고서 믿음으로 그 안에 참여한다는 개념은 긍정했다…그 자신은 그리스도의 실재를 가지고 연합의 존재를 긍정할 수 있었으나, 그것은 이 용어의 의미를 그리스도 자신과 그 분이 우리를 위해서 얻으신 유익들로 구성된 영적 실체로 규정함으로써 가능했다…그는 그리스도께서 인성과 신성 모두 지니신 채 정말로 임재하신다고 선언했다.[35]

다시 말하면, 그리스도께서 임재하시는 방식은 루터교의 견해와 다르다는 것이다. 루터에 의하면 그리스도의 육체가 공간적으로 임

---

34 Wendel, *Calvin*, 341.
35 Ibid., 342f.

재하는 것에 초점을 맞추고 있다. 그리고 그리스도의 부활과 승천 이후에 편재해 계신다는 주장으로 이를 입증하고자 한다. 그러나 칼빈은 정의상 육체는 지역적으로 한정되어야 한다는 것이다.

벌카워는 루터교나 로마 가톨릭의 임재 방식에는 그리스도의 비인격성이 문제된다고 지적한다. 그들의 주장에 따르면, 그리스도는 자동적으로 임재해 있게 된다. 칼빈은 무의미한 존재론적인 혼합이나, 격리된 융합을 거부한다. 그렇게 함으로써 그리스도의 영적 임재를 보다 분명하고 진실하게 드러낸다. 다음과 같이 칼빈과 루터를 비교한다.

> 주의 만찬에서 그리스도의 실재적 임재에 관한 논쟁에서 루터교는 그리스도의 재림의 기대에 대한 중요성과 믿음의 종말론적 방향을 현저히 약화시켜 버리게 된다는 점은 결코 과장된 말이 아닐 것이다…이미 지상에 편재하신다면 종말(parusia)은 약화되고 만다.[36]

6. 방법의 자유로움

칼빈이 세례와 성례의 방법을 자유롭게 역설한 것에 대해서 다시 개혁 주의자들과 특히 한국 교회 목회자들과 성도들은 다시 한 번 주의해 보아야 하겠다.

---

36 G. C. Berkouwer, *The Sacraments*, tr. Hugo Bekker(Grand Rapids: Eerdmans, 1969): 236-7.

지나치게 한 방법만을 고집하는 것이 성경적인 형식을 정확히 모르는 우리에게 있어서 모든 교회에 독단적인 태도와 배타적인 자세로 오해되기도 한다. 칼빈은 세례의 경우, 침수를 선호했다.

> 세례를 받는 사람이 완전 침수되든, 두 번이나, 세 번 침수되든, 깨끗한 물로 뿌림을 받든, 이런 세세한 방법들은 별로 중요하지 않다. 다만 국가의 형편에 따라서 교회들이 선택해야 한다. 그럼에도 불구하고 '세례를 주다'라는 단어는 침수를 뜻하며, 초대 교회에서 침수 의식을 거행한 게 분명하다.[37]

그러나 존 머레이는 전혀 침수로 해석할 것이 없다고 말한다. 주의 만찬에 대한 진술에서도 비슷한 자유로움을 엿볼 수 있다.

> 그러나 그 의식의 외적인 면, 즉 신자들이 그것을 직접 손으로 받든지, 아니면, 자기들 사이에서 나누든지, 아니면, 각 사람이 받은 것을 따로 먹든지, 또는 집사에게 잔을 받든지, 아니면 그것을 다른 사람에게 넘기든지, 또는 떡을 누룩에 넣어 만들든지, 누룩 없이 만들든지, 또는 적포도주를 사용하든지, 백포도주를 사용하든지, 이런 것들은 어떻게 하든 아무런 차이도 없다. 이런 것들은 중요하지 않은 것들로서 교회의 재량에 맡겨진다.[38]

---

37 *Institutes*, IV.xv.19.
38 *Institutes*, IV.xvii.43.

7. 매 주일에 성찬을 거행하라

칼빈은 죽을 때까지 할 수 있는 한 자주 성찬을 갖기를 원했고, 적어도 주일마다 성찬을 거행하는 것을 바랐다.[39] 특히 사도행전 2:42을 비롯하여, 사도 바울의 글 속에서 자주 언급되었음을 상기시킨다(고전 11:20). 이렇게 함으로써 경건과 유순함(docilitas)이 유지될 수 있다고 보았다. 벌카워는 칼빈이 할 수 있는 한 자주 시행하는 게 유익하다는 주장에 동의하면서, 단순히 많이 거행함으로써 오아시스를 여러 곳에 놓아두자는 의미가 아니라는 점을 지적한 바 있다.

그는 "칼빈의 자주 하라는 말은 사막과 오아시스간의 대조에 근거를 두지 않고, 연약한 믿음을 돕고, 교회의 사귐을 증진하고, 일상생활에서 찬송이 끊어지지 않게 하도록 만드는 주의 만찬의 중요성에 근거를 둔다"라고 설명하였다.[40]

칼빈은 수난절이 아닌 부활절 분위기에서 성찬을 갖는 것을 중시했다. 칼빈이 주일날 성찬을 갖기를 원했던 이유는 모든 주일은 부활 축제일이기 때문이다. 성찬을 통해서 우리가 연합하고 사귀는 주님은 부활하신 분이시요, 승천하신 주를 대상으로 하기 때문이다.

그 구체적인 시행 내용에서는 먼저, 공중기도가 있어야 하고, 목회자의 설교가 반드시 주어져야만 한다. 그리고 빵과 포도주가 배설된 후에 성찬에 관한 말씀을 다시 한 번 목회자가 반복한다. 이때 우리

---

[39] *Institutes*, IV.xvii: "very often and at least once a week" Michael S. Horton, "At Least Weekly: The Reformed Doctrine of the Lord's Supper and of its Frequent Celebration," *Mid-America Journal of Theology* 11(2000): 147-170.

[40] Berkouwer, *The Sacraments*, 242.

에게 주어진 약속을 반드시 반복해야만 한다.

　동시에 참여할 수 없는 자에 대해서 주님이 금하심을 선포해야만 한다. 그 후에 목회자가 다시 한번, 주님께서 마음에 믿음을 주시고, 감사로 넘치게 하시고, 은혜로 우리에게 주시기를 기도해야 한다. 이 때 시편을 찬송하거나 말씀을 읽어도 무방하다. 그리고 순서에 따라서 가장 거룩한 축제에 참여한다. 그리고 성찬이 마쳤을 때에는 다시 한 번 신실한 신앙을 격려하고 신앙을 고백한다. 적어도 하나님을 찬양하고 높여야 한다. 이런 일들이 마쳐졌을 때에 교회는 평안 가운데 폐회를 하는 것이다.

　아브라함 카이퍼는 전적으로 칼빈의 견해에 동의하였다.

> 주의 만찬을 죽음을 당하신 우리 주님께 바치는 일종의 기념식으로 여겨 수난일에 거행하는 어리석음을 범하지 않게 된다. 우리는 신약의 식탁에 다가갈 용기를 주는 것이 십자가가 아니라 부활이라는 점에서, 주의 만찬을 부활절 아침에 거행한다. 예수님의 죽으심이 가장 중요한 것은 아니기 때문이다. 죽으심만으로는 어떻게 여러분의 영혼을 대속하실 수 있었겠는가? 죽으심이 전부였다면 여러분은 그분과 함께 장사되었을 것이고, 그곳에 장사된 채 남아 있었을 것이다. 부활절 아침이 될 때까지는 즐거워할 수 없다. 그때야 비로소 여러분은 그리스도와 함께 무덤에서 일어나기 때문이다.[41]

41　A. Kuyper, *The Death and Resurrection of Christ*, 101.

8. 끝맺는 말: 경건, 확신 그리고 기쁨

칼빈의 성례론에는 경건이 큰 비중을 차지하고 있다. 하나님 앞에서 인간의 마땅한 본분을 다 하기를 갈구하는 칼빈의 생각이 깊이 스며 있다. 특히 칼빈은 성찬을 말씀과 떼어놓지 않음으로 해서, 주일에 선포하는 말씀을 통해서 영적인 양식이 공급되게 하고, 성찬을 통해서 그리스도와 연합되며 사귐을 갖게 하고자 했다. 마땅히 그리스도인들은 듣고 배우려는 자세로 다가가야 한다. 그리고 한 성령으로 한 피를 나눈 성도 간에 서로 사랑에 대한 의무를 지니게 된다.

칼빈은 성찬이 가져다주는 확신과 기쁨을 강조하고 있다. 우리를 위해서(pro nobis) 흘리신 그리스도의 피이기 때문에 성례는 우리를 위해서 놀라운 확신을 가져다준다.

> 우리가 부활과 승천의 소망을 가지는 것은 그리스도께서 다시 사시고 승천하시며, 터툴리안의 말처럼 우리의 부활에 대한 보증을 가지고 하늘로 가셨기 때문이다. 그러나 만약 우리의 몸이 그리스도 안에서 진정으로 살리심을 얻지 못했다면, 그리고 하늘나라에 들어가지 못했다면 이 소망은 얼마나 약하고 취약한 것인가![42]

1549년 5월 취리히 협약이 칼빈과 파렐, 불링거 사이에 이루어졌다. 1547년 초부터 칼빈과 불링거 사이에 토론하던 것이 점차 합의

42　*Institutes*, IV.xvii.29.

를 이루게 됨으로써, 스위스 전체의 교리적 통일을 이루게 된 것이다. 1544년 이후로, 루터가 쯔빙글리의 성만찬을 공격하여 촉발된 긴장이 칼빈의 성찬론으로 어느 정도는 해소되게 되었다.

성찬 속에 그리스도는 임재하지만, 그 방식은 천상적이다(Heavenly mode of presence)라고 하는 칼빈의 교리적 입장이 승리한 것으로 보는 사람도 있고, 서로 타협한 것으로 평가하는 사람들도 있다. 이 취리히 협약에 들어있는 성찬론은 분명히 칼빈의 교리인 것만은 확실하다. 성찬 속에 그리스도와의 진정한 생명의 연합이 강조되어있고, 상징물은 공허한 것이 아니라 은혜의 도구로서 구속의 유익을 전달해 준다고 강조되어 있다.

10장
기도와 언약과 성령의 도우심

칼빈의 기도에 대한 가르침은 매우 중요하다. 필자는 세계 칼빈 신학자들에게 전체 칼빈의 구원론에서 '기도'에 관한 가르침이 차지하는 위치와 의미를 강조한 바 있다.[1] 거의 대부분의 조직신학 교과서에는 기도에 관한 가르침이 빠져있다. 기도를 가르치지 않는 현대 신학자들의 구원론과 칼빈의 강조와는 전혀 다르다.

한국 교회가 생명력을 유지하는 은혜의 수단이자, 선교사들과 이민교회들을 통해서 전 세계 교회에 영향을 주고 있는 분야가 바로 기도이다. 성령의 도우심과 인도하심으로 기도를 올리게 되므로, 성령의 역사가 절대적인 권능의 원천이다. 기도회 모임은 한국 교회의 공식 일정에서 제일 큰 비중을 차지하고 있다. 한국 초대 교회 지도자

---

[1] Jae Sung Kim, "Prayer in Calvin's Soteriology," in *Calvinus Praeceptor Ecclesiae*: Ed. Herman J. Selderhuis(Geneve: Droz, 2004): 265-274. 미국 프린스턴 신학대학원에서 개최된 제8차 세계칼빈학회(8th International Calvin Congress, Princeton Theological Seminary, 2004)에서 필자가 발표한 논문이다.

들과 성도들은 기도생활에 전념하는 모습을 신앙의 유산으로 남겨주었다. 국가의 급변사태들이 많았던 지난 130년의 한국 교회 역사에서, 남다른 기도의 응답을 받았다. 수많은 성도들의 기도가 모아져서 순교와 세계 선교의 사명을 감당하는 역량을 갖춘 교회가 되었다. 기도의 체험과 응답은 위대한 성령의 위로와 권능으로 가능하다. 하나님의 은혜를 체험하고 능력을 공급받는 기도생활은 기독교 신앙의 핵심이다.

필자는 한국 교회의 새벽기도의 최초 자료를 찾아서 세계 학계에 소개한 바 있다.[2] 한국 초대 교회가 체험하고 물려준 소중한 신앙유산이다. 매우 자랑스럽게 지켜가야 할 소중한 한국 교회의 젖줄이다. 1909년 가을 평양 장대현 교회에서 시작된 첫 번째 새벽기도 모임에는 눈물과 회개의 은혜가 쏟아졌던 기록이 남아있다. 성령의 감화와 감동으로 죄를 고백하며 눈물을 흘렸던 평양대부흥운동 이후 2년 반이 지나가면서 길선주 목사는 영적 부흥을 다시 한번 염원하다가 새벽기도를 시작하였고, 나라가 망해가는 1910년에 백만명구령운동으로 확산되었다.

기도는 개인의 야망이나 욕심대로 구하는 것이 아니다. 비인격적인 신에게 내 주장과 요구사항을 내 마음대로 외치는 것이 아니다. 기도에 대해서 성경적인 원리를 바르게 배우는 일은 너무나 중요하다. 바른 기도를 올리지 않는 자들은 하나님의 응답에 대해서도 무관

---

[2] Jae Sung Kim, "Reformed Theology in Korea: Its Origin and Transplantation" in *Revival and Unity of Reformed Churches*: *International Congress of Reformed and Presbyterian Churches*(Seoul, Chongshin University, 2013), 186-219. 총신대학교 주최, 세계개혁교회대회에서 발표한 논문이다.

심할 것이다. 잘못된 기도는 하나님께 대해서 조심을 하지 않는 무례함과 무지함의 소산이다.

기독교의 기도는 그냥 무작정 자기주장만을 늘어놓는 것이 아니다. 금식기도나 작정기도라 하더라도 무작정 시간만을 채우면 응답을 받는 것도 아니다. 보상을 바라고 일시적으로 겸손의 미덕을 보이는 행동이 아닐진대, 바른 기도를 본받고 배우도록 힘써야 한다. 그렇지 않으면 기도가 변질되고 만다. 기도는 한국인들의 한풀이나 소원성취의 수단이 아니다. 공허한 말의 나열이나 중언부언하는 것도 아니며, 하나님의 생명을 공급받는 은혜의 수단으로서는 작용할 수 없다. 그냥 열심히 맹목적으로 부르짖는 행동을 함으로써 저절로 바른 기도가 되는 것이 아니다.

기도는 실천적이요, 체험적인 영역에만 속하는 것인가? 신학적으로 지식적으로 체계적으로 배워야 할 부분은 없는가? 기도에 대해서 바르게 이해하고 정립하지 않은 채, 그리스도를 닮아서 매일매일 그분에게 가까이 나아갈 수 있을까? 기도에 관한 자신의 무지와 습관적인 이해에서 벗어나기 위해서 먼저 성경적인 기도의 원리를 살펴보고, 우리의 기도를 갱신하여야 한다.

기도의 중요한 특성 또는 성격을 바르게 규명하여 보고자 칼빈의 기도론을 중점적으로 살펴보고자 한다. 성도는 자신의 기도를 통해서 하나님의 언약을 이루는 행동을 하고 있음을 제시하고자 한다. 기도가 하나님의 언약을 이루어가는 실천임을 새롭게 인식함으로써, 기도는 단순히 각자에게 필요한 것만을 구하고 바라는 것이 아니라 하나님께 감사하고, 받은 바 은혜를 통하여 영광을 돌리며, 깊은 감격을 회복하는 것이다. 우리는 흔히 하나님의 은혜와 그의 언약을 오직 회심에서만 영향을 주는 것으로 제한되게 알고 있어서, 그 이후에 성도의 전 생애를 통해서 체험하여 나가면서 거룩함을 유지시키고 발전시키는 부분은 언약에서 제외시켜버린다. 성화의 모든 사역은 하나님의 언약에 그 첫 시작과 마지막이 포함되어 있다.

1. 기도의 중보자, 그리스도

오늘날 한국 교회 내에서 그리스도의 중보자 되심과 화해를 이루시는 그의 보혈의 능력을 제외한 채, 자신이 기도하면 잘 응답된다는 식의 특권주의와 같은 태도, 기도하기만 하면 자동응답기처럼 그냥 해결이 된다는 기계주의가 만연하는 듯한 인상을 받는다. 우리가 기도하여서 응답을 받을 수 있는 것은 오직 예수님의 이름으로 아뢰어졌기 때문이다. 어떤 응답을 받을 만한 행동을 했기에, 또는 기도에 능한 어떤 사람이 기도했기 때문에 주시는 것이 아니다. 우리의 능력이 나타난 것도 아니요, 우리의 이름으로 무엇을 기도했기에 주시는 것도 아니다. 고귀하신 이름 예수님 때문에 그 안에서 모든 좋은 것을 주시기를 기뻐하시는 것이다.

> 이스라엘 사람들아 이 일을 왜 놀랍게 여기느냐 우리 개인의 권능과 경건으로 이 사람을 걷게 한 것처럼 왜 우리를 주목하느냐…그 이름을 믿으므로 그 이름이 너희가 보고 아는 이 사람을 성하게 하였나니 예수로 말미암아 난 믿음이 너희 모든 사람 앞에서 이같이 완전히 낫게 하였느니라(행 3:12, 16).

우리의 기도는 그리스도의 이름으로 드려진다(요 14:13-14; 요 16:24). 그분만이 우리의 중보자요 대변인이다(요일 2:1; 딤전 2:5; 히 8:6; 9:15). 칼빈은 암부로시우를 인용하여, 우리의 중보자이신 그리스도가 드리는 기도라는 말을 다음과 같이 풀이한다.

> 그리스도께서, 우리로 하여금 아버지께 아뢸 수 있게 하는 우리 입이시고, 우리로 하여금 아버지를 볼 수 있게 하는 우리 눈이시며, 우리로 하여금 자신을 아버지께 드릴 수 있게 하는 우리 오른손이시다. 그리스도께서 중보가 되시지 않으시면, 그 어떤 성자나, 우리들 가운데 그 어느 누구라도 하나님과 중보가 될 수 없다.[3]

기도하는 자는 그리스도 안에 있는 자이며, 그리스도 안에 있는 것들만을 바라보아야 한다. 하나님은 가장 좋은 것들을 그리스도 예수 안에서 보여주셨고, 우리는 이제 그분 안에 성취된 것들을 바라보며 사는 것이다. 그리스도 밖에 있는 것들은 다 일시적인 것들이요, 정욕적이요, 세상적이며, 마귀적이다. 그리스도 밖에 있는 것들은 모두 다 지나가는 것들로서, 이생의 자랑이며, 안목의 정욕이요, 육신의 정욕들이다. 이 세상도, 그 정욕도, 모든 자랑들도 다 일시적이요, 오직 하나님의 뜻을 행하는 것만이 남아있을 것이다(요일 2:16-17).

기도는 육신의 아버지에게 하듯이, 하나님과의 대화로서(talking to God the Father), 신앙인이 지닌 영혼의 호흡이다. 기도는 '요청하다',

---

[3] *Institutes*, III.xx.21.

'다짐하다'라는 뜻의 '유코마이'(εὔχομαί)에서 나온 단어들이 성경에 쓰이고 있는데, 여기서 파생된 '프로슈코마이'(προσευχομαι)라는 단어가 신약성경에서 가장 많이 나온다. 그 뜻은 하나님과 대화하고 더불어서 교제하는 것을 의미한다.

기도는 신선한 공기를 먹어야만 살아갈 수 있는 인간의 몸에 산소를 공급하는 행동처럼, 믿음을 가진 사람의 영혼에 생명력을 불어넣는 행위이다. 광야에서 40일간 금식하신 이후로, 예수님의 기도생활은 가히 일상적이었고 습관적이었으며 헌신적이었다(요 17장). 그 절정은 겟세마네와 십자가상에서도 토로되었다. 사도들도 역시 마가의 다락방에서 기도한 이래로, '말씀과 기도'에만 전념하였고(행 6:4), 말씀과 기도로 거룩하여졌다(딤전 4:5).

2. 잘못된 기도의 교정

기독교 교리사를 살펴볼 때, 기도를 가장 오염시킨 신학은 로마 가톨릭교회의 중보기도론이다. 도대체 왜 직접 하나님께 기도하지 못하는가? 왜 어떤 성자에게 중보를 부탁하는가? 왜 마리아에게 비는가? 하나님께 드리는 기도는 어디에서만 해야 하는가? 이런 질문들의 해답을 찾기 위해서 바른 기도의 원리를 정립해야만 한다. 기독교 교회 역사에서 교훈을 얻는 것이 무엇보다 필요하다. 기도는 구체적으로 교회 내에서 실시되는 공예배의 중요한 구성요소이기 때문이다. 단순히 기도를 어떤 내용으로 해야 하는가를 교회가 가르쳐 주는 것으로만 알고 그칠 것이 아니라, 성경이 가르치는 대로 바르게 깨달아야만 한다. 교회 전체의 예배와 건물의 구조, 심지어는 성직체제에까지도 중대한 영향을 미치는 것이다. 따라서 바른 기도의 이해는 바른 교회의 건설과 밀접하게 연관되어있다.

칼빈의 기도론에는 16세기 유럽의 종교개혁 시대에 직면했던 로마 가톨릭의 문제점을 시정하고자 하는 강한 의욕이 담겨있다. 로마 가톨릭교회의 기도론의 문제들에 대해서 칼빈은 성경적인 이의를 조목조목 제기하였다. 칼빈은 당대의 로마 교회가 자신의 비참함을 직접 하나님께 고하지 못하고, 신부들을 통해서 혹은 죽은 성자들의 이름으로 하나님께 나아가야만 한다는 로마 교회의 교리에 대해서 강력히 반대하였다. 이것은 먼저 믿음에 대한 이해부터 잘못되어 있기 때문이라고 지적한다. 기도의 근거를 다른 사람의 공로에 의존하려하는 인간주의적 사고에 의존하고 있음을 간파하였다.

칼빈은 1559년 최종 증보된 『기독교 강요』에서 3권 20장 전체를 기도에 할애하였다. 기도는 성령의 역사에 의존하는 "우리들의 믿음의 첫째되는 실천이다"(the chief exercise of our faith)라고 갈파하였다. 성도들이 매일 하나님의 은혜를 받는 수단이기에 필수불가결하다고 강조하였다. 칼빈은 기도에 대해 "우리 신앙의 주된 연습이자, 매일 하나님의 은혜를 받는 수단"이라고 강조하고, 주기도문 해설을 포함하여, 52항목으로 세분화하여 설명하는데 주력하였다.

칼빈은 칭의와 성도들의 자유를 논의한 다음에 기도를 거론하고 있다. 기독신자의 생활에 관한 교리를 언급한 다음에, 기도의 문제점을 분명히 지적하고 있다. 그는 특히 기도는 믿음과 뗄 수 없이 연결되어 있다는 점을 성경에서 발견하고, 그리스도인들에게 있어서 믿음이 하나님의 순전한 선물이듯이, 기도도 역시 아무런 공로나 업적이 되지 못함을 강조하였다. "참된 믿음은 하나님을 부르는 것과 다른 것이 아니다…믿음이 복음으로부터 탄생하는 것과 마찬가지로, 역시 그것 [믿음]을 통해서 우리의 심정들이 하나님의 이름을 부르도록 훈련된다."[4] 오직 겸손한 태도로 하나님 앞에 서서 그분의 영광만을 기리고 높여야 하고, 아무것도 자랑할 것이 없으며, "개인의 모든 공로에 대한 생각을 떠나서 오직 하나님의 자비에만 매달려야 한다"고 강조하였다.[5]

특히 회개의 기도에 있어서, 로마교회의 교리에 의하면, 외적인 행위와 내적인 마음으로 나뉘어진다. 그들은 외적인 수양과 기도의 형식과 방법만을 강조했기 때문에, 기도가 철저히 내면적이요, 심령의 내적 행동임을 무시하였다고 지적하였다.[6]

암브로스와 마찬가지로, 그리스도께서 중보하시지 않으시면, 우리를 대신하여 하나님께 중보해 줄 사람은 아무도 없다고 칼빈은 강조한다. 특히 성자들의 이름을 중보자로 내세우는 기도론에 반대한다. 요한복음 14:6에서, 하나님께 이르는 유일한 길은, 예수 그리스도 한 분뿐이므로, 다른 사람들의 이름으로 아뢴다는 것은 무의미하다. 로마 가톨릭교회의 기도론은 그리스도의 공로와 이름을 높이는데 실패하였다. 예수님은 우리를 위해서 십자가에서 죽으실 뿐 아니라, 모든 좋은 것들을 우리에게 주시고자 하나님 아버지께 나아가는 길을 자신의 이름으로 열어놓으셨다.

---

4 *Institutes*, III.xx.i.

5 *Institutes*, III.xx.10.

6 *Institutes*, III.iii.18. '회개라는 용어를 이 외적 신앙고백에 적용하게 되면, 그 참 뜻에서 벗어나게 된다.'

> 너희가 내 이름으로 무엇을 구하든지 내가 행하리니 이는 아버지로 하여금 아들로 말미암아 영광을 받으시게 하려 함이라(요 14:13).

따라서, 칼빈은 그리스도의 이름을 제쳐놓고, 성자들을 부르는 당대의 헛된 관습에 대해서 통렬하게 비판한다.[7]

> 모든 사람은 자기가 하나님께 나아갈 자격이 없다는 것을 알고 있다. 그런데도 대다수의 사람들은 마치 정신 나간 사람처럼 뛰쳐나와서 무례하고 오만방자하게 하나님의 이름을 불러내고 나서…자신의 무가치함이 그들의 뇌리에 불현듯 떠오르면 거기서 빠져나오기 위해서 온갖 편법들을 강구해 낸다.[8]

유일한 중보자의 칭호를 지닌 그리스도를 통하지 않는 것은 곧 하나님의 자비하심에 대한 모욕이요, 그리스도를 통해서만 그의 자녀를 모으시는 성경의 가르침을 왜곡한 것이다(골 1:20; 엡 1:10). 중보기도에 관련되어 로마 교회가 주장하는 두 곳에 나오는 성경 본문을 주의깊게 읽어볼 필요가 있다.

첫째는 예레미야 51:1이다. 이는 "모세와 사무엘이 내 앞에 섰다 할지라도 내 마음은 이 백성을 향할 수 없나니 그들을 내 앞에서 쫓

---

7 *Institutes*, III.xx.21. 칼빈은 397년 칼타고 종교회의(the third Council of Carthage)에서, 소위 성자들의 기도를 금지하였음을 다시 한번 상기시키면서, '성 베드로여 우리를 위하여 기도하소서'라는 형식은 '미친 짓이라고 말하지 않는다면, 어리석음의 극치'('the height of stupidity, not to say madness')라고 지적한다.

8 칼빈, 요한복음 14:14 주석.

아 내치라"라는 구절이다. 칼빈은 이런 구절의 의도를 바르게 해석해야 한다고 역설한다. 이 본문을 자세히 살펴보면 중보기도를 권장하기 보다는 오히려 모세나 사무엘의 기도가 그 당대의 민족과 나라를 구해낼 수 없음을 보게 된다.

둘째는 에스겔 14:14이다. 여기서 등장하는 '노아, 다니엘, 욥' 세 사람도 역시 도시를 구하는 기도자들은 되지 못하였다. 이 부분에 대해서도 칼빈은 매우 강력하게 바른 성경 해석을 촉구하였다.

> 그러나 이것은 단순한 문장을 그토록 뒤틀어놓는 어리석은 짓이다. 왜냐하면 주님은 모세나 사무엘이 그들의 옹호자가 되는 경우였을지라도 백성들의 반역을 그냥 두실 수 없다고 선언하셨기 때문이다. 주님은 이들의 기도에도 불구하고 자신의 정하신 바를 보여주실 것이다. 이와 유사한 구절이 에스겔에도 있는바, 그 의미가 매우 분명하게 드러난다. 그 도시에 노아, 다니엘, 욥 이 세 사람이 있을지라도, 그들은 자신들의 의로움으로 그들의 아들이나, 딸들을 건져낼 수 없고, 오직 생명만을 건질 것이다(겔 14:14).[9]

족장들이나, 성자들은 오늘의 우리시대의 일에 간섭할 수도 없고, 돌보아줄 수도 없다. 따라서 무지한 성경 해석법에 의존해서 소위 성자들의 중보기도론이라는 교리가 나온 것이요, 칼빈은 이런 비성경적인 관습에 대해 침묵으로 동조할 수 없었다. 오히려 성경은 서로를

---

9 *Institutes*, III.xx.23.

위해서 순수하게 중보기도를 하도록 권고한다.

> 따라서 이 한 가지 이유 [야고보서 5:16에서 서로 죄를 고백하고, 서로를 위하여 기도하라] 만으로도 이런 오류를 정죄하기에 충분하다…여기에 다른 어떤 허구적인 중재가 있을 수 없다. 왜냐하면, 미신이 하나님에 의해서 주어지지 않은 자들로 하여금 그것을 경솔하게 채택하도록 만들었기 때문이다. 성경에는 기도의 종류가 많은데도 불구하고, 교황청에서 믿고 있는 그런 기도란 존재하지 않으며, 그 주창자들이 옹호하는 그런 기도의 근거로 제시할 만한 실례란 전혀 없다. 더욱이 이런 미신은 믿음의 결여에서 나오는 것임이 분명하다.[10]

기도는 살아있는 신앙의 행위이며, 각자가 당연히 하나님 앞에 나아가는 불가피한 열매이자, 의무이다. 믿음과 회개가 항상 떼어놓을 수 없이 붙어있다고 강조하듯이, 칼빈에게 있어서 참된 기도와 참된 믿음은 상호 분리할 수 없이 마음속에서 연결되어 있다. 기도가 없는 믿음은 참된 믿음이 아니다. 기도는 하나님을 향한 사랑과 열망을 표출해 내는 믿음이다.

따라서 바른 기도는 믿는 성도들이 하나님의 은혜의 보좌 앞에 담대히 나아가서 오직 한 분 대제사장인 그리스도의 약속에 근거하여 간구하는 것이다.

---

[10] *Institutes*, III.xx.27.

> 우리에게 큰 대제사장이 계시니, 승천하신 이 곧 하나님의 아들 예수시라 우리가 믿는 도리를 굳게 잡을지어다 그러므로 우리에게 있는 대제사장은 우리의 연약함을 동정하지 못하실 이가 아니요 모든 일에 우리와 똑같이 시험을 받으신 이로되, 죄는 없으시니라 그러므로 우리는 긍휼하심을 받고 때를 따라 돕는 은혜를 얻기 위하여 은혜의 보좌 앞에 담대히 나아갈 것이니라(히 4:14-16).

칼빈의 기도론은 곧 오류로 점철된 교회의 회복과 깊은 관계가 있다. 16세기 종교개혁이 특히 기도론을 바르게 교정할 수밖에 없었던 것은 교회 내에서의 기도에 대한 시행에 있어서 예수님 이외에 어떤 개인이나, 어떤 성자나, 어떤 공로나, 공리적인 업적이나, 예수 그리스도의 복음을 바르게 회복하고자 하였기 때문이다.

21세기에 이르고 있는 오늘날의 한국 교회 내에서는 그리스도의 중보되심과 화해를 이루시는 그의 보혈을 제외한 채, 소수의 특권층으로 과시하는 태도와 허무맹랑하게도 자신들의 육신적인 편안만을 추구하는 맹신주의가 만연하게 해서는 안 된다. 기도생활은 '경건의 실천'인데 이것을 망각한 기도생활이나 기도에 대한 가르침이 한국 교회를 크나큰 오류로 빠뜨릴 수도 있음을 경계해야 한다.

3. 개인기도와 공중기도

기도에 대한 성경적인 가르침을 살펴볼 때에 주의해야 할 부분은 공중기도의 약화를 가져와서는 안 된다는 점이다. 특히 칼빈의 기도론에 보면, 중세 로마 교회의 잘못된 교리로부터 성경적인 기도를 시행함으로써 바른 교회의 회복을 위해 노력했음을 보게 된다.

하나님의 모든 백성들은 개인기도 뿐만 아니라, 공중기도를 힘써야 하고, 이를 위해서 훈련받아야만 한다고 역설한다. 모든 성도들은 마땅히 예배에 참석해서 공중기도에서 함께 마음을 모아 기도해야만 한다. 칼빈은 '교회에서의 공중기도'를 매우 중요시하고 강조한다. 거룩한 집회에서 기도하기를 거부하는 자는 개인기도 역시 바르게 할 수 없다고 했다.

> 성도들의 거룩한 모임에서 기도하기를 거부하는 자는 개인적으로 혹은 은밀한 장소에서, 혹은 집에서 기도하는 것이 무엇인지를 알지 못하는 자이다. 다시 말하거니와, 혼자서, 개인적으로 기도하지 않는 사람은 그가 아무리 열심히 공적인 집회에 참석한다고 하더라도, 거기서 오직 공허한 기도를 힘쓸 따름이다. 왜냐하면 그는 하나님의 은밀한 판단보다 사람들의 의견을 더 따르기 때문이다.[11]

교회란 예배드리는 건물이 아니다. 하나님의 백성들이 바로 성전들이다.[12] 예수님은 성도들의 공적인 모임에 권위를 인정하실 뿐만 아니라, 항상 임재하실 것을 강조하시면서, "두세 사람이 내 이름으로

---

11 *Institutes*, III.xx.29.
12 *Institutes*, III.xx.30: 'Not church buildings but we ourselves are temples of God.'

모인 곳에는 나도 그들 중에 있느니라"(마 18:20)고 말씀하셨다. 따라서 성도들은 교회로 모이는 공적인 모임을 중요시해야 하고, 그곳에 임재하신 주님과의 교제에 기쁨으로 참여하게 된다. 모든 성도들이 기도하는 가운데 영으로 임재하시고, 한 마음으로 모아서 드려지는 모든 예배와 간구를 기쁘게 받으신다.

교회에서 드리는 공중기도는 누가 인도해야 하는가? 로마 교회의 전통에서는 오직 성직자만이 공중기도를 인도할 수 있었다. 이것은 중세시대의 이분법적인 구분에서 나온 것이다. 로마 교회는 두 개의 교회로 나누었으니, 하나는 '가르치는 교회'(*ecclesia docens*)요, 다른 하나는 '듣는 교회'(*ecclesia audiance*)이다.

전자는 오류가 없는 교회로서 성직자들로 구성되고, 후자는 항상 듣고 배워야 할 일반 평신도들의 교회이다. 로마 가톨릭의 이중적인 교회론의 오류는 오직 성직자들로 구성된 교회만을 중시했다는 점이다. 이것은 '감독들의 회'를 교회의 근본으로 생각하는 동방 헬라 정교회(Greek Orthodox Church)도 비슷한 오류를 범하고 있는 부분이다.

17세기 후기 개혁교회들에서도 오직 목회자들만이 공중기도를 인도하는 예배방식이 도입되었는데, 이것은 다소 칼빈의 견해와도 다르다.[13] 16세기 유럽의 종교개혁자들은 성직자와 평신도를 엄격하게 구분하는 로마교회와 헬라 정교회의 교회론에 반대하였다. 따라서 루터를 비롯한 많은 개혁자들은 이구동성으로 '만인제사장론'(벧전 2:5-9)을 주장하였던 것이다.

오늘날 한국 교회에서는 장로나, 안수집사, 권사 및 서리집사가 공

---

13 Philip Holtrop, 『기독교 강요 연구 핸드북』 박희석, 이길상 역(서울: 크리스챤다이제스트, 1995), 262.

중예배의 기도를 담당하고 있다. 유럽이나 구미의 개혁교회들은 필요한 경우를 제외하고는 대부분 목사만이 공예배시에 목회기도를 담당한다. 공중기도시에 일반 성도들이 대표로 참여하느냐의 문제는 그리 중대한 것은 아니지만, 한국 교회의 방식에도 일체감과 참여도를 높인다는 측면에서는 장점도 있다. 그러나 공중기도에 대해서 배우지 않고 한다면 이것은 매우 큰 오류를 범하게 된다.

공중기도에서 가장 조심할 부분은 기도하는 사람이 자신의 어떤 것을 자랑하는 행동으로 변질되지 않도록 해야만 하는 것이다. 바리새인의 기도에서 '나는 다른 사람과 같지 아니하다'라는 위선에 대해서 주의해야만 한다(마 6:5-7; 눅 18:11). 사람의 눈을 의식하고 자기 자신의 어떤 점을 드러내어서 인정과 칭찬을 돌리게 하려는 공중기도는 헛된 것이다. 유대인들의 기도에서만이 아니라, 우리 한국의 개혁교회에서도 발견할 수 있는 문제점이다.

또한 로마 교회의 공중기도는 대부분 미사 시간에 많은 회중 앞에서 간단한 구절을 계속해서 반복하여 암송하는 것이었는데, 이 기도가 과연 하나님께 하고 있는지를 묻지 않을 수 없다. 가슴에서 우러 나오지 않고, 단지 입술로 따라서만 하는 기도는 하나님 앞에 참된 기도라고 할 수 없다는 점에서 지적해야 할 문제점이다. 자기 자랑이나, 듣는 사람들을 의식하는 기도는 인본주의적인 기도이며 기도하는 사람의 마음과 인격의 중심에서 우러나오는 것이 아니라면, 진실하지 못한 점에서는 똑같이 허공을 울리는 소리에 불과한 것이다.

하나님이 기뻐하시고 응답해 주시는 기도는 언제나 마음속에서 나와야 하고, 인격의 중심에서 토로되어야 한다. 하나님은 마음의 중심을 보시는 분이시다(롬 8:27). 우리가 문을 닫고 방 안에서 혼자 기도를 드려도 아버지 하나님은 우리 속의 은밀한 것을 들으신다.

공중기도나 개인기도에서 특별한 자세나 태도가 요구되는가? 성경에서 무릎을 꿇고 드리는 기도자의 태도를 볼 수 있다. 물론, 개혁교회에서도 기도시에 양쪽 손을 들고 하는 태도에 대해서도 허용하였다. 이것은 구약성경에서도 볼 수 있고, 초대 교회의 전통에서도 목격되는데, 가장 대표적으로는 수도원에서 볼 수 있다. 양손을 들고 하는 기도는 교회에서는 뉘우치는 성도에 대한 훈련으로서 의의가 있다.

에스라는 이스라엘 백성들이 이방여인들과 혼인함을 뉘우치며, 특히 레위인들과 방백들과 두목들이 이 죄에 더욱 으뜸이 되었다는 소식을 듣고, "근심 중에 일어나서 속옷과 겉옷을 찢은 채 무릎을 꿇고 나의 하나님 여호와를 향하여 손을 들고"(스 9:5) 기도하면서, 신앙적인 배신과 배도에 전율하여 회개하였다. 시편 25:1에서 다윗이, "여호와여 나의 영혼이 주를 우러러보나이다"라고 부르짖을 때에, 담겨 있는 태도를 주목하고 있다.[14]

오늘날 교회에서는 어떤 자세로 기도를 드리는가? 점점 더 편안한 의자와 양탄자로 나아가는 것은 아닌가? 어떤 독특한 자세 하나만이 성경에서 강조되어 있지는 않다. 어떤 구체적인 방법만 지시한 적도 없다. 성경에는 눈을 감고 드리는 일에 대해서도 명시적인 언급이 없다. 기도자의 자세는 어떤 방법이든지 다양할 수 있지만, 다음에 살펴보고자 하는 기도의 원리에 따라서 드려져야 한다.

---

14 *Institutes*, III.xx.5,16, IV.x.30.

4. 모국어로 기도하라: 기도문과 방언기도

로마 가톨릭교회에서 드리는 공중기도는 라틴어로 드려지고 있어서 일반 성도들에게는 아무런 의미가 없었다. 기도를 드릴 때, 그 집회 회중이 쉽게 이해하는 그들의 말로 드려져야한다는 매우 평범한 진리를 로마 가톨릭교회는 곡해하고 있었다.

중세시대 천 년 동안, 그리고 최근에 까지도 로마 교회의 기도문이 라틴어로 쓰여져 있었고, 그냥 암송되고 있었다. 무지한 일반 성도들은 무슨 말인지 전혀 이해하지 못하면서 기도문을 형식적으로 외우는 것이 전부였다. 교회가 모든 사람들의 편의를 위해서 정한 장소에서 정한 시간에 함께 드리는 공중예배와 공적인 기도는 그 회중의 언어로 드려져야 한다.

성전은 '기도하는 집'이라고 기억하게 하실 때에, 이스라엘 민족은 그들의 모국어로 기도하고 있었다(사 56:7; 마 21:13). 따라서 어떤 언어로 교회에서 기도해야 할 것을 암시하고 있다. 예배에서 사용할 언어는 마땅히 회중들의 언어라야 한다. 이는 믿음의 통일성을 청중들과 함께 유지하는 데 결정적인 요소가 된다. 칼빈은 제네바에서 프랑스어로 설교했다. 바로 옆에는 영국에서 박해를 피해 모여든 사람들을 위해서 영어를 사용하는 교회가 따로 회집되었다.

공중기도에서 또 다른 문제점은 소위 다른 언어라는 방언의 문제이다. 방언으로 하는 기도는 어떠한가? 다시 말하지만, 성경에서 나오는 공중기도는 아주 단순한 것이었고, 그 언어는 그 나라 사람들의 말이었다. 한국어를 사용하는 사람들에게 라틴어나, 헬라어나, 프랑스어로 기도해서는 안 된다. 공중기도는 모든 참석한 회중의 영적인 증진을 위해서 유익해야 하기 때문이다. 이해할 수 없는 말로 기도하는 곳에서 무슨 영적인 은혜를 입을 수 있겠는가?

고린도전서 14장에 나오는 사도 바울의 충고는 사랑과 이웃에 대한 배려가 전혀 없는 사람들의 방언을 조심하게 하는 바, "내가 영으로 기도하고, 또 마음으로 기도한다"라고 했다.

칼빈은 영의 기도, 즉 방언기도 대신에, 마음의 기도(마음으로 생각하고, 판단하고, 질서있게 중언부언하지 않으며, 모든 사람이 알아들을 수 있는 기도)를 강조한다. 방언기도는 적절히 자제해야 하고, 교회의 유익을 위해서 '적당하게하고 질서대로'(고전 14:40) 드려져야 한다는 것이다.

> 우리는 공중기도든지, 개인기도든지, 하나님은 생각 없는 방언을 대단히 싫어하신다는 사실을 의심하지 말고 받아야만 한다. 그 밖에도, 방언이 표현할 수 있는 모든 것을 말로써 능히 극복할 수 있는 한에 있어서는, 마음이 생각의 열정으로 광채를 발휘하도록 되어야만 하는 것이다. 마지막으로, 우리의 내적인 느낌이 기도를 일으키기엔 힘이 부족하거나, 혹은 너무 충만하게 넘쳐서 강권적으로 방언의 행동이 수반되는 경우를 제외하고는, 개인기도에서도 방언이 필요치 않다는 것을 견고히 지켜나가야만 한다.[15]

---

15 *Institutes*, III.xx.33.

5. 기도의 네 가지 원리

기도에는 그 세부적인 내용과 방향에 있어서 바른 동기와 지침이 있어야 한다. 기도의 원리를 생각함에 있어서 말씀의 지배를 받는 기도라야만 올바른 기도가 되기 때문이다. 기도라는 형식을 취하고, 생각이나 공상을 아무렇게나 말한다고 해서 다 하나님이 기뻐하시며 응답해 주시는 기도가 된다고 생각해서는 안 된다. 우리의 소원만을 지속적으로 아뢰는 것에 치중한다면 인본주의적인 독백이 되고 말 것이다.

기도에 대한 필수적인 규범과 권징을 만들어서 우리로 하여금 기도를 바르게 이해하도록 노력한 개혁신학자는 역시 칼빈이다. 그는 교회의 모든 부분에서 원리가 분명히 세워져야만 하듯이, 기도생활도 역시 믿음의 법칙과 원리에 지배를 받아야한다고 주장하면서 네 가지 원리를 제시하였다. 곧 경외심, 참회, 겸손, 소망 등이다. 좀더 세밀한 각론을 위해서 필자가 많은 성경적인 사례를 삽입하여 설명하고자 한다. 기도의 원리를 바르게 이해함으로써, 인간들의 끝없는 욕망들을 억제하고 자제하게 되며, 하나님의 말씀에 비추어서 바른 기도를 드릴 수 있게 된다. 기도의 원리도 경험이나, 체험이나, 어떤 사람의 이론에서 나올 것이 아니요, 오직 믿음의 법칙을 따라야만 한다.[16] 이 믿음은 들음에서 나며, 들음은 하나님의 말씀으로 말미암으니(롬 10:17), 바른 기도를 가져오는 믿음의 성장을 위해서 부지런히 말씀에 의존해야 한다.

---

16 *Calvin's Commentary on Ps.* 119:30. *Institutes*, III.xx.34.

1) 첫째 원리: 경외심 – 받으시는 분이 누구인가를 명심하라

기도에 있어서, 칼빈이 강조하는 첫째 원리는 경외심(reverence)이다.[17] 기도란 하나님과의 대화이기에, 함부로 아무것이나 말해도 상관이 없는 것은 결코 아니다. 특히 자신의 프로그램을 하나님께 강요하는 언사는 철저히 가려내야 할 부분이다. 하나님의 주권과 통치를 너무나 가볍게 생각하고, 사람의 욕망과 소원들(wishes)을 열거하기에 바쁜 기도는 매우 분별없는 행동(carelessness)일 뿐이다. 기도자는 하나님이 허용하시는 것 이상을 구할 수가 없음을 분명히 인식해야만 한다.

첫 번째 기도의 원리를 오늘날 널리 만연해 있는 자연주의(naturalism 혹은 naturalistic world view), 또는 과학주의와의 전쟁이라고 생각해 볼 수 있겠다. 현대의 과학자들은, 오직 눈에 보이는 세계만을 인정하고 그것만을 고집한다. 이런 세상주의자들의 사상에 따르면 기도의 필요성도 없고, 기도의 효용성도 없다. 어리석고 무감각하고 사악한 감정에 사로잡혀서 기도 없이 살아가는 자들을 거부한다.

더욱이, 우리가 자신의 요구사항만을 하나님께 강요한다면 바른 기도가 아니다. 이것은 분명코 타락한 인간의 오만이다. 무엇이든지 구하는 대로 이루어지는 기도가 되려면 그러한 믿음에 근거해야만 한다. 무작정 헛된 기도를 드리고서 스스로 위안을 삼는 무지함(dullness)에서 벗어나기 위해서 우리는 먼저 기도를 받으시는 분이 누구이신가를 알고 입을 열어야 한다. 이사야는 기도를 들으시는 하나

---

17 *Institutes*, III.xx.5.

님이 누구이신가를 다음과 같이 전하고 있다.

> 나는 여호와라 나 외에 다른 이가 없나니 나 밖에 신이 없느니라 너는 나를 알지 못하였을지라도 나는 네 띠를 동일 것이요 해 뜨는 곳에서든지 지는 곳에서든지 나 밖에 다른 이가 없는 줄을 알게 하리라 나는 여호와라 다른 이가 없느니라 나는 빛도 짓고 어둠도 창조하며 나는 평안도 짓고 환난도 창조하나니 나는 여호와라 이 모든 일을 행하는 자니라 하였노라 (사 45:5-7).

　기도의 제1원리는 하나님이 누구이신가를 바로 인식하면서 드리는 것이다. 칼빈은 『기독교 강요』에서 하나님을 창조주이시며, 구속주로서 인식하였다. 하나님은 만물을 무에서 말씀으로 창조하신 전능하신 분이시다. 타락한 인류를 위해서 구원자가 되시며, 하나님 나라의 왕으로 우리를 다스리시는 분이시다. 사도 바울이 보여주는 하나님에 대한 인식을 들어보자.

> 깊도다 하나님의 지혜와 지식의 풍성함이여, 그의 판단은 헤아리지 못할 것이며, 그의 길은 찾지 못할 것이로다 누가 주의 마음을 알았느냐 누가 그의 모사가 되었느냐…이는 만물이 주에게서 나오고 주로 말미암고 주에게로 돌아감이라 영광이 세세에 있을지어다 아멘(롬 11:33-36).

　어떻게 이런 경외심이 인간에게 주어질 수 있다는 말인가? 조급하고, 부끄러운줄 모르고, 분별력이 없으며, 하나님에 대해서 깊은 사려가 부족한 인간들이 어떻게 자신을 경건하게 돌아보면서 기도에 임할 수 있는가? 이사야는 하나님의 존재와 사람과의 차이를 하늘과 땅이라고 선포하면서 그 영원한 심연을 깨달으라고 외쳤다.

> 이는 내 생각이 너희의 생각과 다르며 내 길은 너희의 길과 다름이니라 여호와의 말씀이니라 이는 하늘이 땅보다 높음 같이 내 길은 너희의 길보다 높으며 내 생각은 너희의 생각보다 높음이니라(사 55:8-9).

하나님이 누구인가를 아는 지식은 오직 성령의 도우심이 없이는 불가능하다. 인간의 지식이나, 이성은 연약하고 부패하고 어두워져서 하나님을 찾아 바르게 알아갈 수 없다. 하나님이 성령님을 보내어 주셔서 기도시에 우리의 기도를 받는 분이 누구이신가를 알게 하고, 무엇을 간구해야 하는지를 알려주신다. 따라서 성령님은 선생님으로 (*duce Spiritu*) 보냄을 받았다.

> 진리의 성령이 오시면 그가 너희를 진리 가운데로 인도하시리니, 그가 스스로 말하지 않고 오직 들은 것을 말하며 장래 일을 너희에게 알리시리라 그가 내 영광을 나타내리니 내 것을 가지고 너희에게 알리겠음이라(요 16:13-14).

성령의 조명과 감동하심에 따라서 우리는 하나님을 알되, 오직 성경을 통해서 하나님을 알게 하신다. 오직 성령님이 깨우쳐 주셔서 하나님을 참되게 알고 드리는 기도가 되어야 한다.

2) 둘째 원리: 참회 – 내가 누구인가를 돌아보라

기도의 두 번째 원리는 참회이다. 자신의 죄악된 본성에 대한 참회의 심정을 토로하는 것이다. 이것은 기도의 필수적인 구성요소로 오랫동안 인지되어 왔던 것이다. 자신의 무능력과 부족과 불충분함을 철저히 인식하는 것이 기도에 임하는 바른 심리이다.

기도의 제1원리는 곧 바로 제2원리와 밀접한 연관이 되어있다. 칼빈에게 있어서 하나님을 아는 지식과 우리 자신을 아는 지식은 상호 밀접한 관계를 맺고 있는 지식이라고 지적되어 있는데, 기도에서도 이런 이중적인 구조(twofold structure)는 여기에서도 마찬가지다.[18] 기도를 받으시는 하나님이 누구이신가를 깊이 인식한 다음에, 그 지식은 곧 바로 기도하는 자신에 대한 점검, 인간의 부패함과 부족함과 연약함에 대한 탄원으로 이어진다. 기도는 회개를 필수적으로 요청한다.

기도의 두 번째 원리는 오늘날의 인본주의 시대와의 철저한 싸움이라고 본다. 현대인들은 자기에 대한 평가에 있어서 매우 낙관적이요, 긍정적이다. 인간 스스로에 대해서 반성할 줄 모른다. 현대인의 문화는 출세와 성공과 부에 의해서 평가받는다. 현대인의 우상은 미모와 자기자랑이다. 따라서 인간의 자유의지를 예찬하고, 그 본질에 담긴 모든 죄악들은 덮어버리기에 주저하지 않는다. 총과 칼과 폭력

---

18 *Institutes*, I.i.1. 김재성, 『칼빈과 개혁신학의 기초』, 119-174. "칼빈신학의 구조분석"을 참고할 것.

으로 덮어버리고 미화시키며 합리화를 꾀한다. 기도란 이런 부패한 인간 본성에 대한 철저한 인식과 고백이다.

인간에 대한 성찰은 하나님에 비추어봄으로써 가능하다. 모든 인간은 하나님이 거룩하시므로, 우리 성도들도 거룩하게 살도록 계명을 받았다. 주님의 기도문에서, '그의 이름이 거룩히 여김을 받으시오며'(마 6:9)라고 기도하듯이, 우리도 거룩하게 살기를 힘써야 한다. 모든 일에 있어서 하나님께 영광을 돌리며, 그의 뜻에 따라서 살고자하는 마음을 가지고 하나님의 나라와 그의 의를 구하는 자가 되어야 한다. 성화(성도들의 생활에서 거룩하게 됨, sanctification)야말로 가장 먼저 추구해야 할 인간의 삶의 내용이었다. 따라서 그러한 거룩한 삶이 얼마나 이루어지고 있는가에 대한 자성과 반성의 기도가 드려져야만 하는 것이다. 그리하여 기도자는 자신의 무지에 대한 용서를 받고자 하는 불타는 마음(burning desire)이 있어야 한다.

성경에서 가장 훌륭하게 회개하는 모습을 보여준 대목이 다윗의 기도에 담겨있다.

> 하나님께서 구하시는 제사는 상한 심령이라 하나님이여 상하고 통회하는 마음을 주께서 멸시하지 아니하시리이다(시 51:17).

다윗은 자신의 도덕적 타락과 방탕에 대해서 철저히 회개하는 기도를 드림으로써 하나님의 용서를 받고 나아가 자신의 신앙과 임무를 회복하였다. 여기서 우리는 회개의 기도라는 것은 인간의 마땅한 의무일 뿐이요, 용서받을 권리가 자동적으로 부여되는 것이 아님을 깨달아야 한다. 동시에 이렇게 간구할 자격이 없다는 자신의 영적 가난함과 무지함을 철저히 인정해야 한다. 아무리 후회하고 한탄해도 근본적인 본성의 부패를 벗지 못하여 범한 지난날의 죄를 뉘우치고, 회개하며 참회하여야 한다.

칼빈이 주장하는 인간의 전적인 부패함에 대한 촉구를 다시금 기억하게 된다. 칼빈의 인간론의 특징 가운데 하나이다. 인간은 심히도 그런 부패함으로 잔뜩 채워져 있어서, 자기의 소유 속에 빠져 있거나 다른 근거들에 의지하여 하나님의 사랑으로부터 멀리 떨어져있으며, 종종 하나님께 간구하더라도 죽은 의지에서 무엇을 구하는 것이다.[19]

이사야 1:15에서, 우리는 하나님이 기도를 듣지 아니하시겠다는 선언을 듣게 된다.

> 너희가 손을 펼 때에 내가 내눈을 너희에게서 가리고 너희가 많이 기도할지라도 내가 듣지 아니하리니 이는 너희의 손에 피가 가득함이라(사 1:15).

따라서 먼저 이 점을 사죄하고, 속죄의 제사를 드리고, 옷을 찢고 마음을 찢는 눈물이 있었어야만 했다. 이사야 다음의 세대는 더욱 타락하여서 급기야 이스라엘 민족이 바빌로니아에 포로로 잡혀가게 된다. 그럼에도 임박한 진노 앞에서 인간들은 하나님을 비웃고, 회개하

---

[19] *Institutes*, III.xx.6: "mankind is so stuffed with such depravity that for the sake of mere performance men often beseech God for many things that they are dead sure will, apart from his kindness, come to them from some other source, or already lie in their possession."

지 않았다. 예레미야 11:7-14에서도 하나님은 더 이상 악한 마음으로 하나님의 명령을 거부하는 자들의 간구를 듣지 아니하시겠다고 선언하신다.

> 그러므로 나 여호와가 이와같이 말하노라 보라 내가 재앙을 그들에게 내리리니 그들이 피할 수 없을 것이라 그들이 내게 부르짖을지라도 내가 듣지 아니할 것인즉…그들이 그 고난으로 말미암아 내게 부르짖을 때에 내가 그들에게서 듣지 아니하리라(렘 11:11, 14).

큰 고기 뱃속에서 부르짖은 요나의 기도(욘 2:2-9)와 욥의 간절한 뉘우침의 기도(욥 42:6)와 백성들의 타락을 뉘우치는 에스라의 기도(스 9:6-15)는 눈물과 통곡으로 점철된 처절한 회개였다. 기도에서 힘써야 할 것은 자신의 사악함을 위장한 것에 대한 참회요 회개이다. 우리의 자세에 대해서 야고보는 이에 대한 보다 직접적인 설명을 하고 있다.

> 구하여도 받지 못함은 정욕으로 쓰려고 잘못 구하기 때문이라(약 4:3).

다만 우리는 "무엇이든지 구하는 바를 그에게서 받나니 이는 우리가 그의 계명을 지키고 그 앞에서 기뻐하시는 것을 행함이라"(요일 3:22).

야고보는 "너희 중에 고난 당하는 자가 있느냐 그는 기도할 것이요 즐거워하는 자가 있느냐 그는 찬송할 지니라"(약 5:13)라고 말씀하였다. 칼빈은 하나님이 특별하게 우리를 찌르셔서 기도하게 하시는 때가 있다고 말한다. 고난, 역경, 환란, 두려움, 시련의 시간들과 마음을 짓누르는 어떤 것들이 벌어지는 현장들이 바로 그것이며, 다윗의 경우에는 이것을 '주를 만날 기회'(a seasonable time)이라고 지적하였다 (시 32:6).

3) 셋째 원리: 겸손 – 기도에서 시험에 들지 말라

칼빈은 세 번째 기도의 원리로서 겸손을 제시하였다. 자신의 영광에 대한 생각은 송두리째 내어버리고, 오직 겸손하게 하나님 앞에서 기도해야 한다. 칼빈은 자기 확신, 자기가 가치있다는 생각, 조금이라도 자기의 그 무엇을 의지하려 한다면 하나님 앞에서 내던져질 것이라고 경고한다.[20] 기도가 응답되지 못하는 것은 우쭐거리는 마음, 조금이라도 남아있는 자존심, 남보다 자기의 존재 가치를 인정하려는 자기합리화, 일체의 자만심 때문이다. 이런 기도는 하나님이 듣지 않으심을 성경에서 수없이 찾아볼 수 있다.

기도의 세 번째 원리로부터 우리는 오늘의 현대 철학이나 종교가 지니고 있는 인본주의적 적극론(human-centered positivism)이나 자기 확신(conviction of human intellectual credivility)과 결별해야만 함을 보다 철저히 인식해야 한다. 필자는 앞에서 살펴본 공중기도에 대한 가르침 중에 교만한 기도, 자랑하는 기도를 조심해야 한다고 지적한 바 있다.

---

20 *Institutes*, III.xx.8.

여기서 조심해야 할 사실은, 앞에 거론한 두 번째 원리에서 회개를 통하여 하나님 앞에 기도하라고 했는데, 이것이 근거가 되어서 하나님 앞에 회개한 심령이기 때문에 무엇을 구하면 된다는 자세도 역시 금물이라는 점이다. 다시 말하면, 기도는 하나님의 은혜와 은총과 자비로우심에 근거한다. 인간의 회개 역시 믿을 것이 못된다. 회개할 내용마저도 조금만 시간과 환경이 바뀌면 잊어버리기 때문이다.

한국 교회는 온갖 종류의 기도가 있고, 세계 교회 역사에 그 유래를 찾을 수 없이 가장 철저하게 기도하는 교회로 잘 알려져 있다. 그 가운데서도 처절하며, 목숨을 내건다는 금식기도로 유명하다. 모세와 엘리야와 에스더와 한나와 예수님의 생사를 건 기도가 바로 금식기도였다. 마음을 찢고, 울며 애통하며 은밀하게 하나님만 바라보는 기도는 하나님의 마음을 움직인다.

그러나 스가랴 시대에는 금식기도마저도, 하나님의 기준에서 보면, 형식적이었고, 의무적이었으며, 중심을 보시는 하나님 앞에서 아무것도 아니었다. 굶주리고 음식과 물에 목마른 기도이지만, 그것 때문에 기도에 응해주시는 것은 아니다. 도리어 하나님은 스가랴 시대를 책망하신다.

> 온 땅의 백성과 제사장들에게 이르라 너희가 칠십 년 동안 다섯째 달과 일곱째 달에 금식하고 애통하였거니와 그 금식이 나를 위하여, 나를 위하여 한 것이냐 너희가 먹고 마실 때에 그것은 너희를 위하여 먹고 너희를 위하여 마시는 것이 아니냐(슥 7:5-6).

다니엘은 하루에 세 번씩 기도하기를 쉬는 죄를 범하지 않았던 기도의 선지자였다. 다니엘 9장은 이런 다니엘의 비장한 기도, 겸손한 기도를 접하게 된다.

> 내가 금식하며 베옷을 입고 재를 덮어쓰고 주 하나님께 기도하며 간구하기를 결심하고, 내 하나님 여호와께 기도하며 자복하여 이르기를…우리가 주의 앞에 간구하옵는 것은 우리의 공의를 의지하여 하는 것이 아니요 주의 큰 긍휼을 의지하여 함이나이다 주여 들으소서 주여 용서하소서 주여 귀를 기울이시고 행하소서(단 9:3, 4, 18, 19).

여기서 하나님이 응답하시는 바, 다니엘은 겸손한 기도의 모범을 보여주고 있다.

이런 겸손의 기도, 자복하는 기도, 하나님의 은혜만을 구하는 기도는 이사야에게서도 발견된다. 여기서 이사야는 '잎사귀'요 '진흙'이라고 자신을 토로한다.

> 주께서 기쁘게 공의를 행하는 자와 주의 길에서 주를 기억하는 자를 선대하시거늘 우리가 범죄하므로 주께서 진노하셨사오며 이 현상이 이미 오래 되었사오니 우리가 어찌 구원을 얻을 수 있으리이까 무릇 우리는 다 부정한 자 같아서 우리의 의는 다 더러운 옷 같으며 우리는 다 잎사귀 같이 시들므로 우리의 죄악이 바람 같이 우리를 몰아가나이다 주의 이름을 부르는 자가 없으며 스스로 분발하여 주를 붙잡는 자가 없사

> 오니 이는 주께서 우리에게 얼굴을 숨기시며 우리의 죄악으로 말미암아 우리가 소멸되게 하셨음이니이다 그러나 여호와여, 이제 주는 우리 아버지시니이다 우리는 진흙이요 주는 토기장이시니 우리는 다 주의 손으로 지으신 것이니이다 여호와여, 너무 분노하지 마시오며 죄악을 영원히 기억하지 마시옵소서(사 64:5-9).

기도란 겸손한 마음으로 죄에 대해 탄원함과 동시에, 참되게 죄악을 고백하는 정신이 있어야만 한다. 하나님은 이런 겸손의 열쇠를 통해서 기도의 문을 열어볼 수 있는 특권을 주신다. 심지어 그날 기억나는 죄악뿐만이 아니라, 오래 전에 지은 후, 잊어버린 죄에 대해서도 탄원하며 용서를 빌어야한다. 이 때 기도하는 사람은 두려워서 떨지 않을 수 없는 것이니, 자신이 마땅히 하나님의 법을 소홀히 한 심판과 형벌의 면제를 간구하고 있기 때문이다. 예수님은 중풍병으로 누운 환자를 보시고, "네 죄사함을 받았느니라"(마 9:2)라고 선포하셨다.

죄사함을 겸손히 간구하는 히스기야의 기도는 두 번이나 응답을 받았다. 남 유다 왕국의 국가의 존폐 위기에서 나라를 구한 히스기야의 기도에는 깊은 회개와 참회로 가득차 있었고(사 37:16-20), 그 후에 은혜를 감사치 못한데서 병들었을 때, 겸손히 기도하므로 15년의 생명을 연장 받을 수 있었다.

> 나의 거처는 목자의 장막을 걷음 같이 나를 떠나 옮겨졌고 직공이 베를 걷어 말음 같이 내가 내 생명을 말았도다 주께서 나를 틀에서 끊으시리니 조석간에 나를 끝내시리라 내가 아

> 침까지 견디었사오나 주께서 사자 같이 나의 모든 뼈를 꺾으시오니 조석간에 나를 끝내시리라 나는 제비 같이, 학 같이 지저귀며 비둘기 같이 슬피 울며 내 눈이 쇠하도록 앙망하나이다 여호와여 내가 압제를 받사오니 나의 중보가 되옵소서 주께서 내게 말씀하시고 또 친히 이루셨사오니 내가 무슨 말씀을 하오리이까 내 영혼의 고통으로 말미암아 내가 종신토록 방황하리이다 주여 사람이 사는 것이 이에 있고 내 심령의 생명도 온전히 거기에 있사오니 원하건대 나를 치료하시며 나를 살려 주옵소서(사 38:12-16).

자기의 의로움에 기초하지 않고, 죄를 고백하며 용서를 구하는 기도를 힘쓰게 될 때에 하나님의 응답을 받게 된다. 이런 순수한 영혼과 양심은 하나님으로부터 위로를 받는다. 심령이 가난한 사람, 애통하는 사람, 의에 주리고 목마른 사람, 마음이 청결한 사람들은(마 5:3-8) 모두 위로와 신령한 복을 받는다.

겟세마네의 예수님의 기도야말로, 겸손한 기도의 모본이다. 이와 대조를 이루는 것이 베드로의 자만심이요, 자기 확신이다. 베드로는 자신만만하였다. "다 버릴지라도 나는 그리하지 않겠나이다"(막 14:29). 그는 네가 나를 세 번 부인하리라는 주님의 경고 앞에서, "내가 주와 함께 죽을지언정 주를 부인하지 않겠나이다"라고 다짐하였다. 다른 제자들도 모두 다 이와 같이 말하였다. 그러나 곧 이어서 예수님은 겟세마네에서 "아빠 아버지여 아버지께서는 모든 것이 가하오니 이 잔을 내게서 옮기시옵소서 그러나 나의 원대로 마옵시고 아버지의 원대로 하옵소서"(막 14:36)이라고 겸손히 기도하셨다.

자만하지 않는 기도가 가능하려면 시험에 들지 않게 기도해야 한다. 겟세마네의 기도에서 졸고 있는 베드로에게, 주님은 "시몬아 자느냐 네가 한 시간도 깨어 있을 수 없더냐 시험에 들지 않게 깨어있어 기도하라 마음은 원이로되 육신이 약하도다"(막 14:37-38)라고하셨다. 기도자의 믿음을 시험하는 자가 있음을 잊어서는 안 된다(살전 3:5). 베드로는 이를 철저히 깨달았고, "만물의 마지막이 가까이 왔으니 그러므로 너희는 정신을 차리고 근신하여 기도하라"(벧전 4:7)라고 충고하였다. 베드로는 겟세마네에서 들었던 주님의 말씀을 기억하고 다음과 같이 격려하였다.

> 너희 염려를 다 주께 맡기라 이는 그가 너희를 돌보심이라 근신하라 깨어라 너희 대적 마귀가 우는 사자 같이 두루 다니며 삼킬 자를 찾나니 너희는 믿음을 굳건하게 하여 그를 대적하라 이는 세상에 있는 너희 형제들도 동일한 고난을 당하는 줄을 앎이라(벧전 5:7-9).

4) 넷째 원리: 확고한 소망 – 응답의 확신을 가지라

칼빈은 하나님의 선하심에 근거하여서 기도하는 성도들은 응답해 주실 것을 확신해야 한다고 강조한다. 기도는 회의주의자들(scepticism)의 철학과 싸우는 것이다. 기도의 본질에서 볼 때 기도의 응답은 우연의 산물이 아니라, 믿음에 따라서 오는 것이다.[21] 기도는

---

21 *Institutes*, III.xx.11.

우리가 필요로 하는 모든 것을 하나님께로부터 얻을 수 있다고 하는 우리의 희망에 대한 증거이다. 따라서 믿음이 없는 기도, 확신이 없는 기도는 위선적이며, 불신이요, 불성실이다. 의심에 찬 기도는 단지 속임수에 지나지 않는다. 칼빈은 "기도가 결코 헛되지 않는다는 확실한 소망" 가운데 드려져야 한다고 주장한다.[22]

기도하는 사람은 먼저 하나님의 용서를 구하면서 응답의 확신을 가져야 한다. 우리가 기도 할 때에, 자신은 아무 공로가 없지만, 이미 아버지의 사랑으로 용납해주시는 하나님의 사랑을 확신하면서 나가는 것이다. 자기 자녀로 받아주시고, 입을 열기도 전에 필요한 것을 알고 계시는 아버지께 나아가는 확신을 가지고 있어야 한다.

우리는 기도에의 명령들과 응답에의 약속들을 가지고 있다. 예수님은 "너희는 먼저 그의 나라와 그의 의를 구하라"(마 6:33) 고 명령하시고, "구하라 그리하면 너희에게 주실 것이요 찾으라 그리하면 찾아낼 것이요 문을 두드리라 그리하면 너희에게 열릴 것이니 구하는 이마다 받을 것이요 찾는 이는 찾아낼 것이요 두드리는 이에게는 열릴 것이니라"(마 7:7-8)라고 응답의 약속을 하셨다. 따라서 성도들은 거룩한 경외심을 가지고, 불안에 떨지 말고 기도해야 한다. 하나님의 아버지로서의 사랑을 확신하는 까닭에 거짓된 안정감으로 마음에 불안을 가져서는 안된다.

마치 하나님은 채무자이신 것처럼 그의 크신 약속에 근거하여 우리를 받아주신다. 성경에 약속된 기도의 응답이 너무나 명백하기 때문에 우리는 담대하게 물러서지 않고, 때로는 불의한 재판장에게 나

---

[22] *Calvin's Commentary on Mark*. 9:22.

아가 호소하는 여인과 같이, 하나님을 귀찮게 만드는 것이다.

　기도의 원리는 믿음의 원리에 따른다. 예수님은 의심하지 않는 믿음을 강조하면서, 겨자씨 만한 믿음의 효과에 대해 설명하였다. "무엇이든지 기도하고 구하는 것은 받은 줄로 믿으라 그리하면 너희에게 그대로 되리라"(막 11:24)고 하셨다. 그리고 예수님의 저주대로 무화과 나무가 마르자 놀라는 제자들에게, 믿음이 있고 의심치 않으면 산이 바다로 옮기는 일도 이루어질 것이므로, "너희가 기도할 때에 무엇이든지 믿고 구하는 것은 다 받으리라"(마 21:22)라고 선포하신다.

　기도하면서 의심하는 사람은 믿음이 흔들리는 사람이요, 하나님이 들으시는지 아니 들으시는지 마음 속에 확신이 없는 사람이요, 그런 사람은 아무것도 얻을 수 없다(약 1:7). '믿음의 기도'(약 5:15) 란 역사하며 살아있는 기도이므로, 다른 말로 표현하면 각자의 믿음에 따라서 하나님이 응답해 주시는 것이기도 하다(마 8:13; 9:29; 막 11:24).

　기도는 하나님의 은혜에 대한 반응으로 나오지만, 동시에 도움을 청하는 순수한 외침이어서, 인간적인 필요성에서 시작된다. 인간이 결핍함을 느끼고, 인간으로서 삶의 문제에 대해서 고통할 때 간구하러 나아온다. 칼빈의 경우, 기도의 동기(motive)는 모든 기도마다 하나님의 영광이라고 했고, 주님의 명령이 동기라고도 했다.[23] 그러나 인간의 필요가 동기가 되어서 아뢰게 된다고도 했다.[24] 그러므로 우리의 필요 때문에 기도하고 싶은 동기를 갖는 것은 부끄러운 것은 아니다. 기도는 단지 영혼을 위한 경건의 연습만이 아니요, 때때로, 기도

23　*Institutes*, III.xx.13.

24　*Institutes*, III.xx.14. *Calvin's Commentary on Jer*. 29:13.

란 계속되는 환난 가운데서 주시는 위로가 되기도 하고, 거룩한 피난처이기도 하다. 환난이나, 지독한 질병에서 기도하면서 겉으로의 증상 치료만을 기대하지 말고, 하나님의 은혜에 의존하고, 죄악된 마음으로 불평하지 않도록 조심해야 한다. 긴급히 필요한 것들을 위해서 기도할 때도 온전하게 헌신된 정신으로 기도하여서, 혀만 앞서가지 아니하도록 하나님의 은혜와 긍휼을 의지해야 한다.

확신있는 기도는 감사의 마음을 수반한다. 우리의 가슴이 하나님께 대한 감사의 의식으로 충만해 있을 때에 바르게 기도할 수 있다. 우리의 이기적인 마음을 다스리고 하나님을 기쁘시게 하는 기도를 드릴 수 있다. 감사가 없이는 하나님을 기쁘시게 해 드릴 수 없다(시 50:23). 기도는 하나님께 대한 찬미이다. 우리를 창조하시고, 자상한 섭리로 보살피시는 하나님께 대한 감사와 예배와 그 권위에의 인정으로 기도를 드릴 때 하나님은 기뻐하신다. 칼빈은 기도에 있어서 감사의 마음을 가질 때에 우리의 소원들이 하나님의 뜻에 일치된다고 말한다.[25]

6. 성령의 도우심

기도에 있어서 성령의 인도하심과 도우심은, 성경적인 기도론을 제시하고자 노력한 칼빈의 기도론에서도 매우 중요한 비중을 차지하고 있다. 그는 단지 개개인 성도들의 경건생활에 대한 강조만이 아니

---

25 *Institutes*, III.xx.28. *Calvin's Commentary on Ps.* 85:20.

라, 보다 폭넓은 전망, 즉 바르고 참된 교회의 회복을 위해서 성령의 사역에 전적으로 의존하는 성령의 신학을 펴 보이고 있다.

좀 더 바른 교회의 회복을 위해서 칼빈은 매우 통렬하게 중세 로마 교회의 잘못된 기도와 회개의 성례를 시정하고자 노력하였고, 기도론 가운데서도 역시 넓게는 종교개혁이 성취한 교회론의 회복이 들어있다. 곧 그는 성령만이 참된 기도를 이끌어 주시고, 성령만이 기도의 전적인 주관자요, 조력자라는 점을 철저히 인식하는 것이다. 성령의 간섭과 지배가 없는 성례가 아무 의미가 없듯이, 성령의 도움과 간섭이 없는 기도는 하나님의 뜻대로 간구될 수 없다. 이점이 바로 복음을 바르게 전달하고자 하던 그의 개혁 전반에 스며있다.[26]

바른 기도는 성령의 도우심으로만 가능하다. 칼빈은 로마서 8:16에서 '양자의 영'(the Spirit of adoption)을 받은 자들이 '아빠 아버지'라고 확신하는 가운데 부르게 됨을 주목한다. 성령은 우리의 마음 속에 "우리가 하나님의 자녀라는 사실을 증거하여 주시고, 동시에 확신을 심어주심으로써, 우리가 감히 하나님을 아버지라고 부르게 된다."[27] 우리가 입술로 아버지라고 부를 때에, 마치 육신의 아버지를 신뢰하듯이, 하나님을 아버지라고 마음속에 분명히 확신을 가지고서 부를 수 없다면, 우리의 기도는 바르게 드려질 수 없다는 분명한 원리가 제시되어 있는 것이다. 따라서 기도는 성령의 증거와 부어주심이 없이는 불가능하다.

온전한 기도는 성령의 역사 없이는 불가능하다. 기도는 인간의 심

---

26 김재성, 『개혁주의 성령론』, 440.
27 *Calvin's Commentary on Rom*. 8:16.

령에 있는 절박한 필요와 감사의 동기 때문에 드려지지만, 본성적 충동에 의해서 강요되거나 고취되어서는 안 된다. 즉흥적 충동에 의해서는 바른 기도를 드릴 수 없다. "성령께서 바르게 기도하는 방법을 가르쳐 주시지 않는 한 우리의 입을 여는 것은 위험하다."[28] 성령의 감화가 있으므로 우리의 기도가 효과적으로 드려지고, 열정과 간절함을 놓치지 않고 나아갈 수 있게 된다. 따라서 우리는 성령이 우리에게 임하여 오시기를 위하여 기도하기보다는, 성령의 충만(increase)을 위해서 기도해야 한다.[29]

바울 사도는, 로마서에서 다음과 같이 성령의 도우심과 성령의 기도를 설명한다.

> 이와 같이 성령도 우리의 연약함을 도우시나니 우리는 마땅히 기도할 바를 알지 못하나 오직 성령이 말할 수 없는 탄식으로 우리를 위하여 친히 간구하시느니라 마음을 살피시는 이가 성령의 생각을 아시나니 이는 성령이 하나님의 뜻대로 성도를 위하여 간구하심이니라(롬 8:26-27).

성령의 지속적인 자극으로 인해서 우리는 무엇을 기도해야 하는지를 알게된다. '성령의 도움'으로 조심성 없이 무턱대고 하는 기도와 어리석은 두려움에 빠지지 않도록 해야한다. 한편으로는, 우리의 마

---

28 *Calvin's Commentary on Jer.* 29:12.

29 *Calvin's Commentary on Acts* 1:14; "we should be instant in prayer, that we may gain daily increase of the Spirit. Increase, I say, because before we can conceive any prayer we must receive the first fruits of the Spirit."

음에 믿음을 심어주신 성령은 무지에 빠져서 하나님의 뜻과 배치되는 헛된 것을 구하지 않도록 인도하시고, 다른 한편으로, 우리 자신의 노력을 효과적으로 발휘하도록 도우신다. 성령이 우리에게 기도할 힘을 주시고, 능력으로 역사하신다고 해서 우리가 자신이 해야 할 열심과 노력을 포기하도록 하거나, 방해하거나, 어떤 선입견으로 우리의 마음을 가로막는 분이 아니다. 어리석고 사악한 감정에 좌우되지 아니하고, "그의 뜻대로 무엇을 구하면 들으심이라"(요일 5:14)라는 확신을 가지고 더욱 견고히 하나님이 누구이신가를 예민하게 생각해야 한다.

성도는 하늘로부터 오신 성령의 권능으로 인해서 기도할 힘을 얻는다는 말이다. 악이 지배하는 우리의 마음을 기도할 수 있게 지켜주시고, 자세한 기도의 내용들과 재료들을 생각나게 하신다. 우리의 간구할 바를 가르쳐 주시고, 믿음으로 기도하도록 붙잡아 주신다. 성령에 의존하지 아니하고서는 그 누구도 바른 기도의 동기와 노력을 부여해 줄 수 없다. 동시에 성령은 탄식하시고, 친히 하나님께 중보의 기도를 드리신다. 칼빈은 다음과 같이 말했다.

> 따라서 성령께서 우리의 기도의 방식을 결정하신다. 바울은 탄식하신다고 말하는데, 왜냐하면 그것들은 우리의 이해할 수 있는 능력을 훨씬 초월하는 것이기 때문이다.
>
> 하나님의 영은 중보기도를 한다. 그것은 그가 기도하거나 탄식할 때, 하나의 간청자로서 자신을 겸손하게 낮추셨다는 말이 아니라, 그의 자극에 의해서 우리가 올바로 하나님께 기

도를 토로하게 된다는 말이다.[30]

우리의 모든 기도의 전 과정이 성령의 은혜에 절대적으로 기인하고 있다.

7. 언약적 특성

기도의 신비로움은 그 신학적인 의미를 이해함으로써 더 잘 알게 된다. 우리가 신학을 통해서 하나님을 아는 지식을 보다 성경적으로 깨닫게 될 때, 기도를 통해서 그분께 나아가는 방법을 제대로 세울 수 있고, 기도하려는 동기부여를 받게 된다. 성경이 우리에게 말씀하는 하나님에 관한 가장 중요한 가르침 중에 하나는 언약을 세우시고 그 언약을 지키시는 하나님이다.[31]

기도의 응답을 확신하는 기초는 바로 하나님의 언약적 특성에 있다. 하나님의 약속은 불변하심을 확신하고, 청년 엘리야는 아합 왕에

---

30   *Calvin's Commentary on Rom.* 8:26.

31   Sinclair B. Ferguson, "Prayer, A Covenant Work," *The Banner of Truth* 137(1975): 23-28. 퍼거슨 교수의 간단한 글을 제외하고는, 언약신학에 대한 많은 연구 서적이 있지만, 기도의 언약적 특성을 살펴본 연구들은 매우 적다. Cf. David A. Weir, *The Origins of the Federal Theology in Sixteenth-Century Reformation Thought*(Oxford: Clarendon Press, 1990). William Hendriksen, *The Covenant of Grace*(Grand Rapids: Eerdmans, 1932). John H. Walton, *Covenant: God's Purpose and God's Plan*(Grand Rapids: Zondervan, 1994). W. J. Dumbrell, *Covenant and Creation*(Nashville: Thomas Nelson Publishers, 1984). C. van der Waal, *The Covenantal Gospel*(Neerlandia: Inheritance Publication, 1990). John Murray, "Covenant Theology," in *Collected Writings of John Murray*, vol. 4(Edinburgh: The Banner of Truth Trust, 1982), 205-240.

게 경고하였으며(왕상 17:1), 수 년 동안 그의 기도에 따라서 비가 내리지 않았다. 그도 역시 우리와 같은 성정을 가진 사람이지만, 그가 기도할 때에 하늘이 열리고 닫히는 놀라운 기도의 응답을 받았다. "엘리야의 하나님이시여 이제는 어디에 계시나이까?"라고 반문하지말고, 우리에게 부족한 점이 무엇인가를 돌아보아야 한다. 그는 자신의 선지자직을 감당하면서 하나님과의 긴밀한 사귐을 비밀스럽게 유지하고 있었다. 그 시대의 풍조에 영향을 받지 않고 바로 하나님의 약속에 근거하여 의심없이 기도하였다. 그러므로, 신약성경에서는 특별히 엘리야를 지목하여서, 그가 하나님의 언약을 기억하고 기도하듯이 우리도 그와 같이 기도하라는 명령을 내리고 있다(약 5:17-18).

우리들의 기도가 비록 환경의 변화와 영향을 입을지라도, 하나님의 약속을 신뢰하고, 언약을 지키시는 하나님에 의해서 압도됨으로써, 언약하심을 행동으로 실천해 가는 과정인 것이다. 중생에서부터 시작하여 마지막에 영화롭게 되는 성도의 전 생애가 하나님의 언약에 관련되어 있음을 기억할 때에, 기도는 언약적 행동이다. 단순히 한 성도의 개인적인 차원의 노력이나, 열심에서 나오는 자발적인 행동으로 보아서는 안 된다. 기도는 하나님이 주시고자 약속하신 바, 언약하신 바를 우리의 생애 현장에 성취하게 하는 필수불가결한 행동이다. 우리가 바라고 소원하여 하나님께 구함으로써 비로소 하나님은 이미 예비해 놓으신 것들을 주신다. 따라서 기도라는 행동이 없이는 하나님의 약속하신 바와 언약하심이란 이루어질 수 없다.

언약의 규정들을 보면, 하나님은 그의 백성들에게 순종하면 축복을 약속하고, 불순종하면 저주를 예고하였다.

> 네가 만일 네 하나님 여호와의 말씀을 순종하지 아니하여 내가 오늘 네게 명령하는 그의 모든 명령과 규례를 지켜 행하지 아니하면 이 모든 저주가 네게 임하며 네게 이를 것이니(신 28:15).

신구약 성경에서 언약은 하나님과 그의 택하신 백성과의 관계를 묶어주는 가장 핵심적인 조건이자, 약속이었다.

1) 믿음의 조건

예수님의 기도에 대한 가르침 가운데, 누가복음 11장에는 친구가 밤중에 찾아와서 '뻔뻔스럽게' 남을 깨워서 강청(强請)하는 비유가 있다. 하나님께 간절히 간구하면 응답을 받는다고 격려하면서 주신 말씀이다. 부끄러움을 물리치고, 지속적으로 하나님께 기도하라는 것이다. 하나님이 어떤 것을 약속하셨다면, 하나님께 나아오는 담대함과 굳센 확신으로 나아가 간구하여 받으라는 것이다. 물론 하나님은 겸손과 근신하면서 자신을 지키는 사람을 돌아보신다. 하지만 언제나 먼 발치에서 그냥 바라만 보고 있는 것이 아니요, 자신의 처지를 아뢰면서 부르짖는 기도가 필요하다.

하나님은 "너는 나에게 기억이 나게 하라"(사 43:26)라고 은혜롭게 열어놓으셨다. 아이가 아버지에게 이미 약속한 바를 시행하기를 재촉하는 것처럼, 우리가 기도하는 것은 하나님께 기억을 회상시키는 끈기를 요청하고 있다. 이때 하나님은 귀찮아서 마지못해서 응답하시는 것이 아니라, 약속을 이행하시고 언약을 지키시는 것이다. 따라서 기도는 확신과 담대함 이 두 가지 모두를 요청한다.

예수님의 다락방 강화에 보면, 응답받는 기도에 대한 설명이 나온다.

> 너희가 내 안에 거하고 내 말이 너희 안에 거하면 무엇이든지
> 원하는 대로 구하라 그리하면 이루리라(요 15:7).

주님 안에 거한다는 말은 주님과의 살아있는 연합과 우리와의 언약을 의미하는 말이다. 그의 말이 거한다는 것은 주님의 약속에 대한 우리의 믿음이 함께 관련된 말이다. 그의 약속하신 말씀이 우리의 원하는 바가 되면 이루어진다. 특히 "내 이름으로 아버지께 무엇을 구하든지 다 받게 하려 하신다"(요 15:16). 왜냐하면 우리는 그의 언약의 백성이기 때문이요, 우리가 하나님을 택한 것이 아니라, 하나님이 우리를 택하셨다. 그리고 우리에게 예비해주시기로 약속하신 예수님의 이름으로 구하기 때문이다. 따라서 하나님의 모든 약속들은 그 주님 안에서 예가 되고 아멘이 된다. 부끄러움을 무릅쓰고 끊임없이 드리는 기도는 주님이 보시기에는 믿음의 한 가지 표현이다.

2) 기도의 근거

기도는 많이 하지만, 하나님이 받으실만한 바른 기도는 매우 어렵다. 바른 기도는 하나님이 주신 특별하신 은사이다. 이런 문제에 대해서 칼빈은 이렇게 말한다.

> 하나님이 허락하신 것 이상으로 우리는 간구해서는 안 된다.

> 그분이 비록 자신 앞에 우리들의 가슴을 털어놓으라고 권고하시지만, 그러나 어리석고 사악한 감정들을 구별 못하시는 분은 아니다.[32]

그러면 하나님이 허용하시는 것은 무엇인가? 하나님이 약속하신 것들만이 바로 그가 허용하실 수 있는 것이다. 하나님이 실행하시기로 언약하신 것들을 우리가 기도로 아뢸 때에 들어주신다. 이것은 성경에서 전체적으로 발견하게 되며, 하나님의 교훈을 찾아보고자 하되 매우 예민한 마음을 가진 사람만이 성경에서 발견하는 진리이다.

시편 119편에 들어있는 기도의 정신을 보자. "하나님의 말씀을 따라서"(119:25, 28, 65, 107, 169, 170) 또는 "그의 약속을 따라서"(119:41, 58, 76, 116, 154) 드리는 기도가 응답될 것을 말씀하고 있다. 칼빈은 이 구절을 설명하면서 이렇게 말한다.

> 여기서 우리는 기도의 유일한 목적과 정당한 사용을 간단히 제시할 수 있으니, 하나님의 약속들의 열매만을 우리가 수확한다는 것이다. 선지자는 자신이 원하는 대로 받는 것이 아니라, 하나님이 약속하신 것을 받는다.[33]

기도한다고 하나님의 면전에 뛰어들어서 아무 것이나 생각없이 욕심대로 구할 것이 아니다.

---

32 *Institutes*, III.xx.5.
33 *Calvin's Commentary on Ps*. 119:38.

사무엘하 7:27 이하에 나오는 다윗의 기도에서도 하나님의 약속에 따라서 기도를 드리는 자세가 담겨있다.

> 만군의 여호와 이스라엘의 하나님이여 주의 종의 귀를 여시고 이르시기를 내가 너를 위하여 집을 세우리라 하셨으므로 주의 종이 이 기도로 주께 간구할 마음이 생겼나이다(삼하 7:27).

하나님이 그의 말씀에서 시행을 약속하신 것이야말로 우리 기도의 대상(object)이 되어야 한다. 기도는 약속을 믿는 믿음과 관련되어 있으니, 믿음은 오직 하나님의 말씀을 들음으로써 비롯된 것이다(롬 10:17).

3) 의인의 기도

엘리야의 기도를 지적하는 야고보 5:16을 보면, 의인의 간구는 그 효과 면에서 위대한 능력을 갖고 있다고 결론을 맺고 있다. 이것은 어떤 개인의 의로움을 지적하는 말이 아니다. 하나님 앞에 무엇을 구하든지 언제나 응답을 받을 만큼 의로운 사람은 없다. 야고보가 지적하는 의로움이란 오직 우리의 언약의 머리이시요, 근거이신 예수 그리스도의 의로움을 말한다. 그분의 의로움을 전가 받고, 은혜에 의해서 그 의로움을 부여받은 사람이 기도할 때에 응답을 받는다.

의인의 기도가 응답받는 것는 그 사람이 율법에 의해서 판단해 볼 때에, 완전무결한 행동을 실천하였기 때문이 아니다. 다윗의 기도에서 다소 이상하게 보이는 구절이 있다.

> 나는 경건하오니 내 영혼을 보존하소서 내 주 하나님이여 주를 의지하는 종을 구원하소서 주여 내게 은혜를 베푸소서 내가 종일 주께 부르짖나이다(시 86:2-3).

여기서 얼핏보면 자신의 경건을 의지하는 듯한데, 사실은 자신의 언약적 의로움, 하나님과의 언약관계에 있어서 믿음으로 주어지는 의로움을 표현하고 있는 것이다. 시편 34:15에 "여호와의 눈은 의인을 향하시고 그의 귀는 그들의 부르짖음에 기울이시는도다"라고 다윗은 자신의 기도가 의인의 기도임을 확신하고 있다. '주의 언약을 잊지 아니한 사람들'(시 44:17)은 의인으로 인정을 받는다.

예수님은 "우리들의 죄를 용서하여 주시되, 우리가 우리에게 죄 지은자를 용서한 것같이 사하여 주옵소서"라고 기도하도록 가르쳐주셨다. 우리가 다른 사람을 용서하는 것이 우리의 기도를 받아주시는 근거가 된다. 그러나 우리는 지은 죄를 용서받을 만큼 충분하게 다른 사람을 그렇게 너그럽게 용서하지 못한다. 따라서 용서받는 근거는 우리가 하나님과 언약의 관계에 있기 때문이며, 성령의 열매를 우리의 기도를 들어주사 우리의 삶에 주어지도록 하신다.

사도 요한도 다시 한 번 이것을 압축하여 신약성경에 남겼다.

> 무엇이든지 구하는 바를 그에게서 받나니 이는 우리가 그의 계명을 지키고 그 앞에서 기뻐하시는 것을 행함이라(요일 3:22).

하나님의 계명을 지키는 자, 곧 그 언약을 간직하고 있는 사람은 하나님의 은총에만 의존하기에 하나님이 그들의 기도를 들어주심을 확신하게 된다.

기도에 대해서 상당히 많은 영향을 남긴 17세기 유럽 가톨릭 내의 정숙주의(quietism)에서는 성경의 약속에 근거한 응답을 가르치지 않고, 개인적이요 주관적인 설득(subjective persuation)을 마치 확신(assurance)과 같은 것으로 혼동시키고 있다.[34] 그들은 하나님의 말씀에 근거하여 확신을 갖는 것이 아니다. 이렇게 함으로써 많은 그리스도인들의 마음에 불안과 의심과 혼란을 불러일으켰다. 하나님은 우리들이 기도하면서 어떻게 욕심을 버리고 마음을 비우느냐에 좌우되는 분이 아니시다.

마가복음 11:22과 마태복음 21:22과 요한일서 5:14-15에서 주어진 교훈은 하나님이 약속하신 말씀에 근거하여서 우리들의 기도가 응답될 것을 성령이 확신시켜 주신다고 가르치고 있다. 하나님 앞에서 입을 열어서 담대히 말을 잘하는 기도가 응답을 받는 것이 아니다. 이것은 자기 스스로에 대한 신앙이기에, 하나님에 대해서는 불신앙이다. 하나님의 응답은 언약신학에서 바르게 해석되어짐을 존중하고, 개혁주의 신학자들이 소중히 취급해온 언약의 교리에 대해서 보다 체험적으로 인식해야만 한다.

칼빈은 하나님의 약속을 경험하고 체험하기 위해서 기도하는 것이며, 기도를 통해서 주님의 복음에 의해서 지적된 보화들을 파내는 작

---

[34] Elfrieda Dubois, "Fenelon and Quietism," in *The Study of Spirituality* ed., Cheslyn Jones, Geoffrey Wainwright, Edward Yarnold, S.J.(N. Y.: Oxford University Press, 1986), 408-415.

업이라고 이해한다. 우리가 바라는 모든 것들은 전부 다 예수 그리스도 안에 충만하게 들어있다.

> 그리스도께서는 우리의 불행을 대신할 모든 행복을 제시하시고, 우리의 필요를 대신할 모든 풍요를 제공하신다. 우리들의 모든 믿음이 그의 사랑하시는 아들을 명상할 수 있도록 하늘의 모든 보화들을 그 안에서 우리에게 열어 보이신다. 그리고 우리의 모든 기대하는 바가 그분에게 의존하고, 모든 희망이 그리스도 안에 부착되어 있고, 머물러 있다.[35]

따라서 하나님의 모든 약속은 예수 그리스도 안에서 성취되는 바, 모든 성도는 당연히 그리스도 안에 있어야 하고, 그렇게 하기 위해서 성령님이 연합하게 하며, 그리스도 안에 참여하게 하고, 지속적으로 도우심 가운데서 모든 것을 간구함으로써 생명력을 유지하게 하신다.

'하나님은 어떤 기도의 내용을 기뻐하시고, 들으시고자 하시는가?'를 설명한 하이델베르그 요리문답 117문답에서, 우리가 참된 하나님 한 분만을 의지하는 기도를 원하시고, 우리의 부족함과 가련함을 철저히 인식하기를 원하시며, 약속을 확신하는 기도를 원하신다고 가르친다.

> 우리가 무가치한 존재임에도 불구하고 하나님이 그의 말씀 안에서 우리에게 약속하신 것과 같이 그리스도의 연고로 우

---

[35] II.xvi.19: "We see that our whole salvation and all its parts are comprehend in Christ."

리의 기도를 확실히 들어주실 것을 확신하는 것이다.[36]

그래서 기도하는 자는 곧 그리스도와의 연합(union with Christ)이라는 보다 근본적인 인격적인 신분과 유기적 관계를 생각해야만 한다.[37] 우리가 기도하며 바라는 가장 고상한 것은 무엇인가? 살든지 죽든지 우리의 유일한 위로는 무엇인가? 우리가 바라보면서 가장 큰 위로를 얻는 것은 어디로부터 오는가? 우리의 유일한 소망이요 위로는 그리스도 안에서 성취된 모든 좋은 것들과 각종의 은사들과 열매들이다. 우리의 기도와 소망은 '하나님의 약속에 근거'하고 있는데, 하나님의 모든 약속은 예수 그리스도 안에서 성취되었다.

> 하나님의 약속은 얼마든지 그리스도 안에서 예가 되니 그런즉 그로 말미암아 우리가 아멘하여 하나님께 영광을 돌리게 되느니라(고후 1:20).

---

36 하이델베르그 교리문답. 116문답, 117문답. F. H. Klooster, *A Mighty Comfort: The Christian Faith According to the Heidelberg Catechism*(Grand Rapids: CRC Publications, 1990), 105-6.

37 Sinclair B. Ferguson, *The Holy Spirit*(Downers Grove: IVP, 1996), 115, 143, 175. Douglas Floyd Kelly, "Prayer and union with Christ," *Scottish Bulletine of Evangelical Theology* 8(1990):109-127. Denis E. Tamburello, "Christ and mystical union: A Comparative Study of the theologies of Bernard of Clairvaux and John Calvin,"(Ph. D. dissertation, The University of Chicago, 1990).

8. 끝맺는 말

기도란 감사의 표시로서 성도가 가장 중요하게 실천해야 할 일이다. 기도란 하나님께 대한 감사를 아뢰는 것이다. "범사에 우리 주 예수 그리스도의 이름으로 항상 아버지 하나님께 감사하며"(엡 5:20)라고 사도 바울은 항상 감사해야 할 것을 강조한 바 있다. 우리의 신앙이나 믿음이 더욱 성숙되기 위해서 힘을 주시는 원동력이 되기 때문에 필요하고, 동시에 훈련되면 될수록 더욱 더 하나님께 대한 감사를 진정으로 자원하는 마음으로 아뢰게 되는 것이다. 개혁주의 신앙고백에서는 성경의 가르침을 따라서 감사의 기도를 강조하고 있다. 하이델베르그 요리문답 116문에서 '성도에게 기도가 필요한 이유'에 대해서 설명한 바를 들어보자.

> 하나님이 우리에게 요구하시는 감사의 중요한 부분이기 때문이며, 또한 우리가 끊임없이 기도 안에서 그를 찾으며, 이러한 은사를 주신 데 대한 감사를 드리기 위한 것이다.[38]

믿음의 기도는 열정, 정직, 감사, 묵상, 기쁨, 확신 등을 성도들에게 가져다주는 은혜의 방법이자 수단이다. 올바른 기도에는 이런 감격과 즐거움이 뒤따라온다. 우리가 칼빈의 기도론에서 배울 수 있는 성령의 역사와 도우심은 중세교회가 잃어버린 신앙의 복귀이자, 교회의 회복이었고, 오늘의 교회가 다시 살려내야 할 감격스럽고도 영

---

38 Ibid.

광스러운 모습이 아닐 수 없다. 기도문을 외우고, 무감각하게 낭독하던 로마 가톨릭의 교회는 이런 생동감을 결여하고 있었다.

기도는 입술의 열매요, 입술을 지으신 이의 뜻에 따라서 가장 아름답게 사용된 경우이다. 하나님은 우리의 입술을 기도하도록 만드셨고, 가슴에서 우러나오는 간구가 드려져야 한다. 입과 입술을 만드신 분의 뜻에 따라서 진실한 기도를 하지도 않으면서, 기도에 관하여 많은 이론을 아는 것은 유익이 없다. 점점 더 한국 교회 성도들이 기도에 힘쓰되, 분명한 기도의 원리와 바른 지침으로 절제되어서, 응답받고 감격적인 신앙을 유지해야 한다. 가장 온전한 기도는 역시 예수님이 가르쳐주신 주기도문이다. 6가지의 간구로 구성된 이 기도에 따라서 우리들의 기도는 마땅히 절제되고 지배를 받아야만 한다. 경건하고도 거룩한 기도는, 자기 중심적인 은혜를 사모하거나, 개인의 욕망에 대해서만 매달리지 않도록 힘쓸 일이다.

한국 교회는 기도에 전념하는 기도원 운동이 매우 깊은 영향을 미치고 있다. 대부분의 성도들은 자신의 어떤 문제에 직면하면 기도원을 찾아가는 것이 보편화 되어있다. 이런 신앙적인 공식이 일반화된 것은 독특한 한국 문화와 종교적인 정서 때문이라고 보인다.

세속의 일상을 떠나서 조용한 곳을 찾아서 하나님의 은혜로우신 도움을 간구하는 것을 무조건 비판할 수 없을 것이다. 그러나 기도원 운동의 일반적인 문제점을 간과해서는 안 된다. 기독신자로서 자신의 윤리적인 책임의식과 철저한 회개에 전념하지 않고, 당장의 고통에서 모면해보고자 매달린다든지, 너무도 지나치게 개인의 욕심이나, 일회적인 필요에만 치우침으로써, 소위 기복신앙의 오류를 벗어나지 못하고 있다.

한국 성도들이 오직 자신의 개인적인 복을 비는 기도에만 그치고, 민족과 나라의 장래와 선교와 하나님 나라의 확장을 위해서 무관심하다면 이것은 분명히 개인주의요, 물질주의요, 현세주의 철학으로 지배를 받는 것이다. 하나님 나라에 대한 관심으로 그의 나라와 그의 의를 먼저 구하고, 그 나라에서 얻는 행복에 관심이 있어야 한다. 이제 눈을 열어서 성경이 가르쳐 주시는 하나님을 높이고 인정하는 기도, 그분의 뜻을 헤아리는 기도가 회복되어야 하겠다. 자기의 이익을 위한 소원보다는 정신적인 혼란과 경제적인 어려움을 겪는 교회와 국가를 위하여 더 기도하는 시간을 가져야 할 것이다.

온전한 기도는 성령의 역사 없이는 불가능하다. 기도는 인간의 심령에 있는 절박한 필요와 감사의 동기 때문에 드려지지만, 본성적 충동에 의해서 강요되거나 고취되어서는 안 된다. 즉흥적 충동에 의해서는 바른 기도를 드릴 수 없다. "성령께서 바르게 기도하는 방법을 가르쳐 주시지 않는 한 우리의 입을 여는 것은 위험하다."[39]

성령의 감화가 있으므로 우리의 기도가 효과적으로 드려지고, 열정과 간절함을 놓치지 않고 나아갈 수 있게 된다. 칼빈은 오순절 성령 강림에서, 우리 성도들은 성령이 우리에게 임하여 오시기를 위하여 기도하기보다는, 성령의 충만(increase)을 위해서 기도해야 한다고 가르친다.[40]

전체적인 개혁주의 신학의 구조와 긴밀히 연결되어 기도에 대한 규

---

39 *Calvin's Commentary on Jer.* 29:12.

40 *Calvin's Commentary on Acts* 1:14; "we should be instant in prayer, that we may gain daily increase of the Spirit. Increase, I say, because before we can conceive any prayer we must receive the first fruits of the Spirit."

범적인 교훈을 강조한 칼빈은 항상 하나님과의 관계를 중심으로 기도를 이해해야 한다고 역설하였다. 그에게 있어서 신앙의 전제이자, 설교와 생활 속에 있는 생명력으로 남아있는 것은 하나님과 인간의 관계성, 즉 경건이다. 그래서 칼빈을 '경건의 신학자'라고 말하곤 하는데, 역시 기도에서도 예외 없이 그는 경건한 기도자의 모습을 강조하고 있다. 하나님을 사랑하고 경외하는 자는 기도하지 않을 수 없다.

우리는 기도에 몰두하는 데 왜 그렇게도 인색하며, 느린가? 칼빈은 하루에 최소한 기도를 여덟 번 하라고 권하였다. 이것은 항상 기도하는 시간의 연속으로 살아가라는 것이다. 기도의 지속성을 무시해서는 안 된다. 우리에게 아무리 충분한 음식이 있다고 하더라도 건강이 주어지지 않거나, 피로와 고민으로 마음에 병이 들어서 입맛이 없다면, 아무런 기쁨이 되지 못한다. 따라서 항상, 건강할 때나, 병들었을 때에나 기도해야하는 이유가 여기에 있다. 하나님이 우리에게 은총을 베풀어주시지 않으시면, 그 많은 음식들은 아무런 효용이 없게 되고 만다. 예수님의 비유처럼 어리석은 부자는 그 밤에 생명을 잃고 말았기 때문이다.

기도하는 시간을 주신 하나님께 감사하며 이 특권을 바르게 사용하여 목회자나 성도들이나 기도의 오류에서 벗어나야 하겠다. 바른 기도를 드리려는 사람은 주님이 가르쳐주신 기도(마 6:9-13; 막 11:22-25)의 지배를 받아야만 한다.

개혁교회가 로마 가톨릭의 기도론을 교정하였다는 업적이 있음을 살펴보았는데, 이것을 그저 분석적으로 알고만 있다든가, 혹은 아직도 인위적인 기도에 매달리고 있다든가, 지식적으로 기도에 대해 이론적인 습득에 그치는 경향이 있다면 안 될 것이다. 무엇보다 더 시급한 것은 기도를 들으시는 아버지께서 그의 자녀들의 기도를 지금도 들어주고 계시며, 그가 약속하신 것들을 기도할 때에 허락하신다는 것을 확신하고 실천에 옮기는 일이다.

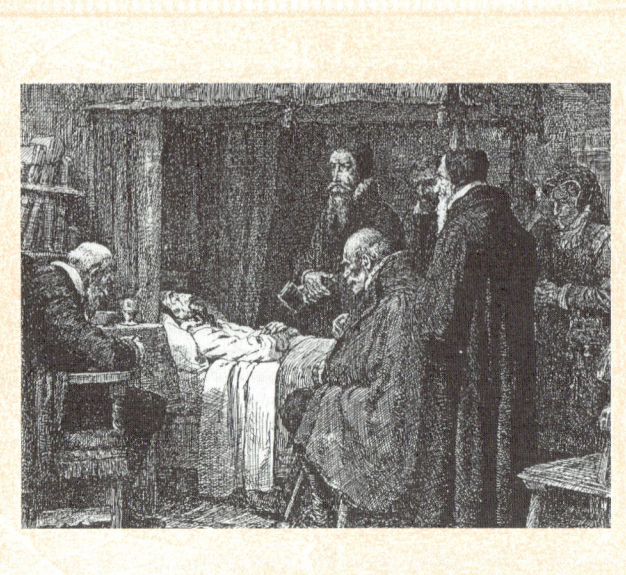

1564년 5월 27일, 칼빈의 소천

칼빈의 무덤

11장
설교와 성령의 기름부음

칼빈은 종교개혁시대의 개신교 예배를 확정시키는데 크게 기여했다. 예배의 중심을 강해설교에 두었다. 오늘날까지, 장로교회만이 아니라 대부분의 개신교회가 설교를 핵심으로 하는 예배를 드리고 있다. 예배의 구성요소들 중에서 설교를 중시하게 된 것은 단연코 칼빈의 공헌이 크다.

1. '하나님의 학교'와 말씀 강해

주님의 날, 주일날이 오면 칼빈은 아침과 오후에 제네바 교회의 높은 강단에 올라가서 한 시간이 넘게 설교했다. 주중에도 지속적으로 강단에 올라가서 역시 강해 설교를 계속하였다. 거기서 칼빈은 청중들에게 하나님의 말씀을 순서적으로 한 구절, 한 구절 지속적으로 가르쳤다. 이러한 노력을 기울인 이유는 무엇인가? 칼빈은 설교를 통해서 하나님의 말씀을 가르쳐야 한다는 목양사역에 남다른 사명감을 깊이 느꼈기 때문이었다.

> 나는 항상 성경을 강해할 때마다, 이것을 나의 규칙으로 삼고 준수하려한다. 나에게 듣는 사람들이 구원에 이르도록 권유하고 내가 하는 설교를 들음으로써 유익을 얻도록 함이다. 만일 이런 감화가 없는 설교를 한다면, 내 설교를 듣는 사람들을 권유하는 일을 이루지 못한다면, 나는 하나님의 말씀을 오염시키고 있으므로 벌 받을 자이다.[1]

그런데, 이와 같은 책임이 설교자에게만 있는 것이 아니라, 사실은 청중들에게도 똑같이 주어져 있음을 기억해야 한다.

> 그리고 역시 성경을 읽는 사람들이나 성경에 대한 설교를 들으러 온 사람들도, 만일 그들이 어리석은 의구심만을 추구하는 자들이라면, 만일 그들이 그냥 시간을 보내기 위해서 오는 것이라면, 그들은 모두 하나님의 거룩한 것을 타락시킨 죄책이 있는 것이다.[2]

이처럼 설교를 매우 높이 존중하는 견해는 칼빈이 강해설교를 지속적으로 전개하기까지는 별로 잘 인식되지 못하였다. 제네바 시민

---

[1] 칼빈 전집 54:287.
[2] 칼빈 전집 54:287.

들은 설교의 중요성을 보편적으로 인정하지 않았었다. 어떤 사람들은 설교를 듣지 않으려 했고, 아예 교회로부터 율법을 밖으로 내던져 버리기를 바랐다.

어떤 이들은 아예 강해설교라는 명칭조차도 거론하지 않으려고 했다. 그러한 율법 폐기론자들에게 구약성경을 설교하게 될 때에 황당하다는 반응이 나온다. 특히 재세례파들은 자신들이 율법을 지킬 의무가 없다고 하면서, 이는 이미 다 성취되었다고 주장했다. 이들은 무뢰한 자들이요, 불량한 자들로서 더 이상 율법이나 선지서는 필요 없다고 가르쳤던 것이다.

성경적 설교를 거부하는 자들에 맞서서, 칼빈이 인내심을 가지고 정기적으로 강해 설교를 지속했다는 것은 무엇을 의미하는가? 오늘날 그저 흔한 강해 설교자의 한 사람이었던 것으로 간주해서는 안된다. 오늘날 많은 성도들은 이 초기 종교개혁자 칼빈이 설교를 통해서 이룩한 중요한 영향을 제대로 이해하고 있는 것 같지 않다. 그의 설교는 로마 가톨릭의 오류에 대립하여 새롭게 세워진 진리의 선포이자, 개신교 설교의 모범이었다.

최초의 종교개혁자들 사이에서 칼빈은 설교를 갱신하고자 하는 절실한 필요성을 인식하고 이를 실천한 사람이었다. 그의 설교를 그저 한 개신교 주창자의 신학선언 정도라고만 생각해서는 안 될 것이다. 아무튼 칼빈이 제네바에서 시도한 설교가 가장 중요한 일과였다는 사실을 과소평가해서는 안 될 것이다.

오늘날 설교가 사람들의 이야기에 치중되고 있으며, 인기 있는 설교일수록 만담과 재치있는 유머로 장식되곤 하는데, 설교를 통해서 우리가 해야 할 바가 무엇인가를 칼빈으로부터 배워야만 할 것이다.

칼빈은 설교를 할 때 무엇을 가장 염두에 두었는가? 왜 칼빈은 구절 구절 강해 설교를 했으며, 이를 통해 어떤 성경의 교훈을 성도들에게 가르치고자 했던 것일까? 그는 성도들로 하여금 마치 혁명을 일으키듯이 기존의 낡은 왕정체제를 바꾸려는 개혁주의적인 열정과 확신을 가지도록 가르칠 것이 아니라고 확신했다.

설교는 개혁 지지자들의 세력을 규합하려는 수단이 아니라는 말이다. 도리어, 그러한 인간적인 흥분을 가라앉히게 하고 순수하게 성경에 담긴 계시를 가르쳐서 말씀에 입각한 신앙을 가지도록 하는 것이 그의 주된 목표였다. 성도들의 생각과 행동이 하나님의 말씀에 순종하게 되기를 진지하게 염원하였던 것이다.

다시 말하면, 칼빈이 설교에 역점을 둔 것은 곧 설교에 대한 신학적인 동기에서 나온 것이다. 그는 성경적인 교훈을 전달하는 설교의 중요성을 인식한 것이다. 그리고 강해 설교라는 성경적 방식을 강하게 실천에 옮김으로써 개신교 교회가 장차 설교시간에 선포하고 증거해야 할 것이 무엇인가를 분명히 제시한 것이다.

강해설교에 집착한 것은 칼빈이 성경관을 확고하게 가졌기 때문이고, 그것은 개혁교회의 핵심 전통이다. 칼빈이 성경의 특성을 어떻게 이해하였는가를 보여주는 가장 대표적인 해설이 『기독교 강요』 제1권 7장에 담겨있다. 여기서 칼빈은 성경의 본질이 무엇이냐, 혹은 계시로서의 성경은 어떤 책이냐 등에 대해서 자신의 성경관을 개괄적으로 표명하였다.

2. 성령의 사역

성령께서 일하시고 역사하시는 현상은 어떤 특수한 경우에는 매우 분명하게 기록된 반면에, 일상적이요 보편적인 사역은 종종 모호하고, 숨겨져 있고, 감춰져 있을 때가 많다. 따라서 우리는 성령의 사역을 도외시하는 경향이 있다. 특히 설교에 있어서나, 목회사역에 있어서나, 예배에서 성령의 역사하심은 가장 핵심적인 요소임에도 불구하고 너무나 사람 위주로 치중하고 있다.

설교는 성령님의 주권적이요, 놀랍고도 신비로우며, 즉각적인 사역이다. 설교는 이런 확신에 기초하는 것이 가장 중요하다. 초대 교회 시대에 어떤 설교 잘하는 사도들이나, 목회자들이 널리 인기를 끌었던 것은 아니다. 오직 성령의 인도하심을 받아서 하나님의 말씀을 전파하는 중에 사람들이 회개하고 돌아서는 놀라운 현상이 일어났다. 국제적으로 명성을 떨치는 설교자로 알려진 사람은 한 사람도 없었다. 오직 성령으로 인도하심을 받은 사람들 뿐이었다. 베드로의 기념비적인 설교도 성령의 충만하신 인도하심에 의해 설교하였을 때에 관원들과 제사장들과 성전 맡은 자들이 놀랐다(행 4:8).

목회사역 전체가 성령의 인도하심과 권능을 부어주심으로 가능하다. 설교자로서 사역하는 것도 역시 성령의 강권하심과 부어주시는 힘으로 인해서 가능하다. 지금도 성령께서 사람들을 세우시고, 힘을 주시며 용기있게 일하게 하신다.

에스겔은 성령에 충만하여 힘있게 패망한 유대백성들 앞에서 증거할 수 있었다.

> 주의 영이 나를 들어올려 데리고 가시는데 내가 근심하고 분한 마음으로 가니 여호와의 권능이 힘 있게 나를 감동시키시더라(겔 3:14).

우리의 삶은 성령의 인도 가운데서 살아가는 것이다.

> 구름 기둥과 불 기둥은 사실상 장차 오실 예수 그리스도의 그림자요, 또한 장차 주님께서 십자가에 못 박혀 죽으셨다가 다시 살아나신 후 신약 교회에 성령으로 크게 역사하실 일에 대한 하나의 그림자입니다. 하나님은 성령으로 말미암아 오늘날 우리를 보호해 주시고 계시며 우리를 밝히 인도해 주시고 계십니다…이제 신약시대에 하시는 성령의 역사가 그렇단 말이예요. 성령으로 말미암아 우리를 보호해 주시며, 성령으로 말미암아 우리를 밝히 인도하여 주시며, 성령으로 말미암아 우리를 깨닫게 해 주시는 것입니다.[3]

설교는 인기있는 예술가나 연예인이 무대에서 하는 연기나 공연과는 다르다. 사람들이 모여 있고, 일정한 시간에 전달되는 것은 유사할지 모르지만, 설교는 인기 연예인이 소위 '재간'을 가지고 사람들 앞에서 인기를 유지하는 것과는 본질적으로 다르다. 설교자는 회중으로 하여금 그리스도 예수를 바라보게 해야만 한다.

설교자는 세례 요한과 바울 사도와 같은 분명한 한 가지 목적을 가

---

[3] 박윤선, 『응답되는 기도』(서울: 영음사, 1974), 262.

지고 있다. 설교자는 자기 자신의 지식이나, 경험이나, 능력이나, 지혜를 말하지 않고, 오직 십자가에 달리신 예수님만을 증거하는 것이다.

> 우리는 우리를 전파하는 것이 아니라 오직 그리스도 예수의 주 되신 것과 또 예수를 위하여 우리가 너희의 종 된 것을 전파함이라(고후 4:5).

태어날 때부터 말하는 데 있어서 재능이 있고, 공중 앞에 서는 것이 자연스러운 사람들이 있다. 이런 사람들이 설교할 때에는 더욱 조심해야만 한다. 자신의 재능에 의존해서 사람들을 울고 웃기는 기교를 부리거나, 재주를 의지하는 태도는 설교자로서 합당하지 않기 때문이다.

3. 성령의 수단이 된 사람들

설교는 성령의 은사를 받음으로서만 가능하다. 성령이 주시는 은사를 통하지 않으면 성경의 전달이나 감화 감동이란 불가능하다. 설교란 성령의 은사 그 이상도 그 이하도 아니다. 따라서 사람이 받은 달란트로 생각해야지, 설교 잘하는 인간이 높임을 받거나, 거만할 이유는 하나도 없다.

신약성경의 은사 목록을 자세히 들여다보면, 로마서 12장과 고린도전서 12장에서, 한 가지 중요한 사실을 발견할 수 있다. 신약성경에서 가장 중요시하는 은사는 역시 말씀을 가르치고 증거하는 은사라는 점이다. 하나님은 인간 사역자들을 통해서 증거하시되, 특히 교회의 말씀 사역자들을 매우 중요하게 사용하시고자 특별한 은사를 부여해 주신다.

> 우리에게 주신 은혜대로 받은 은사가 각각 다르니 혹 예언이면 믿음의 분수대로, 혹 섬기는 일이면 섬기는 일로, 혹 가르치는 자면 가르치는 일로…(롬 12:6-7).

> 각 사람에게 성령을 나타내심은 유익하게 하려 하심이라 어떤 사람에게는 성령으로 말미암아 지혜의 말씀을, 어떤 사람에게는 같은 성령을 따라 지식의 말씀을(고전 12:7-8).

> 하나님이 교회 중에 몇을 세우셨으니 첫째는 사도요 둘째는 선지자요 셋째는 교사요 그 다음은 능력을 행하는 자 그 다음은 병 고치는 은사와 서로 돕는 것과 다스리는 것과…(고전 12:28).

은사들을 이와 같이 사도 바울이 자세하게 열거하고 설명하는 까닭은 무엇인가? 하나님의 말씀을 선포하는 설교와 가르치는 것에 가장 중요한 위치를 부여하고 있기 때문이다. 이것은 설교나 가르치는 사역이야말로 사도들의 사역의 핵심이었으며, 교회의 기초석이 된 사도들에게 주어진 시대적 사명이었음을 지적하는 것이다.

가르치는 은사에 대한 강조는 실제적으로 에베소에서 바울의 사역을 통해서 실현되었다. 여기서 그는 사도적 은사를 드러냈고, 동시에 이를 계승할 디모데에게도 당부하고 있다. 사도 바울이 에베소에서 사역하는 동안 많은 기적을 행하고 능력을 행하였다. 그러나 능력을 행하는 것이 그의 활동과 전도사역의 핵심이 아니었다. 그보다도 더 열심을 기울인 일은 성경을 분명하게 가르치고 해설해 주는 말씀 증거와 성경 학습 사역이었다.

> 하나님이 바울의 손으로 놀라운 능력을 행하게 하시니(행 19:11).

그러나 가장 핵심적인 사역은 두란노 서원에서 가르치는 일이었으니, 거기서 약 2년 동안 매일 제자들을 가르쳤다. 그는 다른 어떤 일보다도 이 중요한 기간 동안 자신의 생명을 바쳐서 에베소 성도들을 가르쳤다. 그는 특히 하나님의 나라를 가르쳤고, 하나님의 모든 뜻을 선포하였다(행 20:20, 25, 27). 그는 이런 사역을 매일 다른 사람들은 낮잠을 자는 시간임에도 계속하였고, 한번에 몇 시간씩 계속했으며, 매일같이 많을 때는 무려 다섯 시간 동안 가르쳤던 것으로 보인다.

에베소에서 바울의 사역을 조명해 볼 때, 다른 어떤 일 보다도 자신의 후계자 디모데를 양성하는 일이 특별히 중요했음을 시사하고 있다. 특히 바울은 속사도 시대에 디모데가 감당해야 할 일로서 성경적인 가르침을 잘 감당하는 일과 설교를 핵심적인 임무로 당부하고 있다(딤전 4:13). 디모데는 말씀을 읽는데 주의를 해야 할 뿐만 아니라, 하나님의 말씀을 합당하게 다루는 일에 자신을 헌신해야만 한다(딤후 2:15). 이런 중대한 임무를 감당하기 위해서, 디모데는 어떻게든 성경에 능한 사람이 되어야만 하였다. '교훈과 책망과 바르게 함과 의로 교육하기에 유익한 것'을 분명하게 밝혀 주어야 할 임무가 무엇보다도 핵심으로 강조되고 있다. 말씀을 잘 풀이하고 전달하는 은사는 디모데가 책무를 다하는 데 있어서 다른 어떤 은사와 바꿀 수 없는 교회의 근간이 되는 일이었다. 여기에 다른 특별한 기적이나 이적, 또는 방언 등의 다른 은사가 전혀 언급이 되어 있지 않음에 주목해야만 한다. 성령은 말씀의 사람과 함께 하셔서, 인내를 통해서 사람들을 바르게 하고, 책망하고, 격려하는 사명을 감당하게 한다.

4. 성령의 검

특히 성경학자들은 디모데후서 3:16에서부터 4:2까지를 두 부분으로 구분해 놓은 것에 대해서 잘못이라고 지적하고 있다. 이런 관계에서, 바울은 하나님의 말씀을 '성령의 검'(엡 6:17)으로 보았으니, 이 단어를 통해서 그가 의미하고자 했던 것은 성령에 의해서 무엇이든지 분명하게 밝혀지게 된다는 것(영감)일 뿐만 아니라, 강력한 효과가 성령으로 말미암아 채워진다는 것이기도 하다(참고, 히 4:12-13).

청중은 성령의 조명이라는 강력한 영향력의 한 가운데 놓여있다. 성령은 사람들의 마음을 밝혀서 비참함과 어리석음과 부패함을 탄식하게 만든다. 하나님의 말씀은 인간의 마음 속에 지식의 빛을 가져다 주어서 전에 빠졌던 미로에서 벗어나게 하는 예리한 분별력을 준다. 여기서 검이란 단어는 헬라어 '크리티코스'(κριτικοσ)인데, 영어로 '분별자'(a discerner)란 뜻이다. 어둠과 악으로부터 빛과 선이 구별된다.

칼빈은 이 '성령의 검'이란 말씀의 유효성이라고 해석한다.

> 언제나 주님이 말씀으로 우리에게 가까이 다가오실 때에 그는 우리의 모든 내적인 감각들에게 전부 영향을 미치도록 매우 심각하게 우리를 취급하신다. 우리 영혼의 그 어떤 부분도 예외 없이 말씀의 영향을 입지 않는 부분이란 없다…바울 사도가 영광을 돌리고 있는 것은 성령의 권능이다(고후 10:4)… 더욱이 사도가 여기서 하나님의 말씀에 대해 가르치고 있는 바는, 사람들의 사역에 의해서 우리에게 가져다 준 말씀이라는 점을 주목해야만 한다. 사람의 입술에서부터 나온 것은 죽은 것이요, 어떤 효과적인 면도 결여되어 있다는 것은 어리석은 생각이요, 매우 위험한 사고 방식이다. 나는 그 효과는 결코 사람의 언어에 좌우되지 않으며, 그 목소리에 좌우되는 것도 아니라, 오직 성령께 전적으로 기인하는 것임을 분명히 확신한다. 그러나 성령은 선포되는 말씀 가운데서 그의 권능을 가져다주신다는 사실을 결코 방해하지 않는다. 왜냐하면 성령은 친히 말씀하지 아니하시고 사람을 통해서 말씀하시는 까닭에, 전달하는 사역자들이 사람인 연고로 그의 교훈이 경멸을 받지 아니하도록 성령은 엄청난 주의를 하고 계신 것이다. 따라서 바울이 복음을 하나님의 능력(롬 1:16)이라고 말했을 때에, 그는 그 자신의 설교를 어떤 사람들은 받아들이고 어떤 사람들은 거부하는 것을 그가 지켜보았다는 설명을 곁들이면서 의도적으로 영화롭게 하고 있다.
> 그가 다른 곳에서도(롬 10:8-10) 우리의 구원은 믿음의 교훈

에 의해서만 우리들에게 주어진다고 설명할 때에도 그는 분명히 자신이 설교한 교리를 의미하였다.

우리는 항상 인간이 노력에 의해서 전파되는 가르침, 그로 인해서 우리들이 그분을 항상 공경하도록 공개적으로 명령하고 있음을 주목해 보아야만 한다.[4]

'성령의 검'이 사용된 예를 한 가지 찾아보자. 우리는 성령의 강림이 있었던 오순절 날을 항상 기적의 날로 생각한다. 그러나 이 날로부터 일어난 가장 중요한 기적은 무엇이었던가? 그것은 성령께서 말씀 증거를 통해서 전 세계 사람들을 회개시키고 감동시키신다는 점이다. 오순절 날에 베드로의 설교를 통해서 성령께서 하신 놀라운 기적은 그리스도를 영화롭게 하고 죄에 대한 확신을 갖게 하신 점이다(요 16:8-11). 오순절 날에 방언으로 선포하는 것을 듣던 사람들이 매우 깊은 감동을 받았는데, 3천 명을 회개시키도록 영향을 미친 것은 성경을 인용한 베드로의 설교였지, 방언을 말하는 이적이 아니었다. 성령은 이 오순절 날 마치 예리한 비수처럼 사람들을 감동시켰다.

다른 곳에서 바울은 그러한 효과적인 대중전달의 핵심에 성령의 기름 부으심이 있었음을 지적한 바 있다. 그것은 인간의 수사학이나, 지혜나 웅변술이 아니라, 권능, 능력 즉 성령의 인치심이었다(행 1:8). 고린도 성도들에 대한 편지에서 바울은 성령의 나타나심과 능력으로 증거하였다고 다음과 같이 말한다.

---

[4] *Calvin's Commentary on Heb.* 4:12.

> 내 말과 내 전도함이 설득력 있는 지혜의 말로 하지 아니하고
> 다만 성령의 나타나심과 능력으로 하여(고전 2:4).

데살로니가인들에 대한 바울의 편지에서도 역시 똑같은 특징이 들어있다.

> 이는 우리 복음이 너희에게 말로만 이른 것이 아니라 또한 능력과 성령과 큰 확신으로 된 것임이라 우리가 너희 가운데서 너희를 위하여 어떤 사람이 된 것은 너희가 아는 바와 같으니라 또 너희는 많은 환난 가운데서 성령의 기쁨으로 말씀을 받아 우리와 주를 본받은 자가 되었으니(살전 1:5-6).

설교의 특징은 전파되는 내용의 핵심이 구세주인 그리스도라는 것이다.

첫째는 그리스도의 인격과 사역, 그 중에서도 특별히 하나님의 권능과 지혜로써 십자가에서 죽으신 그리스도에 대해 증거하는 것에 초점이 모아져 있다.

둘째는 성령은 그리스도를 전달하는 수단으로서 성경을 사용하고 있는데, 성경은 교훈과 책망과 바르게 함과, 치유와, 의로 교육하기에 유익하다(딤후 3:16-4:2). 그래서 성경을 통해서 설교를 듣는 성도들이 바른 인격적 안목을 갖출 수 있게 하신다.

5. 설교의 기름부음

성경에 나오는 설교자의 삶이 처해있는 상황도 매우 다양하였다. 그러나 성령은 인간 설교자를 은사를 주신 것으로만 버려두거나 묵과하지 않았다. 설교자는 그리스도와 연합하여 살아가게 하면서, 심지어 자신의 시련과 고통의 체험마저도 이 사역에 아주 밀접하게 연관을 갖게 하신다. 사도 바울은 '약하고, 두려워하며…많은 떨림으로' 사역을 감당해야만 되었기에 그는 더욱 더 그리스도 안에 있었다(고전 2:3). 설교자의 열악한 생활상이 결코 복음에 방해거리가 되지 못한다. 도리어 바울 사도의 경우 빌립보에서 능욕과 핍박에 대해 안목을 가지고 경험을 했기 때문에, 데살로니가에서는 더욱 열매가 넘치는 설교를 할 수 있었다(고후 13:5).

1) 설교자의 준비에서 성령을 체험하게 함

설교자는 자신의 준비기간을 통해서 확실한 성령의 은혜와 기름부음을 체험해야만 한다. 이때 성령체험은 언제나 누구에게나 같은 한 가지 방법만을 고집해서는 안 된다. 하나님은 만 가지 방법으로 사람을 감동시키고 거듭나게 하시고, 충만케하시며 준비시키실 수 있다. 고난을 통해서, 환경을 통해서, 건강의 회복을 통해서 등등 갖가지 방법으로 훈련시키시고 준비시키시는 체험을 가질 수 있다. 신학과정에서, 부교역자로 쓰임받는 과정에서 하나님의 능력과 권능을 체험하도록 세밀하게 주목해야만 한다.

에베소서 4:11에서 바울은 하나님이 사도와 선지자와 복음전하는 자와 목사와 교사로 부르셨다고 말하였다. 다시 말하면, 교회가 이런 사역자들을 세우는 것이 아니라, 하나님이 친히 사람들을 세우셔서 일하게 하신다. 하나님은 교회를 봉사하고 섬기는 은사들을 이들에게 주시고 추수할 밭으로 보내시는 것이다. 이런 과정에서 성숙과 건강함이 첨부되도록 성령님이 길러주시고 먹여주신다. 이런 체험이 없이는 곤란하다.

마틴 로이드 존스는 호웰 해리스(Howell Harris, 1714-73)를 성령의 영향력 안에서 살았던 사람이라고 흠모한 바 있다. 해리슨은 매우 겸손한 사람이었다. 해리스의 사역을 두 가지로 간단히 요약해 보면, 첫째로 어떤 특정한 본문의 문맥을 밝히 설명하는데 집중하였고, 둘째로 그로부터 선포되는 말들이 권세 있는 말씀으로 들려지도록 모든 에너지를 쏟아 부었다.[5] 그의 설교는 언제나 주목을 받았고, 절정을 향해 진행되는 가운데서 성령의 충만함을 받았다. 이것은 바로 경건한 생활에서 나오는 권위였고, 이것은 오직 성령님의 인도하심으로 주어진다. 누가 겸손의 권능을 예수님 앞에서 부인할 수 있을 것인가! 설교자의 권위는 선포하는 말씀을 준비하면서 그 말씀으로 사로잡는 인도하심에서 놀랍도록 변화되는 체험을 갖게 되는 데서부터 주어진다.

---

5 성령에 대한 해리스의 철저한 의존심과 설교에 대한 입장 등은 다음을 참고할 것. Richard Bennett, *Howell Harris and the Dawn of Revival*(1909; repr. Evangelical Press of Wales, 1987).

2) 설교의 담대함과 자유함

성령님은 설교자의 설교현장에서 역사하시며, 기름부어 주신다. 이것은 설교자의 준비와 미리 예측한 결과와는 다른 반향을 불러일으킨다. 사람의 지혜를 능가하는 성령님의 역사가 있기 때문이다. 설교자의 기억력으로 모든 설교를 전달할 수만은 없다. 주님은 자유롭게 설교자의 전달과정에 간여하신다. 성령으로 임재하셔서 그 본문의 뜻을 준비된 것 이상으로 밝혀주신다. 초월적인 방법으로 효과가 드러나게 하신다. 영혼을 자극하셔서 즉각적인 찔림과 회개를 불러일으키신다.

첫째, 성령의 기름 부어주시는 능력으로 설교자는 '담대함'(*parrhesia* = *pan+rhesis*, 행 4:13, 29, 31; 빌 1:20; 참고. 고후 7:2)을 갖추게 된다. 구약성경에서와 같이, 성령이 하나님의 종을 충만케 할 때, 그는 그 인격으로 '옷을 입었고' 성령의 권위의 여러 가지 측면들은 용감하게 하나님의 말씀을 선포하는 것으로 나타났다.

바로 왕 앞에 선 모세, 다윗 앞에 선 나단, 아합 왕과 이세벨, 아모스와 예레미야, 그리고 거짓 선지자들 앞에 선 엘리야, 헤롯 왕 앞에 선 세례 요한이 바로 두려움을 이긴 성령의 사람들이다. 베드로는 예루살렘의 제사장들과 바리새인들을 두려워하지 않고 담대히 회개를 촉구하였고, 바울 사도는 아그립바 왕과 총독을 두려워하지 않았고, 그리고 여러 낯선 지방을 순회하면서 두려워하지 않았다. 죽음을 무서워하지 않고, 순교를 각오한 사람이라면 세상이 감당하지 못한다. 성령은 설교자의 내부에서는 이런 성령의 독특한 감동을 주심으로써 영적인 싸움에서 승리하는 일꾼이 되게 하신다. 누구를 무서워하랴,

누구를 기쁘게 하랴, 하나님이냐 사람이냐?

　오늘의 한국 설교자들은 누구를 기쁘게 하고 있는가? 과연 하나님인가? 아니면 사람들인가? 청중을 웃기고, 즐겁게 하려는 의도가 있다면 벌써 성령님이 주신 담대함은 사라져 버린 설교자이다. 누구도 개의치 않고 자신감을 갖고 확신 가운데 복음전파에만 전력하도록 성령님은 설교자들과 복음 전하는 사람들을 도와주신다.

　둘째, 성령의 기름 부어주시는 능력으로 설교자는 복음 선포의 자유함을 얻게 된다. 우리는 사도행전에서 이런 몇 가지 사례들을 살펴볼 수 있다. 사도들은 아무것도 얽매이지 않았다. 사도 바울은 누구의 권세나 체면이나 입장을 세워주고자 설교석상에서 주저하지 않았다. 그는 어떤 의도를 가지고 설교를 하지도 않았다. 오직 복음에 대한 불타는 마음뿐이었다. 물질이나, 자리에 연연하는 설교자는 이런 성령이 주시는 자유함을 상실해 버린다. 사도들은 자신의 생계대책으로 어쩔 수 없어서 교회를 돌보거나 설교하는 것이 아니었다. 차라리 굶어서 죽을지언정 사도 바울은 이런 물질적인 궁핍 때문에 교회에 구걸하지 않았다. 그는 스스로 일하면서 자유롭게 복음전파에 매진하였다.

　교회가 계획하고 추진하는 사업이나 목적을 향해서 의도적으로 설교하는 것은 매우 조심하고 경계해야 할 일이다. 오직 설교자는 자신을 하나님의 복음선포의 수단으로 내어 놓아야만 한다. 강단이 자신의 출세의 수단으로 전락되어서는 안 된다.

　뉴잉글랜드 초기의 설교자 토마스 후커(Thomas Hooker, 1586-1647)는 설교할 때에 그것을 듣던 사람들로 하여금 깊은 감동으로 몰아넣는 것처럼 느끼게 하였다! 캠브리지 임마누엘 대학을 졸업한 그는 하트포드 신도시를 건설한 초기 이민자들의 정신적인 지도자요, 신학자였다. 그가 선포한 메시지는 가히 설교자의 놀라운 설교의 예술이라고 말할 만큼 감동을 주었는데, 이는 성령의 조화로운 역사로 인해서 일어난 결과였다. 고든 피(Gordon Fee)가 그 특징을 다음과 같이 설명한 바 있다.

> 강단에서…종종 오염된 설교를 듣는다. 사실 거기서의 설교 그 자체는 목표가 있어야한다고 보여지는 바, 결국 본문이 선포되어서 들려지는가의 여부를 사람들이 알아야 한다. 바울 자신의 요점은 새롭게 들어야 할 필요성을 지적하고 있다… 위험은 그 방법과 내용에 들어 있을 수 있으니, 항상 단 한 가지만은 생각되어야만 한다: 즉 복음은 연약한 인간을 통해서 선포되지만, 그러나 성령의 강력한 사역이 동반됨으로써 하나님과 인간의 만남을 통해서 삶이 변화된다는 것이다. 그것은 설교에서 진행되는 과정을 설명하기가 매우 어려운 바, 그러나 이것은 여전히 참된 기독교 설교에 있어서 진실되게 요청되는 바이다.[6]

하나님의 말씀의 선포는 그리스도로 인하여 교회에게 주신 성령의 핵심적인 선물이다. 이로 인해서 교회는 그리스도에게까지 자라게 된다(엡 4:7-16).

상당히 먼 훗날의 시대에서 보았을 때에, "방언과 해석과 예언과

---

6 Gordon Fee, *God's Empowering Presence*(Peabody, MA: Hendrikson, and Carlisle: Paternoster, 1994), 890.

기적들이 즉각적으로 일어나는 데 흥미를 느끼는 현대 교회의 수수께끼들이, 성경의 해석에서 확신과 질적인 인정을 받으며, 그것들 중의 하나라도 과연 믿을 수 있었던 것이었다"라고 입증될 수 있을 것인가?

3) 칼빈주의 설교자

칼빈의 설교와 성령의 역사는 후대의 교회에 많은 영향을 끼쳤다. 기독교 역사 가운데 성령의 인도하심으로 엄청나게 큰 사역의 반향을 불러일으킨 사역자는 칼빈주의 설교자 죠지 휫필드(1714-70)이다. 침체일로에 빠져있는 우리 한국의 교회는 성령의 감동을 불러일으킨 부흥 설교자 죠지 휫필드에 대해서, 가히 경이적인 기록들을 주목해 보아야만 한다.

그는 설교에 있어서 가장 바른 교리적인 입장을 간직했던 복음주의 설교자였다. 우리가 지금 죽어가는 교회의 부흥을 원한다면 죠지 휫필드에게 주어졌던 그 성령님의 역사를 간구해야만 한다.[7] 그는 한 때는 무려 3만 명, 5만 명, 심지어 12만 명이 모이는 군중집회를 이끌었다. 수많은 평민들은 물론이요, 지체 높은 귀족들이 그의 설교를 듣고 감동을 받아 회심하였다.

휫필드는 성령의 기름 부어주심과 감동하심을 가장 철저히 믿고 설교하면서, 하나님이 강림하신다는 점을 확신하고 깨달았다. 하나님의 임재하심으로 놀라운 감격이 주어지고, 즐거움이 회복된다. 하

---

7 Arnold A. Dallimore, *George Whitefield, The Life and Times of the great evangelist of the 18th century revival*(London: Banner of Truth, 1970).

나님의 축복을 확신하며 놀라운 일이 나타난다. 휫필드는 성령의 직접적인 역사 가운데서 인도하심이 일어나고 마음에 깊은 감동을 불러일으킴을 확신하였다. 그는 설명할 때에 어떤 위대한 권능을 지니고 있었다.

요한 웨슬레와 죠지 휫필드 사이에 교리상의 차이가 현격했다는 것은 주지의 사실이다. 웨슬레는 예정론을 철저히 거부했고, '그리스도인의 완전'을 주장하면서, 이는 단순히 그리스도인이 고도의 성숙함에 도달한 상태라는 것이 아니라, 여러 주 또는 여러 달 동안 전혀 죄를 짓지 않았다고 선언할 정도로 완전함을 자랑하였다. 휫필드는 이런 것은 비성경적일 뿐만 아니라, 위험천만한 소리라고 반박하였다.

> 하나님의 성령이 그대의 영과 더불어 그대가 하나님께로서 났음을 계속 증거 하시기 전까지는 안식하지 말라…먼저 믿음이 성장하면, 사랑, 온유함, 상한 심령, 경건한 슬픔, 의지의 포기, 겸손, 거룩한 두려움, 경성함, 양심의 부드러움, 그 외 다른 모든 덕들도 성장할 것이다.

그러나 그는 감리교단 내의 칼빈주의 분파의 수장을 맡지 않고 끝까지 화해와 연합을 추구하였다. 이 위대한 설교자는 인간적인 명성이나 물질적인 부는 조금도 바라지 않았다. 오직 그리스도의 십자가 외에 다른 어떤 평화도 희망하지 않았다. 자신의 이름을 철저히 낮추고 오직 예수 그리스도의 영광만을 드러내기 원했다.

이런 점에서 우리는 휫필드를 단순히 신앙부흥운동을 일으킨 놀라운 설교자로만 기억해서는 안된다. 칼빈주의 감리교와 알미니안 감리교가 서로 불신하며 반목할 때에, 그는 '모든 사람의 종'으로서 불화와 갈등에서 영국 교회를 구출하였다. 그로 인해서 오늘날 감리교의 창시자는 죠지 휫필드가 아닌 요한 웨슬레로 알려지게 된 것이다.

4) 청중 속에서 역사하심

칼빈에게 있어서 설교는 계시의 문제, 심판자요 구세주로서 하나님의 나타나심과, 진정 죄인으로서 벌거벗은 인간이 회개하고 믿음으로서 '의로운' 사람이 되는 놀라운 역사임을 깊이 다루고 있다. 이것이야 말로 강단에서 무엇을 설교하든지 간에 본질적인 요소인 것이다. 따라서 결론적으로, 하나님의 메세지에 대한 순종은 성령의 은혜의 역사이지 자연의 작업이 아니다.[8]

은혜의 역사로서, 하나님의 말씀에 대한 이 복종은 성령의 사역이다. 은혜의 역사로서 기도가 요청되고, 또한 하나님의 말씀에 대항하는 우리의 반항심을 쳐서 복종시키는 의미에서, 얻으려고 애쓰는 노력을 필요로 하는 것이다.

> 이 단어 [온유함]를 가지고, 그가 의미를 부여하려고 했던 것은 배우려고 준비된 마음의 겸손과 단순함이다. 이사야는 이 점에 대해, '마음이 겸손한 자와 함께 있나니 이는 겸손한 자의 영을 소생시키며 통회하는 자의 마음을 소생시키려 함이라'(사 57:15)라고 했다. 따라서 하나님의 학교에서 진보를 이

---

8 T. H. L. Parker, *Calvin's Preaching*(Edinburgh: T & T Clark, 1992), 48-53.

> 른 자는 매우 적다. 왜냐하면, 자기 영의 광포함을 포기하고 하나님께 고요히 복종하기란 백 명 중에서 한 명도 채 안되기 때문이다…그러나 우리가 하나님의 살아있는 배움을 흠모한다면, 우리 마음을 겸손하게 복종시키는 고통을 감내해야 하고, 우리 자신들이 우리의 목자에 의해 지배 되어야만 하는 그의 양들이 되기를 허용해야 한다.[9]

우리는 다양한 과정을 통해서, 같은 요점에 이르렀는데, 이는 우리가 앞에서 명백하게 살펴본 바, 성령의 내적인 증거이다. 사람을 하나님의 말씀으로 가르침 받을 수 있게 되도록 준비되게 만드는 분은 하나님의 성령이다.

> 우리가 설교를 들으러 오거나, 성경을 읽거나 할 때에, 우리가 듣는 것이나 읽는 것을 우리들이 가진 재치로 쉽게 이해할 수 있을 것이라고 생각하는 어리석은 속단을 하지 말자는 것이다. 도리어 하나님의 말씀을 전적으로 존중하며, 기다리는 마음으로 나아오자. 우리는 성령님에 의해서 가르침을 받아야만 한다는 것을 잘 인식하자. 그 분이 없다면 하나님의 말씀 안에서 우리에게 보여진 것들을 이해할 길이란 전혀 없다.[10]

청중이 그들에게 설교되는 하나님의 말씀을 들으려고 열망하게 되

---

9 *Calvin's Commentary on James* 1:21. 칼빈 전집 55:394.
10 칼빈 전집 53:300(딤전 3:9에 대한 25번째 설교).

는 것, 그것을 하나님의 말씀으로 인식하고, 다른 것들로부터 그것을 구별하며, 그 말씀을 믿고, '실천자'가 되는 것은 하나님의 성령에 의해서이다. 이런 복종과 존대의 태도가 없이는 이 경건(*pietas*)은, 즉 하나님을 두려워하는 것은 불가능하다. 성령의 역사로 인해서 청중들은 집으로 돌아가서, 아침부터 저녁까지 설교를 통해서 들은 바를 묵상하는데 시간을 보내는 동안에 마치 생명수의 물을 우리가 마시는 것과 같이 될 것이다. 칼빈은 당대의 설교에 대해서 깊이 탄식했다.

> 요즈음, 많은 설교자들이 스스로 너무 허영심에 차서, 오직 즐겁게 할 것만을 추구하며, 은혜와 환대만을 찾으려고 하고, 다른 쪽에 있는 청중들도 역시, 설교자들을 바른 길에서 벗어나도록 만드는 원인이 되고 있다. 왜 이런가? 그 이유는, 사도 베드로가 말한 바와 같이, 사람들이 귀가 가려워서 즐거운 이야기와 익살 혹은 '늙은 아내들의 우화' 등으로 채워지기를 바라고 있기 때문이다. 그들을 사도 바울도 여기서 말한다. [이 본문은 디모데후서 4:3이다]. 사람들이 그런 욕망을 가지고 있음을 알게 되었을 때 – 마치 임신한 여인들이 가진 열망이 비정상적이듯이. 이것은 어떤 설교자들이 퇴보하고 있으며, 스스로 겉치레만 하고 있고, 하나님의 가르침을 변질시켜 파괴할 정도로 나쁘게 변질시키고 있기 때문이다.[11]

---

11 칼빈 전집 53:372(딤전 4:6-7, 31번째 설교).

그리고 조금 뒤에 같은 본문에서 다음과 같이 말한다.

> 따라서 우리가 구원의 길을 우리에게 보여주도록 준비되고 평이하게 우리에게 설명하도록 가르침의 사명을 가진 사람을 우리가 원하는가? 우리 쪽에서는 [여기서 우리는 칼빈이 2주에 한 주간은 강단에 앉지 않고, 청중석에 앉아서 있었음을 기억해야 한다] 그들이 악을 행하도록 부추기는 일을 하지 말고, 하나님의 교훈을 변형시키는 원인이 되지 않아야 한다. 어떻게 하는가? 어리석은 열망에 우리 자신을 넘겨주지 말고 공중으로 올라가지 말고, 교화되도록 힘써 나가자.[12]

따라서 청중도, 설교자 못지않게, 그들이 설교를 들으려고 할 때에 분명한 목적을 마음에 가져야만 하는 것이다. 분명한 것은 청중에게나 설교자에게나 그 목적이 일반적이고, 물론 탁월한 서로 다른 특수한 목적들이 있지만, 서로 중복되는 목적이 있음에 틀림없다.

특별한 목적은 성경의 구체적인 구절에 의해서 규정될 것이다. 하나님의 교훈을 받도록 스스로를 겸손케 하며, 자신들의 자연적인 성향에 대해 격렬하게 싸우고, 자신들의 자만심을 죽이도록 해야만 한다. 가장 잘 기초가 잡혀있고, 가장 경험을 많이 한 성도라도 하나님의 가르침보다는 자기의 생각과 방식을 좋아하는 하나의 죄인이다.

만일 이번 주에 그가 어떤 거룩한 말씀을 듣고 너무나 좋아한다면, 다음 주엔 매우 냉담하고 흥미없는 느낌을 가질 수 있는 것이다. 더

---

[12] 칼빈 전집 53:372.

나쁜 경우에는 지루하다고 느끼고, 이미 이것을 다 안다고 할 것이다.

칼빈이 설명한 바에 의하면, 청중의 임무는 하나님의 가르침과 부르심에 흥미를 느끼도록 자신들의 반항심, 무정념, 그리고 무례함에 대항하여 지속적으로 전 생애에 걸쳐서 싸우는 것이다. 청중 가운데 앉은 모든 사람은, 설교자 못지않게, 지속적으로 '성령님이여 오시옵소서'라고 반드시 지속적으로 기도해야만 하는 것이다.

6. 끝맺는 말

모든 설교는 설교자의 성경 해석을 출발점으로 삼는다. 성경 해석은 성령의 조명에 좌우되어 성경 본문의 의미를 이해하게 되고 깨달아 알게 된다. 따라서 설교자의 마음에 확신을 주시며, 청중의 마음을 밝히시는 성령님의 간섭이 없다면 설교는 아무런 영향력을 줄 수 없다. 아무리 위대한 설교자라도 웅변가에 불과하다.

성령의 조명을 의지하며, 성령으로 충만한 설교자가 되지 않는다면, 울리는 소리에 불과하고 꽹과리에 지나지 않는다. 아무리 신학의 지식이 많고 철저히 준비했다 하더라도 전혀 오류가 없이 완벽한 성경 해석, 완전무결한 설교를 할 수 있는 것은 아니다. 그것은 칼빈이나 스펄전이나 누구도 예외일 수 없을 것이다.

20세기에 세계 역사상 가장 위대한 설교자로 손꼽히는 마틴 로이드 존스의 경우에는 성령의 임재와 기름 부으심을 강조하였다.[13] 따라

---

[13] Martyn Lloyd-Jones, *Joy Unspeakable: Power & Renewal in the Holy Spirit*(Wheaton: Harold Shaw, 1984); idem, *The Sovereign Spirit: Discerning His Gifts*(Wheaton:

서 어떤 설교자를 무작정 모방하거나 답습하려는 것은 하나님이 각자에게 주신 자연적인 은사와 특별하신 성령의 기름 부으심을 무시해 버리는 오류를 범하게 된다. 비록 소수의 성도들이 모인 교회의 설교자이지만 그의 사역이 무조건 대형교회 설교자의 목회와 설교를 흉내낼 필요가 없다. 설교자는 각각 그 지역과 주민들의 삶을 이해하여 살아있는 메시지를 증거하도록 은사를 받아서 세움을 입은 자이기 때문이다.

지나간 시대에 서양의 어떤 위대한 설교자의 방법이 아무리 탁월하다고 해도 오늘의 한국의 문화와 시대 속에서 형성된 한국 목사들에게 무조건 적합하다고 볼 수 없는 것이다. 단지 우리는 하나님이 어떻게 그들을 사용하셨던가를 살펴봄으로써 교훈을 얻고 오늘에도 지속적으로 역사 하시는 성령님의 간섭과 조명에 의존해야만 하는 것이다. 설교를 강단에서 선포하고 말씀을 전할 때에 가장 중요한 핵심은 성령의 기름 부어주시는 역사라는 사실을 부인할 사람은 아무도 없을 것이다. 성령이 하시는 사역에 대해서 확고한 이해를 갖지 못한다면, 설교는 인간의 연설이나 강연으로 전락할 뿐이다. 다시 말하면, 설교가 다른 연설과 다른 점은 말씀과 함께 역사 하시는 성령의 작용 때문이다. 신약성경 전반에 걸쳐서, 특히 사도행전에 나오는 수많은 성령의 역사들을 주목해 보라. 모든 사도들의 설교행위에는 항상 설교자와 청중 양편 모두에게 성령의 감동과 기름 부으심이 수반되어서 사람들을 변화시키고 감화시키는 역사가 일어났다. 지금도 이러한 성령의 사역은 지속되어오고 있다. 칼빈주의 성령론이 마치

Harold Shaw, 1985).

오늘날 역사하시는 성령의 사역을 거부하는 것으로 오해하는 인식이 널리 퍼져있음은 매우 안타까운 일이다. 목회사역 전반에 걸쳐서 성령의 역사와 기름 부으심이 없다면 인본주의에 빠질 뿐이다. 여기서 필자는 현대 오순절 운동과 은사주의자들이 주장하는 방언이나, 예언의 은사 회복론이나, 혹은 일부 특별은사들에 대한 계속주의자들의 성령론에 대한 논의를 하고자 하는 것이 결코 아니다.[14] 단지 말씀 선포에 있어서 성령님의 전적인 역사를 바르게 인식하고자함을 지적하고자 하는 것뿐이다. 특히 성령의 은사로 인해서만 설교가 가능하고, 복음 선포가 능력을 발휘한다.

설교를 듣는 이나 설교를 맡은 자에게나 현대 설교학은 효과를 위주로 한 설교의 방법(method)과 기교(technique)에 치우쳐서 성경 저자의 의도를 바르게 드러내는 일을 등한히 하고 있다. 특히 가장 소홀히 취급되는 분야가 성령론에 근거한 설교사역의 이해이다. 하나님이 기름 부어 세워주신 설교자의 준비와 성장, 그리고 일선에 나선 목회사역에 있어서 성령의 역사하심에 대한 깨달음이 없는 경우일수록 유명한 어떤 설교자들의 방법만을 무작정 따라가려는 경향이 드러나고 있다.[15]

---

[14] 방언과 예언 은사의 종결을 주장한 개혁신학자는 워필드, 존 머레이, 패커, 안토니 후크마, 리챠드 개핀 박사 등이다. B. B. Warfield, *Counterfeit Miracles*(New York: Charles Scribner's Sons, 1918; London: Banner of Truth, 1972). John Murray, "The Guidance of the Holy Spirit," in Collected Writings of John Murray(Edinburgh: Banner of Truth, 1976), vol. 1:188. Richard B. Gaffin Jr. Perspectives on Pentecost(Phillipsburg, NJ: Presbyterian & Reformed, 1979)), 57. A. A. Hoekma, What About Tongues-Speaking?(Grand Rapids: Eerdmans, 1967). Gordon Fee, The First Epistle to the Corinthians(Grand Rapids: Eerdmans, 1987).

[15] 김재성, 『개혁주의 성령론』, 392.

오늘 우리는 한국 교회의 중대한 전환점이 요청되는 시대에 처해 있다. 우리는 한국 교회의 전망이 어둡다는 침울한 소식을 부인할 수 없는 것이다. 한국 교회의 양적인 부흥과 질적인 갱신이 절실히 필요한 시점에 이르렀다.

일부 오순절파와 성령 은사파의 경우 여전히 특수한 은사만을 강조하고 있고, 부흥설교를 주로 하는 이름난 설교자들의 경우에 역시 지나친 기복신앙을 고취하고 있어서 복음의 균형을 무너뜨리고 있다. 어떤 분들은 성령의 은사를 강조하면서도 방언과 치유와 각종 이적 행함에 치우치고 있다.

반면에, 전통보수주의 교회에서는 신학적 완전(theological perfection)과 교리적 정통논쟁(doctrinal orthodoxy)에의 지나친 집착으로 인해서 설교의 자유함과 개방성이 상실되어서 강단이 죽어가고 있다. 교리를 구별하려는 설교자들의 논쟁에는 힘이 없고, 사람을 살려내는 권능이 없다. 칼빈주의적 보수신학이 직면한 가장 심각한 문제는 구원론을 너무나 폭 좁게 잘못 받아들여서 경직되어 버린 것이다. 제한속죄와 불가항력적 은혜로 인한 구원을 강조하면 할수록, 인간의 책임과 노력을 외면해 버리는 양극화가 나타난다.

지금 개개인이 체험하는 하나님의 놀라운 은혜를 증거하는 데는 너무나 메말라 있다. 설교자의 말씀이 너무나 학식만을 강조한다. 하나님의 역동적인 능력을 드러내지 못하고 있다. 살아있는 감동이 없고, 다이너마이트가 폭발하는 감동적인 충만함이 결여되어 있다. 그러므로 보수주의 교회 성도들은 차츰 교리적인 싸움에 익숙하게 될 뿐 복음전도와 세계 선교에는 열성이 빠져있고, 무기력하게 되어 버렸다.

그런가 하면, 일부에서는 설교가 자신의 출세의 수단으로, 자신을 인정받는 척도로 착각하고 있다. 성도들로 하여금 '나는 ○○의 메세지가 좋다'는 식으로 자신의 설교에 심취하게 만든다면 복음은 사라지고 만다. 예수 그리스도와 그의 피문은 복음이 좋아서 교회에 달려 나오도록 지도해야 할 사명감이 상실되어 버린 것이다.

베니 힌(Benny Hinn)은 1992년 『기름부음』(The Anointing) 이라는 책을 출판하여, 진리와 왜곡된 해석과 자기 자신을 드러내는데 사용되는 예화들로 혼합시킨 능력 행함을 과용하고 있다. 성령님께서 모든 그리스도인들에게 부어주시며, 특히 설교자가 구할 때 그러함을 인정할 수는 있을 것이다. 그러나 그는 이런 성령의 부어주심이 과연 어떤 내용인가를 설명하는데 있어서 정도를 벗어나고 있다.

설교자들은 어떤 신학적인 전제나, 선입관이나, 자기 자신에게 도취되지 않도록 오직 순수한 말씀만을 증거하는 일에 두려움으로 임해야만 한다. 참된 설교의 목표는 청중으로 하여금 하나님에 대한 감각을 회복하는 데 있는 것이다. 하나님의 영광과 그의 엄위하심과 통치하심에 대한 느낌을 갖도록 최선을 다하는 것이다. 이것은 오직 성령의 인도하심과 기름 부어주심으로 성도들로 하여금 구경꾼이 아니라 말씀에 사로잡힌 사람이 되게 하는 것이다.

참고문헌

1. 칼빈의 주요저작

Calvin, John. *Joannis Calvini Opera quae supersunt omnia*. ed. G. Baum, E. Cuniz, E. Reuss. 59 Volumes (Corpus Reformatorum). Brunswick and Berlin, 1863-1900.

_____. *Institutes of the Christian Religion*. tr. F. L. Battles. Philadelphia: Westminster Press, 1959.

_____. *Calvin's Commentary* 22 Vols. Calvin Translation Society. 1843-1855. Grand Rapids: Baker, 1989.

_____. *Letters of John Calvin*. ed. Jules Bonnet, tr. David Constable, Philadelphia: Presbyterian Board of Publication, 1858.

_____. *Calvin's New Testament Commentary*. ed. D. W. Torrance, and T. F. Torrance, Grand Rapids: Eerdmans, 1964.

_____. *Calvin's Sermon on Ephesians*. Edinburgh: 1975.

_____. *Calvin's Old Testament Commentaries*. Grand Rapids: Baker, 1984.

_____. *Treatises Against the Anabaptists and Against the Libertines*. ed. & tr. B. W. Farley. Grand Rapids: Baker, 1982.

존 칼빈. 『기독교 강요』 3권. 원광연 역. 크리스챤 다이제스트, 2003

_____. 『칼빈주석』 23권. 크리스챤 다이제스트, 2009.

2. 칼빈 관련 연구 자료

Ahlstrom, Sydney E. *A Religious History of the American People*. New Haven, 1979.

Ashley, Clinton. "John Calvin's Utilization of the Principle of Accommodation and its continuing Significance for an Understanding of biblical Language." Th.D. dissertation, Southwestern Baptist Theological Seminary, 1972.

Athanasius, De Decretis. "the consubstantiality of the Word or Son of God with the Father" in Origen and Athanasius, *The Trinitarian Faith: The Evangelical Theology of the Ancient Catholic Church*. Edinburgh: T. & T. Clark, 1988.

Avis, Paul D. L. "The Reformation Tradition Teaches a Real Union of Christians With Christ Through Baptism and the Lord's Supper." in *Christians in Communion*. Collegeville: The Liturgical Press, 1990.

Bahnsen, G. L. *Theonomy in Christian Ethics*. Nutly: Craig Press, 1979.

Backus, Irena & Philip Benedict, eds., *Calvin & His Influence, 1509-2009*. Oxford: Oxford University Press, 2011.

Balke, Willem. "Some characteristics of Calvin's eschatology," in *Christian Hope in Context*, Vol. I. Zoetermeer. Netherlands: Uitgeverij einema, 2001, 30-64.

Balserak, Jon. "The God of Love and Weakness: Calvin's Understanding of God's Accommodating Relationship with His People," *Westminster Theological Journal* 62 (2000): 177-195.

Bannerman, James. *The Church of Christ*, vol. 1 (1869; St. Admonton: Still Waters Revival Books, 1991).

Barker, William S. and R. Godfrey eds., *Theonomy: A Reformed Critique*. Grand Rapids: Acdemic Books, 1990.

Barnes, Robin Bruce. *Prophecy and Gnosis: Apocalypticism in the Wake of the Lutheran Reformation*. Stanford: Stanford University Press, 1988.

Barth, Karl. *Church Dogmatics*. New York, Harper, 1961.

Battis, Emery John. *Saints and Sectaries: Anne Hutchinson and the Antinomian Controversy I the Massachusetts Bay Colony*. the University of North Carolina Press, 1962.

Battles, F. L. *The Piety of John Calvin*. Grand Rapids: Baker, 1978.

_____. "God Was Accommodating Himself to Human Capacity." *Interpretation* 31 (1977): 19-38.

Bavinck, Herman. *Gereformeerde Dogmatiek*. Kampen: Kok, 1918.

Beach, J. Mark. "A Plea for the Rediscovery of the Sacraments." *Mid-America Journal of Theology*, vol. 11 (2000): 7–20.

Beardslee, John W. "Sanctification in Reformed Theology," in *The New Man. An Orthodox and Reformed Dialogue*. New Brunswick, N.J.: Agora Books, 1973.

Beeke, Joel. *The Assurance of Faith*. New York: Peter Lang, 1991.

Benedict, Philip. "Calvin and the Transformation of Geneva," in *Calvin's Impact on Church and Society*, 1–13. eds., Martin Ernst and Martin Sallmann. Grand Rapids: Eerdmans, 2009.

_____. *Christ's Churches Purely Reformed: A Social History of Calvinism*. New Haven: Yale University Press, 2002.

Bennett, Richard. *Howell Harris and the Dawn of Revival*. 1909; reprint: Evangelical Press of Wales, 1987.

Berg, M. A. "Op Weg naar het Vaderland: De eschatologie bij Calvijn." *Theologia Reformata* Vol. 39, No. 4 (1996): 265–287.

Berkhof, Hendrikus. *The Doctrine of the Holy Spirit*. Atlanta: John Knox Press, 1964.

_____. *The Doctrine of the Holy Spirit*. Richmond: John Knox Press, 1964.

Berkhof, Louis. *Systematic Theology*. Grand Rapids: Eerdmans, 1941.

_____. *The History of Christian Doctrines*. Edinburgh: Banner of Truth Trust, 1937.

Berkouwer, G. C. *Faith and Justification*. Grand Rapids: Eerdmans, 1954.

_____. *The Sacraments*. tr. Hugo Bekker, Grand Rapids: Eerdmans, 1969.

Bertram, R. "The Radical Dialectic Between Faith and Works in Luther's Lectures on Galatians (1535)." in *Luther for an Ecumenical Age: Essays in Commemoration of the 450th Anniversary of the Reformation*. ed. Carl S. Meyer, Saint Louis: Concordia Pub. House, 1967.

Beza, Theodore. *The Christian Faith*. trans. by James Clark, Focus Christian Ministries Trust, 1992.

Bolt, John. "*Spiritus Creator*. the use and abuse of Calvin's cosmic pneumatology." in *Calvin and Holy Spirit*, ed. Peter De Klerk, Grand Rapids: Calvin Studies Society, 1989.

Bray, Gereal. *The Doctrine of God*. Leicester: IVP, 1993.

_____. "The *Filioque* Clause in History and Theology." *Tyndale Bulletin* 34 (1983): 91–144.

Bremmer, R. H. "Enkele karakteristieke trekken van Calvijn's eschatologie." *Gereformeerd Theologisch Tijdschrift* 44 (1943): 65–96.

Brierley, Peter. "Evangelicals in the World of the 21st Century." 11–20, Pattaya: Lausanne Forum Article, 2004.

Brouwer, Arie R. "A Study of Calvin's Concept of Sacrament." *Reformed Review* 11, No. 4 (1958): 1–15.

Buchanan, James. *The Office and Work of the Holy Spirit*. (1843; London: Banner of Truth Trust, 1966.

Butin, Philip Walker. *Revelation, Redemption, and Response: Calvin's Trinitrian Understanding of the Divine-Human Relationship.* Oxford: Oxford Press, 1995.

Canlis, Julie. "Calvin, Osiander and Participation in God." *International Journal of Systematic Theology* Vol. 6, No. 2 (2002): 169-184.

Carpenter, Craig B. "A Question of Union with Christ? Calvin and Trent on Justification." *Westminster Theological Journal* 64, No. 2 (2002): 363-386.

Carson, D. A. *The Gagging of God: Christianity Confronts Pluralism.* Grand Rapids: Zondervan, 1996.

Cohn, Norman. *The Pursuit of the Millennium.* Oxford: Oxford University Press, 1970.

Copleston, F. *Aquinas. Hammondsworth.* : Penguin, 1955.

Cottret, Bernard. *Calvin: A Biographie.* (1995), tr. M. Wallace McDonald. Grand Rapids: Eerdmans, 2000.

_____. and Oliver Millet, eds., *Jean Calvin et la France* (2009).

Custance, Arthur C. *The Sovereignty of God.* Philipsburg: P&R, 1979.

_____. *The Sovereignty of God.* Philipsburg: Presbyterian&Reformed, 1979.

Dallimore, Arnold A. *George Whitefield.* Westchester, 1980.

_____. *George Whitefield, The Life and Times of the great evangelist of the 18th century revival.* London: Banner of Truth, 1970.

Davis, Thomas J. ed., *John Calvin's American Legacy.* Oxford: Oxford University Press, 2010.

DeWitt, John R. "Children and the Covenant of Grace." *Westminster Theological Journal* 37 (1975): 329-355.

Douty, Norman F. *Union with Christ*. Lancashire: Reiner Publication, 1973.

Doyle, Robert C. "The Preaching of Repentance in John Calvin: Repentance and Union with Chris." *Who is Rich in Mercy*. Grand Rapids: Baker, 1986.

Dubois, Elfrieda. "Fenelon and Quietism." in *The Study of Spirituality* ed., Cheslyn Jones, Geoffrey Wainwright, Edward Yarnold, S.J. New York: Oxford University Press, 1986.

Dumbrell, W. J. *Covenant and Creation*. Nashville: Thomas Nelson Publishers, 1984.

Dunn, James D. *The Theology of Paul's Letter to the Galatians*. Cambridge: Cambridge University Press, 1993.

Edwards, Jonathan. *The Works of Jonathan Edwards*, ed. Tryon Edwards. Garland Pub. Co., 1987.

Edwards, Mark U. Jr. *Luther and the False Brethren*. Stanford, Calif.: Stanford University Press, 1975.

Farthing, John L. "Christ and Eschaton: The Reformed Eschatology of Jerome Zanci." in *Later Calvinism*, ed. W. Fred Graham, Sixteenth Century Essays and Studies, vol. XXII, Kirksville: Sixteenth Century Journal Publishers, (1994): 334-335.

Fee, Gordon. *God's Empowring Presence*. Peabody, MA: Hendrikson, and Carlisle: Paternoster, 1994.

_____. *The First Epistle to the Corinthians*. Grand Rapids: Eerdmans, 1987.

Ferguson, S. B. "Ordo Salutis." in *New Dictionary of Theology*. Leicester: IVP, 1988.

_____. *The Holy Spirit*. Downers Grove: Inter Varsity Press, 1996.

Gaffin, Richard B. Jr. *"Perspectives on Pentecost."*: *The New Testament's Teaching on the Gifts of the Holy Spirit*. Phillipsburg: Presbyterian and Reformed, 1979.

_____. "The Holy Spirit." *Westminster Theological Journal* 43 (1980): 58-78.

Galvin, J. P. *Systematic Theology: Roman Catholic Perspectives*. vol. II. Minneapolis: Augsburg Fortress, 1991.

Gamble, Richard C. ed., *Articles on Calvin and Calvinism*. 14 Vols. New York: Garland Publishing, 1992.

_____. *The Whole Counsel of God*. Phillispburg: P&R, 2009.

Garcia, Mark A. *Life in Christ: Union with Christ and Twofold Grace in Calvin's Theology*. Milton Keynes: Paternoster, 2008.

George, Timothy. *Theologies of Reformers*. Nashville: Broadman, 1988.

Gerrish, Brian A. "The Pathfinder: Calvin's Image of Martin Luther." in *The Old Protestantism and the New: Essays on the Reformation Heritage*. Chicago: University of Chicago Press, 1982.

Gilson, E. *Reason and Revelation in the Middle Age*. New York: 1953.

Godfrey, Robert. "Reformed Thought on the Work of the Holy Spirit and Evangelization: An Historical Overview." 1-22.

_____. *Reformation Sketches*. Phillipsburg: Presbyterian and Reformed, 2003.

_____. "This is My Body." *Tenth; An Evangelical Quarterly*, ed. James M. Boice. Philadelphia: Philadelphia Conference on Reformed Theology, 1981.

Goodwin, Thomas. *Works*. Vol. VI, *The Work of the Holy Ghost in Our Salvation*. Edinburgh: J. Nichol, 1863.

Gording, Bruce. *Calvin*. New Haven: Yale University Press, 2009.

Grier, William James. "The Reformers and the Millennium." in *The momentous event: a discussion of scripture teaching on the second advent and questions related thereto*. Belfast: Evangelical Book Shop, 1959.

Grislis, Egil. "Calvin's Doctrine of Baptism." *Church History* 31 (1962): 46-65.

Hanegraaff, Hank. *Christianity in Crisis*. Eugene: Harvest House Publishers, 1993.

Hasler, Richard A. "The Influence of David and the Psalms upon John Calvin's Life and Thought." *Hartford Quarterly* 5 (1964-5): 7-18.

Hall, David D. ed., *The Antinomian Controversy. 1636-1638: A Documentary History*. Durham: Duke University Press, 1990.

_____. *The Legacy of John Calvin: His Influence on the Modern World (Calvin 500)* Phillipsburg: P&R, 2008.

_____. *Tributes to John Calvin*: A Celebration of His Quincentenary. Phillipsburg: P&R, 2010.

Helm, Paul. *Calvin and the Calvinists*. Edinburgh: Banner of Truth Trust, 1982.

Hendriksen, William. *The Covenant of Grace*. Grand Rapids: Eerdmans, 1932.

Hesselink, I. John. "The Millennium in the Reformed Tradition." *Reformed Review* 52, No. 2 (1999): 97-125.

_____. "Calvin, the Theologian of the Holy Spirit: the Holy Spirit and the Christian Life." *Calvin in Asian Churches*. Vol. I. Seoul: Korean Calvin Society (2002): 113-128.

_____. *Calvin's Concept of the Law*. Allison Park, PA: Pickwick, 1992.

Hillerbrand, Hans J. *Christendom Divided: The Protestant Reformation*. Philadelphia: Westminster, 1971.

_____. *The Reformation*. Grand Rapids: Baker, 1987.

Hirzel, Martin Ernst & Martin Sallmann, eds., *John Calvin's Impact on Church and Society, 1509-2009*. Grand Rapids: Eerdmans, 2009.

Hodge, A. A. *Evangelical Theology: Lectures on Doctrine*. reprinted: Edinburgh: The Banner of Truth Trust, 1976.

Hoekema, Antthony A. *Saved by Grace*. Grand Rapids: Eerdmans, 1988.

_____. *What About Tongues-Speaking?* Grand Rapids: Eerdmans, 1967.

Horton, Michael Scott. ed., *The Deceit of the Satan*. Chicago: Moody Press, 1990.

_____. "At Least Weekly: The Reformed Doctrine of the Lord's Supper and of its Frequent Celebration." *Mid-America Journal of Theology* 11 (2000): 147-170.

_____. *Covenant and Eschatology: The Divine Drama*. Louisville: Westminster John Knox Press, 2002.

House, H. W. and T. D. Ice, *Dominion Theology: Blessing or Curse?* Portland: Multnomach Press, 1988.

Hunter, A. Mitchell. *The Teaching of Calvin; A Modern Interpretation*. Glasgow: Maclehose, Jackson and Co, 1920.

_____. "Missions-the Heidelberg Catechism and Calvin." *Calvin Theological Journal* 7 (1972): 181-208.

_____. "The Heidelberg Catechism- an Ecumenical Creed?" *Evangelical Theological Society Bulletin* Vol. 8 (1965): 23-33.

James III, Frank A. *Peter Martyr Vermigli and Predestination: The Augustinian Inheritance of an Italian Reformer*. Oxford: Clarendon Press, 1998.

Jenkins, Philip. *The Next Christendom: The Coming of Global Christianity*. Oxford: Oxford University Press, 2003.

Jones, R. Tudor. "Union with Christ: the Existential Nerve of Puritan Piety." *Tyndale Bulletin* 41, No. 2 (1990): 186-208.

Kaiser, Christopher B. "Climbing Jacob's Ladder: John Calvin and the Early Church on Our Eucharistic Ascent to Heaven." *Scottish Journal of Theology* 56 (2003): 247-67.

Kelly, J. N. D. *Early Christian Doctrines*. London: A. & C. Black, 1977.

Kelly, Douglas Floyd. "Prayer and union with Christ." *Scottish Bulletin of Evangelical Theology* 8 (1990): 109-127.

Kingdon, Robert. *Geneva and the Coming of the Wars of Religion in France. 1555-1563*. Geneve: Librairie E. Droz, 1956.

Klooster, Fred H. *A Mighty Comfort: The Christian Faith According to the Heidelberg Catechism*. Grand Rapids: CRC Publications, 1990.

──────. "Calvin's Attitude to Heidelberg Catechism." in *Later Cavinism: International Perspectives*, ed. W. Fred Graham. Kirksville: Sixteenth Century Journal, (1994): 311-331.

Kromminga, Diedrich Hinrich. "The Heidelberg View of the Fourth Commandment. Does it Conflict with Calvin?" *The Calvin Forum* Vol. 6 (1940) vol. 27. 1993.

Kromminga, John H. "Calvin and Ecumenicity." in Jacob T. Hoogstra, ed., *John Calvin: Contemporary Prophet*. Grand Rapids: Baker, 1959.

Kuiper, H. *Calvin on Common Grace*. Grand Rapids: Smitter Book, 1928.

Kunz, Erhard. "Die Eschatologie Johannes Calvins." in *Handbuch der Dogmengeschichte*. Band IV. Faszikel 7c Protestantische Eschatologie von der Reformation bis zur Aufklarung. Freiburg: Herder, (1980): 31-41.

Kuyper, Abraham. *The Work of the Holy Spirit*. Grand Rapids: Eerdmans, 1966.

Lampe, G. W. H. "Christian Theology in the Patristic Period." in

A History of Christian Doctrine. ed. Hubert Cunliffe-Jones. Edinburgh: T&T Clark, 1978.

Lane, A. N. S. "Calvin's Sources of Saint Bernard." *Archive for Reformation History* 67 (1976): 253-83.

Leith, John. *John Calvin's Doctrine of the Christian Life*. Louisville: Westminster/John Knox, 1989.

Leymond, Robert L. *A New Systematic Theology of the Christian Faith*. Nashville: Thomas Nelson Publishers, 1998.

Linde, S. *De Leer Van de Heiligen Geest bij Calvijn*. Wageningen: H. Veenman & Zonen, 1943.

Lints, Richard. *The Fabric of Theology: A Prolegomenon to Evangelical Theology*. Grand Rapids: Eerdmans, 1993.

Lloyd-Jones, Martyn. *Joy Unspeakable: Power & Renewal in the Holy Spirit*. Wheaton: Harold Shaw, 1984.

Luther, Martin. *Luther's Work*. St. Louis: Concordia, 1995.

_____. *The Freedom of a Christian* in *Martin Luther: Selections from His Writings*, ed. John Dillenberger. New York: Anchor, 1961.

Macculloch, Diarmaid. "Calvin, Fifth Latin Doctor of the Church?," in *Calvin & His Influence, 1509-2009*, 33-43. Oxford: Oxford University Press, 2011.

Machen, J. Gresham. *Christianity & Liberalism*. Grand Rapids: Erdmans, 1923.

_____. *What is Faith?* New York: Macmillan, 1925.

Macleod, Donald. *The Person of Christ*. Leicester; IVP, 1998.

Martin, James Perry. "The last Judgement in Protestant Orthodoxy" in *The Last Judgement: In Protestant Theology from Orthodoxy to Ritschl*. Grand Rapids: Eerdmans, 1963.

McKay, D. *The Bond of Love: God's Covenantal Relationship with his Church*. Fearn: Mentor, 2001.

McNeill, John T. "Thirty Years of Calvin Study." *Church History* 17 (1948): 207-240. "Fifty Years of Calvin Study," in Williston Walker, *John Calvin: The Organizer of Reformed Protestant, 1509-1564*. New York: Schocken Books, 1969.

Mentzer, Raymond A. "The Printed Catechism and Religious Instruction in the French Reformed Churches," in Robin B. Barnes, Robert A. Kolb and Paula L. Presley, eds., *Habent sua fata libeli. Books Have Their Own Destiny: Essays in Honor of Robert V. Schnucker*. Kirksville: Thomas Jefferson University Press (1998): 93-101.

Moltmann, *God in Creation*: A New Theology of Creation and the Spirit of God, The Gifford Lectures of 1984-85. San Francisco: Harper & Row, 1985.

Monter, William. *Calvin's Geneva*. New York: John Wiley, 1967.

Muller, Richard A. *Christ and the Decree; Post-Reformation Reformed Dogmatics*. Grand Rapids: Baker, 1986.

―――. "Christ in the Eschaton: Calvin and Moltmann on the Duration of the Munus Regium." *Harvard Theological Review* 74 (1981): 31-59.

_____. *Post-Reformation Reformed Dogmatics*. vol. 1 Grand Rapdis: Eerdmans, 1988.

_____. "Scholasticism in Calvin: A Question of Relation and Disjunction." in *Calvinus Sincerioris Religionis Vindex: Calvin as Protector of Purer Religion*, ed. W. Neuser. Kirksville, MO: Sixteenth Century Journal Publication (1997): 247-265.

Murray, John. *Collected Writings of John Murray*. Edinburgh: Banner of Truth, 4 vols. Edinburgh: Banner of Truth Trust, 1976-1982.

_____. "Systematic Theology." *Westminster Theological Journal* 25 (1963): 141.

_____. *Redemption: Accomplished and Applied*. Grand Rapids: Eerdmans, 1955.

Naphy, William G. "The Renovation of the Ministry in Calvin's Geneva." in A. Pettegree, ed., *The Reformation of the Parishes: The Ministry and the Reformation in Town and Country*. Manchester: 1993; 113-132.

_____. *Calvin and the Consolidation of the Genevan Reformation*. Manchester: Manchester University Press, 1994.

Neighbour, Ralph W. Jr., *Where Do We Go from Here?: A Guidebook for Cell Group Churches*. Houston, Texas: Touch Publications, Inc., 1990.

Neuser, William H. "Calvin Studies: A Review, The Work of the Calvin Congresses and Their Future Tasks and Goals." in *Calvin Studies. V*, ed. by John H. Leith. Davidson: Davidson College, 1990.

Nicholls, John D. "Union with Christ: John Calvin on the Lord's Supper." *Union and Communion, 1529-1979*. London: The Westminster Conference, 1980.

Niesel, Wilhelm. "Union with Christ: the basic confession of the Reformed churches." in *Reformed symbolics: a comparison of catholicism, orthodoxy, and protestantism*. Edinburgh: Oliver and Boyd, 1962.

Niet, Johan de & Herman Paul, and Bart Wallet, eds., *Sober, Strict and Scriptural: Collective Memories of John Calvin, 1800-2000*. Leiden: Brill, 2009.

Nijenhuis, William. "Calvin's Attitude towards the Symbols of the Early Church during the Conflict with Caroli." *Ecclesia Reformata: Studies on the Reformation*. Leiden: Brill, 1972.

Noll, Mark A. "The Princeton Theology." in *Reformed Theology in America*. ed. David F. Wells. Grand Rapids: Eerdmans, 1985.

Norton, John. *The Orthodox Evangelist*. London: 1654.

Oberman, Heiko A. "Initia Calvini: The matrix of Calvin's Reformation." *Akademie van Wetenschappen Mededelingen: Afdeling Letterkunde* Vol. 54, No. 4 (1991): 106-147.

―――. *Luther, Man between God and the Devil*. tr. Eileen Walliser-Schwartzbert. New Haven: Yale University Press, 1989.

Osterhaven, M. Eugene. "John Calvin: Order and the Holy Spirit." *Reformed Journal* 32 (1978): 23-44.

Packer, James Innell. "*A Quest For Godliness.*": *The Puritan Vision of the*

Christian Life. Wheaton: Crossway Books, 1990.

Parker, T. H. L. *Calvin's Old Testament Commentaries*. Edinburgh: T. & T. Clark, 1986.

_____. *Calvin's Preaching*. Edinburgh: T & T Clark, 1992.

Partee, Charles Brookes. "Calvin's Central dogma again." *The Sixteenth Century Journal* 18 (1987): 191-199.

Pegis, Anton C. ed., *Introduction to St. Thomas Aquinas*. New York: Modern Library, 1945.

Pelikan, Jaroslav. *The Christian Tradition 3.: The Growth of Medieval Theology (600-1300)*. Chicago: University of Chicago Press, (1978): 59-61.

_____. *The Christian Tradition: A History of the Development of Doctrine*. vol. 1: *The Emergence of the Catholic Tradition (100-600)*. Chicago: University of Chicago Press, 1971.

Pitkins, Barbara. "Imitation of David: David as a Paradigm for Faith in Calvin's Exegesis of the Psalms." *The Sixteenth Century Journal* 24 (1993): 843-863.

_____. *What Pure Eyes Could See: Calvin's Doctrine of Faith in Its Exegetical Context*. Oxford: Oxford University Press, 1999.

Quistorp, Heinrich. *Die letzten Dinge im Zeugnis Calvins : Calvins Eschatologie*. Gutersloh: C. Bertelsmann, 1941. English transtation, *Calvin's doctrine of the last Things*, tr. by Harold Knight. London, Lutterworth Press, 1955.

_____. "Calvins Lehre vom Heiligen Geist." in *De Spiritu Sancto*,

Bijdragen tot de leer van de Heilige Geest bej gelegenheid van het Stipendium Bernardium. Utrecht: V. H. Kemink en Zoon, 1964.

Raitt, Jill. "Calvin's Use of Bernard of Clairvaux." *Archive for Reformation History* 72 (1981): 98-121.

Reid, W. Stanford. "Bernard of Clarivaux in the Thought of John Calvin." *Westminster Theological Journal* 41 (1978): 127-145.

―――. "The Ecumenism of John Calvin," *Westminster Theological Journal* 11 (1948): 30-43.

Reymond, Robert L. *A New Systematic Theology of Christian Faith*. Nashville: Thomas Nelson Publishers, 1998.

Reynolds, Blair. *The Relationship of Calvin to Process Theology as Seen Thought His Sermon*. Lewiston: Edwin Mellen Press, 1993.

Ridderbos, H. N. *Paul: An Outline of his Theology*. tr. J. R. de Witt. Grand Rapids: Eerdmans, 1975.

Rogers, Jack B. "Calvin and the Italian Anti-Trinitarians (A.D. 1558)." in *Case Studies in Christ and Salvation*. eds., Jack Rogers, Ross Mackenzie and Louis Weeks. Philadelphia: Westminster Press, 1977.

Roussel, Bernard. "François Lambert, Pierre Caroli, Guillaume Farel- et Jean Calvin (1530-1536)." in Wilhelm H. Neuser, ed., *Calvinus Servus Christi* Budapest: Presseabteilung des Ráday-Collegiums, 1988.

Rushdoony, R. J. *The Institutes of Biblical Law*. Nutly: Craig Press, 1973-1999.

Ryken, Philip Graham. "Pastoral Ministry in Union with Christ." in *The Practical Calvinist: An Introduction to the Presbyterian and Reformed Heritage*. Greanies House: Christian Focus Publications, 2002.

Sanneh, Lamin O. *Whose Religion is Christianity?: The Gospel Beyond the West*. Grand Rapids: Eerdmans, 2003.

Schreiner, Susan. *The Theater of His Glory: Nature and the National Order in the Thought of John Calvin*. Durham: Labyrinth, 1991.

Schulze, Ludolf Ferdinand. "Calvyn en die Heidelbergse Kategismus." *In Die Skriflig* 27 (1993): 487-499.

Selderhuis, Herman J. "Church on Stage: Calvin's Dynamic Ecclesiology." *Calvin and Church: Papers Presented at the 13th Colloquium of the Calvin Studies Society*. ed. David Foxgrover. Grand Rapids: CRC Publications, 2002.

Smedes, Lewis. *Union with Christ*. Grand Rapids: Eerdmans, 1983.

Sanders, E. P. *Paul, the Law, and the Jewish People*. Philadelphia: Fortress Press, 1983.

Sosthenes, *Thoughts on Union with Christ*. Edinburgh: W. Whyte & Co, 1838.

Sproul, R. C. *Grace Unknown*. Grand Rapids: Baker, 1997.

Spurgeon, Charles. *New Park Street Pulpit*. vol.1. Pilgrim Publications, 1975.

Stead, C. *Divine Substance*. Oxford: Clarendon Press, 1977.

Steinmetz, David C. "The Theology of Calvin and Calvinism." in *Reformation Europe: A Guide to Research*. St. Louis: Center for

Reformation Research, 1982.

Strohm, Christoph. "Petrus Martyr Vermigli's *Loci Communes* und Calvins *Institutio Christianae Religionis*," in *Peter Martyr Vermigli: Humanism, Republicanism, Reformation*, eds., Emidio Campi, Frand A. James III, & Peter Opitz, 77-104. Geneva: Droz, 2002.

Sunshine, Glen S. *Reforming French Protestantism: The Development of Huguenot Ecclesiastical Institutions. 1557-1572*. Kirksville: Truman State University Press, 2003.

Tamburello, Denis E. "Christ and Mystical Union: A Comparative Study of the theologies of Bernard of Clairvaux and John Calvin." Ph. D. dissertation,The University of Chicago, 1990.

─────. *Union with Christ: John Calvin and the Mysticism of St. Bernard*. Louisville: Westminster John Knox, 1994.

Tavard, George H. *The Starting Point of Calvin's Theology*. Grand Rapids: Eerdmans, 2000.

Theron, P. F. "The Kingdom of God and the Theology of Calvin: Response to the paper of Prof. J. H. van Wyk." In *Die Skriflig* Vol. 35. No. 2, June 2001.

Torrance, J. B. "The Concept of Federal Theology." in *Calvinus Sacrae Scripturae Professor*, ed. by Wilhelm H. Neuser. Grand Rapids: Eerdmans, 1994.

Torrance, Thomas Forsyth. "Calvin's Doctrine of Trinity," *Calvin Theological Journal* 25 (1990): 165-193.

_____. "The Doctrine of Trinity, Gregory Nazianzen and John Calvin" *Calvin Studies* V, ed., John Leith. Davidson: Davidson College, 1990.

_____. *The Hermeneutics of John Calvin*. Edinburgh: Scottish Academic Press, 1988.

_____. "The eschatology of hope: John Calvin." in *Kingdom and Church*. Edinburgh: Oliver and Boyd, 1956.

Tracy, David. *On Naming the Present*, Maryknoll. New York: Orbis, 1994.

Ursinus, Zacharias. *Commentary on the Heidelberg Catechism*. Grand Rapids: Eerdmans, 1954.

Van Til, Cornelius. *Common Grace and the Gospel*. Philadelphia: Presbyterian and Reformed, 1977.

Vaughan, C. R. *The Gifts of the Holy Spirit: To Believers and Believers*. Edinburgh: Banner of Truth Trust, 1894.

Venema, Cornelis P. "The 'Twofold Knowledge of God' and the Structure of Calvin's Theology." *Mid-America Journal of Theology* 4 (1988): 156-182.

_____. "The Doctrine of the Sacraments and Baptism according to the Reformed Confessions." *Mid-America Journal of Theology* vol. 11 (2000): 21-86.

_____. *What We Believe: An Exposition of the Apostles' Creed*. Grandville: Reformed Fellowship Inc., 1996.

Vos, G. *Biblical Theology*. Grand Rapids: Eerdmans, 1948.

Waal, C. *The Covenantal Gospel*. Neerlandia: Inheritance Publication, 1990.

Walchenbach, John R. "An Analysis of the Function of David the Psalms in the Institutes of John Calvin." Pittsburg Theological Seminary, 1967.

Walker, W. *John Calvin: The Organizer of Reformed Protestantism 1509-1564*. New York: Schocken Books, 1906.

Wallace, Ronald S. *Calvin's Doctrine of the Christian Life*. Edinburgh: Oliver and Boyd, 1959.

──────. *Calvin's Doctrine of the Word and Sacrament*. Grand Rapids: Eerdmans, 1957.

Walls, Andrew F. *The Cross Cultural Process in Christian History*. Edinburgh: T & T Clark, 2002.

Walton, John H. *Covenant: God's Purpose and God's Plan*. Grand Rapids: Zondervan, 1994.

Warfield, B. B. "Introductory Note." to *The Work of the Holy Spirit*, by Abraham Kuyper, tr. Henri De Vries. New York: Funk & Wagnalls Company, 1900.

──────. Calvin's Doctrine of the Trinity." *Calvin and Calvinism*. New York: Oxford University Press, 1931.

──────. *Calvin and Augustine*. Philadelphia: Presbyterian and Reformed, 1980.

──────. *Counterfeit Miracles*. New York: Charles Scribner's Sons, 1918; London: Banner of Truth Trust, 1972.

──────, *Perfectionism*. Philadelphia: Presbyterian and Reformed, 1958.

──────, "The Biblical Doctrine of the Trinity." in *Biblical and Theological Studies*. Philadelphia: Presbyterian and Reformed, 1952.

──────, "The Polemics of Infant Baptism." in *Studies in Theology*. New York: Oxford University Press, 1932.

──────, "The Knowledge of God." in *Calvin and Augustine*. Philadelphia: Presbyterian and Reformed Publishing Company, 1956.

──────, "John Calvin the Theologian," in *Calvin and Augustine*.

──────, "Calvin's Doctrine of Trinity," *Calvin and Augustine*. Philadelphia: Presbyterian and Reformed, 1974.

Watson, Duncan S. "In Union with Christ: Calvin," in *Open to God*. Melbourne: Uniting Church Press, 1991.

Weber, Otto. *Foundations of Dogmatics*. trans. by Darrell L. Guder. Grand Rapids: Eerdmans, 1981.

──────. *Foundations of Dogmatics*, vol. 2. Grand Rapids: Eerdmans, 1983.

Weir, David A. *The Origins of the Federal Theology in Sixteenth-Century Reformation Thought*. Oxford: Clarendon Press, 1990.

Wendel, Francois. *Calvin: Origin and Development of His Religious Thoughts*. tr. Phillip Mairet. 1950; New York: Harper and Row, Inc., 1963.

Wilbur, E. M. *A History of Unitarianism: Socinianism and its Antecedents*. Cambridge: Harvard, 1947.

Wiley, Charles Aden. "Responding to God: The Church as Visible and Invisible in Calvin, Schleiermacher, and Barth." Ph.D. dissertation, Princeton Theological Seminary, 2002.

Wiley, David N. "The Church as the Elect in the Theology of Calvin" in *John Calvin and the Church: A Prism of Reform*, ed. Timothy George. Louisville: Westminster John Knox, 1990: 96-117.

Williams, Garry J. and Joel R. Beeke, *Calvin, Theologian and Reformer*. Grand Rapids: Reformation Heritage Books, 2012.

Williams, George H. *The Radical Reformation*. Philadelphia: Westminster, 1962.

Williams, Rowan. *Arius: Heresy and Tradition*. London: Darton, Longman, and Todd, 1987.

Willis-Watkins, David. "The *Unio Mystica* and the Assurance of Faith according to Calvin." in *Calvin: Erbe und Auftrag. Festschrift für Wilhelm Heinrich Neuser zum 65. Geburtstag*. ed. Willem van't Spijker. Kampen: Kok, 1991.

Wilterdink, Garret. "The Fatherhood of God in Calvin's Thought." *Reformed Review* 30 (1976-1977): 9-22.

Woodbridge, John D. *Biblical Authority: A Critique of the Rogers/ McKim Proposal*. Grand Rapids: Zondervan, 1982.

Woolsey, Andrew A. *Unity and Continuity in Covenantal Thought: A Study in the Reformed Tradition to the Westminster Assembly*. Grand Rapids: Reformation Heritage Book, 2012.

Wyk, J. H. "John Calvin on the Kingdom of God and Eschatology" In *Die Skriflig* Vol. 35, No. 2, (2001): 191-205.

김재성. 『칼빈과 개혁신학의 기초』 수원: 합동신학대학원출판부, 1997.

_____. 『나의 심장을 드리나이다: 칼빈의 생애와 신학』 (2001). 킹덤북스, 2013.

_____. 『Happy Birthday, 칼빈』 킹덤북스, 2011.

_____. 『개혁주의 성령론』 서울: CLC, 2012.

_____. 『칼뱅읽기』 서울: 세명출판사, 2014.

_____. 『개혁신학의 광맥』 이레서원, 2001; 킹덤북스, 2012.

_____. 『개혁신학의 정수』 이레서원, 2003.

_____. 『개혁신학의 전망』 이레서원, 2004.

_____. 『기독교신학, 어떻게 세워야 하나』 합동신학대학원출판부, 2004.

_____. 『구원의 길, 기독교 구원론의 구조와 핵심진리』 킹덤북스, 2014.

_____. "하이델베르그 교리문답의 언약사상"「국제신학」 15 (2013) 국제신학대학원출판부, 40-82.

_____. "하이델베르그 교리문답과 웨스트민스터 신앙고백서의 언약사상"「한국개혁신학」 40 (2013):149-206.

Kim, Jae Sung. "Prayer in Calvin's Soteriology." in *Calvinus Praeceptor Ecclesiae*: Ed. Herman J. Selderhuis, 265-274. Geneve: Droz, 2004. In *Tributes to John Calvin*: A Celebration of His Quincentenary, David Hall, ed., 343-355. Phillipsburg: P&R, 2010.

_____. "*Unio cum Christo*: The Work of the Holy Spirit in Calvin' s Theology." Ph.D. dissertation, Westminster Theological Seminary, 1998.

_____. "Calvin's Controversy with Anti-Trinitarianism." the 8th Asia Calvin Studies Conference, Seoul. January 24, 2002.

_____. "Calvinism in Asia." In *Tributes to John Calvin*: A Celebration of His Quincentenary, David Hall, ed., 487-503. Phillipsburg: P&R, 2010.

_____. "Reformed Theology in Korea: Its Origin and Transplantation" in *Revival and Unity of Reformed Churches: International Congress of Reformed and Presbyterian Churches*, 186-219. Seoul, Chongshin University, 2013.

_____. "Calvin's Doctrine of the Kingdom of God." Th.M. Thesis; Calvin Theological Seminary, 1990.

프랑수와 방델. 『칼빈: 그의 신학사상의 근원과 발전』 김재성 역. 크리스챤 다이제스트, 1999.

싱클레어 퍼거슨. 『성령』 김재성 역. 한국 IVP, 1996.

에드먼드 클라우니. 『교회』 황영철 역. 서울: IVP, 1998.

필립 홀트롭. 『기독교 강요 연구 핸드북』 박희석, 이길상 역. 크리스챤 다이제스트, 1995.

존 칼빈 성령의 신학자
John Calvin the Divine with the Holy Spirit

2014년 8월 29일 초판 발행

지 은 이 | 김재성

편　　집 | 박상민, 윤지현
디 자 인 | 김복심, 김윤정
펴 낸 곳 | 사) 기독교문서선교회
등　　록 | 제16-25호(1980. 1. 18)
주　　소 | 서울시 서초구 방배로 68
전　　화 | 02) 586-8761~3(본사) 031) 942-8761(영업부)
팩　　스 | 02) 523-0131(본사) 031) 942-8763(영업부)
홈페이지 | www.clcbook.com
이 메 일 | clckor@gmail.com
온 라 인 | 기업은행 073-000308-04-020, 국민은행 043-01-0379-646
　　　　　예금주: 사) 기독교문서선교회

ISBN 978-89-341-1394-2 (93230)

* 낙장 · 파본은 교환해 드립니다.

이 도서의 국립중앙도서관 출판시 도서목록(CIP)은 서지정보유통지원시스템 홈페이지(http://seoji.nl.go.kr)와
국가자료공동목록시스(http://www.nl.go.kr/kolisnet)에서 이용하실 수 있습니다.(CIP제어번호: CIP2014022542)